Kyra Sänger
Christian Sänger

Canon EOS 1200D
für bessere Fotos von Anfang an!

Verlag: BILDNER Verlag GmbH
Bahnhofstraße 8
94032 Passau
http://www.bildner-verlag.de
info@bildner-verlag.de
Tel.: + 49 851-6700
Fax: + 49 851-6624

ISBN: 978-3-8328-0107-6

Covergestaltung: Christian Dadlhuber
Produktmanagement: Lothar Schlömer
Layout und Gestaltung: Astrid Stähr
Autoren: Kyra Sänger, Christian Sänger
Herausgeber: Christian Bildner**

Für den kostenlosen Download der E-Book-Version dieses Buches gehen Sie wie folgt vor:

1. Registrieren Sie sich kostenlos bei unserem eBook-Portal unter www.readersplanet.de
2. Geben Sie anschließend folgende Adresse ein: www.readersplanet.de/Gutschein.aspx
3. Geben Sie im entsprechenden Feld nachfolgenden Gutschein-Code ein:

Ihr Gutschein-Code:

c0d0f7fc178b44beb7bc

(Bitte Groß-/Kleinschreibung sowie den Unterschied zwischen 0 und O beachten)

Sie können das eBook nun aus Ihrer Bibliothek herunterladen.

Bei Problemen wenden Sie sich bitte über das entsprechende Kontaktformular an uns.

© 2014 BILDNER Verlag GmbH Passau

Die Informationen in diesen Unterlagen werden ohne Rücksicht auf einen eventuellen Patentschutz veröffentlicht. Warennamen werden ohne Gewährleistung der freien Verwendbarkeit benutzt. Bei der Zusammenstellung von Texten und Abbildungen wurde mit größter Sorgfalt vorgegangen. Trotzdem können Fehler nicht vollständig ausgeschlossen werden. Verlag, Herausgeber und Autoren können für fehlerhafte Angaben und deren Folgen weder eine juristische Verantwortung noch irgendeine Haftung übernehmen. Für Verbesserungsvorschläge und Hinweise auf Fehler sind Verlag und Herausgeber dankbar.

Fast alle Hard- und Softwarebezeichnungen und Markennamen der jeweiligen Firmen, die in diesem Buch erwähnt werden, können auch ohne besondere Kennzeichnung warenzeichen-,marken- oder patentrechtlichem Schutz unterliegen.

Das Werk einschließlich aller Teile ist urheberrechtlich geschützt. Es gelten die Lizenzbestimmungen der BILDNER-Verlag GmbH Passau.

Unsere Bücher werden auf FSC® -zertifiziertem Papier gedruckt.

Das FSC®-Label auf einem Holz- oder Papierprodukt ist ein eindeutiger Indikator dafür, dass das Produkt aus verantwortungsvoller Waldwirtschaft stammt. Und auf seinem Weg zum Konsumenten über die gesamte Verarbeitungs- und Handelskette nicht mit nicht-zertifiziertem, also nicht kontrolliertem, Holz oder Papier vermischt wurde. Produkte mit FSC®-Label sichern die Nutzung der Wälder gemäß den sozialen, ökonomischen und ökologischen Bedürfnissen heutiger und zukünftiger Generationen.

Die Informationen in diesen Unterlagen werden ohne Rücksicht auf einen eventuellen Patentschutz veröffentlicht. Warennamen werden ohne Gewährleistung der freien Verwendbarkeit benutzt. Bei der Zusammenstellung von Texten und Abbildungen wurde mit größter Sorgfalt vorgegangen. Trotzdem können Fehler nicht vollständig ausgeschlossen werden. Verlag, Herausgeber und Autoren können für fehlerhafte Angaben und deren Folgen weder eine juristische Verantwortung noch irgendeine Haftung übernehmen. Für Verbesserungsvorschläge und Hinweise auf Fehler sind Verlag und Herausgeber dankbar.

Fast alle Hard- und Softwarebezeichnungen und Markennamen der jeweiligen Firmen, die in diesem Buch erwähnt werden, können auch ohne besondere Kennzeichnung warenzeichen-, marken- oder patentrechtlichem Schutz unterliegen.

Das Werk einschließlich aller Teile ist urheberrechtlich geschützt. Es gelten die Lizenzbestimmungen der BILDNER-Verlag GmbH Passau.

Inhaltsverzeichnis

1. Erste Schritte mit Ihrer EOS 1200D 17

1.1 Erwecken Sie Ihre EOS 1200D zum Leben 18
Versehen Sie Ihre EOS 1200D mit einer Speicherkarte 18
So bringen Sie das Wechselobjektiv an 19

1.2 Neue Features und Funktionen im Überblick 20
Die Canon EOS Begleiter App 23

1.3 Die EOS 1200D stellt sich vor 23
Bedienelemente in der Übersicht 24
Funktionen von Auslöser und Hauptwahlrad 27
Programmwahl mit dem Modus-Wahlrad 28
Kreuz-, SET- und Direkttasten-Funktionen 29
Behalten Sie die Bildkontrolle über den Sucher 29
Was der Aufnahmemonitor alles anzeigt 32

1.4 Das Bedienkonzept der 1200D 33
So nehmen Sie Schnelleinstellungen vor 34
Einstellungen mit den Direkttasten 35
Das umfangreiche Kameramenü 35
Schneller Überblick mit dem Livebild-Modus 37

1.5 Wichtige Grundeinstellungen einmal vornehmen 37
Datum/Zeit/Zone einstellen 38
Eine Sprache wählen 38
Die Rückschauzeit einstellen 38
Die automatische Abschaltung festlegen 39
So justieren Sie die LCD-Helligkeit 39

		Sound oder keinen Sound, Sie können wählen	40
		Formatieren Sie zunächst Ihre Karte	40
	1.6	**Legen Sie weitere Basiseinstellungen fest**	**41**
		Auslöser ohne Karte betätigen	41
		Messtimer einstellen	42
		Automatisch drehen aktivieren	42
		Datei-Nummerierung bestimmen	42
		Ordner für die Bildablage wählen	43
		Bildschirmfarbe festlegen	44
		LCD Aus/Ein auf Ihre Bedürfnisse einstellen	44
		Erläuterungen	44
		Anzeige Zertifizierungslogo aktivieren	45
		LCD-Display bei Kamera Ein	45
		SET-Taste zuordnen	46
		Bilder mit Copyright-Informationen versehen	46
		Mit Einstellungen löschen alles auf Anfang	46
	1.7	**Das „My Menu" konfigurieren**	**47**
	1.8	**Wissenswertes über Bildqualität und Dateiformate**	**48**
		Mit einem anderen Seitenverhältnis fotografieren	49
		Warum das RAW-Format nutzen?	51
		Grenzen der RAW-Flexibilität kennen	52

2. Die Automatiken richtig einsetzen ... 55

	2.1	**Die Automatische Motiverkennung im Einsatz**	**56**
	2.2	**Blitzen nicht erwünscht: Automatik (Blitz aus)**	**59**
	2.3	**Situationsbezogener Einsatz der Normalprogramm-Modi**	**61**

Erweiterte Optionen auswählen	62
Unkompliziert zum perfekten Porträt	62
Landschaften und Architektur in Szene setzen	65
Details mit dem Modus Nahaufnahme in Szene setzen	67
Sportmodus für schnelle Bewegungen nutzen	70
Stimmungsvolle Nachtporträts einfangen	72

2.4 Individuelle Bildgestaltung mit der Kreativ-Automatik **74**

2.5 Was Sie bei den Automatiken nicht steuern können **78**

2.6 Bilder betrachten, schützen und löschen **79**

Einzelbilder wiedergeben	79
Bildwechsel nach bestimmten Kriterien	80
Aufnahmeinformationen anzeigen	80
Bilder mit der vergrößerten Ansicht kontrollieren	81
Die Übersichtsanzeige für besseren Überblick	82
Bildpräsentation als Diaschau	82
Favoritensterne vergeben	83
Bilder am Fernsehgerät wiedergeben	84
Schutz vor versehentlichem Löschen	85
Bilder schnell und sicher löschen	86

3. Mit der richtigen Belichtung zu mehr Bildqualität 89

3.1 Einfluss der Belichtungszeit kennen **90**

3.2 Was der Bildstabilisator leistet **92**

3.3 Die Blende und der Einfluss der Schärfentiefe **95**

3.4	**Die Lichtempfindlichkeit motivbezogen regeln**	**99**
	Beste Bildqualität bei niedrigen ISO-Werten	100
	Kamerainterne Hilfen gegen das Bildrauschen	101
	Einstellen des ISO-Werts	103
	Den ISO-Wert motivbezogen wählen	104
	Die Lichtwertstufen (EV) richtig wählen	106
	Mehr Freiheiten dank ISO-Automatik	106
3.5	**Die Messmethode motivabhängig einsetzen**	**108**
	Die Messmethode auswählen	109
	Fast immer passend: die Mehrfeldmessung	109
	Selektivmessung bei Gegenlicht und hohem Kontrast verwenden	112
	Wann die mittenbetonte Integralmessung sinnvoll ist	114
3.6	**Die Belichtung mit dem Histogramm prüfen**	**115**
	Die Belichtung mit dem Live-Histogramm kontrollieren	117
	Das Histogramm für die RGB-Kanäle separat anzeigen	117
3.7	**Typische Situationen für Belichtungskorrekturen**	**119**
	Belichtungskorrekturen durchführen	122

4. Wie die richtige Schärfe ins Bild kommt 125

4.1	**Wichtige Bildelemente gezielt scharfstellen**	**126**
4.2	**Automatisch fokussieren mit der EOS 1200D**	**127**

4.3	Autofokusmodi und AF-Felder wählen	128
4.4	Das Allroundtalent One-Shot AF	130
4.5	Bewegte Motive mit dem AI Servo AF einfangen	131
4.6	Bei AI Focus AF entscheidet die Kamera	134
4.7	Mit dem manuellen Fokus individuell scharfstellen	136
4.8	Komfortabel scharfstellen im Livebild-Modus	139
	Wie schnell ist der Livebild-Autofokus?	139
	Mit FlexiZone-Single gezielt Details scharfstellen	141
	Schnelle und automatische Gesichtserkennung	141
	Wann der QuickModus sinnvoll ist	142
	Schärfekontrolle mit der vergrößerten Ansicht	143

5. Für Freigeister und Profis: Die Kreativ-Programme ... 145

5.1	Spontan reagieren mit der Programmautomatik	146
5.2	Mit Tv die Geschwindigkeit kontrollieren	148
5.3	Hintergrundschärfe mit Av steuern	151
5.4	Schwierige Lichtsituationen beherrschen mit M	153

6. Farbgestaltung mit Weißabgleich und Bildstil ... 157

6.1	Mit Lichtstimmungen und Farbtemperaturen „malen"	158
6.2	Wie der Weißabgleich die Farben beeinflusst	161

6.3	Farbe per Weißabgleich kontrollieren	162
	Mit den Weißabgleichvorgaben arbeiten	164
6.4	Mut zum manuellen Weißabgleich	166
6.5	Mit Bildstilen und Umgebungseffekten zum besonderen Foto	168
	Wie die Bildstile Fotos und Filme beeinflussen	169
	Basic+: Farbgestaltung mit Umgebungseffekten	172
6.6	Die Wahl des geeigneten Farbraums	175

7. Gekonnt Blitzen ist keine Zauberei — 179

7.1	Der Kamerablitz: Immer dabei und schnell einsatzbereit	180
	Wann sich der Blitz automatisch zuschaltet	181
	Den Blitz in den Kreativ-Programmen einsetzen	181
7.2	Mehr Flexibilität mit Systemblitzgeräten	183
	Kompatible Systemblitzgeräte für Ihre EOS 1200D	184
7.3	Kreative Blitzsteuerung mit P, Tv, Av und M	188
	Blitzen mit der Programmautomatik	188
	Kreativ blitzen mit Av	189
	Das Spiel mit der Belichtungszeit im Modus Tv und M	192
	Situationen für Tv plus Blitz	194
7.4	Feinabstimmung der Blitzdosis	195
7.5	Blitzeinsatz bei Gegenlicht	196
7.6	Kreative Wischeffekte bei Dunkelheit	199
7.7	Strategien für das entfesselte Blitzen	201

8. Bildgestaltung: Wie komponiere ich ein stimmiges Bild ... 205

8.1 Tipps für eine gelungene Bildgestaltung 206
Die Drittelregel als Gestaltungsgrundlage 206
Schärfespeicherung für den perfekten Bildausschnitt 209

8.2 Bildgestaltung mit Perspektive 212
Über den Einfluss der Brennweite 212
Wie Sie die Perspektive ändern können 214
Der Cropfaktor und was er bewirkt 215

8.3 Arbeiten mit scharfem und unscharfem Hintergrund 216
Objektfreistellung mit Teleobjektiven 217
Die Schärfentiefe kontrollieren 218
Vorsicht vor Beugungsunschärfe 219

9. Menschen gekonnt in Szene setzen ... 223

9.1 Gruppen und Einzelporträts ohne viel Aufwand 224
9.2 Mit verschiedenen Abständen spielen 226
9.3 Schöne Selbstauslöser-Fotos schießen 228
9.4 Die Augen in den Fokus stellen 230
9.5 Hartes Licht managen 232
9.6 Indoor-Porträts mit nur einem Blitz 233
9.7 Mittel gegen rote Augen 234

10. Mit der 1200D in der Natur 237

10.1 Den Bildern eine Tiefenwirkung verleihen 238

10.2	**Mehr Dramatik durch Grauverläufe erreichen**	**240**
10.3	**Schönere Farben für Sonnenuntergänge**	**242**
	Automatische Weißabgleichreihe nutzen	245
10.4	**Tiere vor der Kamera**	**245**
	Pfiffige Haustierporträts erstellen	245
	Wildtiere in den Fokus nehmen	247
	Fotografieren im Gehege	250

11. Architektur und Stadtansichten 253

11.1	**Stürzende Linien vermeiden**	**254**
11.2	**Die Froschperspektive sorgt für Abwechslung**	**255**
11.3	**Hartes oder weiches Wasser: Sie haben die Wahl**	**257**

12. Dynamik pur: Sport und Actionfotografie 261

12.1	**Bewegungen „einfrieren"**	**262**
12.2	**Den Blitz zu Hilfe nehmen**	**265**
12.3	**Die 1200D mit dem Motiv mitziehen**	**267**

13. Kleine Dinge ganz groß: Die Welt der Makrofotografie 271

13.1	**Die 1200D für Makrofotos startklar machen**	**272**
13.2	**Manueller Fokus ohne und mit Livebild**	**273**
13.3	**Kleines groß abbilden, aber wie?**	**275**

13.4	Nahlinsen für Makroaufnahmen mit jedem Objektiv	276
13.5	Mit Zwischenringen wird Kleines ganz groß	277
13.6	Makroobjektive: Spezialisten für die Nähe	279
	Worauf achten bei einem Makroobjektiv?	280

14. Besondere Herausforderungen meistern ... 283

14.1	Herausforderung: hoher Kontrast	284
	Was die Tonwert-Priorität leistet	284
	Die automatische Belichtungsoptimierung	286
14.2	HDR: Bilder wie von einer anderen Welt	288
14.3	Unkomplizierte Panoramafotografie	291
	Panoramaköpfe und Nodalpunkteinstellung	294
14.4	Unterwegs bei Dämmerung und blauer Stunde	295
	Qualitativ hochwertige Bilder erzeugen	295
	Richtige Bildhelligkeit dank Belichtungsreihe	297
	Feuerwerksfotografie	298

15. Erste Schritte zum EOS 1200D-Videografen ... 301

15.1	Film ab!	302
15.2	Welches Format für welchen Zweck?	303
15.3	Was sich hinter der Bildrate verbirgt	305
15.4	Automatisch oder manuell zur richtigen Schärfe	306

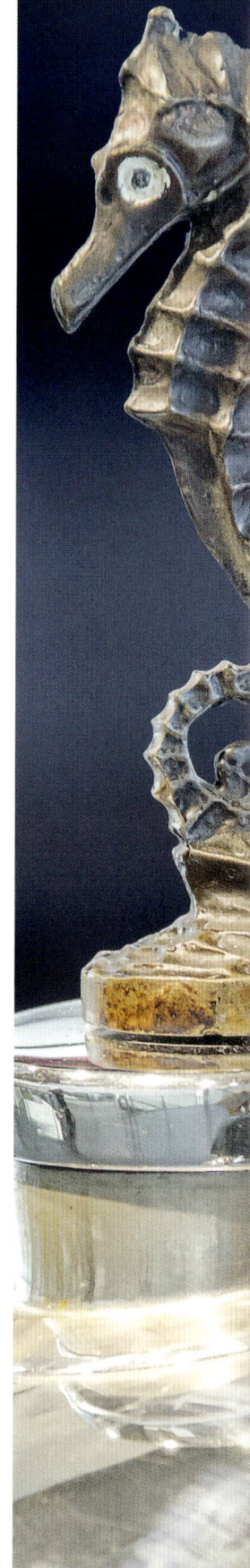

15.5	Helligkeit und Schärfentiefe anpassen	308
	Die Belichtung anpassen	308
	Filmen mit konstanter Belichtung	308
	Die Schärfentiefe selbst steuern	309
15.6	Den richtigen Ton treffen	311
15.7	Videoschnappschüsse erstellen	312
15.8	Schnappschussalben optimieren	314

16. Sinnvolles Zubehör für jeden Anlass ... 317

16.1	Rund um Objektive & Co	318
	Verbindungselement Bajonett	319
	Tipps zur Objektivwahl	320
	Kamerainterne Vignettierungs-Korrektur	323
	Besonderheiten der STM-Objektive	324
	Die Vorteile einer hohen Lichtstärke	326
	Empfehlenswerte Objektive für Ihre EOS 1200D	327
16.2	Fester Stand mit dem passenden Stativ	332
	Den passenden Stativkopf finden	334
	Biegestative – Flexibilität pur	335
16.3	Ein kurzer Blick auf den Akku	337
16.4	Geeignete Speicherkarten für die EOS 1200D	338
16.5	Wozu Fernauslöser gut sind	339
16.6	Geotagging mit GPS-Empfänger	340
	GPS-Daten in Adobe Lightroom	344
16.7	Objektiv-, Sensorreinigung und Displayschutz	345
	Behutsame Objektivreinigung	345
	Wann sollte eine Sensorreinigung erfolgen?	346

Staublöschungsdaten erstellen und anwenden	346
Sensorreinigung mit dem Blasebalg	348
Feuchtreinigung des Sensors	349
16.8 Aktualisieren der Firmware	**350**

17. Bilder optimieren und konvertieren ... 355

17.1 Bildbearbeitung in der Kamera	**356**
Bilder rotieren	356
Die Bildgröße ändern	357
Kreative Filtereffekte für JPEG und RAW	357
Druckauftrag und Fotobuch-Einstellung	362
17.2 Die Canon-Software im Überblick	**363**
17.3 Bilder mit EOS Utility auf den PC übertragen	**363**
17.4 Vergleich geeigneter RAW-Konverter	**365**
Digital Photo Professional	366
Adobe Camera Raw und Adobe Lightroom	367
DxO Optics Pro	368

18. Menükompass ... 371

Stichwortverzeichnis ... 377

Einleitung

Mit der EOS 1200D erwarteten wir neugierig die dritte Evolutionsstufe des Canon DSLR-Einsteigermodells und waren sehr darauf gespannt, die neuen Features der Kamera zu entdecken und ausführlich zu testen. Also gleich nach dem Eintreffen raus aus der Verpackung und ab vor die Türe. Ein paar Aufnahmen später und nach einer eingehenden Bildkontrolle am Computer müssen wir zugeben, dass wir die „kleine Schwarze" nach der ersten Erprobung als sehr überzeugend empfanden. Die flinken Umstelloptionen über den Schnelleinstellungsbildschirm und die komfortabel zu bedienende Live View in Kombination mit der Handlichkeit und dem geringen Gewicht haben uns echt begeistert. Hinzu kommen der neue 18,5 Megapixel Sensor, der eine sehr gute Bildqualität auch bei hohen ISO-Werten gewährleistet und viele Funktionen, die wir so auch von Profikameras kennen. Außerdem hat Canon der 1200D eine Full-HD Video Funktion spendiert, die nun auch das Filmen zu einem echten Vergnügen werden lässt. Mit der 1200D halten Sie also eine in jeder Hinsicht vollwertige Kamera in Händen und das zu einem wirklich fairen Preis.

An dieser Stelle möchten wir auch nicht unerwähnt lassen, dass es uns seit jeher sehr am Herzen liegt, dem Leser zu vermitteln, dass das Material zwar wichtig ist, es aber letztendlich hauptsächlich darauf ankommt, was der Fotograf oder die Fotografin daraus macht. Der Blick für das richtige Motiv und die optimale Bildgestaltung sind Dinge, die das beste Equipment nicht für Sie erledigen kann. Wichtig ist aber auch, dass Sie in der Lage sind, die kreativen Einfälle technisch optimal umsetzen zu können. Dabei ist die Beherrschung der Kamera natürlich eine grundlegende Voraussetzung. Ihrer geballten Kreativität zum Ausbruch zu verhelfen, ein Gefühl für Motiv und Aufnahmesituationen zu vermitteln und Ihnen die technisch perfekte Umsetzung mit Ihrer EOS 1200D zu ermöglichen, ist das Anliegen dieses Buches. Also, lassen Sie Ihrer Kreativität freien Lauf. Dabei wünschen wir Ihnen jede Menge Freude!

Herzlichst Ihre
Kyra & Christian Sänger
(*www.saenger-fotografie.com*)

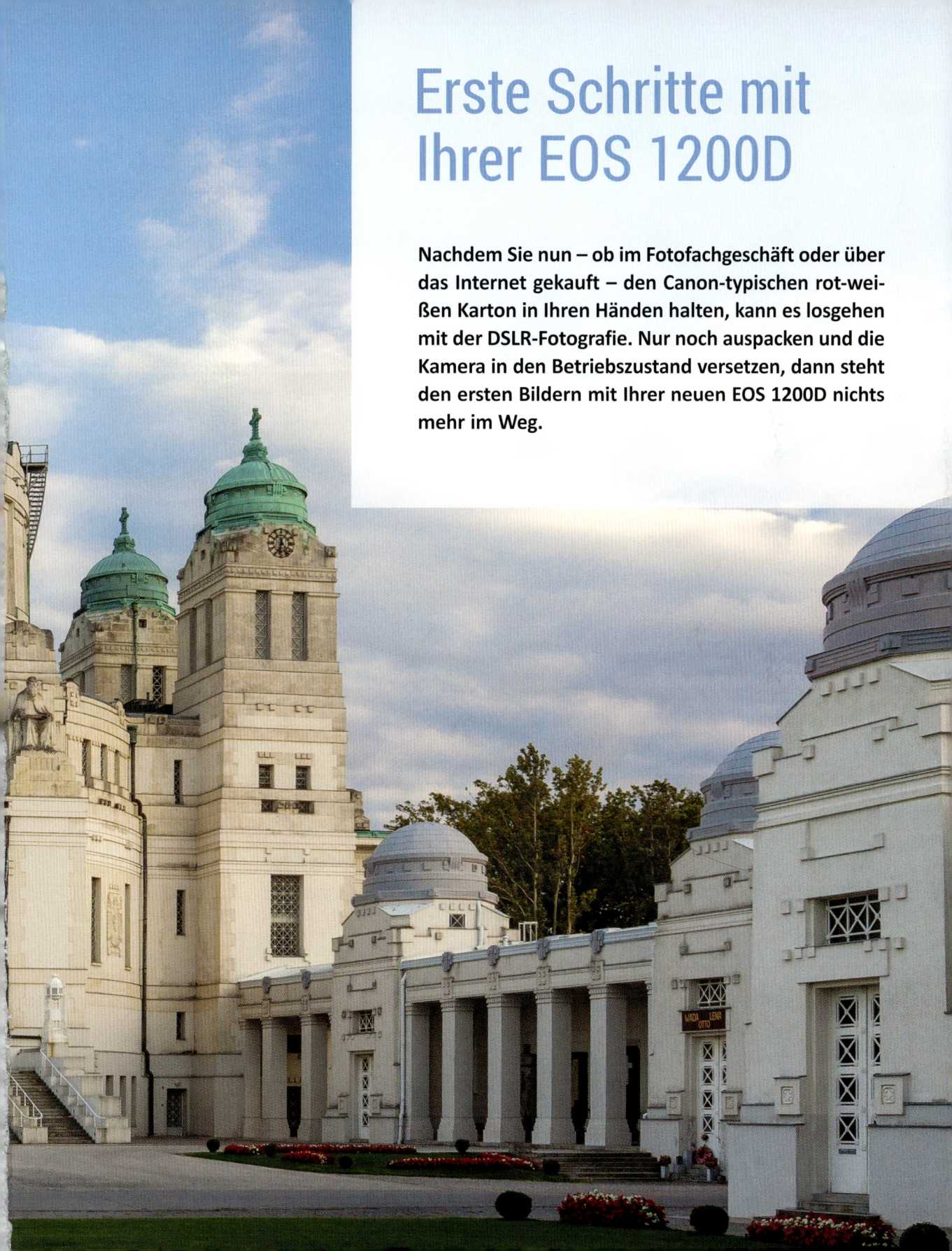

Erste Schritte mit Ihrer EOS 1200D

Nachdem Sie nun – ob im Fotofachgeschäft oder über das Internet gekauft – den Canon-typischen rot-weißen Karton in Ihren Händen halten, kann es losgehen mit der DSLR-Fotografie. Nur noch auspacken und die Kamera in den Betriebszustand versetzen, dann steht den ersten Bildern mit Ihrer neuen EOS 1200D nichts mehr im Weg.

1.1 Erwecken Sie Ihre EOS 1200D zum Leben

Um die Lebensgeister Ihrer neuen EOS 1200D zu wecken, ist es als Erstes notwendig, ihr etwas Energie zu spendieren. Und die kommt, na klar, aus dem Akku, der allerdings seinerseits erst einmal Strom aus der Steckdose benötigt.

Entnehmen Sie also Akku und Ladegerät ihren Plastikhüllen, verbinden Sie das Ladegerät mit einer Steckdose, legen Sie den Akku in das Gerät ein und schon beginnt der Ladeprozess. Während des Ladens leuchtet eine orangefarbene Lampe. Ist der Akku voll aufgeladen ▰▰▰, das nach circa zwei Stunden der Fall ist, wird dies durch ein grünes Lämpchen angezeigt.

▲ *Akkuladegerät mit fertig aufgeladenem Akku.*

Am besten nehmen Sie den Akku dann auch gleich wieder aus dem Ladegerät heraus. Denn steckt er länger im betriebsbereiten Ladegerät, wirkt sich dies negativ auf seine Haltbarkeit und Funktion aus. Auch sollten Sie den Akku möglichst nicht vollständig entleeren ▭, da er sonst leicht Schäden davontragen kann. Zudem wird seine Lebensdauer damit zunehmend verkürzt.

▲ *Einlegen des Akkus hinter der Klappe an der Unterseite der 1200D.*

Versehen Sie Ihre EOS 1200D mit einer Speicherkarte

Als Speicherkarte für Ihre EOS 1200D eignen sich SDHC- oder SDXC-Karten (SD = **S**ecure**D**igital). Diese sind im Lieferumfang nicht enthalten, daher finden Sie auf ab Seite 338 in Kapitel 16 Geeignete Speicherkarten für die EOS 1200D. Sicherlich haben Sie aber jetzt schon eine solche Karte zur Hand. Legen Sie sie jetzt erst einmal ein, um Ihre 1200D betriebsfertig zu machen. Der Slot für die Speicherkarte befindet sich ebenfalls unter der Klappe an der Unterseite der Kamera, direkt neben dem Akku. Schieben Sie die Karte mit den Kontakten zum Akku hinzeigend einfach in den Schlitz, bis sie mit einem Klick einrastet. Möchten Sie sie wieder entnehmen, drücken Sie darauf bis es erneut klickt. Die Karte kommt Ihnen etwas entgegen und Sie können sie so wieder entnehmen.

So bringen Sie das Wechselobjektiv an

Zu guter Letzt gilt es, die beiden wichtigsten Komponenten einer funktionierenden Kameraeinheit miteinander zu verbinden: das Kameragehäuse und das Objektiv. Sollten Sie ein EOS-1200D-Kit erworben haben, liegt das Objektiv ebenfalls im Karton. Als Erstes drehen Sie die Schutzkappen des Kameragehäuses und die hintere Schutzkappe des Objektivs mit einem Linksdreh ab.

▲ *Einlegen der Speicherkarte.*

Nun lässt sich das Objektiv am Bajonett des Kameragehäuses anbringen. Dazu bringen Sie bei EF-S-Objektiven, wie dem Kit-Objektiv, die weiße *Objektivbajonett-Markierung* ❶ am Objektiv mit der weißen *EF-S-Objektiv-Ansetzmarkierung* ❷ am Bajonett zur Deckung und drehen das Objektiv dann im Uhrzeigersinn fest. EF-Objektive besitzen einen roten Punkt, der mit dem korrespondierenden roten Punkt am Bajonett in Deckung gebracht wird.

◄ *Ansetzen eines EF-S-Objektivs.*

Um das Objektiv wieder abnehmen zu können, drücken Sie die *Objektiventriegelungstaste* ❸ und drehen das Objektiv gegen den Uhrzeigersinn, bis es sich problemlos entfernen lässt.

▶ *Abnehmen des Objektivs.*

1.2 Neue Features und Funktionen im Überblick

Fast drei Jahre nach der Markteinführung der EOS 1100D hat Canon seinem Einstiegsmodell in die Welt der digitalen Spiegelreflexfotografie nun ein Nachfolgemodell gegönnt, dass Sie in Form Ihrer EOS 1200D jetzt betriebsbereit vor sich haben. Leicht und kompakt liegt sie nach dem Auspacken in der Hand und wirkt haptisch dennoch ein ganzes Stück hochwertiger als ihre Vorgängerin.

Was hat sich noch verändert, welche Komponenten wurden gegen modernere ausgetauscht, und welche neuen Funktionen hat Ihre fotografische Begleiterin zu bieten?

Sensor und Prozessor

Gegenüber der EOS 1100D, die noch mit einem 12,2-Megapixel-Sensor antrat, hat die EOS 1200D deutlich zugelegt und führt nun einen 18-Megapixel-CMOS-Sensor im Seitenverhältnis 3:2 ins Feld. Ein solcher hat uns zum Beispiel auch schon in der EOS 600D überzeugt und ist sicherlich eine echte Aufwertung gegenüber dem Vorgängermodell. Beim Prozessor hingegen setzt die EOS 1200D weiterhin auf den aus dem Vorgängermodell bekannten DIGIC-4-Prozessor.

▲ *Sensor der EOS 1200D.*

Die resultierende Abbildungsleistung zeichnet sich durch eine hohe Kantenschärfe aus, die auch bei steigender Lichtempfindlichkeit nur moderat abnimmt. Störendes Bildrauschen macht sich erst oberhalb von ISO 1600 sichtlich bemerkbar. Mit einer guten Bildqualität darf also gerechnet werden, und das ist ja das zentrale Kriterium, welches eine Kamera zuallererst erfüllen sollte.

Full-HD-Video

Einen echten Fortschritt für angehende Videografen bietet die EOS 1200D auch. Denn Sie zeichnet nun Videos im Format *Full-HD*  mit einer Bildgröße von 1920 × 1080 Pixeln und mit maximal 30 Bildern pro Sekunde auf. Damit macht das Filmen eindeutig mehr Spaß. Sie erreichen bei Ihren Videos damit eine deutlich gesteigerte Abbildungsqualität mit brillanteren Einzelbildern.

AF-Messfelder

Zur Scharfstellung der Bilder setzt die EOS 1200D weiterhin auf die bewährte Technik des Vorgängermodells und verwendet einen *9-Messfeld-Autofokus*. Dieser stellt acht Liniensensoren ❶ und einen in der Mitte platzierten mit Kreuzsensor ❷ zur Verfügung. Das ist nicht die allerneueste Canon-Technologie, aber dennoch eine solide Basis, um in den allermeisten Situationen mit dem Autofokus gezielt, schnell und zügig Scharfstellen zu können.

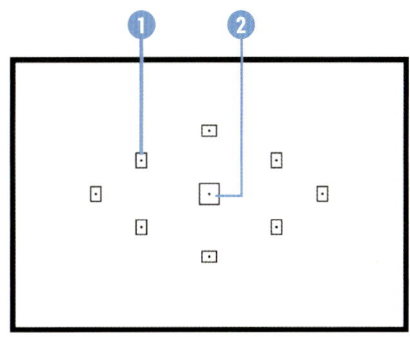

▲ *Die neun AF-Messfelder der EOS 1200D.*

Kreativfilter

Bekannt aus diversen Mittelklasse-EOS-Kameras und nun auch im Portfolio der EOS 1200D zu finden sind die sogenannten *Kreativfilter*. Bei ihnen handelt es sich um Bildeffekte, mit denen Sie Ihren Aufnahmen einen ganz eigenen Charakter verleihen können.

Das funktioniert ganz locker und entspannt, da die Filter erst bei der Nachbearbeitung auf die Bilder angewendet werden können.

Dabei haben Sie die Wahl zwischen folgenden Filtertypen: *Körniges S/W*, *Weichzeichner*, *Fish-Eye-Effekt*, *Spielzeugkamera-Effekt* und *Miniatureffekt*. Mehr darüber erfahren Sie in ab Seite 357.

▼ *Sonnenuntergang mit Spielzeugkamera-Effekt.*
1/30 s | f9 | ISO 125 | 18 mm | +1 EV

Die Canon EOS Begleiter App

Ein weiteres Novum befindet sich gar nicht direkt im oder am Gehäuse Ihrer neuen EOS 1200D, sondern – wenn Sie es wollen – auf Ihrem Smartphone oder Tablet-PC. Die zur Markteinführung der EOS 1200D von Canon erstmals vorgestellte *Canon EOS Begleiter App* soll gerade Einsteigern den Umgang mit der neuen Kamera erleichtern und will zusätzlich auch Anregungen zum kreativen Umgang mit der DSLR geben. Dazu bietet das Programm außer einer Beschreibung der Kamerafunktionen eine interaktive Anleitung der Bedienelemente und Übungen, mit denen Sie zum Beispiel Schritt für Schritt lernen, die Kreativ-Programme zu nutzen. Ganz lustig sind die Spielchen, mit denen Sie Anregungen bekommen, Ihre eigene Kreativität zu entdecken. Etwas ungünstig finden wir allerdings, dass die App nur von iOS ab Version 6.1 und Android ab der Version 4.0 unterstützt wird. Erhältlich ist die kostenlose App für kompatible Android-Geräte im Google Play Store oder für kompatible Apple-Mobilgeräte im Apple App Store.

▲ *Canon EOS Begleiter App (Bild: Canon).*

1.3 Die EOS 1200D stellt sich vor

Wenn Sie eine moderne Spiegelreflexkamera wie die EOS 1200D einmal rund herum betrachten, fallen Ihnen zahlreiche Schalter, Knöpfe und Rädchen auf, mit denen sich unzählige Funktionen einstellen oder direkt steuern lassen. Auch wenn wir später im Buch auf die verschiedenen Bedienelemente im Detail eingehen werden, möchten Sie bestimmt vorab schon einmal wissen, welche Einstelloptionen Ihre 1200D denn bietet. Daher haben wir Ihnen im Folgenden einige Ansichten der EOS 1200D mit den sichtbaren Komponenten zusammengestellt. Gönnen Sie sich also einen kompakten Überblick über Ihr neu erworbenes Arbeitsgerät und nutzen Sie diese Darstellung auch, falls Sie sich im Laufe dieses Buches die Positionierung einzelner Komponenten erneut ins Gedächtnis rufen möchten.

Bedienelemente in der Übersicht

▲ Canon EOS 1200D mit Objektiv EF-S 18-135 mm.

❶ *Auslöser*: wird zum Fokussieren halb und zur Aufnahme des Bildes ganz herunter gedrückt

❷ *Hauptwahlrad* ⚙: wird zum Verändern verschiedener Einstellungen verwendet

❸ Integriertes *Mikrofon* (Mono) : zur Aufnahme von Tönen beim Filmen

❹ *Fokussierschalter*: zum Wechseln zwischen dem automatischen Fokus (AF) und dem manuelle Fokus (MF)

❺ *Schalter für Image Stabilizer*: zum Ein- oder Ausschalten des Bildstabilisators

❻ *Objektiventriegelungstaste*: wird zum Abnehmen des Objektivs gedrückt

❼ *Zoom-Ring*: zum Justieren der Brennweite (die Brennweite bestimmt die Größe des Bildausschnitts)

❽ *Entfernungsring*: wird beim manuellen Scharfstellen gedreht, Achtung: nicht drehen, wenn der Fokussierschalter auf *AF* steht und der *Entfernungsring* schwergängig ist

❾ *Lampe zur Verringerung roter Augen* (leuchtet, damit sich die Pupillen zusammenziehen) oder *Selbstauslöser-Lampe* (visualisiert die verstreichende Vorlaufzeit)

❶ *LCD-Monitor* (TFT-LCD-Farbmonitor): Anzeige von Aufnahmeeinstellungen, Menüs, Livebild, Wiedergabe, 460.000 Bildpunkte

❷ *Sucher*: (Dachkant-Spiegelprismensucher): ermöglicht die Betrachtung des Motivs direkt durch das Objektiv, um Bildausschnitt und Schärfe einzustellen, deckt 95 % der Bildfläche ab

❸ *Bildebene* ⊖: markiert die Position des Sensors

❹ Integrierter *Lautsprecher*: zur Wiedergabe von Tonaufnahmen

❺ *Zubehörschuh*: zum Anbringen von Systemblitzgeräten, GPS-Empfängern, Fernauslösern, externen Mikrofonen oder anderen Zubehörkomponenten

❻ *Interner Blitz*: klappt automatisch oder per Blitztaste ⚡ aus dem Gehäuse, das *AF-Hilfslicht* sendet bei wenig Licht zur Fokusunterstützung eine kurze Blitzserie aus

❼ *Dioptrieneinstellung*: dient zur Anpassung des Suchers für Kurz- und Weitsichtige, um auch ohne Brille ein scharfes Bild sehen zu können

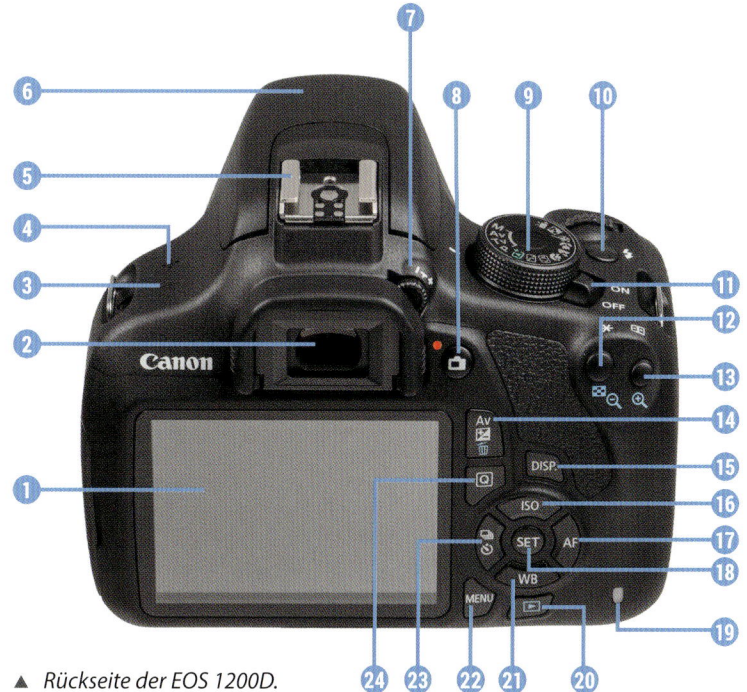

▲ *Rückseite der EOS 1200D.*

❽ Taste für *Livebild-Aufnahmen* 📷 (Motiv wird in Echtzeit auf dem LCD-Monitor angezeigt) und Start der Filmaufnahme im Modus *Movie-Aufnahmen* 🎥

❾ *Modus-Wahlrad*: ermöglicht die Auswahl der Aufnahmeprogramme

❿ *Blitztaste* ⚡: aktiviert den integrierten Blitz in den Modi P, Tv, Av und M

⓫ *Hauptschalter*: erweckt Ihre EOS 1200D zum Leben

⓬ *Sterntaste* ✱: zum Speichern der Belichtung ohne (*AE-Speicherung*) und mit Blitz (*FE-Speicherung*), im Wiedergabe-Modus zur Ansicht des *Index* oder zur *Verkleinerung* 🔍 der Bildansicht

⓭ Taste für *AF-Messfeldwahl* ⊞: Auswahl der AF-Messfelder für die Scharfstellung, auch zur *Vergrößerung* 🔍 in der Bildwiedergabe

⑭ Taste Av⊠ für die Einstellung der *Blende* im Modus M oder für die *Belichtungskorrektur* (Modi P, Tv, Av), auch zum *Löschen* 🗑 von Bildern und Filmen

⑮ *DISP.*-Taste: Wahl der Anzeigeform auf dem LCD-Monitor

⑯ *ISO*-Taste: definiert die Lichtempfindlichkeit des Sensors, auch als *obere Kreuztaste* ▲ zur Navigation in den Menüs

⑰ *AF*-Taste: zur Auswahl des Autofokusmodus (*One Shot*, *AI Focus*, *AI Servo*), auch als *rechte Kreuztaste* ▶ zur Navigation in den Menüs

⑱ *SET*-Taste: zur Bestätigung von Auswahlen

⑲ *Zugriffsleuchte*: Kamera greift auf die Speicherkarte zu

⑳ *Wiedergabetaste* ▶: zum Wiedergeben von Bildern und Filmen auf dem LCD-Monitor

㉑ *WB*-Taste: Auswahl des *Weißabgleich* zur Einstellung der Bildfarben, auch als *untere Kreuztaste* ▼ für die Navigation in den Menüs

㉒ *MENU*-Taste: zum Aufrufen des Kameramenüs

㉓ Taste ⊒ ⊗ für die *Betriebsart* (*Einzelbild*, *Reihenaufnahme*) und den *Selbstauslöser* (*10 Sek.*, *2 Sek.*, *10 Sek. plus Reihenaufnahme*), auch als *linke Kreuztaste* ◀ für die Navigation in den Menüs

㉔ *Schnelleinstellungstaste* [Q]: zum Aufrufen des Schnelleinstellungsmenüs

❶ *Fernbedienungsbuchse* 🎧: Anbringen eines Fernauslösers

❷ *Digitaler Ausgang* ⟵: zum Anschließen an einen Computer oder Drucker

❸ *HDMI mini-Ausgang*: für die Verbindung der EOS 1200D mit einem Fernsehgerät

◀ *Linke Seite der EOS 1200D mit den digitalen Schnittstellen.*

❶ *EF-Objektiv-Ansetzmarkierung*: zum Anbringen von EF-Objektiven

❷ *EF-S-Objektiv-Ansetzmarkierung*: zum Anbringen von EF-S Objektiven

❸ *Objektiventriegelungstaste*: zum Abnehmen des Objektivs

❹ *Schnellrücklaufspiegel*: leitet das Licht vom Objektiv zum Sucher und einen kleinen Teil davon nach unten, damit die AF-Sensoren scharfstellen können; schwingt bei der Belichtung nach oben und gibt den Sensor für die Bildaufnahme frei

❺ Elektrische *Kontakte*: zur Datenübertragung zwischen Kamera und Objektiv

▲ *Frontansicht der EOS 1200D ohne Objektiv.*

❻ *Kamerabajonett*: Verbindungselement für die Befestigung des Objektivs an der Kamera

Funktionen von Auslöser und Hauptwahlrad

Den *Auslöser* ❶ werden Sie vermutlich am häufigsten verwenden, denn ohne ihn gibt es zweifellos kein Bild. Er besitzt zwei Funktionen: Wird er bis zum ersten Druckpunkt herunter gedrückt, stellt die EOS 1200D scharf. Wird er anschließend ganz durchgedrückt, bekommt die Kamera das Signal zur Bildaufnahme. Drücken Sie den Auslöser also nicht gleich voll durch, sondern geben Sie dem Objektiv kurz die Möglichkeit, das Motiv auch richtig in den Fokus zu bekommen.

Das direkt hinter dem Auslöser lokalisierte *Hauptwahlrad* ❷ dient zur Anpassung der Belichtungseinstellungen. Desweiteren können Sie damit im Kameramenü navigieren und aufgenommene Bilder im Wiedergabemodus vor- und zurückzublättern. Es handelt sich hierbei also um ein ebenfalls sehr zentrales Bedienelement Ihrer 1200D.

▶ *Auslöser und Hauptwahlrad.*

Programmwahl mit dem Modus-Wahlrad

Mit dem *Modus-Wahlrad* auf der Oberseite Ihrer EOS 1200D bestimmen Sie das Aufnahmeprogramm, das die Belichtungseinstellungen für das Foto oder den Film festlegt. Bei den Programmen gibt es solche, bei denen die Kamera bereits automatisch viele Einstellungen für Sie erledigt, und einige, die mehr Eingreifen erfordern.

▲ *Modus-Wahlrad zum Einstellen der Aufnahmeprogramme.*

Zu den ersteren zählen die beiden Vollautomatiken *Automatische Motiverkennung* A+ und *Blitz Aus*. Die *Kreativ-Automatik* CA erlaubt hingegen schon mehr Einflussnahme auf die Einstellungen, und die Normalprogramm-Modi *Porträt*, *Landschaft*, *Nahaufnahme*, *Sport* und *Nachtporträt* bieten Ihnen passende Voreinstellungen für häufig fotografierte Motive. Hinzu kommt der Modus *Movie-Aufnahmen*, mit dem sich die Welt der bewegten Bilder erschließen lässt. Schließlich bieten die Kreativ-Programme *Programmautomatik* (**P**), *Blendenautomatik* (**Tv**), *Verschlusszeitenautomatik* (**Av**) und *Manuelle Belichtung* (**M**) weitreichendere Möglichkeiten zur Gestaltung der Aufnahmebedingungen. Im Laufe dieses Buches werden wir an vielen Stellen noch ausführlich darauf eingehen, was mit den Automatiken möglich ist, wie Sie mit den Normalprogramm-Modi die unterschiedlichsten Fotosituationen meistern können und was Sie mit den Kreativ-Programmen in der Spitze zusätzlich aus einem Motiv herausholen können.

Kreuz-, SET- und Direkttasten-Funktionen

Die kreisrund angeordneten Tasten rechts neben dem LCD-Monitor sind für viele Einstellungen von zentraler Bedeutung. Einerseits können Sie darüber in den Kameramenüs navigieren, um die gewünschten Einstellungen aufzurufen.

Daher werden die Tasten, die wir hier mit Pfeilen markiert haben ❶, auch als *Kreuztasten* ✛ bezeichnet. Zum anderen dienen sie als Direkttasten, mit denen Sie die *ISO-Empfindlichkeit* ❷, den *Autofokusmodus* ❸, den *Weißabgleich* ❹ und die *Betriebsart/Selbstauslöser* ❺ flink einstellen können. Mit der *SET*-Taste ❻ in der Mitte werden die jeweils ausgewählten Funktionen in den Menüs bestätigt.

Behalten Sie die Bildkontrolle über den Sucher

Im Gegensatz zu den inzwischen schon in vielen Digitalkameras verbauten elektronischen Suchern zeigt der optische Sucher Ihrer EOS 1200D das Motiv zwar in Echtzeit an, die Bildhelligkeit des Sucherbildes und des anschließend aufgenommenen Fotos können sich aber unterscheiden, denn die meisten Kameraeinstellungen können nicht auf das optische Sucherbild angewendet werden.

So werden Sie auch eventuelle Belichtungskorrekturen nicht sehen, genauso wenig wie die farblichen Anpassungen, die Sie mit dem Weißabgleich oder den Bildstilen vornehmen können.

> **Eingeschränkte Funktionen**
>
> Nicht alle Funktionen der EOS 1200D stehen auch in allen Aufnahmeprogrammen zur Verfügung. Darauf werden wir im Text hinweisen und zusätzlich entsprechende Wahlradsymbole einfügen, die Ihnen sofort signalisieren, in welchen Aufnahmemodi die Funktion verwendbar ist.

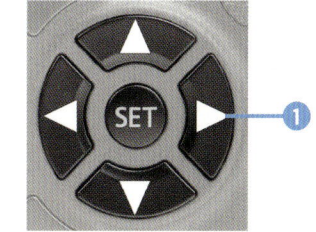

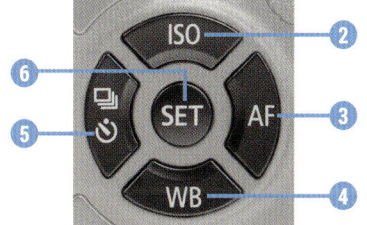

▲ *Die Kreuztasten dienen in den Menüs zur Navigation (oben). Außerdem fungieren sie als Direkttasten für zentrale Aufnahmefunktionen (unten).*

Wenn es Ihnen wichtig ist, genauer zu prüfen wie das Bild aussehen wird, können Sie jedoch das später noch vorgestellte Livebild 📷 dafür verwenden.

Typisch für das Fotografieren mit einer digitalen Spiegelreflexkamera wie der EOS 1200D ist jedoch der Blick durch den Sucher. Dabei sehen Sie das Licht ❶, das durch die Objektivlinsen ❷ und die Blende ❸ über den Spiegel ❹ in das Sucherokular ❻ und weiter in Ihr Auge geleitet wird. Damit Sie das Bild seitenrichtig sehen können, muss es allerdings erst durch das Dachkant-Spiegelprisma ❺ umgeleitet werden. Der Sensor ❼ bekommt das Bild erst im Zuge der Belichtung zu sehen. Dazu klappt der Spiegel ❹ hoch, sodass das Licht auf direktem Wege ❽ zum Sensor geleitet werden kann.

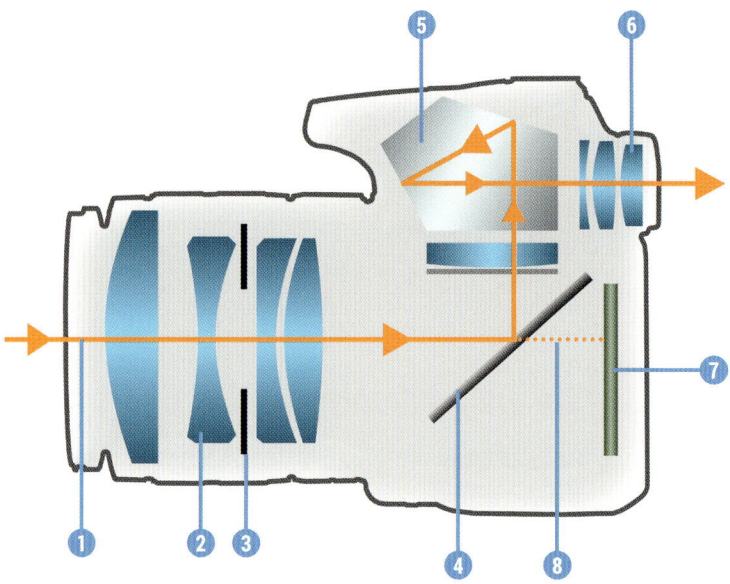

▶ *Der Weg des Lichts vom Motiv bis zum Sucher der EOS 1200D.*

Am unteren Rand des Suchers finden Sie übrigens alle wichtigen Einstellungswerte. Nehmen Sie eine Änderung der Einstellungen vor, wird diese sofort in der Sucherleiste angepasst.

❶ *AF-Messfelder*: zeigen die Bildpunkte an, die zur Scharfstellung verwendet werden können

❷ *FE Speicherung* ✱: leuchtet auf, wenn bei aktivem Blitz mit der *Sterntaste* die Belichtung gespeichert wurde

❸ *Blitzbereitschaft* ⚡: leuchtet, wenn das integrierte Blitzgerät aufnahmebereit ist

❹ *AE-Speicherung* ✱: wird angezeigt, wenn die Belichtungswerte mit der *Sterntaste* zwischengespeichert wurden; auch zu sehen, wenn die Belichtungsreihe *AEB* aktiv ist

❺ *Hi-Speed-Synchronisation* ⚡H: zeigt an, wenn am externen Blitzgerät die Funktion zum Blitzen mit Belichtungszeiten kürzer als 1/200 s aktiviert wurde

❻ *Blitzbelichtungskorrektur* : die Blitzlichtmenge wurde erhöht oder verringert

❼ *Verschlusszeit* bzw. Belichtungszeit: Dauer, die der Sensor während der Belichtung dem Licht ausgesetzt ist. Weitere Anzeigen: *FE-Speicherung* (*FEL*), *buSY* (Datenbearbeitung), ⚡ *buSY* (interner

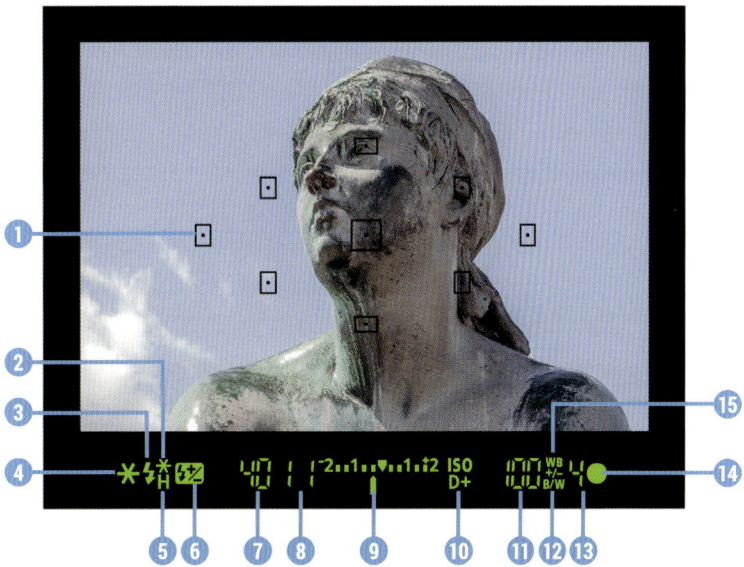

Blitz lädt), *FuLL* (Speicherkarte voll), *Card* (Kartenfehler oder keine Karte eingelegt)

❽ *Blende*: regelt die Größe der Objektivöffnung und steuert die Schärfentiefe

❾ *Belichtungsstufenanzeige*: zeigt die Höhe der *Belichtungskorrektur* oder den *AEB-Bereich* (automatische Belichtungsreihe) an, auch als Statusanzeige für die Lampe zur Verringerung roter Augen

❿ *Tonwert-Priorität*: kamerainterne Kontrastoptimierung aktiviert

⓫ *ISO-Empfindlichkeit*: Maß für die Lichtempfindlichkeit des Sensors

⓬ Warnanzeige bei eingeschaltetem Bildstil *Monochrom*

⓭ Anzahl möglicher Reihenaufnahmen

⓮ *Schärfeindikator*: leuchtet, wenn das Motiv erfolgreich scharfgestellt wurde

⓯ *Weißabgleichkorrektur* WB: individuelle farbliche Anpassung des Weißabgleichs

Was der Aufnahmemonitor alles anzeigt

Wenn Sie Ihre EOS 1200D einschalten, befinden Sie sich direkt im Aufnahmemodus, und der LCD-Monitor informiert Sie über die wichtigsten Aufnahmeeinstellungen. Die Ansicht variiert jedoch abhängig vom gewählten Aufnahmemodus. Es sind also nicht immer alle Symbole zu sehen und die Anordnung kann auch variieren. In den Modi *P*, *Tv*, *Av* und *M* werden Ihnen die meisten Belichtungseinstellungen präsentiert.

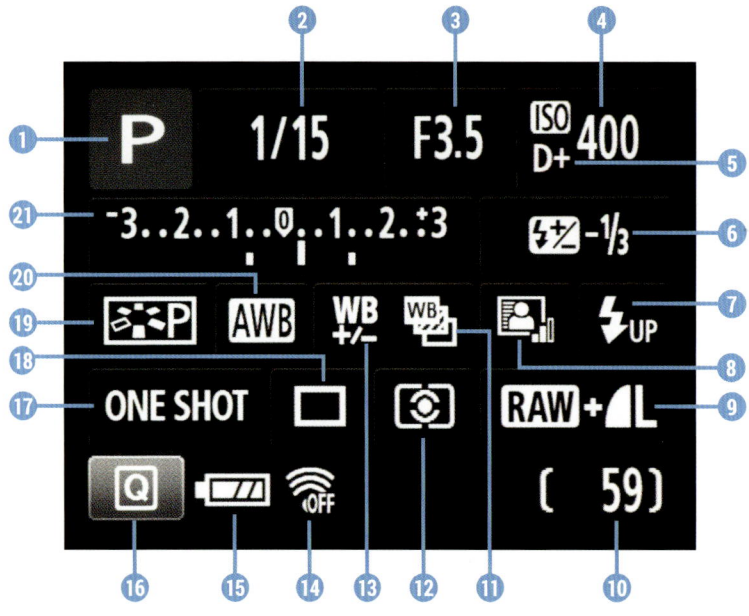

▲ LCD-Anzeige der Aufnahmeeinstellungen im Modus *P*.

❶ *Aufnahmemodus*: über das Modus-Wahlrad eingestelltes Belichtungsprogramm

❷ Verschluss- oder Belichtungszeit: Dauer der Belichtung

❸ *Blende*: Größe der Objektivöffnung, beeinflusst die Schärfentiefe

❹ *ISO-Empfindlichkeit*: regelt die Lichtempfindlichkeit des Sensors

❺ *Tonwert-Priorität*: automatische Kontrastoptimierung

❻ *Blitzbelichtungskorrektur*: erhöhte oder verringerte Blitzlichtmenge, bei externen Blitzgeräten mit ➔ symbolisiert

❼ Internen Blitz ausfahren: benötigt zum Blitzen in den Modi *P*, *Tv*, *Av* und *M*

❽ *Automatische Belichtungsoptimierung*: zu dunkle und wenig kontrastierte Bilder werden nach der Aufnahme kameraintern korrigiert

❾ *Bildqualität*: Aufnahmeformat für Fotos

❿ Anzahl möglicher Aufnahmen (auch beim *Weißabgleich-Bracketing*), Ablauf des *Selbstauslösers*

⓫ *Weißabgleich-Bracketing*: Aufnahme dreier Bilder mit einer Farbverschiebung

⓬ *Messmethode*: Art der Belichtungsmessung (*Mehrfeldmessung*, *Selektivmessung* oder *Mittenbetonte Messung*)

⓭ *Weißabgleichkorrektur*: individuelle farbliche Anpassung des Weißabgleichs

⓮ *Eye-Fi-Übertragungsstatus* 📶: wird angezeigt, wenn eine Eye-Fi-Speicherkarte eingelegt wurde

⓯ *Akkuprüfung*: Ladezustand des Akkus (voll 🔋, niedrig 🔋, bald leer 🔋, leer 🔋)

⓰ *Schnelleinstellung* [Q]: wichtige Aufnahmefunktionen können direkt über den Aufnahmemonitor angepasst werden

⓱ *AF-Betrieb*: Autofokusmodus für die Scharfstellung (*One Shot*, *AI Servo*, *AI Focus*)

⓲ *Betriebsart*: *Einzelbild* ☐, *Reihenaufnahme* ☐, *Selbstauslöser 10 Sek* ⏱, *Selbstauslöser 2 Sek* ⏱2, *Selbstauslöser-Reihenaufnahme* ⏱C

⓳ *Bildstil* ⚡: beeinflusst Schärfe, Kontrast, Farbsättigung und Farbton des Bildes

⓴ *Weißabgleich*: stimmt die Farben auf die Lichtquelle ab, damit Weiß- und Grautöne ohne Farbstich wiedergegeben werden

㉑ *Belichtungsstufenanzeige*: zeigt den Wert der *Belichtungskorrektur* ± (veränderte Bildhelligkeit) oder den *AEB-Bereich* der automatischen Belichtungsreihe an

1.4 Das Bedienkonzept der 1200D

Wenn Sie mit Ihrer EOS 1200D unterwegs sind oder daheim ein paar nette Aufnahmen von der Familie oder Ihrer Katze machen möchten, fragen Sie sich bestimmt, welche Wege Ihnen nun offen stehen, um die Eigenschaften der Kamera und die Aufnahmeparameter ideal an die jeweilige Situation anzupassen.

Dabei ist wichtig zu wissen, dass das Bedienkonzept der EOS 1200D auf drei grundlegenden Vorgehensweisen basiert. So können Sie die Kamera je nach der einzustellenden Funktion und entsprechend Ihren individuellen Vorlieben bedienen. Die drei Säulen sind das Menü *Schnelleinstellung* [Q], die Direkttasten für grundlegende Funktionen, wie z. B. für die Betriebsart ☐ ⏱ sowie das systematisch aufgebaute und allumfassende Kameramenü.

So nehmen Sie Schnelleinstellungen vor

Mit dem Menü *Schnelleinstellung* lassen sich die wichtigsten Aufnahmefunktionen direkt anpassen, ohne den richtigen Eintrag im Kameramenü erst umständlich suchen zu müssen.

Um die Schnelleinstellung anzuwenden, drücken Sie einfach die *Schnelleinstellungstaste* [Q] auf der Kamerarückseite. Wählen Sie anschließend mit den *Kreuztasten* ✛ die gewünschte Funktion aus, beispielsweise die *ISO-Empfindlichkeit* ❶. Durch Drehen am *Hauptwahlrad* lässt sich der passende Wert oder die gewünschte Einstellung schnell festlegen.

▲ *Die Schnelleinstellungstaste.*

▶ *Links: Schnelleinstellung der ISO-Empfindlichkeit mit dem Hauptwahlrad. Rechts: Aufrufen des Menübildschirms ISO-Empfindl. mit der SET-Taste.*

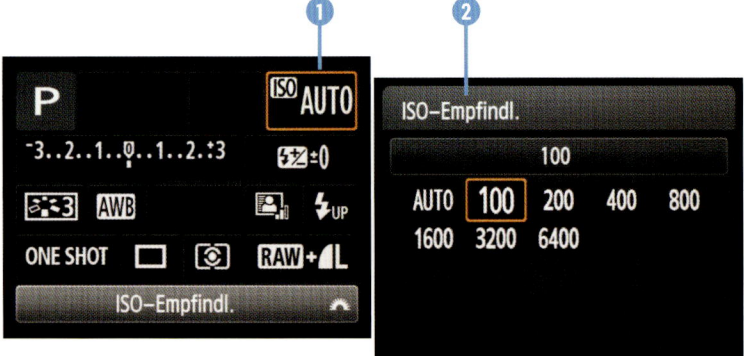

Alternativ können Sie mit der *SET*-Taste auch zum jeweiligen Menübildschirm ❷ wechseln und die Einstellungen darin vornehmen. Wählen Sie die Option mit den *Kreuztasten* ✛ oder dem *Hauptwahlrad* aus. In beiden Fällen ist eine Bestätigung der Änderung mit der *SET*-Taste nicht notwendig.

Sie können somit einfach den Auslöser antippen, um die Schnelleinstellung wieder zu verlassen und das Bild aufzunehmen. Die Schnelleinstellung funktioniert übrigens auch bei aktiviertem Livebild.

Einstellungen mit den Direkttasten

Für einige besonders häufig verwendete Funktionen hat Canon der EOS 1200D ein paar Tasten für den Direktzugriff spendiert. Dies ist der Fall für den *AF-Betrieb* (**AF**) ❹, den *Weißabgleich* (**WB**) ❺, die *Betriebsart* ❸, die *ISO-Empfindlichkeit* (**ISO**) ❷ und die Auswahl der *AF-Messfelder* ❶.

Möchten Sie zum Beispiel den ISO-Wert verändern, so können Sie einfach die Taste *ISO* drücken und landen direkt im zugehörigen Menübildschirm ❻.

Mit den *Kreuztasten* oder dem *Hauptwahlrad* lässt sich die Einstellung anpassen ❼. Wenn die aktive Auswahl blau angezeigt wird und unten rechts im Display das Icon *SET OK* ❽ auftaucht, ist zum Bestätigen der Auswahl ein Drücken der *SET*-Taste notwendig.

Anders als bei der Schnelleinstellung ist somit ein Tastendruck mehr zu erledigen. Der Vorteil der Direkttasten ist aber, dass Sie, sofern Sie die 1200D blind beherrschen, Funktionen wie den ISO-Wert anpassen können, während Sie durch den Sucher blicken. So verlieren Sie das Motiv nicht aus den Augen.

▲ *Die Direkttasten.*

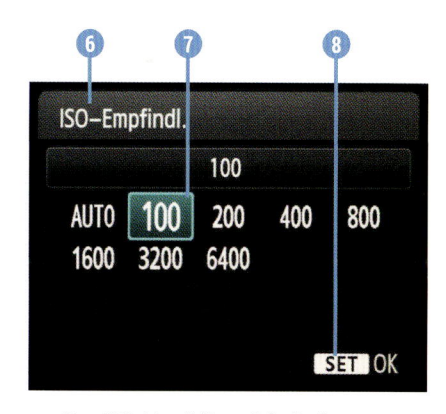

▲ *Das ISO-Menü lässt sich direkt anwählen.*

Das umfangreiche Kameramenü

Das Kameramenü ist die Steuerzentrale der EOS 1200D und bietet Zugriff auf alle Optionen, die die Kamera Ihnen anbietet. Hier können Sie sowohl allgemeine Einstellungen wie Sprache, Datum/Uhrzeit oder LCD-Helligkeit verändern als auch motivabhängig die Aufnahmeeinstellungen anpassen. Gerade Letzteres werden Sie im alltäglichen Gebrauch immer wieder benötigen. Denn es gibt Funktionen, die nur über das Menü zu erreichen sind.

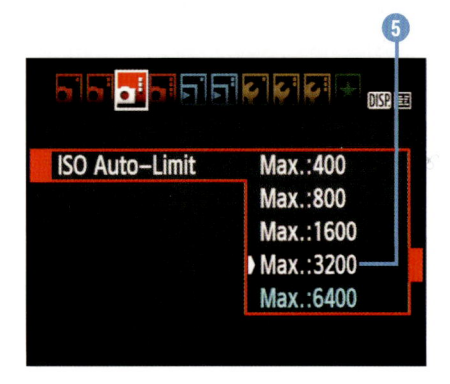

▲ Oben: Menü *Aufnahme 3*.
Unten: Einstellung des *ISO Auto-Limits*.

Dazu zählt beispielsweise das *ISO Auto-Limit* ❶, mit dem sich festlegen lässt, bis zu welcher Lichtempfindlichkeit die ISO-Automatik maximal ansteigen darf.

Das Menü erreichen Sie über die gleichnamige *MENU*-Taste. Es gliedert sich in maximal zehn *Registerkarten* ❷, die die darunter aufgeführten *Menüelemente* ❸ übersichtlich präsentieren. Die aktuell gewählten *Menüeinstellungen* ❹ werden jeweils rechts neben den Menüelementen angezeigt.

Zum Navigieren im Menü verwenden Sie die *Kreuztasten* ✥, und wenn Sie eine Einstellung ändern möchten, drücken Sie die *SET*-Taste. Wählen Sie die gewünschte Einstellung aus, im Fall des *ISO Auto-Limit* z. B. den Wert *Max.: 3200* ❺ und bestätigen Sie dies wieder mit der *SET*-Taste.

Durch die Fülle der Funktionen erscheint das Menü anfangs etwas unübersichtlich, aber Sie werden sich schnell an die Struktur gewöhnen und die für Sie essenziellen Menüelemente bald ganz intuitiv ansteuern.

- *Aufnahme 1–4* 🅾: enthält alle Funktionen, die für die Bildaufnahme benötigt werden

- *Movie 1–3* 🎥: wird eingeblendet, wenn der Modus *Movie-Aufnahmen* 🎥 aktiviert wurde, und liefert dann alle filmrelevanten Einstellungsoptionen

- *Wiedergabe 1–2* ▶: bietet Funktionen für die Bildbetrachtung, zum Schützen, Anwenden von *Kreativfiltern* und zum Löschen von Medienelementen

- *Einstellung 1–3* 🔧: enthält Funktionen für grundlegende Kameraeinstellungen (Datum, Karte formatieren) und solche, die sich auf die Bedienung der 1200D auswirken (Individualfunktionen)

- *My Menu* ★: hält sechs Speicherplätze für häufig verwendete Funktionen parat, die Sie selbst mit Menüelementen belegen können

Schneller Überblick mit dem Livebild-Modus

Oftmals reicht es nicht aus, das Bild erst nach der Aufnahme zu beurteilen, sondern schon vor dem Auslösen zu erkennen, ob Fehlbelichtungen oder Farbstiche vorliegen. Dank des *Livebild*-Modus Ihrer EOS 1200D ist dies ohne Weiteres möglich.

Mit nur einem Druck auf die *Livebildtaste* rechts neben dem Sucher gelangen Sie zur Echtzeitvorschau, und schon können Sie auf dem LCD-Monitor die Belichtung, die Farben und natürlich auch die Scharfstellung kontrollieren. Das Livebild steht in allen Aufnahmemodi zur Verfügung und wird mit einem erneuten Druck auf die *Livebildtaste* beendet.

▲ Die *Livebild*-Taste.

Selbstverständlich können Sie auch im Livebild-Modus die wichtigsten Aufnahmeeinstellungen justieren. Drücken Sie dazu einfach die *Schnelleinstellungstaste* Q. Steuern Sie die Funktion mit den *Kreuztasten* an und wählen Sie die Option direkt mit dem *Hauptwahlrad* aus, oder drücken Sie die *SET*-Taste und nehmen Sie die Einstellung im nächsten Menüfenster vor. Sobald Sie den Auslöser antippen, werden die Einstellungen übernommen und Sie können die Auswirkung der Änderungen gleich live auf dem Bildschirm begutachten.

▲ *Funktionseinstellung bei aktivem Livebild.*

Übrigens, wenn Sie das Livebild gar nicht nutzen möchten, können Sie es im Menü *Aufnahme 4* bei *Livebild-Aufnahme* gänzlich deaktivieren.

1.5 Wichtige Grundeinstellungen einmal vornehmen

Wie Sie es sicherlich auch von Ihrem Smartphone, Tablet-PC oder Notebook her kennen, so besitzt auch Ihre EOS 1200D einige Basisparameter, die es nach Inbetriebnahme der

Kamera einzustellen gilt. Ist dies einmal geschehen, benötigen Sie diese normalerweise nur noch selten.

Datum/Zeit/Zone einstellen

Gleich nach dem ersten Anschalten der 1200D erscheint automatisch der Bildschirm *Datum/Zeit/Zone*. Stellen Sie die Werte hier gleich richtig ein, dann werden Ihre Fotos von vornherein mit den korrekten Zeitdaten gespeichert.

Abschließend navigieren Sie zur Schaltfläche *OK* und bestätigen alle Einstellungen mit der *SET*-Taste, schon bewegen sich Uhr und Kalender Ihrer 1200D im richtigen Takt.

▲ *Einstellen von Datum, Zeit und Zeitzone.*

> **Einstellungen später ändern**
>
> Sollten Sie nachträglich Änderungen vornehmen wollen, so ist auch dies problemlos möglich. Gehen Sie zum Menü *Einstellung 2* 🔧 und weiter zu *Datum/Zeit/Zone*.

Eine Sprache wählen

Damit Sie auch wirklich alles richtig verstehen, was Ihnen die 1200D mitteilen möchte, stellen Sie Ihre bevorzugte Sprache ein. Das entsprechende Menüelement finden Sie im Menü *Einstellung 2* 🔧 bei Sprache.

Bestätigen Sie Ihre Wahl mit der *SET*-Taste und seien Sie versichert, dass Sie ab dem Moment nur noch verständliche Botschaften von Ihrer fotografischen Begleiterin erhalten werden.

▲ *Vielfältige Möglichkeiten der Spracheinstellung.*

Die Rückschauzeit einstellen

Kennen Sie das auch? Wenn wir gerade eine Aufnahme geschossen haben, ist es immer das gleiche Spiel, kurzer

Blick auf den Monitor und schwupps, weg ist das Bild. Dabei hätten wir es uns durchaus gerne noch ein paar Sekunden länger angesehen. Dem lässt sich aber leicht mit der Funktion *Rückschauzeit* im Menü *Aufnahme 1* abhelfen. Diese können Sie von *2 Sek.* bis auf *8 Sek.* oder sogar auf dauerhaftes *Halten* verlängern. Hat der Akku nur noch wenig Energiereserven, empfiehlt es sich allerdings, diese Funktion ganz auf *Aus* zu stellen, um Energie zu sparen.

▲ *Unsere bevorzugte Dauer der Rückschauzeit.*

Die automatische Abschaltung festlegen

Mit der Funktion *Auto.Absch.aus* im Menü *Einstellung 1* können Sie festlegen, nach welcher Zeitspanne sich Ihre EOS 1200D von selber verabschiedet und in den wohlverdienten Ruhemodus übergeht. Die Standardvorgabe von *30 Sek.* ist uns etwas zu kurz, sodass wir empfehlen, die Einstellung *1 Min.* zu wählen.

So justieren Sie die LCD-Helligkeit

Mit der Funktion *LCD-Helligkeit* können Sie, nomen est omen, die Helligkeit des Displays anpassen. Die Funktion finden Sie im Menü *Einstellung 1*; die Helligkeit lässt sich mit den *Kreuztasten* verringern ◄ oder erhöhen ►. Da die 1200D unserer Erfahrung nach ein wenig zur Unterbelichtung neigt, haben wir die LCD-Helligkeit auf den Wert 3 herunter geregelt.

▲ *Optionen für die Automatische Abschaltung.*

Das verleitet uns dazu, die Bilder tendenziell etwas heller aufzunehmen. Dies ist aber nur zu empfehlen, wenn Sie ein wenig Erfahrung mit der Beurteilung und Korrektur der Belichtung gesammelt haben. Lassen Sie die Helligkeit sonst ruhig auf Stufe 4 stehen.

Bei extrem starker Sonneneinstrahlung kann es aber auch sinnvoll sein, die LCD-Helligkeit zu erhöhen, um überhaupt ordentlich etwas auf dem Display sehen zu können.

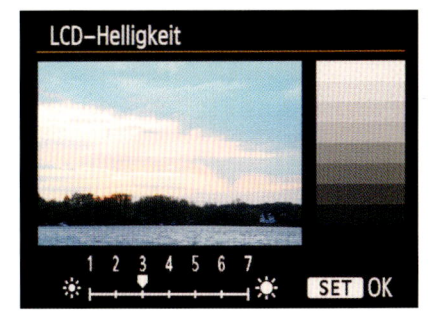

▲ *Bei uns ist die Helligkeitsstufe 3 eingestellt.*

> **Belichtung kontrollieren**
>
> Wenn Sie die LCD-Helligkeit gesenkt haben, ist es sinnvoll, nach der Aufnahme immer auch einen Blick auf das zugehörige Histogramm zu werfen. Entsprechende Informationen dazu finden Sie ab Seite 115 in Kapitel 3.

▲ *Piep-Ton ein- oder ausschalten.*

▲ *Formatieren der Speicherkarte.*

Achten Sie auf jeden Fall darauf, dass Sie die verschiedenen Graustufen noch auseinanderhalten können, sonst läuft die Bildkontrolle aus dem Ruder.

Sound oder keinen Sound, Sie können wählen

Um gleich zu erkennen, ob die Scharfstellung richtig funktioniert hat oder die Selbstauslöserzeit abläuft, wird Ihre EOS 1200D musikalisch und sendet entsprechende Pieptöne aus.

Da wir darauf gut verzichten können und uns das Piepen eher nervt, haben wir die Option *Piep-Ton* im Menü *Aufnahme 1* gleich ausgeschaltet. Wobei die Signale des Kit-Objektivs mit STM-Motor ganz hilfreich sein können, denn die 1200D stellt in dem Fall absolut geräuschlos scharf, und es ist dann nicht immer gut zu erkennen, ob sie erfolgreich war oder nicht. Halten Sie die Sache mit den Signaltönen einfach so, wie es Ihnen besser gefällt.

Formatieren Sie zunächst Ihre Karte

Bevor Sie mit dem Fotografieren loslegen, ist es sinnvoll, die neu in Ihre 1200D eingesetzte Speicherkarte zu formatieren. Sonst besteht die Gefahr, dass Ihre Bilder nicht im richtigen Ordner auf der Karte gespeichert werden. Dem können Sie aber schnell vorbeugen: Rufen Sie im Menü *Einstellung 1* die Option *Karte formatieren* auf.

Wenn die Speicherkarte zuvor in einer anderen Kamera verwendet wurde, eine Speicherkarten-Fehlermeldung aufgetreten ist oder die Karte an andere weitergegeben werden soll, aktivieren Sie durch Drücken der *Löschtaste* die Option *Format niedriger Stufe*. Dann werden alle Daten und Ordnerstrukturen vollständig gelöscht. Schließlich wählen Sie die Schaltfläche *OK* aus und starten den Vorgang mit der *SET*-Taste.

Bedenken Sie, dass mit dem Formatieren alle Daten verloren gehen; sie können später nur noch mit spezieller Software ohne eine Garantie auf Vollständigkeit wieder zurückgeholt werden (z. B. Easy Digital Photo Recovery, Art Plus Digital Photo Recovery oder Recuva). Sichern Sie also vorher alle Dateien, die ihnen lieb und wertvoll sind.

1.6 Legen Sie weitere Basiseinstellungen fest

In diesem Abschnitt möchten wir Ihnen weitere Funktionen aus dem Menü Ihrer 1200D vorstellen, die nicht unbedingt sofort nach Inbetriebnahme der Kamera eingestellt werden müssen.

Sie werden, da es sich um grundlegende Einstellungen handelt, aber auch in den folgenden Kapiteln nicht weiter behandelt. Daher bekommen sie an dieser Stelle ihren großen Auftritt.

Wenn Sie lieber gleich in die Praxis einsteigen möchten, können Sie diesen Abschnitt problemlos überspringen und gegebenenfalls später darauf zurückgreifen.

Auslöser ohne Karte betätigen

Auch uns ist es schon passiert, dass wir nach ein paar Aufnahmen feststellen mussten, dass peinlicher Weise keine Karte in der Kamera steckte. Dies ist mit Deaktivierung der Funktion *Auslöser ohne Karte betätigen* im Menü *Aufnahme 1* 📷 ganz einfach zu verhindern.

Dann wird bei fehlender Speicherkarte im Sucher und am Monitor der Hinweis *Card (keine Speicherkarte)* angezeigt und die 1200D löst kein Bild aus.

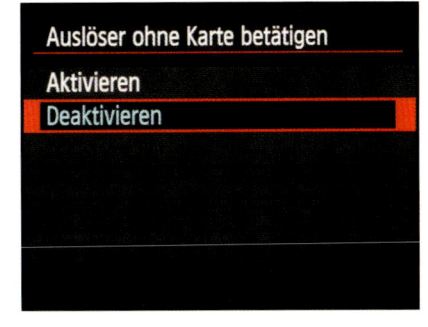

▲ *Deaktivieren Sie diese Funktion am besten.*

Messtimer einstellen

Der *Messtimer* im Menü *Aufnahme 4* 📷 legt fest, wie lange die Belichtungszeit und die Blende im Livebild-Modus oder bei Filmaufnahmen nach dem Loslassen des Auslösers angezeigt werden. Das hat vor allem eine Auswirkung auf die Dauer der Belichtungsspeicherung über die *Sterntaste* ✱. Wenn Sie den Wert auf 16 oder 30 Sek. erhöhen, geht die Speicherung weniger schnell verloren und Sie haben mehr Zeit für die Wahl des Bildausschnitts.

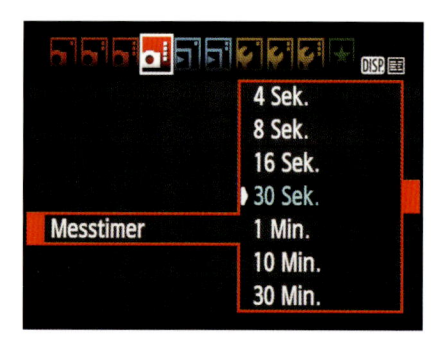

▲ *Bei uns läuft der Messtimer standardmäßig mit 30 Sek.*

Automatisch drehen aktivieren

Wer nicht nur im Querformat fotografiert, was wohl eigentlich so ziemlich jeden betrifft, wird diese Funktion bestimmt nicht ausschalten. Denn die automatische Bildausrichtung sorgt dafür, dass Bildbetrachtungs- und -bearbeitungsprogramme die Hochformatbilder auch als solche identifizieren und entsprechend hochformatig anzeigen. Auch die kamerainterne Bildbetrachtung zieht die gespeicherte Bildorientierung zurate, um hochformatige Fotos auf dem Monitor korrekt darzustellen. Also belassen Sie die Funktion am besten einfach auf der gezeigten Standardeinstellung.

▲ *Zum automatischen Drehen von Hochkantaufnahmen.*

Allerdings kann es vorkommen, dass der „Orientierungssinn" der 1200D durcheinander kommt. Das passiert zum Beispiel bei Überkopfaufnahmen oder bei solchen, die mit nach unten gerichteter Kamera entstehen. Es kann also vorkommen, dass Sie das ein oder andere Bild nachträglich drehen müssen.

Datei-Nummerierung bestimmen

Damit in der Bildersammlung kein Chaos entsteht oder gar Bilder versehentlich überschrieben werden, weil sie die gleiche Nummer tragen, verpasst die EOS 1200D jedem Bild oder Film eine fortlaufende Nummer. Dies behält sie auch bei, wenn die Speicherkarte zwischendurch formatiert wird oder mit einer anderen Speicherkarte weiterfotografiert wird. Erst wenn die Nummer 9999 erreicht ist, beginnt die Nummerierung mit 0001 wieder von vorne.

Persönlich würden wir Ihnen empfehlen, die fortlaufende Nummerierung beizubehalten. Stellen Sie hierzu im Menü *Einstellung 1* bei *Datei-Nummer* die Option *Reihenauf.* ein. Sollten Sie es vorziehen, die Nummerierung automatisch zurückzustellen, um zum Beispiel die Bilder in jedem neuen Ordner, monatlich oder täglich (siehe nächste Funktion) mit 0001 beginnen zu lassen, wählen Sie *Auto reset*. Um die Nummerierung auch beim Einlegen einer neuen oder geleerten Karte wieder von vorne laufen zu lassen, ist es dann auf jeden Fall wichtig, die Karte immer zuerst zu formatieren. Mit *Man. reset* können Sie schließlich die Dateinummerierung manuell auf 0001 zurücksetzen, was automatisch zum Erstellen eines neuen Ordners führt.

▲ *Optionen zur Nummerierung der Bilder und Filme.*

Ordner für die Bildablage wählen

Die Bilder werden auf der Speicherkarte in Ordnern abgelegt, die mit maximal 9999 Bildern gefüllt werden. Da wir die Bilder nach dem Kopieren auf die Festplatte ohnehin umbenennen und in ein eigenes Ordnersystem einpflegen, bleibt es bei uns bei der automatischen Ordnerwahl.

Wenn Sie aber beispielsweise lieber für jeden Fototag einen eigenen Ordner anlegen möchten, geht das auch. Navigieren Sie dazu im Menü *Einstellung 1* zur Rubrik *Ordner wählen* und bestätigen Sie den Eintrag *Ordner erstellen* mit der *SET*-Taste. Der neue Ordner erhält die Nummer *101CANON*, der nächste *102CANON* usw. Sollen die Bilder außerdem jeden Tag mit der Nummer 0001 beginnen, wählen Sie bei der zuvor erwähnten Funktion *Datei-Nummer* die Einstellung *Auto reset*. Die Gefahr doppelter Bildnummern und Überschreibungen erhöht sich dann aber erheblich.

▲ *Ordner auswählen und neue Ordner erstellen.*

Kapitel 1 Erste Schritte mit Ihrer EOS 1200D 43

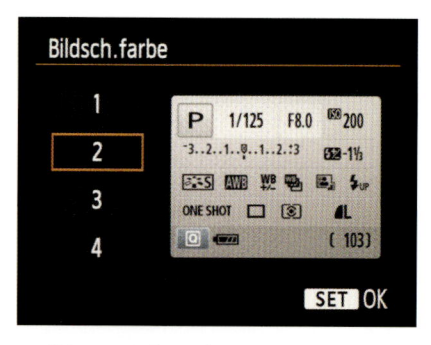

▲ *Warum nicht mal ein Menü in grau.*

▲ *Optionen für die Monitoranzeige während der Bildaufnahme.*

Bildschirmfarbe festlegen

Standardmäßig präsentiert sich das Aufnahmemenü der EOS 1200D in einer stylischen Schwarz-Weiß-Anmutung. Wem das zu trist oder einfach zu dunkel ist, der kann die Bildschirmfarbe über den Eintrag *Bildsch.farbe* im Menü *Einstellung 1* ändern. Auf die Menülandschaft wirkt sich die Farbwahl allerdings nicht aus.

LCD Aus/Ein auf Ihre Bedürfnisse einstellen

Mit der Funktion *LCD Aus/Ein* im Menü *Einstellung 2* ist es möglich, den LCD-Monitor so einzustellen, dass er ausgeschaltet wird, sobald Sie den Auslöser halb durchdrücken. Da es beim Blick durch den Sucher störend sein kann, wenn einem die hellen Aufnahmeeinstellungen von schräg unten in die Pupille blinzeln, haben wir die Option durch Auswahl des Eintrags *Auslöser* aktiviert.

Bei *Auslös./DISP.* wird die Anzeige ebenfalls ausgeschaltet, sie bleibt aber auch nach dem wieder Loslassen des Auslösers ausgeschaltet und muss dann mit der *DISP.*-Taste wieder eingeschaltet werden. Schließlich können Sie die Option *Bleibt an* wählen, bei der die Anzeige permanent eingeschaltet bleibt. Mit der *DISP.*-Taste können Sie sie aber manuell aus- und wieder einschalten.

Erläuterungen

Sicherlich sind Ihnen bei der Inbetriebnahme der 1200D gleich die *Erläuterungen* ❶ aufgefallen, die beim Einstellen der unterschiedlichsten Funktionen angezeigt werden. Am Anfang sind diese bestimmt hilfreich, aber manch einem ist es dann irgendwann auch zu viel des Guten. In diesem Fall können sie ohne viel Federlesens deaktiviert werden. Das entsprechende Menüelement finden Sie im Menü *Einstellung 2*.

◄ Die *Erläuterungen* ❶ geben Informationen zur gewählten Funktion preis (links), können aber auch deaktiviert werden (rechts).

Anzeige Zertifizierungslogo aktivieren

Besonders an internationalen Zulassungsdaten für Kameras interessierte Zeitgenossen dürfte die Rubrik *Anzeige Zertifizierungs-Logo* im Menü *Einstellung 3* gefallen. Sie liefert diverse Logos der Kamerazertifizierung, die nicht auf dem Kameragehäuse angebracht sind. Eine rundum spannende Angelegenheit, die allerdings selten zu besseren Bildern führt.

▲ *Anzeige Zertifizierungs-Logo.*

LCD-Display bei Kamera Ein

Da die Justierung der Aufnahmeeinstellungen bei der EOS 1200D maßgeblich über den LCD-Monitor läuft, wird die Monitoranzeige eigentlich permanent benötigt. Daher ist es günstig, die Vorgabe im Menü *Einstellung 3* bei *Individualfunktionen(C.Fn)* und *LCD-Display bei Kamera Ein* auf *Display an* zu belassen. Die Aufnahmeeinstellungen werden dann beim Einschalten der 1200D stets angezeigt, auch wenn Sie den Monitor zuvor mit der *DISP.*-Taste ausgeschaltet hatten.

Möchten Sie die Akkuladung dagegen möglichst effizient schonen, kann die Einstellung auf *Vorheriger Display-Status* hilfreich sein. Denn wenn Sie die Anzeige über die *DISP.*-Taste ausschalten, bleibt dieser Status auch nach dem Aus- und Einschalten erhalten.

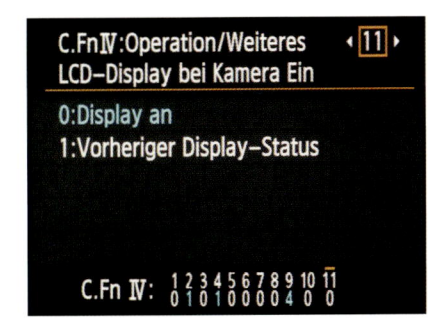

▲ *LCD-Display bei Kamera Ein.*

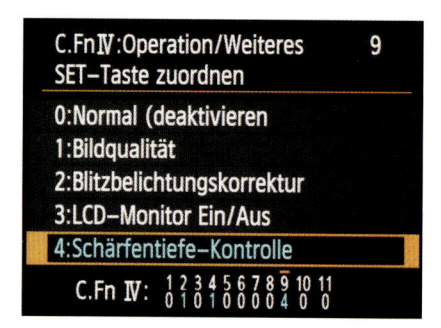

SET-Taste zuordnen

Mit der Individualfunktion *SET-Taste zuordnen*, zu finden im Menü *Einstellung 3* bei *Individualfunktionen(C.Fn)*, können Sie der *SET*-Taste eine Funktion zuweisen, die über das Bestätigen der Kameraeinstellungen hinausgeht. Da wir gerne die Schärfentiefe vor dem Auslösen kontrollieren und die EOS 1200D keine eigene Taste dafür besitzt, belegen wir die *SET*-Taste mit der *Schärfentiefe-Kontrolle*. Die anderen Funktionen sind ohnehin mit der *Schnelleinstellung* Q gut zu erreichen.

▲ Die *Schärfentiefe-Kontrolle* ist hier unsere erste Wahl.

Bilder mit Copyright-Informationen versehen

Für jeden, der seine Bilder an andere weitergibt oder im Internet präsentiert, könnte die Möglichkeit interessant sein, die Bilder mit Copyright-Informationen zu versehen. Es gibt zwei Felder, die individuell mit dem eigenen Namen, einem Copyright-Vermerk oder mit anderen Begriffen ausgefüllt werden können. Um dies zu tun, navigieren Sie im Menü *Einstellung 3* zum Eintrag *Copyright-Informationen*. Gehen Sie darin auf die Option *Name des Autors eingeben* oder *Copyright-Detail eingeben* und wählen Sie mit den *Kreuztasten* ✧ die Buchstaben nacheinander aus. Über *Copyright-Info anzeigen* können Sie die Angaben prüfen und über *Copyright-Info löschen* wieder komplett entfernen.

▲ Copyright-Informationen bearbeiten.

Mit Einstellungen löschen alles auf Anfang

Wenn Sie auf Ihrer EOS 1200D einmal so richtig Klarschiff machen möchten, bietet sich die Funktion *Einstellungen löschen* im Menü *Einstellung 3* an. Mit der Option *Alle Kamera-Einst. löschen* setzen Sie die 1200D komplett auf die Grundeinstellungen zurück. Möchten Sie auch alle veränderten Einstellungen in den *Individualfunktionen(C.Fn)* löschen, wählen Sie die Option *Alle C.Fn löschen*.

▲ Optionen zum Zurücksetzen der Kameraeinstellungen.

1.7 Das „My Menu" konfigurieren

Nachdem Sie einiges über die Vielzahl an Menü- und Individualfunktionen erfahren haben, fragen Sie sich vielleicht: „Kann ich auf Funktionen, die ich häufiger benötige, noch direkter zugreifen als über das normale Menü?"

Das geht natürlich, und zwar mit dem sogenannten *My Menu* ★. Darin hält Ihre 1200D sechs freie Speicherplätze bereit, die Sie mit Ihren Lieblingsfunktionen belegen können. Unser persönliches *My Menu* sieht beispielsweise so aus wie in der nebenstehenden Abbildung gezeigt.

▲ *Das My Menu mit unseren sechs Favoriten.*

Darin finden sich Funktionen, die weder über die Direkttasten noch über das Schnellmenü verfügbar sind, die Bedienung also um sechs direkt erreichbare Menüoptionen erweitern.

Um die gewünschten Funktionen im *My Menu* zu speichern, stellen Sie zuerst eines der Kreativ-Programme *P, Tv, Av* oder *M* ein. Wählen Sie im Kameramenü das *My Menu* ★ aus und bestätigen den Eintrag *My Menu Einstellungen* mit der *SET*-Taste.

Wählen Sie anschließend *Registrieren zu My Menu* ❶. Nun können Sie nacheinander sechs Funktionen Ihrer Wahl markieren ❷ und jeweils mit der *SET*-Taste speichern. Drücken Sie schließlich die *MENU*-Taste um wieder eine Ebene zurück zu gelangen. Wenn Sie die Reihenfolge der Einträge umgestalten möchten ist auch das kein Problem. Verwenden Sie hierzu einfach die Funktion *Sortieren* ❸.

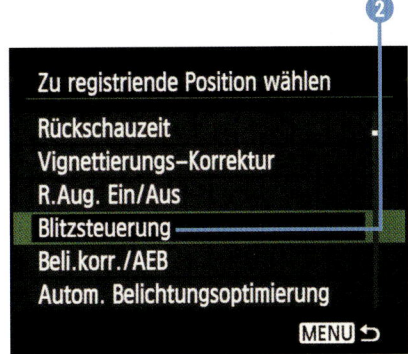

✓ Direktzugriff auf das My Menu

Damit der Zugriff auf die *My Menu*-Funktionen wirklich schnell geht, aktivieren Sie die Funktion *Anzeigen aus My Menu* ❹. Nach dem Drücken der *MENU*-Taste präsentiert Ihnen die 1200D dann ohne Umwege die gespeicherten Funktionen Ihres *My Menu*.

▲ *Oben: Die verfügbaren My Menu Einstellungen. Unten: Auswahl der Blitzsteuerung als zu registrierende My Menu Position.*

Kapitel 1   Erste Schritte mit Ihrer EOS 1200D   47

1.8 Wissenswertes über Bildqualität und Dateiformate

Gleich zu Beginn jeder fotografischen Aktivität steht die Wahl einer geeigneten Bildqualität auf dem Plan. Dazu bietet Ihnen die EOS 1200D eine Vielzahl verschiedener Größen und Typen an. So können Sie einerseits fünf verschiedene Bildgrößen im Format JPEG einsetzen, Large (Groß) *L*, Medium (Mittelgroß) *M* und Small (Klein) *S1*, *S2* und *S3* und selbstverständlich auch Bilder im flexibleren Rohdatenformat *RAW* aufnehmen.

▸ *Die fünf Bildgrößen der EOS 1200D im Seitenverhältnis 3:2.*

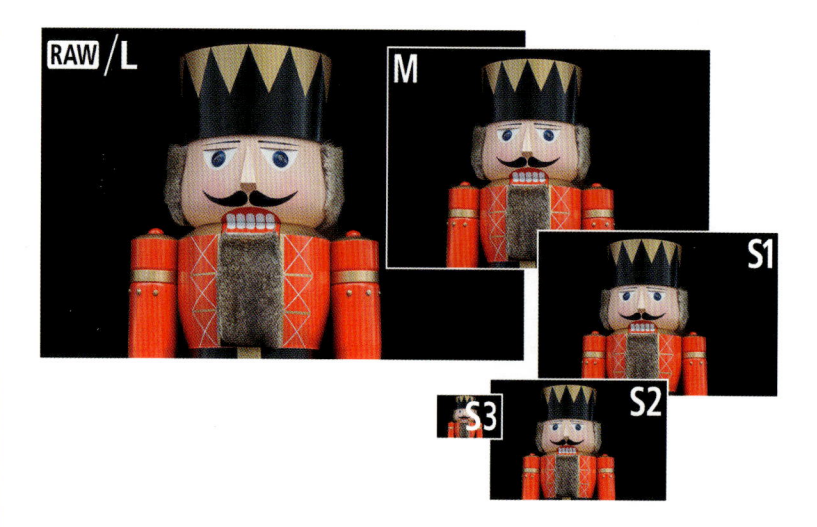

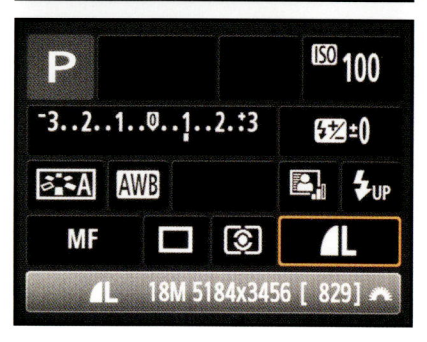

▲ *Oben: Auswahl der Bildqualität über das Menü Aufnahme 1 und unten über die Schnelleinstellung.*

Zudem gibt es die Möglichkeit, die JPEG-Bilder unterschiedlich komprimiert zu speichern. Dabei liefert die Einstellung *Fein* (geschlossener Viertelkreis ◣) die bestmögliche Auflösung und Schärfe und somit die höchste Qualität. Der gestufte Viertelkreis ◢ veranschaulicht die Kompressionsstufe *Normal*, die immer noch für eine gute Qualität sorgt, aber kleinere Dateien mit etwa halb so großem Speichervolumen produziert. Auswählen können Sie das Speicherformat entweder im Menü *Aufnahme 1* 📷 bei *Bildqualität* oder mit der Schnelleinstellung Q, wobei letzteres nur in den Modi *P* bis *C* möglich ist. Im Auswahlfenster zur Bildqualität wer-

48   Kapitel 1   Erste Schritte mit Ihrer EOS 1200D

den Ihnen stets auch die Anzahl der aufgenommenen Pixel in Megabyte, hier *18M*, die Pixelmaße, hier *5184 × 3456*, und die Anzahl möglicher Aufnahmen, hier *[829]*, angezeigt.

Um bei dieser umfangreichen Auswahl nicht die Übersicht zu verlieren, haben wir Ihnen die verschiedenen Formate einmal übersichtlich der folgenden Tabelle zusammengefasst. Darin finden Sie auch die jeweilige Anzahl an Aufnahmen, die auf eine Speicherkarte mit einer Größe von 8 GB passen würden.

Bildgröße	Pixelanzahl	Qualität/Bilder auf 8-GB-Karte		Größe für Qualitätsdrucke mit 300 dpi Auflösung
		Fein	Normal	
L	5184 × 3456	1126	2210	A3 bis zu A2 (Poster)
M	3456 × 2304	2123	4140	A4 bis zu A3 (Poster)
S1	2592 × 1728	3301	6265	bis zu A5 (Postkartengröße)
S2	1920 × 1280	5490		entspricht Full-HD-Videobreite, geeignet für digitale Fotorahmen
S3	720 × 480	>10000		entspricht PAL-Videobreite, geeignet für Mail- und Internetfotos
RAW	5184 × 3456	299		A3 bis zu A2 (Poster)
RAW + L	5184 × 3456	235		A3 bis zu A2 (Poster)

▲ *JPEG- und RAW-Speicherformate mit den dazugehörigen Bildgrößen der EOS 1200D (Bildanzahl ermittelt bei ISO 100). Bei der Wahl eines anderen Seitenverhältnisses kann sich die Anzahl möglicher Bilder etwas ändern.*

Mit einem anderen Seitenverhältnis fotografieren

Neben den unterschiedlichen Bildgrößen stellt Ihnen die EOS 1200D auch zur Wahl, in welchem Seitenverhältnis das Foto aufgezeichnet werden soll. So können Sie das klassische Bildformat (3:2) beispielsweise in das Kompaktkameraformat (4:3), in ein quadratisches Bild (1:1) oder gar ins Breitbildformat 16:9 umwandeln, das dem Wiedergabeformat eines Flachbildfernsehers entspricht.

Allerdings funktioniert dies nur im Livebild-Modus 📷, weil Ihnen nur dort die Begrenzungslinien des jeweiligen Formats angezeigt werden können, was für den Bildaufbau unerlässlich ist. Außerdem können Sie das Seitenverhältnis nur in den Kreativ-Programmen *P*, *Tv*, *Av* und *M* ändern. Den entsprechenden Menüeintrag finden Sie im Menü *Aufnahme 4* 📷 bei *Seitenverhältnis*. Wenn Sie nun die Liveansicht aktivieren, werden entsprechend des Seitenverhältnisses Balken eingezeichnet, die die Begrenzungen des JPEG-Fotos darstellen.

Wer von vornherein Bilder im Format 16:9 haben möchte, um diese beispielsweise auf dem Fernseher zu betrachten, kann sich die Nachbearbeitung natürlich sparen. Die Kombination aus dem Seitenverhältnis 16:9 ❶ mit der Bildqualität *S2* ❷ liefert beispielsweise genau die Auflösung von 1920 × 1080 Pixeln, die der Darstellungsgröße eines gängigen Full-HD-Fernsehers entspricht.

Allerdings müssen dann alle Bilder im Livebild-Modus fotografiert werden, was in puncto Schnelligkeit und Stromverbrauch nicht gerade von Vorteil ist. Aber Achtung: Wo nichts war, kann nichts hinzugerechnet werden. Die fehlenden Ränder bei JPEG-Fotos sind für immer verloren. Daher ist es generell eher sinnvoll, das 3:2-Format zu belassen und das Seitenverhältnis lieber nachträglich zu variieren.

Kein Seitenverhältnis bei RAW

Sollten Sie im RAW-Format fotografieren, wird das Seitenverhältnis nicht angewendet. Es lässt sich aber bei der Bearbeitung mit *Digital Photo Professional* oder anderen gängigen Bildbearbeitungsprogrammen nachträglich erzeugen, indem die überzähligen Bildränder einfach abgeschnitten werden.

▲ *Auswahl des Seitenverhältnisses 16:9.*

▶ *Livebild mit dem Seitenverhältnis 16:9* ❶ *und der Bildqualität S2* ❷*.*

Warum das RAW-Format nutzen?

Für all diejenigen, die ihre Bilder ohne weitreichende Nachbearbeitung am liebsten gleich präsentieren, ausdrucken oder per E-Mail versenden möchten, ist das JPEG-Format am besten geeignet. Meist liefert JPEG optimale Bildresultate, wenn die Lichtverhältnisse ausgewogen sind und die Kontraste nicht zu hart erscheinen.

Bei kontrastreicheren Motiven und Aufnahmen bei Gegenlicht können in JPEG-Fotos jedoch überstrahlte Bereiche auftauchen. Diese lassen sich nachträglich meist nur noch sehr unzureichend retten.

▲ *Originalaufnahme im JPEG-Format (links) und Ergebnis nach Bearbeitung mit Adobe Photoshop. Die hellen Überstrahlungen am Boden und die zu dunklen Areale in den Eingangsbereichen ließen sich nicht wieder herstellen.*

Das RAW-Format der EOS 1200D speichert die Bilddaten hingegen verlustfrei im Dateiformat CR2 (**C**anon **R**AW) ab. Es besitzt mehr Reserven, sodass sich die Bandbreiten der Lichter und Schatten besser ausschöpfen lassen. Das Tolle ist, dass Sie die Bilder nicht nur umfassender optimieren, sondern diese Änderungen auch jederzeit wieder rückgängig machen können.

Nutzen Sie zur RAW-Konvertierung beispielsweise das mitgelieferte Programm *Digital Photo Professional*, Photoshop (Elements) oder Adobe Lightroom und passen Sie damit die Belichtung, die Bildfarben und die Bildschärfe nach den eige-

1/100 s | f8 | ISO 200 | 18 mm

▲ Aus der parallel gespeicherten RAW-Aufnahme ließ sich ein Bild mit deutlich besserer Durchzeichnung entwickeln.

nen Wünschen an. Sicherlich ist es etwas mühsamer, eine ganze Reihe an Dateien auf diese Weise zu „entwickeln". Haben Sie aber erst einmal das Potenzial der RAW-Dateien kennengelernt, werden Sie zumindest wichtige Bilder bestimmt nur noch im RAW-Modus speichern.

Grenzen der RAW-Flexibilität kennen

Das RAW-Format erlaubt zwar sehr weitreichende Eingriffe in das Erscheinungsbild einer Fotografie, grenzenlos flexibel ist aber auch diese Form der Bildspeicherung nicht. Was sich gar nicht ändern lässt, ist beispielsweise die ISO-Einstellung, die mit dem Drücken des Auslösers festgelegt wird.

Auch Fehlbelichtungen können nur in Maßen gerettet werden, denn alles, was mehr als zwei Stufen über- oder unter-

> **Weißabgleich und Bildstil**
>
> Das RAW-Format verhält sich auch hinsichtlich Bildfarben, Sättigung, Kontrast und Schärfe sehr flexibel. So können Sie den *Weißabgleich* verlustfrei ändern oder nachträglich bestimmte *Bildstile* auf Ihr Foto anwenden. Damit können Sie selbst gut belichtete JPEG-Fotos in ihrer Wirkung noch weiter übertreffen.

belichtet wurde, wird schwerlich noch ordentlich aufzufangen sein.

Das RAW-Format entbindet den EOS-1200D-Fotografen daher leider – möglicherweise aber auch zum Glück – nicht von seiner Pflicht, die Kameraeinstellungen mit Sorgfalt zu wählen, um die beste Bildqualität zu erhalten. RAW-Dateien sind überdies nicht nur bearbeitungsintensiver, sie fordern auch mehr Platz auf der Speicherkarte. Und weil die RAW-Dateien größer sind, schafft die EOS 1200D auch nur bis zu sechs Bilder in Reihe, die mit höchster Geschwindigkeit auf die Speicherkarte geschrieben werden können, bevor die Kamera ins Stocken gerät. Dennoch möchten wir Ihnen das RAW-Format ans Herz legen, da Sie damit einfach die höchste Qualität aus dem Sensor herausholen können.

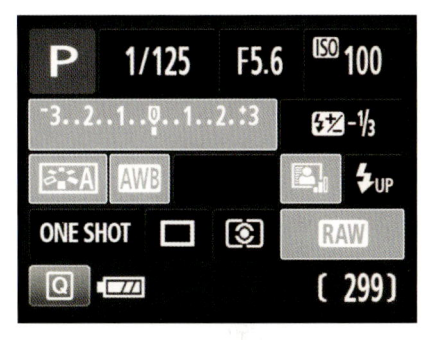

▲ *Einstellungen, die bei RAW-Dateien nachträglich noch geändert (hellgrau) oder auch nicht mehr geändert werden können (schwarz).*

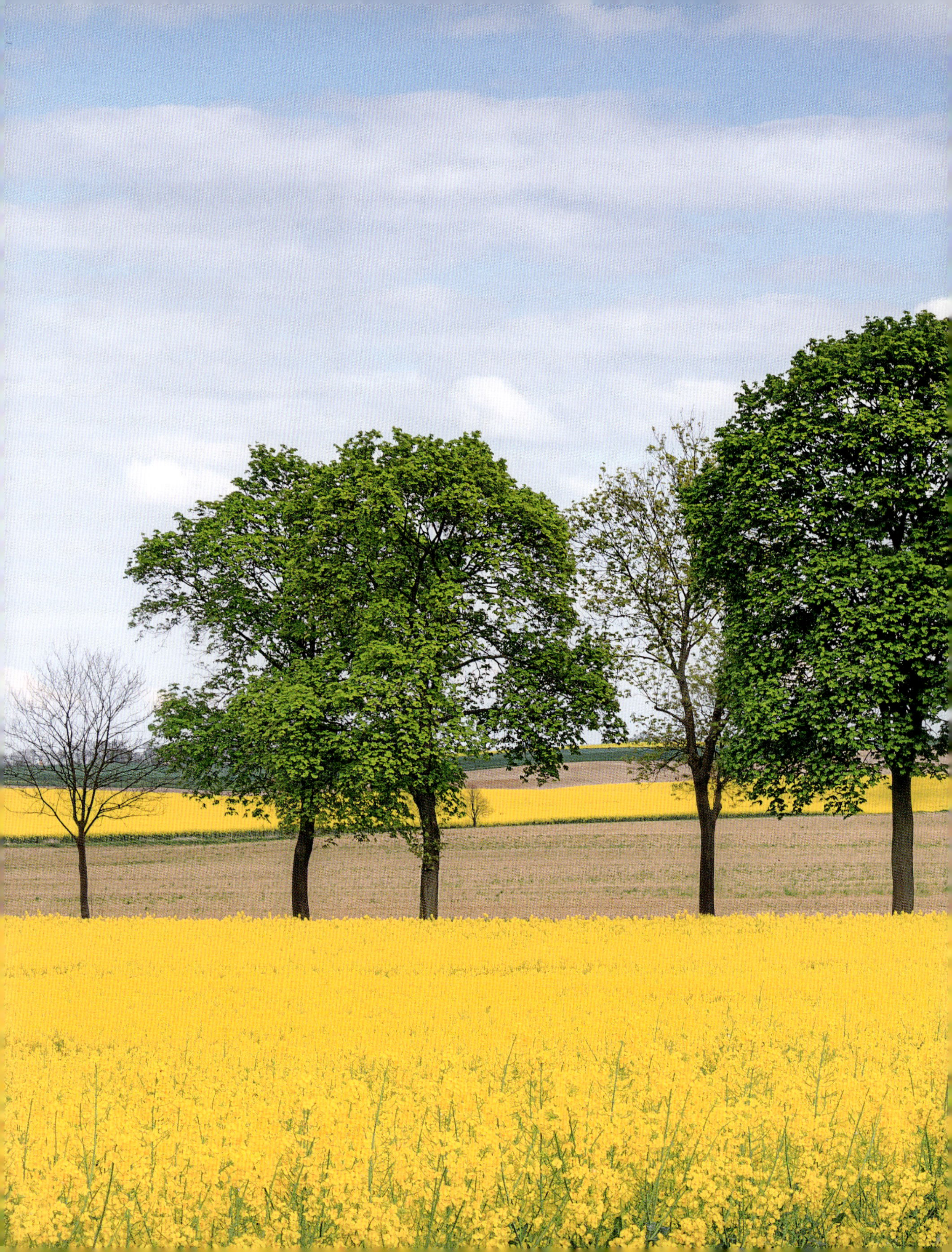

Die Automatiken richtig einsetzen

Mit den vielseitigen Automatiken der EOS 1200D macht das Fotografieren nicht nur Freude, die Kamera sorgt auch zuverlässig für richtig belichtete Fotos mit schönen Farben. Lernen Sie in diesem Kapitel gleich einmal alle automatischen Aufnahmeprogramme kennen und setzen Sie sie anschließend gewinnbringend und situationsbezogen ein. Erfahren Sie zudem, welche Vorteile, aber auch welche Nachteile damit verbunden sind.

▲ *Das Moduswahlrad* zum Einstellen der Aufnahmeprogramme.

Wenn Sie sich das *Moduswahlrad* Ihrer EOS 1200D ansehen, fallen sofort die verschiedenen Symbole für die Automatikprogramme ins Auge. Dazu zählen die beiden Vollautomatiken *Automatische Motiverkennung* und *Automatik (Blitz aus)*, die *Kreativ-Automatik* und die sogenannten Normalprogramm-Modi *Porträt*, *Landschaft*, *Nahaufnahme*, *Sport* und *Nachtporträt*.

2.1 Die Automatische Motiverkennung im Einsatz

Wenn Sie gleich mit dem Fotografieren loslegen möchten, sich aber mit den verschiedenen Aufnahmeprogrammen noch nicht auseinandergesetzt haben, empfehlen wir Ihnen, mit der *Automatischen Motiverkennung* zu starten. Sie liefert quasi ein Rundum-sorglos-Paket, bei dem alle wichtigen Belichtungseinstellungen automatisch an die jeweilige

▼ *Blütenaufnahme mit kräftigen Farben und angenehmer Schärfe, aufgenommen mit der Automatischen Motiverkennung.*
1/200 s | f5,6 | ISO 400 | 128 mm

Situation angepasst werden. Das geht sogar so weit, dass A⁺ Ihre Kamera die Art des Motivs analysiert und die Farbgebung entsprechend einstellt.

Auf diese Weise werden Aufnahmen im Freien und Nachtaufnahmen farblich intensiver dargestellt als beispielsweise Innenaufnahmen bei künstlicher Beleuchtung.

Für die Scharfstellung verwendet die 1200D alle neun im Sucher sichtbaren AF-Felder (*automatische AF-Messfeldwahl*) und stellt üblicherweise auf das am nächsten gelegene Motivdetail scharf. Wenn Sie erst einmal sehen möchten, welchen Motivbereich die 1200D scharfzustellen gedenkt, drücken Sie den Auslöser nur bis zum ersten Druckpunkt herunter.

An den kurz rot aufleuchtenden AF-Feldern ❶ können Sie die Stellen erkennen, die fokussiert worden sind. Danach drücken Sie den Auslöser ganz herunter, um das Bild aufzunehmen.

Zudem kann Ihre 1200D beim Scharfstellen erkennen, ob sie ein still stehendes oder ein sich bewegendes Objekt vor sich hat. Sie verwendet hierfür den sogenannten *AI Focus AF* (siehe Seite 134 in Kapitel 4).

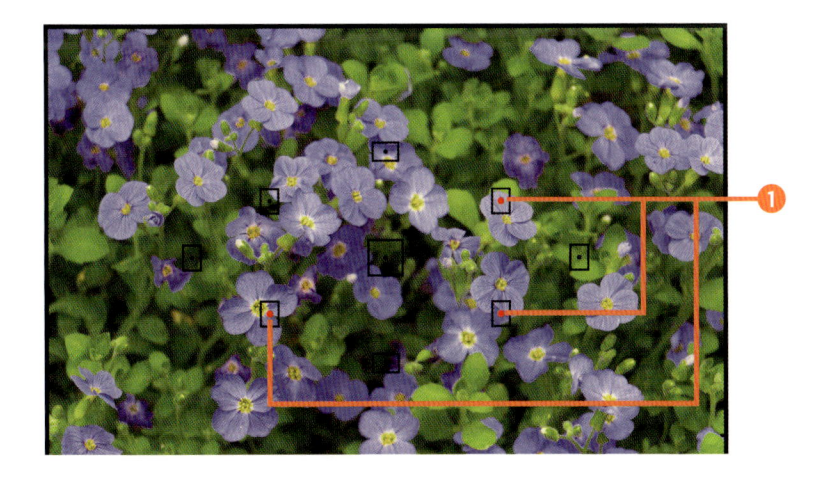

◂ *Für die Scharfstellung des Blütenmotivs hat die 1200D drei AF-Felder* ❶ *verwendet.*

▲ *Die automatische Blitzaktivierung.*

▲ *Automatisch gesetzte und frei wählbare Optionen im Modus Automatische Motiverkennung.*

Auch wenn das Licht einmal etwas knapper wird, denkt die *Automatische Motiverkennung* mit, indem sie den integrierten Blitz ausklappt. Die Belichtungszeit wird auf diese Weise kurz gehalten, um eine verwacklungsfreie Aufnahme aus der Hand zu gewährleisten.

Allerdings kann der Hintergrund bei wenig Umgebungslicht sehr dunkel bis schwarz werden, in dem Fall wäre der Modus *Nachtporträt* besser geeignet.

Neben all den automatisch gesetzten Funktionen, zu denen die Belichtungszeit ❶, der Blendenwert ❷ und die ISO-Empfindlichkeit ❸ zählen, gibt es zwei Optionen, die Sie selbst bestimmen können: die *Betriebsart* ❹ (*Einzelbild*, *Selbstauslöser: 10 Sek.* und *Selbstauslöser: Reihenaufn.*) und die *Bildqualität* ❺. Das ist auch sehr sinnvoll, denn vor allem durch die Möglichkeit, die Bildqualität *RAW* nutzen zu können, wird spontanes Fotografieren mit noch komfortabler.

Schließlich erlaubt nur das RAW-Format wirklich weitreichende Korrekturen der Aufnahme. Und das hilft enorm, falls die *Automatische Motiverkennung* die Einstellungen einmal nicht ganz so optimal gesetzt haben sollte.

Die *Betriebsart* können Sie übrigens entweder mit der linken Direkttaste oder mit der Taste *Schnelleinstellung* einstellen. Die Optionen für die *Bildqualität* finden Sie im Menü *Aufnahme 1*.

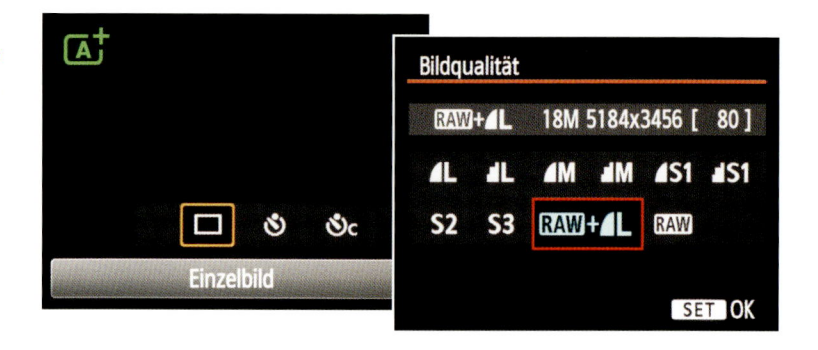

▶ *Auswahl der Betriebsart im Schnelleinstellungsmenü (links) und der Bildqualität im Menü Aufnahme 1 (rechts).*

58   Kapitel 2   Die Automatiken richtig einsetzen

Die *Automatische Motiverkennung* [A+] bewährt sich sicherlich in vielen Situationen, erwarten sie jedoch nicht zu viel. Einerseits gerät [A+] bei anspruchsvolleren Lichtverhältnissen an Ihre Grenzen und zum Anderen bietet sich mit [A+] aufgrund der wenigen Einflussmöglichkeiten nur ein sehr eingeschränkter gestalterischer Spielraum für die kreative Fotografie.

Daher eignet sich die *Automatische Motiverkennung* [A+] langfristig in erster Linie für Schnappschüsse und Situationen, in denen Sie nicht lange überlegen möchten, welches Programm, welche Einstellungen etc. gerade am besten geeignet wären.

2.2 Blitzen nicht erwünscht: Automatik (Blitz aus)

In Situationen, in denen Blitzlicht nicht erwünscht oder schlichtweg wirkungslos ist, schlägt die Stunde des Modus *Automatik (Blitz aus)* [⚡]. In diesem Programm wird weder der integrierte noch ein optional aufgesteckter externer Blitz aktiviert, es herrscht somit absolutes Blitzverbot für Ihre 1200D.

Der Modus [⚡] ist beispielsweise in Museen sehr nützlich. Wegen der dort aufbewahrten, häufig lichtempfindlichen wertvollen Gegenstände ist Blitzen oft nicht erlaubt. Oder denken Sie an Aufnahmen von Tieren hinter Glasscheiben.

Im Eifer des Gefechts, wenn man nicht nah genug an die Scheibe herankommt oder der Bildausschnitt zu groß ist, sodass sich das Blitzlicht nicht ausschließen lässt, kann es schnell zu unschönen Reflexionen kommen. Gleiches gilt für Motive mit reflektierenden oder glänzenden Oberflächen.

1/40 s | f5 | ISO 3200 | 72 mm
▲ *Ohne Blitzlicht wirken die Farben realistisch und die Kontraste harmonisch.*

1/60 s | f5 | ISO 800 | 72 mm
▲ *Durch das direkte Anblitzen entstanden harte Kontraste, eine kühle Farbgebung und unschöne Reflexionen.*

Auch bei Landschaftsmotiven in der Abenddämmerung oder bei nächtlichen Städteansichten, bei denen das integrierte Blitzlicht mit seinen 5 m Reichweite ohnehin nicht viel ausrichten kann oder die Stimmung sogar noch torpediert, ist der Modus 🚫 eine gute Wahl.

Schließlich darf bei vielen Veranstaltungen ein Blitz nicht eingesetzt werden, wie zum Beispiel bei Konzerten oder Theateraufführungen. Hier würde das flackernde Blitzlicht den Kunstgenuss doch allzu sehr beeinflussen.

Denken Sie aber daran, dass ohne den Blitzeinsatz weniger Licht zur Verfügung steht und dies durch die 1200D mit einer erhöhten Lichtempfindlichkeit des Sensors, ausgedrückt als ISO-Wert, ausgeglichen werden muss. Auch verlängert sich die Belichtungszeit.

Ein Stativ werden Sie in den meisten Situationen zwar nicht unbedingt benötigen, denken Sie aber daran, die 1200D so ruhig wie möglich zu halten und am besten nur mit Brennweiten bis 50 mm zu agieren. Das ist besonders wichtig, wenn die Belichtungszeit ❶ im Monitor oder Sucher im Zuge der Belichtungswarnung zu blinken anfängt.

Auch Ihr Motiv sollte sich dann nicht bewegen, daher bitten Sie bei Porträtaufnahmen darum, dass alle schön still stehen.

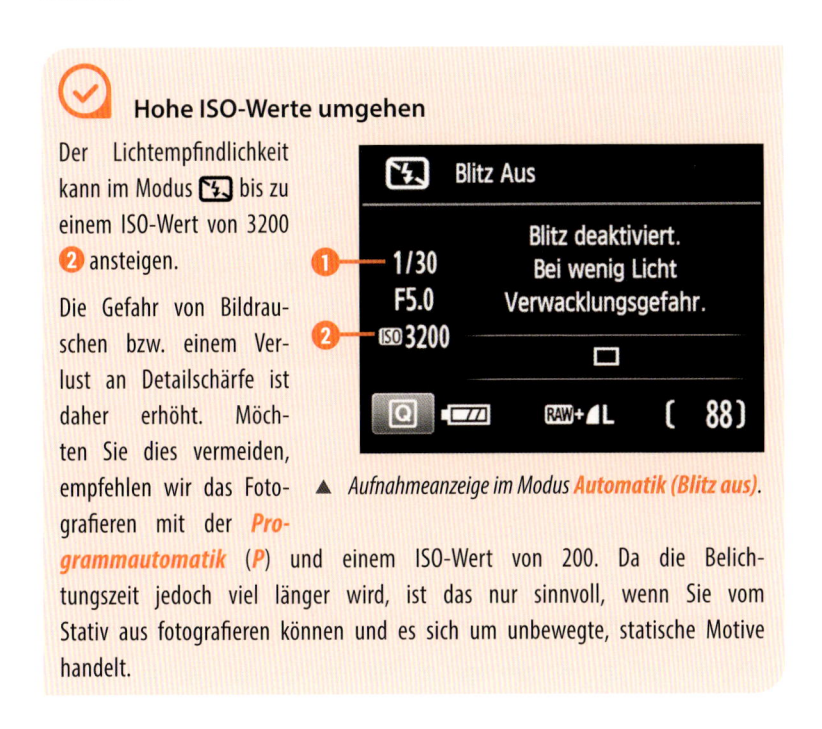

> ✓ **Hohe ISO-Werte umgehen**
>
> Der Lichtempfindlichkeit kann im Modus 🚫⚡ bis zu einem ISO-Wert von 3200 ❷ ansteigen.
>
> Die Gefahr von Bildrauschen bzw. einem Verlust an Detailschärfe ist daher erhöht. Möchten Sie dies vermeiden, empfehlen wir das Fotografieren mit der *Programmautomatik* (*P*) und einem ISO-Wert von 200. Da die Belichtungszeit jedoch viel länger wird, ist das nur sinnvoll, wenn Sie vom Stativ aus fotografieren können und es sich um unbewegte, statische Motive handelt.
>
> ▲ *Aufnahmeanzeige im Modus* **Automatik (Blitz aus)**.

2.3 Situationsbezogener Einsatz der Normalprogramm-Modi

Keine Frage, wenn Sie ein Porträt bei wenig Licht aufnehmen möchten, benötigen Sie vollkommen andere Kameraeinstellungen, als beim Fotografieren eines vorbeibrausenden Rennwagens.

Um Ihnen die Möglichkeit zu geben, solche typischen Situationen unkompliziert in den Griff zu bekommen, hat Canon der 1200D sechs *Normalprogramm-Modi* mit auf den Weg gegeben. Diese sind speziell darauf ausgelegt, die Kameraeinstellungen entsprechend der gewählten Motivsituation automatisch einzustellen.

Erfahren Sie im Folgenden, wie diese Programme im einzelnen ticken, was mit ihnen möglich ist und wo sie an ihre Grenzen stoßen.

Erweiterte Optionen auswählen

Bei den Normalprogramm-Modi kommen zwei Einstellungsoptionen hinzu, die Umgebungseffekte bzw. *Aufn. nach Umgebung* ❶ (siehe auch Seite 169 in Kapitel 6) und die Weißabgleichvorgaben bzw. *Aufn. n. Beleucht./Mot.* ❷ (siehe auch Seite 165 in Kapitel 6). Beide erreichen Sie mit der Taste für die *Schnelleinstellung* Q.

Stellen Sie die Funktion direkt mit dem *Hauptwahlrad* ein oder drücken Sie die *SET*-Taste, um die Option aus der Liste ❸ auszuwählen. Bei *Effekt: Stärke* ❹ können Sie den Umgebungseffekt anschließend noch fein anpassen.

▲ *Auswahl der erweiterten Optionen.*

Unkompliziert zum perfekten Porträt

Der Modus *Porträt* ermöglicht es Ihnen, schöne Aufnahmen von Ihren Lieben, Freunden und Bekannten anzufertigen. Dazu stellt Ihre 1200D die Belichtungseinstellungen so ein, dass Gesichter bzw. Personen vor einem unscharfen Hintergrund freigestellt werden.

Der Blick des Betrachters wird dadurch direkt auf die Personen geleitet und weniger schnell vom Hintergrund abgelenkt. Um diesen Effekt noch zu verstärken, fotografieren Sie am besten mit der Telebrennweite Ihres Objektivs, z. B. mit 55 mm bei dem Kit-Objektiv der 1200D.

Achten Sie auch darauf, dass der Abstand zwischen der Person und dem Hintergrund möglichst groß ist. Je mehr Raum sich hinter ihren Protagonisten auftut, desto unschärfer wird der Hintergrund aussehen.

▲ *Brennweite 50mm und mehr für gute Freistellung.*

Um eine gute Freistellung zu erzielen, hält die 1200D den Blendenwert ❶ niedrig (Blende offen, geringe Schärfentiefe). Auch der ISO-Wert ❷ steigt in diesem Modus nicht so schnell an, was in Sachen Bildqualität sehr positiv ist.

Wenn Sie den Auslöser länger durchdrücken, können Sie zudem Reihenaufnahmen ❸ anfertigen, um mit höherer Sicherheit ein Foto ohne Blinzler oder geschlossene Augen dabeizuhaben.

◀ *Belichtungseinstellungen im Modus Porträt.*

Außerdem haben Sie die Möglichkeit, die Aufnahme an die Umgebung anzupassen ❹. Für Porträts gut geeignet sind die Vorgaben *Weich* oder *Warm*. Wenn Ihr Bild zu dunkel oder zu hell aussieht, können Sie mit den Vorgaben *Heller* oder *Dunkler* dagegen ansteuern.

Zudem können Sie die Farbgebung an das vorhandene Licht anpassen ❺. Sie erreichen die letztgenannten Funktionen mit der Taste für die *Schnelleinstellung* Q.

Sollte zu wenig Licht zur Verfügung stehen oder gar eine Gegenlichtsituation herrschen, klappt der integrierte Blitz automatisch aus dem Gehäuse und sorgt für eine Aufhellung der bildwichtigen Elemente. Ist die Umgebung sehr dunkel, wird jedoch meist nur die Person richtig belichtet und der Hintergrund ist ziemlich finster, wenn nicht sogar schwarz.

> **Hilfreiche Schärfespeicherung**
>
> Da die 1200D automatisch entscheidet, welcher Bildbereich scharfgestellt wird, liegt der Fokus nicht immer auf dem gewünschten Detail, z. B. den Augen. Wenden Sie dann die Methode der Schärfespeicherung an, um die aktiven AF-Felder auf das Gesicht zu lenken (siehe Seite 209 in Kapitel 8).

1/1250 s | f2,8 | ISO 100 | 57 mm

▲ *Angenehme Freistellung im Modus Porträt.*

Bei schwachem Licht ist der Modus *Nachtporträt* daher besser geeignet (siehe Seite 72 in diesem Kapitel). Um eine besonders wirkungsvolle Ausleuchtung zu erzielen, können Sie natürlich auch mit einem externen Systemblitz fotografieren und das Blitzlicht indirekt anwenden.

Bei Tage ist es hingegen möglich, die harten Schatten mit Diffusoren abzumildern und das Sonnenlicht indirekt mit Reflektoren auf Ihr Modell umzulenken. Für die Bildwirkung können Sie somit unabhängig vom Aufnahmeprogramm eine Menge tun, um unkompliziert zum besseren Foto zu kommen.

Landschaften und Architektur in Szene setzen

Landschaftsaufnahmen gehören eigentlich zu so ziemlich jeder ordentlichen Urlaubsreise dazu. Egal ob am Strand oder in den Bergen, mit dem Modus *Landschaft* haben Sie einen Spezialisten an Bord, der Ihnen bei den passenden Einstellungen unter die Arme greift.

Das Programm sorgt für eine möglichst durchgehende Schärfe vom Vorder- bis zum Hintergrund. Es eignet sich damit auch sehr gut für Architekturmotive oder für Aufnahmen großer Personengruppen.

Um Weite in das Bild zu bekommen, fotografieren Sie am besten mit den niedrigen Brennweiten Ihres Objektivs, wie z. B. 18 mm beim Kit-Objektiv der 1200D. Dann wird auch der Schärfeneindruck besonders hoch sein.

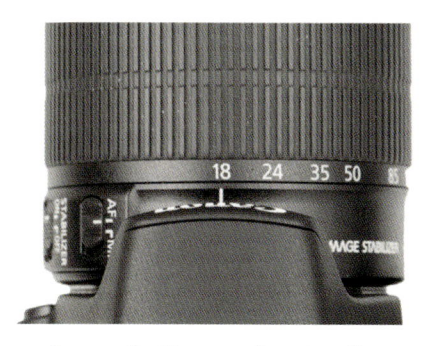

▲ *Brennweite 18 mm und weniger für durchgehende Schärfe.*

1/125 s | f10 | ISO 100 | 18 mm

◄ *Kräftige Farben und durchgehende Schärfe im Modus* Landschaft.

Um die Schärfe möglichst hoch zu halten, erhöht die EOS 1200D den Blendenwert ❶ etwas stärker. Dies schafft sie jedoch nur in heller Umgebung. Bei wenig Licht sinkt hingegen der Blendenwert und damit auch der Schärfeeindruck, außerdem kann der ISO-Wert ❷ bis 3200 ansteigen, sodass die Detailauflösung zunehmend leidet. Die 1200D schaltet in diesem Programm auch nicht den integrierten Blitz hinzu. Blitzen können Sie nur, wenn Sie einen externen Systemblitz anbringen und einschalten.

Der Modus *Landschaft* zeichnet sich außerdem dadurch aus, dass die Farbsättigung für Blau- und Grüntöne, der Kontrast sowie die Sättigung leicht erhöht sind, um den Bildern einen frischen und knackig scharfen Eindruck zu verleihen. Dies können Sie mit der Einstellung des Umgebungseffekts *Lebendig* ❸ noch weiter verstärken.

Auch spricht nichts dagegen, einen Polfilter für bessere Farben und Kontraste einzusetzen, die Abbildung auf der rechten Seite zeigt. Wenn Sie einen Sonnenuntergang fotografieren, können Sie die Farbgebung prima darauf abstimmen, indem Sie die Vorgabe *Abendlicht* ❹ aktivieren.

▲ *Zirkularer Polfilter-*

▶ *Belichtungseinstellungen im Modus Landschaft.*

✓ Programmalternativen

Bei Aufnahmen aus einem Fahrzeug heraus, wie Sie beispielsweise bei Busreisen vorkommen können, empfehlen wir statt des Modus *Landschaft* die Modi *Sport* oder *Tv* einzusetzen. Dann können Sie mit kürzeren Belichtungszeiten Verwackler besser vermeiden. Für qualitativ hochwertige Nachtaufnahmen empfehlen sich die Modi *Av* oder *M* in Kombination mit dem Stativ.

Der Modus *Landschaft* eignet sich übrigens besser für Nachtaufnahmen als die *Automatik (Blitz aus)*, da die Schärfentiefe vor allem bei lichtstarken Objektiven etwas höher ausfällt.

Wählen Sie bei Nachtaufnahmen gegebenenfalls den Umgebungseffekt *Dunkler*, falls das Ergebnis zunächst zu hell ausfällt. Weitere Tipps zur Landschafts- und Architekturfotografie finden Sie in den Kapiteln 10.1 und 11.

1/100 s | f10 | ISO 100 | 18 mm

▲ Mit einem Polfilter können Sie die Aufnahmen im Modus *Landschaft* hinsichtlich Farbe und Kontrast ordentlich aufpeppen.

Details mit dem Modus Nahaufnahme in Szene setzen

Ziel des Modus *Nahaufnahme* ist die Freistellung nahegelegener Objekte vor einem unscharfen Hintergrund. Hierbei stehen Blüten, Insekten oder andere kleinere Gegenstände im Fokus, auf die die Verarbeitung des Fotos hinsichtlich Farbe und Kontrast abgestimmt wird.

Damit Sie Ihre Motive auch wirklich vergrößert aufnehmen können, verwenden Sie am besten eine Nahlinse, Zwischenringe oder im Idealfall ein Makroobjektiv, um den Aufnahmeabstand zu verkürzen und die Vergrößerung zu erhöhen. Aber auch mit der Teleeinstellung des Objektivs lassen sich schon ordentliche Nahaufnahmen erstellen.

▲ Nahlinse für stärkere Vergrößerungen.

Dazu nähern Sie sich Ihrem Motiv so dicht wie möglich an. Aber übertreiben Sie es nicht, denn bei zu kurzem Abstand kann die 1200D nicht mehr scharfstellen. Dies erkennen Sie daran, dass beim Herunterdrücken des Auslösers bis zum ersten Druckpunkt kein Piep-Ton zu hören ist und der *Schärfeindikator* ● im Sucher blinkt. An der bei jedem Objektiv angegebenen Naheinstellgrenze können Sie in etwa abschätzen, wie kurz der Aufnahmeabstand sein darf.

Versuchen Sie auch, einen möglichst ruhigen Hintergrund zu wählen, um das Motiv besonders schön davor herausstellen zu können, wie z. B. grüne Grashalme und Blätter hinter einem Blüten- oder Insektenmotiv. Der Abstand sollte aber möglichst hoch sein, damit die Hintergrundstrukturen nicht zu scharf werden und dadurch störend wirken.

▲ *Naheinstellgrenze von 0,39m/1,3ft.*

▼ *Im Modus* Nahaufnahme *werden kleine Objekte zum Star.*
1/160 s | f5,6 | ISO 1000 | 100 mm

Durch die starke Vergrößerung des Motivs, kann es dazu kommen, dass die automatische Fokussierung nicht den Bildbereich scharfstellt, der Ihnen am wichtigsten ist.

Abhilfe schafft das Umschalten des *Fokussierschalters* am Objektiv auf *MF*. Nun können Sie die Schärfe durch Drehen am *Entfernungsring* manuell genau auf die Bildebene legen, die Ihnen vorschwebt.

▲ *Manuelle Fokussierung aktivieren.*

◀ *Der Modus Nahaufnahme verwendet geringe Blendenwerte ❶ und die Bilder können mit Umgebungseffekten ❷ und Weißabgleichvorgaben ❸ weiter optimiert werden.*

Bei schwachem Licht aktiviert Ihre 1200D den integrierten Blitz automatisch. Dies kann jedoch, vergleichbar zum Modus *Porträt* 💃, zu dunkle Hintergründe erzeugen. Außerdem kann die Blitzausleuchtung bei dichtem Aufnahmeabstand ungleichmäßig ausfallen, weil das Objektiv das Blitzlicht nach unten hin abschattet.

In solch einem Fall hilft der Einsatz eines Systemblitzgerätes mit ggf. ausgeklappter Weitwinkelstreuscheibe oder einem passenden Blitzdiffusor.

Oder Sie fotografieren im Modus *Av* ohne Blitz und vom Stativ aus. Auch wenn Ihnen die Bildschärfe zu gering erscheint, ist es sinnvoll, einen anderen Modus zu verwenden, wie z. B. die *Kreativ-Automatik* CA mit erhöhter Hintergrundschärfe (siehe Seite 74) oder den Modus *Av* mit manuell erhöhtem Blendenwert (siehe Seite 151).

Sportmodus für schnelle Bewegungen nutzen

„Und Action!", können wir hier nur sagen. Denn der Modus *Sport* ⚐ steht für Dynamik und ist prädestiniert für scharfe Freihandaufnahmen schneller Bewegungsabläufe. Dazu gehören Sportaufnahmen, Bilder von rennenden oder spielenden Kindern, laufenden und springenden Hunden, fahrenden Autos und vieles mehr.

Die automatischen Einstellungen sind darauf ausgelegt, sich rasch bewegende Motive möglichst scharf abzubilden und diese dabei optisch „einzufrieren". Dafür verwendet Ihre 1200D kurze Belichtungszeiten ❶. Der ISO-Wert steigt bei schlechten Lichtverhältnissen, z. B. in der Sporthalle, dafür aber schneller an.

▶ *Kurze Belichtungszeiten* ❶, *die Reihenaufnahme* ❷, *der deaktivierte Blitz und der kontinuierliche Autofokus zeichnen den Modus* Sport *aus.*

Damit Sie keine wichtige Sequenz verpassen, können Sie bei längerem Durchdrücken des Auslösers *Reihenaufnahmen* ❷ mit maximal 3 Bildern pro Sekunde aufnehmen. Der interne Blitz wird dann nicht aktiviert, er würde die Reihenaufnahmegeschwindigkeit drosseln.

Wenn Sie ein externes Blitzgerät anbringen, blitzt die EOS 1200D aber auch in diesem Modus. Allerdings sollte der Blitz recht leistungsstark und die Akkus sollten gut geladen sein, damit auch bei Aufnahmeserien jedes Bild etwas vom Blitzlicht abbekommt.

Fokussiert wird über die Bildmitte. Peilen Sie Ihr Motiv daher über das AF-Feld in der Suchermitte an und verfolgen Sie es anschließend mit halb herunter gedrücktem Auslöser weiter. Der Autofokus ist hierbei ständig aktiv und wird versuchen, das Motiv scharf im Bild zu behalten. Beim Fokussieren hören Sie daher in kurzen Abständen leise Piep-Töne. Setzen diese aus, so hat der Autofokus sein Ziel gerade nicht im Visier. Führen Sie die 1200D dann so gut es geht stabil und ruhig mit dem Motiv mit, damit der Autofokus wieder greifen kann. Aufgrund des permanenten Autofokus, der übrigens im Modus *AI Servo AF* agiert, wird die Trefferquote bei schnell bewegten Motiven deutlich erhöht. Der Modus *Sport* zerrt aber auch stärker an den Akkureserven. Zudem ist es nicht möglich, die Schärfe zu speichern, da der permanente Autofokus stets auf das aktuelle Motiv umspringt.

1/320 s | f4 | ISO 100 | 79 mm

▲ *Hier haben wir das Flugzeug mit dem permanenten Autofokus scharf im Sucher gehalten und im passenden Moment ausgelöst.*

Dynamische Wischeffekte

Möchten Sie vorbeifahrende Fahrzeuge oder laufende Sportler besonders dynamisch abbilden, indem Sie absichtlich Bewegungsunschärfe ins Bild einbauen, so ist das mit dem Modus *Sport* in der Regel nicht möglich. Um solche actiongeladenen Aufnahmen zu generieren ist es notwendig, sich in den Modus *Tv* zu begeben. Wie das genau funktioniert, beschreiben wir ab Seite 261 im Kapitel 12.

Stimmungsvolle Nachtporträts einfangen

Möchten Sie eine spontane Porträtaufnahme beim abendlichen Stadtbummel aufnehmen oder ein geplantes besonders stimmungsvolles Porträt vor einem glühenden Abendhimmel erstellen? Dann schalten Sie am besten gleich einmal den Modus *Nachtporträt* ein. Ihre EOS 1200D wird nun dafür sorgen, dass Ihre Protagonisten mit Blitzlicht angenehm aufgehellt werden, der Hintergrund aber ebenfalls gut auf dem Bild zu erkennen ist. Sie bekommt das hin, indem die Hintergrundhelligkeit durch eine lange Belichtungszeit aufgefangen wird und der Blitz für die nötige Aufhellung des Modells sorgt.

(1/8 s | f2,8 | ISO 800 | 100 mm

▶ *Mit dem Modus* Nachtporträt *können Sie eine harmonische Mischung aus Blitz- und Hintergrundbeleuchtung erzeugen .*

Informieren Sie Ihr Modell am besten, dass es vor der eigentlichen Aufnahme mehrere Messblitze geben wird, die Aufnahme aber erst beginnt, wenn Sie „jetzt" sagen. Die Person sollte aber die Augen so lange offen halten, bis die Aufnahme durch ein hörbares Klacken des Spiegels beendet ist. Das kann bei Dunkelheit aber durchaus etwa eine Sekunde dauern. Drücken Sie den Auslöser zunächst halb herunter, damit Schärfe und Belichtung gemessen werden. Dabei blitzt es dann mehrfach.

Halten Sie den Auslöser weiter halb gedrückt, richten Sie den Bildausschnitt final ein und geben Sie der Person mit einem Signal zu verstehen, dass Sie nun auslösen. Lösen Sie mit einer kleinen Verzögerung aus und halten Sie die Kamera weiter ganz ruhig, bis der Spiegel hörbar wieder heruntergeklappt ist. Voilà!

Die Belichtungszeit kann beim *Nachtporträt* schnell einmal auf etwa 1 Sekunde ansteigen. Solche Zeiten sind für Freihandaufnahmen zu lang. Dies deutet die EOS 1200D durch einen blinkenden Zeitwert ❶ im Display und im Sucher an, sobald Sie den Auslöser halb herunterdrücken. In solchen Fällen ist es sinnvoll, die 1200D auf einem Stativ zu stabilisieren oder sie irgendwo anzulehnen. Aber selbst, wenn die Person sich bewegt, gelangt durch den Blitz noch genügend Schärfe ins Bild, da das Zusatzlicht die Bewegung teilweise einfriert.

Auf diese Weise können Sie auch mit Kombinationen aus Wischeffekten und scharfen Motivelementen experimentieren. Sollte das Bild zu dunkel oder zu hell werden, können Sie mit den Umgebungseffekten *Heller* ❷ oder *Dunkler* entsprechende Helligkeitsänderungen vornehmen.

◀ *Aufnahmeeinstellungen im Modus Nachtporträt.*

Da im Modus *Nachtporträt* keine Möglichkeit besteht, die Bildfarben über die Vorgaben für den Weißabgleich an die Lichtquelle anzupassen, empfehlen wir Ihnen, die Bilder parallel im RAW-Format zu speichern ❸. Dann können Sie

> **✓ Alternativer Einsatz**
>
> Auch beim Aufhellen kleiner Gegenstände wie Statuen, Blüten, Insekten und ähnlichen Dingen, die Sie in dunkler Umgebung mit Blitzlicht ins Szene setzen möchten, ist der Modus *Nachtporträt* meist die bessere Wahl als die *Automatische Motiverkennung* oder der Modus *Nahaufnahme*. Die Hintergrundhelligkeit bleibt besser erhalten und die Fotos wirken weniger blitzlastig.

Ihrem Modell eine Graukarte in die Hand drücken und das Foto einmal damit aufnehmen. Später können Sie bei der RAW-Entwicklung mit der Pipette für den Weißabgleich auf die Graukarte klicken und so ganz einfach eine ausgeglichene Farbgebung erzielen. Der hier gezeigte Color Checker Passport von X-Rite ist dafür besonders gut geeignet, denn er bietet verschiedene graue Quadrate speziell für Porträt- ❹ oder Landschaftsaufnahmen ❺ an, mit denen sich die Farben sehr fein anpassen lassen. Für das Bild auf Seite 72 haben wir beispielsweise die mittlere graue Fläche für Porträts ❻ für den Weißabgleich gewählt.

▶ *Mitfotografieren einer Graukarte für die spätere Farbanpassung mit der Weißabgleich-Pipette.*

2.4 Individuelle Bildgestaltung mit der Kreativ-Automatik

Mit dem Modus *Kreativ-Automatik* CA (CA = **C**reative **A**uto) bietet Ihre EOS 1200D ein intuitiv zu bedienendes Programm an, mit dem kleinere Schönheitskorrekturen schnell und einfach vorgenommen werden können. Somit kann ohne großen Aufwand ein besseres Ergebnis erzielt werden, als es beispielsweise die *Automatische Motiverkennung* A⁺ schaffen würde. Bei den beiden Aufnahmen mit dem Bläuling haben wir die *Kreativ-Automatik* CA beispielsweise dazu verwendet, die Belichtung, die Farbe und die Schärfe des ersten Bildes, das wir ohne Änderung der Einstellungen aufgenommen haben, im zweiten Bild zu optimieren.

1/160 s | f3,2 | ISO 100 | 100 mm

▲ *Das erste Bild des Bläulings ist etwas zu dunkel, hat zu wenig Schärfentiefe und ist farblich zu kühl geraten.*

Durch die Wahl des Umgebungseffekts *Warm* ❶ wirken die Farben im zweiten Bild natürlicher. Gleichzeitig wurde dadurch auch die Belichtung um +2/3 EV angehoben, was für einen frischeren Gesamteindruck sorgt. Außerdem konnten wir den Schärfeeindruck erhöhen, indem wir den Regler *Hintergr. unscharf* ❷ nach rechts gesetzt haben, sodass die EOS 1200D einen höheren Blendenwert verwendet hat. Der Schmetterlingsflügel ließ sich dadurch durchgehend schärfer abbilden. In diesem Fall war der Grashintergrund weit genug entfernt und die Erhöhung der Schärfentiefe hat sich nicht negativ auf die Hintergrundgestaltung ausgewirkt.

1/160 s | f5,6 | ISO 500 | 100 mm | +⅔ EV

▲ Mit zwei kleinen Änderungen ließ sich der Schmetterling schärfer, heller und mit natürlicheren Farben darstellen.

> **Externe Blitzgeräte**
>
> Sollten Sie einen externen Blitz verwenden, ist die Einstellung der *Blitzzündung* nicht möglich. Das bedeutet, dass sich die 1200D bei ausgeschaltetem Gerät so verhält wie bei der Einstellung *Blitz aus* ⓘ und bei eingeschaltetem Blitz wie *Blitz* ⚡.

Stellen Sie also gleich einmal das *Moduswahlrad* auf CA und drücken Sie die Taste für die *Schnelleinstellung* Q, um die gewünschten Einstellungen mit dem *Hauptwahlrad* oder den *Kreuztasten* ✥ vornehmen zu können. Anpassen lassen sich die Parameter *Aufn. nach Umgebung* ❶ (passt Farbe, Kontrast und Helligkeit an), *Hintergr. unscharf* ❷ (wirkt sich auf die Blendeneinstellung aus und beeinflusst die Schärfentiefe, *Betriebsart* ❸ (*Einzelbild* ▭, *Reihenaufnahme* ▣, *Selbstauslöser: 10 Sek.* ⏱ oder

▶ Anpassungsmöglichkeiten im Modus *Kreativ-Automatik*.

Kapitel 2 Die Automatiken richtig einsetzen

Selbstauslöser: Reihenaufnahme ✺C) und *Blitzzündung* ❹ (*Automatischer Blitz* ⚡A, *Blitz ein* ⚡ oder *Blitz aus* ⚡̸). Die *Bildqualität* ❺ lässt sich über das Menü *Aufnahme 1* 📷 steuern.

Bei einem Porträt könnten Sie den Regler *Hintergr. unscharf* beispielsweise ganz nach links verschieben, damit der Hintergrund möglichst nicht von der Person ablenkt. Allerdings steht diese Option nur dann zur Verfügung, wenn der Blitz inaktiv ist. Schalten Sie den Blitz daher gegebenenfalls mit der Option *Blitz aus* ⚡̸ ab. Weitere Einsatzbeispiele für die Optionen der *Kreativ-Automatik* [CA] finden Sie in der folgenden Auflistung:

- *Hintergr. unscharf* ▯: Porträts, Nahaufnahmen mit freigestelltem Hauptobjekt oder Sportaufnahmen, bei denen es auf eine besonders kurze Belichtungszeit ankaommt

- *Hintergr. scharf* ▯: Landschaften, Architekturaufnahmen von Gebäuden oder Nahaufnahmen mit erhöhter Schärfentiefe

- *Reihenaufnahme* ❏: Sportaufnahmen oder Serien schneller Bewegungsabläufe

- *Selbstauslöser: 10 Sek.* ✺ oder *Selbstauslöser: Reihenaufnahme* ✺C: Aufnahmen mit Fotograf im Bild oder solche, bei denen Sie vom Stativ aus fotografieren und absolut jegliche Verwacklung vermeiden möchten

- *Blitz ein* ⚡: Wenn die Blitzautomatik nicht anspringt und ein Gesicht oder anderes Objekt im Gegenlicht zu dunkel erscheint – der Regler *Hintergr. unscharf* ist dann aber nicht verwendbar

- *Blitz aus* ⚡̸: Glänzende Oberflächen, weitläufige Landschaften oder Städteaufnahmen, Blitzverbot am Aufnahmeort

Die angepassten Einstellungen bleiben übrigens gespeichert, solange die 1200D eingeschaltet ist. Wird hingegen ein anderes Programm gewählt oder die Kamera ausgeschaltet, springen bis auf die Selbstauslöseroptionen alle Werte auf den Ausgangspunkt zurück.

2.5 Was Sie bei den Automatiken nicht steuern können

Die automatischen Belichtungsprogramme ermöglichen ein schnelles Umschalten und Anpassen der Kameraeinstellungen auf die verschiedensten Situationen und sind daher unkompliziert und intuitiv einzusetzen. Über eines sollten Sie sich aber im Klaren sein: Sie schränken den Einfluss des Fotografen in einigen wichtigen Punkten stark ein. Das beginnt damit, dass die Lichtempfindlichkeit des Sensors über den ISO-Wert nicht beeinflusst werden kann. Dies hat unter Umständen zur Folge, dass bei wenig Licht unerwünschtes Bildrauschen oder eine verringerte Detailschärfe entsteht, wenn die Automatik den Wert bis zum Anschlag hochtreibt. Durch die manuelle Wahl eines niedrigeren ISO-Wertes in einem der Modi *P*, *Tv*, *Av* oder *M* können Sie dies verhindern.

Desweiteren werden die neun AF-Felder automatisch eingesetzt und stellen stets das am nächsten gelegene Motivdetail scharf. Das kann bei einem Porträt dazu führen, dass die Nasenspitze scharf ist und die Augen deutlich an Schärfe zu wünschen übrig lassen. Hinzu kommt, dass Sie weder die Belichtungszeit noch den Blendenwert beeinflussen können und die Korrektur der Bildhelligkeit über die Umgebungseffekte *Heller* oder *Dunkler* recht umständlich zu bewerkstelligen sind. Daher möchten wir Ihnen ans Herz legen, sich unbedingt auch einmal mit den Modi *P*, *Tv*, *Av* oder *M* zu beschäftigen, um das Potenzial Ihrer 1200D noch besser ausschöpfen zu können.

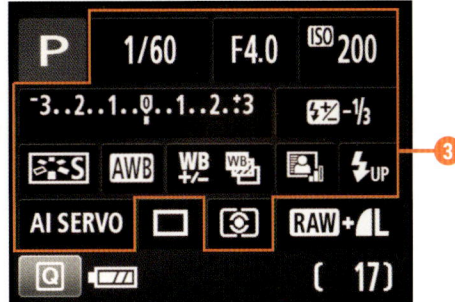

▲ *Während bei der Automatischen Motiverkennung nur Betriebsart* ❶ *und Bildqualität* ❷ *bestimmt werden können, sind diese beiden und zusätzlich alle wichtigen Belichtungseinstellungen* ❸ *im Modus P individuell einstellbar.*

2.6 Bilder betrachten, schützen und löschen

Nachdem Sie mit Ihrer EOS 1200D eine Menge Bilder aufgenommen haben, folgt zuerst das Prüfen der Bildergebnisse und schließlich das Betrachten, egal ob alleine im stillen Kämmerlein oder mit der Familie, Freunden und Bekannten am großen Flachbild-TV. Im Folgenden zeigen wir Ihnen, welche Möglichkeiten Sie hierbei haben.

Einzelbilder wiedergeben

Um die Fotos auf der Speicherkarte ansehen zu können, reicht ein einfacher Druck auf die *Wiedergabetaste* ▶. Das Foto erscheint daraufhin auf dem Monitor. Nun können Sie über die horizontalen *Kreuztasten* ◀/▶ in beide Richtungen von Bild zu Bild springen und alle Aufnahmen in Augenschein nehmen.

Wenn Sie schneller vor oder zurück möchten, können Sie durch drehen des *Hauptwahlrads* jeweils in Zehnerschritten zurück oder nach vorne navigieren. Beendet wird die Bildwiedergabe, indem Sie den Auslöser antippen oder die *Wiedergabetaste* ▶ erneut drücken.

▲ *Bildwiedergabe mit grundlegenden Informationen.*

Kapitel 2 Die Automatiken richtig einsetzen

Bildwechsel nach bestimmten Kriterien

Mit der Funktion *Bildsprung mit* im Menü *Wiedergabe 2* können Sie festlegen, nach welchen Kriterien die Bilder und Movies beim Drehen des *Hauptwahlrads* gewechselt werden. Standardmäßig ist die Einstellung *10 Bilder überspringen* aktiviert. Sie können aber auch Sprünge von *1 Bild* oder *100 Bildern* einstellen oder gezielt nach *Datum*, *Ordner*, *Bewertung* oder bestimmten Medientypen (*nur Movies*, *nur Standbilder*) sortieren.

▲ *Auswahl der Bildwechselanzeige.*

Aufnahmeinformationen anzeigen

Falls Sie neben der Bildansicht noch genauer wissen möchten, mit welchen Einstellungen die Aufnahme gemacht wurde, oder die Belichtung anhand des Histogramms kontrollieren wollen, ist auch das kein Problem. Drücken Sie die *DISP.*-Taste so oft, bis die Anzeige der Aufnahmeinformationen erscheint. Je nach Aufnahmeprogramm ändern sich die Informationen etwas, es sind also nicht immer alle Einträge vorhanden oder tauchen an der gleichen Stelle auf.

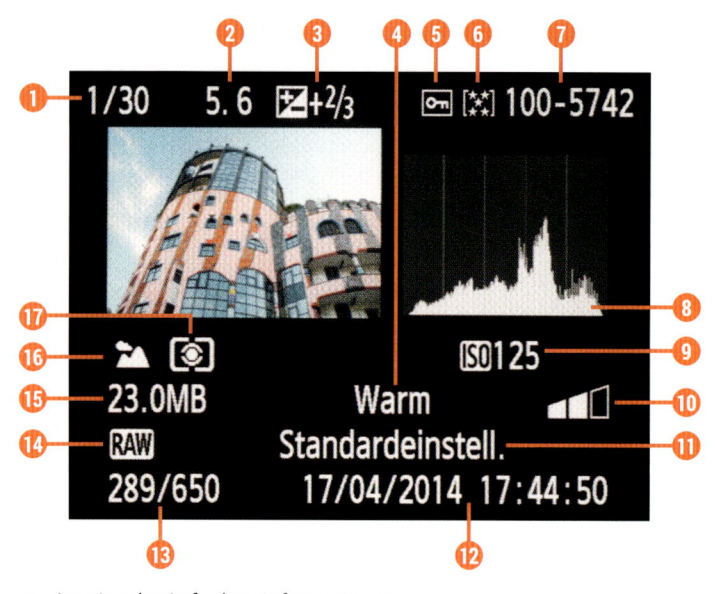

① Belichtungszeit

② Blendenwert

③ Belichtungskorrekturwert

④ *Umgebungseffekt* oder in den Modi *P*, *Tv*, *Av* und *M* der *Bildstil*

⑤ Bildschutz aktiv: das Bild kann mit den Löschfunktionen nicht entfernt werden

⑥ Bewertung mit bis zu fünf Sternchen

⑦ Ordnernummer und Bildnummer

▲ *Anzeige der Aufnahmeinformationen.*

❽ Histogramm: listet alle Bildpixel nach ihrer Helligkeit auf und dient der Belchtungskontrolle

❾ Lichtempfindlichkeit des Sensors ausgedrückt als ISO-Wert

❿ Effektstärke des Umgebungseffekts oder in den Modi *P*, *Tv*, *Av* und *M* die Einstellungen des *Bildstils* (Schärfe, Kontrast, Farbsättigung, Farbton)

⓫ *Beleuchtung oder Motiv*: beeinflusst die Farbgebung ähnlich der Weißabgleich-Vorgaben

⓬ Datum und Uhrzeit der Aufnahme

⓭ Wiedergabenummer/Gesamtanzahl der gespeicherten Bilder

⓮ Bildqualität

⓯ Dateigröße oder in den Modi *P*, *Tv*, *Av* und *M* der Weißabgleich

⓰ Aufnahmemodus

⓱ Messmethode für die Belichtungsmessung (*Mehrfeldmessung*, *Selektivmessung* oder *Mittenbetonte Messung*)

Bilder mit der vergrößerten Ansicht kontrollieren

Manchmal ist es bei der normalen Bildwiedergabe nicht möglich zu erkennen, ob die wichtigen Bildbereiche auch tatsächlich scharf geworden sind oder das Foto besser noch einmal wiederholt werden sollte. Aber zum Glück können Sie ja in jedes Bild hinein zoomen und dann alles etwas genauer betrachten. Rufen Sie hierzu das Foto über die *Wiedergabetaste* ▶ auf. Drücken Sie anschließend die Taste für die *Vergrößerung*. Das Foto wird daraufhin bis zu 10-fach vergrößert dargestellt. Mit den *Kreuztasten* können Sie darin navigieren und genau die Stelle ansteuern, die Sie sich genauer ansehen möchten. Der Ausschnitt und

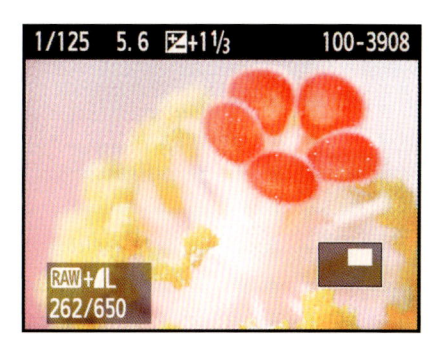

▲ *Wiedergabe in der vergrößerten Ansicht.*

seine Position im Bild werden durch ein weißes Rechteck in einem kleinen Extrarahmen dargestellt. Wenn Sie ein Bild davor oder dahinter mit gleicher Vergrößerung betrachten möchten, drehen Sie am *Hauptwahlrad*. Um wieder heraus zu zoomen, betätigen Sie einfach die Taste zur *Verkleinerung* oder verlassen das Menü durch Antippen des Auslösers.

Die Übersichtsanzeige für besseren Überblick

Um sich eine bessere Übersicht zu verschaffen, können Sie die Taste für die *Verkleinerung* zum Einschalten der Übersichtsanzeige verwenden. Es werden Ihnen erst vier und dann neun Fotos gleichzeitig präsentiert. Um ein Bild in die Vollbildansicht aufzurufen, navigieren Sie einfach mit den *Kreuztasten* darauf und drücken die *SET*-Taste. Wenn Sie in der Übersichtsanzeige das *Hauptwahlrad* drehen, gelangen Sie von Bildset zu Bildset. Dies ermöglicht ein schnelles Durchforsten der gespeicherten Bilder und Movies.

▲ *Übersichtsanzeige der EOS 1200D.*

Bildpräsentation als Diaschau

Zeigen Sie hin und wieder gerne Ihre Bilder im Kreise der Familie und Bekannten? Dann empfehlen wir das Erstellen einer Diaschau, einer attraktiven und nicht so statisch wirkende Präsentation. So können Sie Ihre Fotos am Kameramonitor oder, wenn die Kamera mit dem Computer oder dem Fernseher verbunden ist, auch auf einem größeren Bildschirm ansprechend präsentieren. Das Erstellen einer Diashow ist nicht weiter schwer. Navigieren Sie im Menü *Wiedergabe 2* zur Option *Diaschau*. Wählen Sie darin das zweite Feld von oben aus ❶ und drücken die *SET*-Taste, sodass weiße Pfeile zu sehen sind ❷. Mit den vertikalen *Kreuztasten* ▲/▼ können Sie nun auswählen, nach welchen Kriterien die Diashowbilder zusam-

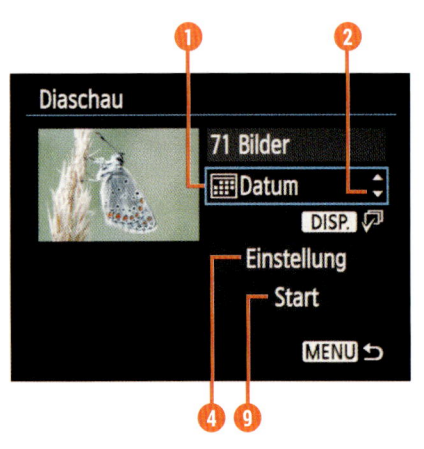

▲ *Menüeinstellungen für die Diaschaupräsentation.*

mengestellt werden sollen: *Alle Bilder* ⬚, *Datum* ⬚, *Ordner* ⬚, *Movies* ⬚, *Standbilder* ⬚ oder *Bewertung* ★.

Haben Sie das *Datum* ⬚ gewählt, drücken Sie anschließend am besten die *DISP.*-Taste. Im Menüfenster *Datum auswählen* lässt sich sogleich der gewünschte Tag ❸ aufsuchen und mit der *SET*-Taste bestätigen.

Bei *Einstellung* ❹ können Sie die *Anzeigedauer* ❺ der Bilder festlegen und bestimmen, ob die Diashow nach dem Abspielen erneut wiederholt ❻ werden soll. Außerdem stehen verschiedene *Übergangseffekte* ❼ und *Hintergrundmusik* ❽ zur Verfügung. Nach der Auswahl drücken Sie die *MENU*-Taste.

▲ *Auswahl der Bilder eines bestimmten Datums.*

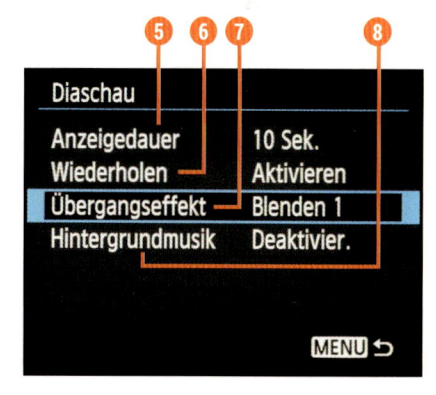

Zum Starten der Diaschau, wählen Sie die Schaltfläche *Start* ❾ und drücken die *SET*-Taste. Wenn Sie während der Diaschau die horizontalen *Kreuztasten* ◀/▶ betätigen, können Sie ein Bild vor oder zurück springen, ohne die Anzeigedauer abwarten zu müssen.

Mit der *SET*-Taste lässt sich die Diaschau pausieren. Verlassen können Sie die Show mit der *MENU*-Taste, um beispielsweise Einstellungen zu ändern. Ganz beendet wird die Diaschau einfach durch Antippen des Auslösers.

▲ *Einstellungsoptionen für die Diaschau.*

Favoritensterne vergeben

Eine praktische Möglichkeit, Ihre Topbilder bereits in der 1200D als soche zu markieren und sie später schnell wiederzufinden, bieten die Favoritensternchen. Damit können Sie Ihre Bilder mit bis zu fünf Sternen bewerten. Rufen Sie das Bild in der Wiedergabeansicht auf und betätigen Sie dann die *Schnelleinstelltaste* ⬚. Navigieren Sie nach unten zum Sternsymbol und legen Sie mit der rechten *Kreuztaste* ▶ die Bewertungshöhe fest. Das entsprechende Zeichen wird nun am Bild mit angezeigt, sofern Sie per *DISP.*-Taste nicht nur die reine Bildansicht ohne Informationen gewählt

▲ *Bildbewertung über das Schnelleinstellungsmenü.*

haben. Alternativ können Sie die Funktion auch über das Menü *Wiedergabe 2* ▶ bei *Bewertung* aufrufen.

Wenn Sie die markierten Fotos auf einen Computer mit dem Betriebssystem Windows Vista, 7 oder 8 übertragen, wird die Bewertung übernommen.

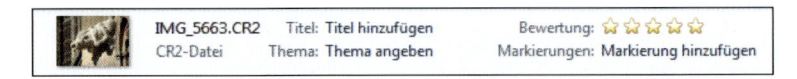

▲ *Das mit fünf Sternen bewertete Bild im Windows-Explorer.*

Bilder am Fernsehgerät wiedergeben

Der Kameramonitor ist viel zu klein, der Computer steht im Arbeitszimmer und das Laptop ist ebenfalls nicht so richtig geeignet, sich mit der Familie oder Freunden die Fotos mal so richtig schön groß und gemütlich im Wohnzimmer anzuschauen. Was nun? Na ja, da wäre ja noch der Fernseher ... Gedacht, getan. Schließen Sie Ihre EOS 1200D doch einfach einmal mit einem HDMI-Kabel am TV-Gerät an. Schon flimmern die Bilder in stattlichem Format in die heimische Stube.

▲ *HDMI-Anschluss am Fernseher.*

Dafür benötigen Sie das HDMI-Kabel von Canon (HTC-100) oder ein handelsübliches HDMI mini-Kabel (zum Beispiel von Hama). Schalten Sie nun als Erstes die 1200D und den Fernseher aus, schließen Sie den HDMI-mini-Stecker ❶ am HDMI-mini-Ausgang ❸ Ihrer Kamera und das größere HDMI-Ende ❷ am entsprechenden Eingang des TV-Geräts ❹ an.

Schalten Sie zuerst den Fernseher ein und wählen Sie den Kanal, der den verwendeten Anschlussbuchsen zugeordnet ist (hier: *HDMI* ❹). Anschließend wird die 1200D aktiviert und die *Wiedergabetaste* ▶ gedrückt. Nun können Sie die Bilder oder Videos einzeln aufrufen oder, wie zuvor gezeigt, eine Bildwiedergabe als Diaschau starten. Wenn Ihr TV-Gerät zudem die HDMI-CEC-Norm erfüllt, können Sie die 1200D mit der Fernbedienung steuern, sofern die Funktion *Strg über HDMI* im Menü *Wiedergabe 2* ▶ auf *Aktivieren* steht.

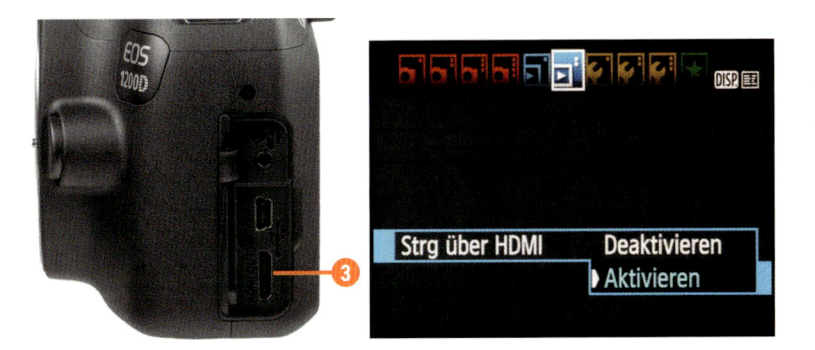

◀ Links: Anschlussbuchse für das HDMI mini-Kabel. Rechts: Aktivierung der Kamerafernsteuerung über die Fernbedienung des TV-Geräts.

Schutz vor versehentlichem Löschen

Stellen Sie sich vor, Sie haben eine einmalige Fotochance, zum Beispiel einen wunderschönen Schmetterling mit Tautropfen darauf, und können die Szene tatsächlich in schönen Bildern festhalten. Nichts wäre ärgerlicher, als wenn diese Fotos versehentlich gelöscht würden. Um solch ein Ungemach zu verhindern, besitzt die EOS 1200D einen sogenannten *Bildschutz*. Darüber werden die Fotos markiert, die keinesfalls gelöscht werden dürfen. Um die Schutzfunktion anzuwenden, navigieren Sie im Menü *Wiedergabe 1* ▶ zur Option *Bilder schützen*. Wählen Sie darin die Option *Bilder auswählen*, um nur bestimmte Fotos zu schützen, und starten Sie den Vorgang mit der *SET*-Taste. Suchen Sie sich nun einfach das zu schützende Bild aus und drücken Sie wieder die *SET*-Taste. Sogleich erscheint ein Bildschutzsymbol ⌐ am Bildrand. Dieses Foto kann nun mit den normalen Löschfunktionen nicht mehr versehentlich entfernt werden. Markieren Sie nun weitere Fotos oder verlassen Sie das Menü über die *MENU*-Taste oder ein Antippen des Auslösers.

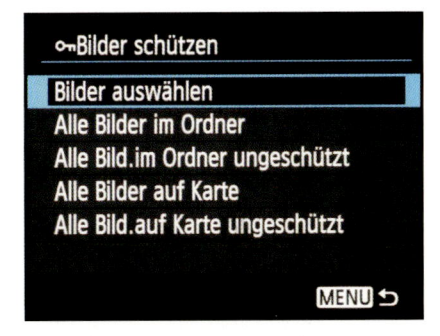

▲ Oben: Menüoptionen für den Bildschutz. Unten: Schützen eines ausgewählten Bildes.

Wenn der Schutz wieder entfernt werden soll, gehen Sie genauso vor wie beim Schützen. Nachdem Sie das Foto mit dem Bildschutzsymbol ⌐ aufgerufen haben, drücken Sie

> **Formatieren hebt Bilderschutz auf**
>
> Ein Formatieren der Speicherkarte löscht auch die geschützten Bilder unwiederbringlich. Nutzen Sie daher besser die nachfolgend beschriebenen Löschfunktionen, wenn Sie alle nicht mehr benötigten Fotos in einem Schritt entfernen möchten und nur die geschützten behalten wollen.

die *SET*-Taste und schon ist der Schutz wieder aufgehoben. Möchten Sie gleich mehrere Bilder in einem Rutsch schüzen, können Sie *Alle Bilder im Ordner* oder *Alle Bilder auf Karte* wählen. Umgekehrt lässt sich der Schutz auch wieder aufheben, indem Sie *Alle Bild.im Ordner ungeschützt* oder *Alle Bild.auf Karte ungeschützt* wählen.

Übrigens, wenn Sie nur mal ein Foto nebenbei schnell schützen möchten, können Sie dies während der Wiedergabe auch flink über die *Schnelleinstellungstaste* [Q] erledigen. Dazu wählen Sie das Bildschutzsymbol ❶ und die Schaltfläche *Aktivieren* ❷ aus. Für mehrere Bilder ist dieses Vorgehen allerdings ein wenig umständlich.

▶ Bilderschutz über das Schnelleinstellungsmenü.

▲ Löschen eines ausgewählten Bildes.

Bilder schnell und sicher löschen

Es liegt in der Natur der Sache, dass nicht jedes Bild gelingt. Das geht Amateuren genauso wie eingefleischten Profis. Daher ist es sinnvoll, die eindeutig vermasselten Fotos gleich in der 1200D zu löschen. Das spart nicht nur Platz auf der Speicherkarte, man kann auch von vorneherein einer Flut wenig brillanter Bilder vorbeugen, die sonst nur allzu schnell den Computer bevölkern. Um einzelne Fotos in die ewigen Jagdgründe zu schicken, rufen Sie das Foto mit der *Wiedergabetaste* [▶] auf und drücken dann einfach die *Löschtaste* [🗑]. Anschließend bestätigen Sie die Schaltfläche *Löschen* mit der *SET*-Taste, und schon ist das Bild verschwunden.

Hin und wieder kommt es vor, dass wir mit einer ganzen Bilderserie nicht zufrieden sind, beispielsweise wenn die Aufnahmen versehentlich total falsch belichtet wurden. Oder wenn wir einfach gleich mehrere Einzelfotos löschen möchten, ohne dabei jedes Bild einzeln umständlich über die Löschtaste entfernen zu müssen.

Um dies zu tun, steuern Sie im Menü *Wiedergabe 1* ▶ den Eintrag *Bilder löschen* an. Wählen Sie darin die Rubrik *Bilder auswählen und löschen*. und bestätigen dies mit der *SET*-Taste. Nun können Sie ein Foto nach dem anderen aufrufen und die zu entfernenden Bilder durch einen Druck auf eine der vertikalen *Kreuztasten* ▲/▼ markieren ❶.

Anschließend drücken Sie die *Löschtaste* 🗑, wählen die Schaltfläche *OK* und drücken zum Starten des Löschvorgangs die *SET*-Taste. Alle markierten Bilder werden daraufhin von der Speicherkarte gefegt und es steht wieder mehr Speicherplatz für neue Aufnahmen zur Verfügung.

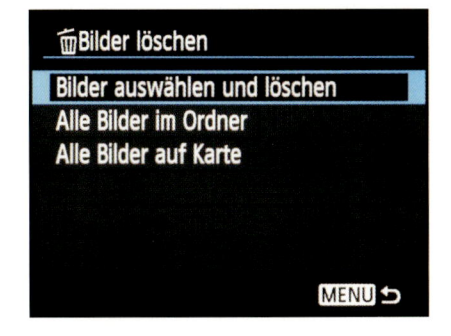

▲ Bilder einzeln markieren und anschließend in einem Rutsch löschen.

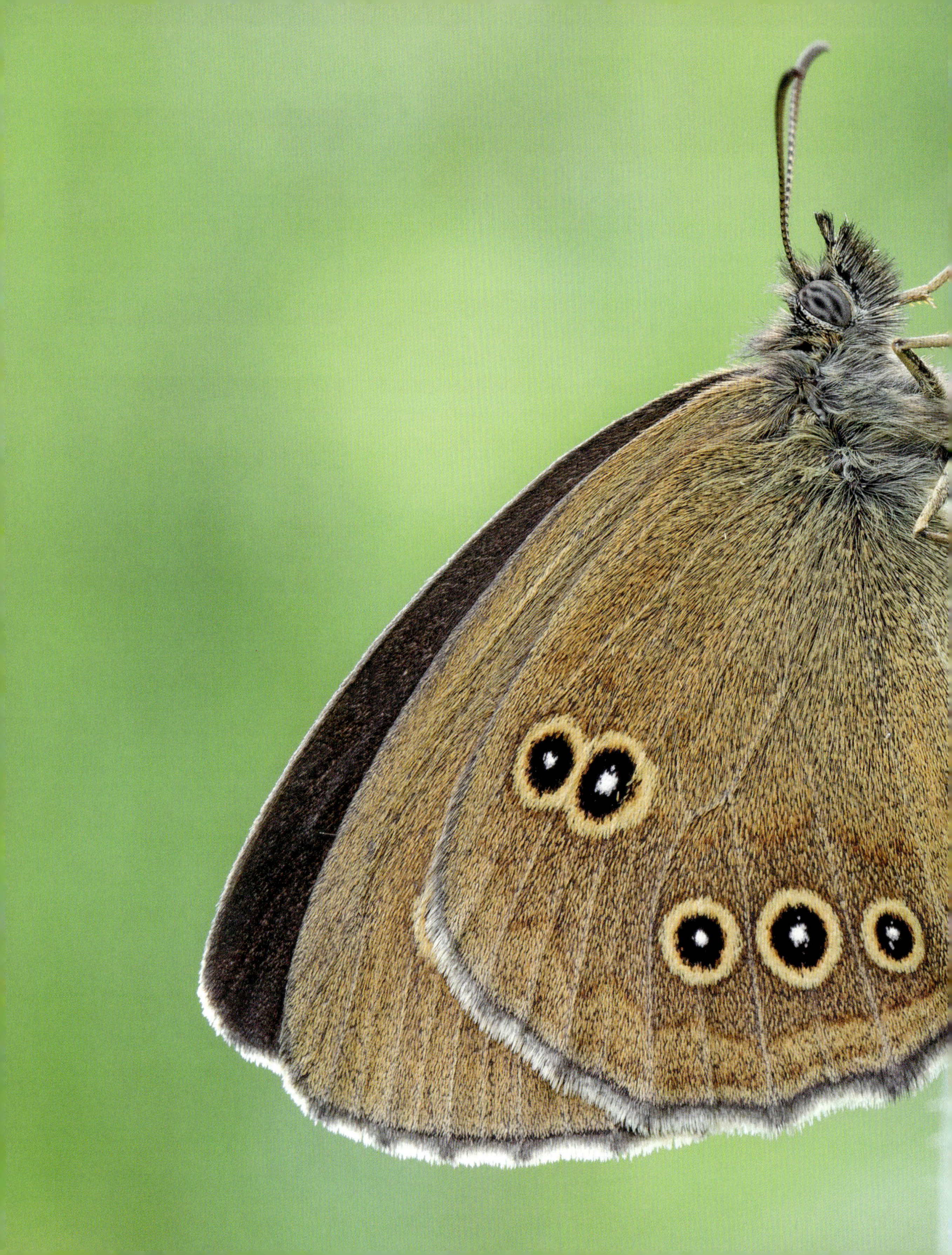

Mit der richtigen Belichtung zu mehr Bildqualität

Von der Belichtung hängt die Wirkung eines Fotos essenziell ab. Erfahren Sie daher in diesem Kapitel alles Wichtige über das Zusammenspiel der grundlegenden Komponenten einer angepassten Belichtung. Die Belichtungszeit, Blende und der ISO-Wert sind hierbei natürlich die unangefochtenen Spielmacher, aber auch die Belichtungsmessung hat ein Wörtchen mitzureden. Ein Blick auf das Histogramm und was sich daraus alles ablesen lässt, rundet die Tour durch das Belichtungsuniversum ab.

3.1 Einfluss der Belichtungszeit kennen

Die Belichtungszeit bestimmt, wie lange das Licht, das von außen durch das Objektiv in die 1200D geleitet wird, auf den Sensor treffen darf. Sie beeinflusst damit einerseits die die Bildhelligkeit: Ist die Belichtungszeit zu lang, wird das Bild überbelichtet, ist sie zu kurz, erhalten sie zu dunkle, unterbelichtete Bilder.

Daneben hat sie aber auch einen Einfluss auf die Bildschärfe, denn bei langen Belichtungszeiten kann die 1200D nicht mehr ruhig genug gehalten werden, sodass Sie mit verwackelten Fotos rechnen müssen.

▼ *Das erste Foto haben wir versehentlich verwackelt. Mit erhöhter ISO-Empfindlichkeit ließ sich das Birkenwäldchen scharf abbilden.*
Ausschnitt links: 1/4 s | f8 | ISO 100 | 35 mm
Großes Bild und Ausschnitt rechts: 1/50 s | f8 | ISO 640 | 35 mm

So ist es uns beispielsweise bei dem lichtdurchfluteten Birkenwäldchen ergangen. Die Belichtungszeit des ersten Bildes war in der Situation einfach zu lang, um die Szene noch aus der Hand und ohne sichtbares Wackeln fotografieren zu können. Gut, dass wir das Bild direkt nach der Aufnahme auf dem Monitor der 1200D betrachten konnten, da ist uns das Malheur natürlich sofort aufgefallen.

✓ Bewegte Motive

Die Belichtungszeit beeinflusst auch die Darstellung bewegter Motive. Bei kurzer Belichtungszeit wird alles knackig scharf dargestellt, während längere Belichtungszeiten Wischeffekte im Bild erzeugen. Denken Sie bei Sportfotos & Co. an diese bildgestalterische Option.

Also haben wir die Belichtungszeit verkürzt, in diesem Fall durch Einschalten der ISO-Automatik, und das Bild erneut und ohne zu verwackeln aufgenommen.

Vielleicht fragen Sie sich jetzt, ob es denn schon vor der Bildaufnahme möglich ist zu erkennen, ob die Belichtungszeit für eine verwacklungsfreie Aufnahme kurz genug ist. Das geht tatsächlich, wenn Sie die sogenannte Kehrwertregel zu Hilfe nehmen.

Die Regel lautet: 1 / (Objektivbrennweite × Cropfaktor) = Belichtungszeit. Bei der EOS 1200D mit ihrem Cropfaktor von 1,6 ergäbe sich zum Beispiel eine angestrebte Belichtungszeit von 1/160 s oder kürzer, wenn mit 100 mm Brennweite fotografiert würde: 1 / (100 x 1,6) = 1/160 s. Die Aufnahme der Kleeblüte stimmt beispielsweise perfekt mit der Kehrwertregel überein.

Natürlich werden die Zahlenwerte in der Realität nie so genau getroffen. Das ist aber auch nicht der Sinn der Regel. Sie soll lediglich eine Orientierungshilfe darstellen, ab wann

▼ *Die Kleeblüte landete mit der nach der Kehrwertregel eingestellten Belichtungszeit scharf auf dem Sensor.*
1/160 s | f2,8 | ISO 100 | 100 mm

mit Verwacklung gerechnet werden kann. Die Kehrwertregel gewinnt daher immer dann an Bedeutung, wenn die Lichtverhältnisse schlecht sind, zum Beispiel bei Motiven im Schatten, bei Dämmerung, Nebel, bedecktem Himmel oder in Innenräumen. In solchen Situationen ist es gut, ab und zu ein Auge auf die Belichtungszeit zu werfen, um Verwacklungen zu vermeiden.

Übrigens, wenn Sie die Belichtungszeit nach der Kehrwertregel selbst ausrichten möchten, können Sie dies in den Modi *Tv* und *M* direkt und bei *Av* und *P* indirekt tun. Die anderen Modi richten die Belichtungszeit automatisch in etwa nach der Kehrwertregel aus, um der Gefahr verwackelter Bilder vorzubeugen. In dem Punkt bieten die automatischen Programme somit mehr Belichtungssicherheit.

3.2 Was der Bildstabilisator leistet

▲ *Der Bildstabilisator wird am Objektiv aus- und eingeschaltet.*

Wenn Sie ein Objektiv mit Bildstabilisator (*IS* = *Image Stabilizer*) besitzen, beispielsweise das 18-55-mm-Kit-Objektiv Ihrer EOS 1200D, können Sie sich glücklich schätzen. Denn mit eingeschalteter Stabilisierungsautomatik gelingen auch bei Belichtungszeiten, die laut Kehrwertregel eigentlich zu lang für verwacklungsfreie Bilder sind, noch gestochen scharfe Fotos aus der Hand.

Schauen Sie sich dazu einmal die Bilder mit dem Türgriff in Taubenform an, bei denen das Potenzial des Bildstabilisators sehr deutlich zu erkennen ist. Das erste Bild, das wir mit eingeschaltetem Bildstabilisator aufgenommen haben, ließ sich tatsächlich noch bei einer Belichtungszeit von 0,4 s scharf darstellen.

Diese Zeit lag sage und schreibe 6 EV-Stufen über der Kehrwertregel-Zeit von 1/160 s, denn wir fotografierten bei 100 mm Brennweite. Ohne Bildstabilisator war hingegen schon bei 1/40 s Schluss mit der Schärfe.

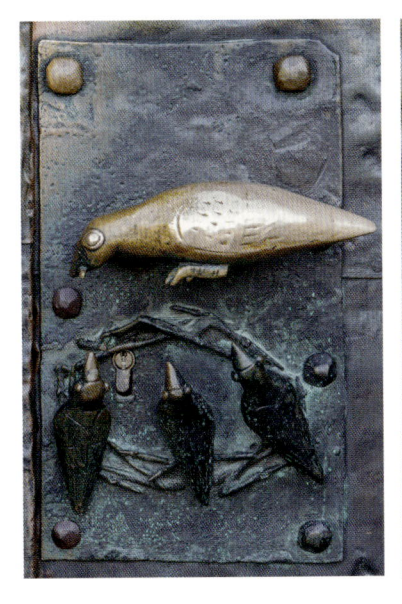

Links: 0,4 s | f14 | ISO 100 | 100 mm
Rechts: 1/40 s | f6,3 | ISO 250 | 100 mm

◄ Links: Scharfe Aufnahme mit Bildstabilisator. Rechts: Ohne Bildstabilisator ist alles deutlich verwackelt.

Ein so deutlicher Zeitgewinn ist nicht immer möglich. Daher rechnen Sie generell etwas konservativer damit, dass Sie mit einem Bildstabilisator die Belichtungszeit um etwa zwei- bis drei ganze Belichtungsstufen verlängern können, bevor Verwacklungsunschärfe auftritt. In der Tabelle finden Sie einige Belichtungszeiten, die geeignet sind, um bei den angegebenen Brennweiten verwacklungsfreie Bilder aus der Hand machen zu können.

Brennweite	Belichtungszeit ohne IS	Belichtungszeit mit IS
200 mm	1/320 s	1/80 s
100 mm	1/160 s	1/40 s
55 mm	1/100 s	1/25 s
30 mm	1/50 s	1/13 s
24 mm	1/40 s	1/10 s
18 mm	1/30 s	1/8 s

◄ Geeignete Belichtungszeiten ohne und mit Bildstabilisator (IS).

Am besten testen Sie selbst einmal aus, bei welchen Belichtungszeiten und Brennweiten Sie Ihre 1200D noch verwack-

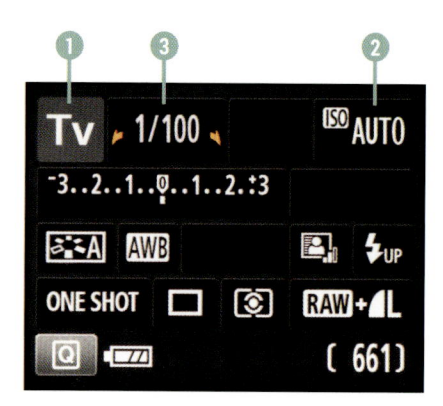

▲ Einstellungen für den Schärfetest mit und ohne Bildstabilisator.

> **Fremdobjektive mit Bildstabilisator**
>
> Bei Fremdobjektiven können die Bildstabilisatoren eine andere Bezeichnung haben. So tragen die Objektive mit Bildstabilisator bei Tamron das Kürzel **VC** (**V**ibration **C**ompensation) und bei Sigma das Kürzel **OS** (**O**ptical **S**tabilizer).

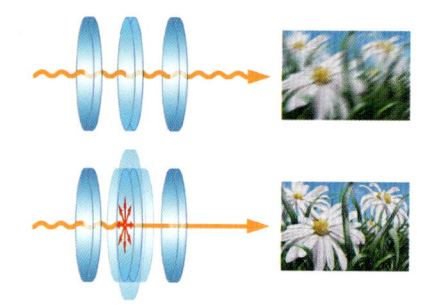

▲ Die Wirkungsweise des Bildstabilisators.

lungsfrei halten können, vor allem auch dann, wenn Sie nicht gerade total entspannt im Sessel sitzen, sondern vielleicht ein paar Treppenstufen gegangen sind oder in gebückter Haltung fotografieren. Dazu fotografieren Sie ein gut strukturiertes Motiv am besten im Modus *Tv* ❶ mit eingeschalteter ISO-Automatik ❷. Wählen Sie z. B. eine Objektivbrennweite von 55 mm und stellen mit dem *Hauptwahlrad* die dazu passende Kehrwertregel-Zeit von 1/100 s ❸ ein. Fotografieren Sie ihr Motiv mit und ohne Bildstabilisator und am besten auch mehrfach, um zu sehen, wie konstant die Ergebnisse ausfallen. Dann verlängern Sie die Zeit auf 1/50 s und so weiter. Betrachten Sie die Fotos in der vergrößerten Wiedergabeansicht oder am Computer in der 100%-Ansicht. Ab wann beginnen die Fotos zu verwackeln?

Bei der Bildstabilisierung wird die Verwacklung übrigens durch sogenannte Gyrosensoren im Objektiv registriert und ein beweglich gelagertes Linsenelement wird dann in seiner Position gegenläufig zur Verwacklungsrichtung verschoben. Auf diese Weise kann die Aufnahme horizontal (x-Achse) und vertikal (y-Achse) stabilisiert werden. Zudem gibt es bei Canon den sogenannten *Hybrid-IS*. Dieser gleicht neben dem „normalen" Wackeln auch leichte Kameraverschiebungen aus. Da dies vor allem bei starker Vergrößerung wichtig ist, besitzt bislang nur das Makroobjektiv EF 100 mm f/2.8L Macro IS USM einen Hybrid-IS.

> **Bildstabilisator bei Stativaufnahmen**
>
> Stünde Ihre EOS 1200D absolut bombenfest auf dem Stativ, könnte es theoretisch passieren, dass Resonanzen in der Kamera dem Bildstabilisator eine leichte Verwacklung vorgaukeln. Die Bildstabilisierung würde fälschlicherweise anspringen und dadurch unscharfe Fotos erzeugen. Da im realen Leben aber kaum ein Stativ die Kamera so felsenfest fixieren kann, kommt dies kaum vor. Lassen Sie den Bildstabilisator daher ruhig permanent an. So kann er beispielsweise auch leichte Schwingungen des Stativs abfedern. In unserem Fotoalltag ist uns mit Bildstabilisator vom Stativ aus jedenfalls noch kein Bild verwackelt.

3.3 Die Blende und der Einfluss der Schärfentiefe

Vielleicht haben Sie sich schon einmal gefragt, wie es möglich ist, dass in dem einen Bild eine Landschaft von vorne bis hinten scharf aussieht, während sich im nächsten Foto eine Blüte vor einem angenehm verschwommenen Hintergrund prägnant hervorhebt. Dann sind Sie in diesem Kapitel genau an der richtigen Stelle. Lernen Sie den Einfluss der Blende auf das Bild kennen und verleihen Sie Ihren Aufnahmen mit diesem Wissen zukünftig eine ganz individuelle Note.

Die Blende beeinflusst ganz prätentiös die Schärfentiefe des Bildes. Das ist der von unseren Augen noch als scharf wahrgenommene Bildbereich vor und hinter dem fokussierten Motiv.

▼ *Mit dem Wissen um die Blende steigen Sie voll und ganz in die kreative Bildgestaltung ein.*
1/60 s | f2,8 | ISO 400 | 100 mm

Dazu können Sie sich gleich einmal die hier gezeigte Serie mit dem Grasfrosch anschauen, der während der ganzen Aufnahmeprozedur schön stillgehalten hat. Fokussiert haben wir auf das Auge, das im ersten Bild fast als einziges Bildelement scharf geworden ist.

Sowohl der Hintergrund als auch die Vordergrundelemente laufen diffus aus und überlassen dem Fröschlein ganz klar die Hauptrolle im Bild. Die Schärfentiefe ist sehr gering. Daher wird in solchen Fällen auch von selektiver Schärfe gesprochen, weil der scharf zu erkennende Bildbereich sehr begrenzt ist.

Erreichen können Sie solche Effekte, indem Sie mit niedrigen Blendenwerten fotografieren, dazu aber gleich mehr.

1/200 s | f2,8 | ISO 400 | 100 mm

▶ *Durch Wahl eines niedrigen Blendenwerts wird nur das Froschauge scharf abgebildet.*

Die Schärfentiefe wird nun in den beiden Folgebildern immer höher, sodass Vorder- und Hintergrund immer schärfer aussehen. Für das Froschmotiv ist das zwar nicht ganz so vorteilhaft, weil der Blick des Betrachters vom Hauptmotiv abgelenkt wird, aber der Einfluss der Blende ist gut erkennbar.

Die Blende sorgt also stets für eine deutliche Veränderung der Bildwirkung. Sie beeinflusst die Schärfentiefe des Fotos. Dabei nimmt die Schärfentiefe ausgehend von der fokussierten Bildebene ❶ mit steigender Blendenzahl zu ❷ oder verringert sich, wenn der Blendenwert sinkt ❸.

Links: 1/25 s | f8 | ISO 400 | 100 mm
Rechts: 1/6 s | f16 | ISO 400 | 100 mm

▲ *Die Gesamtschärfe steigt mit dem Erhöhen des Blendenwerts auf f8 und f16 deutlich an.*

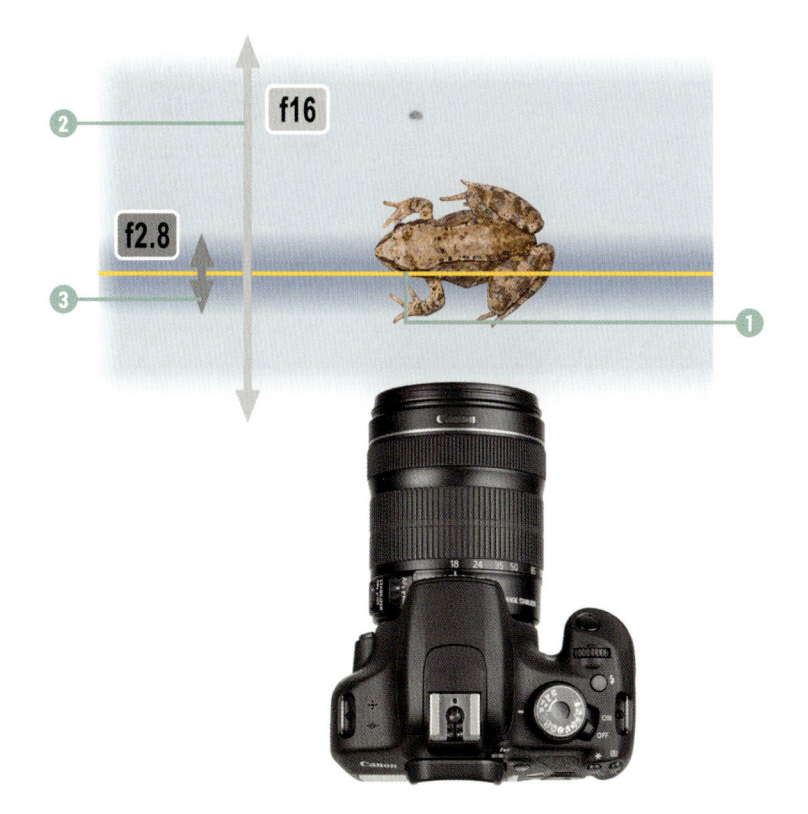

◀ *Blendenabhängige Ausdehnung der Schärfentiefe.*

Kapitel 3   Mit der richtigen Belichtung zu mehr Bildqualität

Wer oder was ist aber nun die Blende? Nun, sie ist letztendlich nichts anderes als eine schwarze Scheibe im Objektiv, die sich aus mehreren Lamellen zusammensetzt und in der Mitte ein mehr oder weniger großes Loch besitzt.

Bei einer offenen Blende (niedriger Blendenwert) dringt mehr Licht zum Sensor durch als bei geschlossener Blende (hoher Blendenwert). Wenn Sie von vorne in Ihr Objektiv schauen, können Sie die Blende sehen.

Die Größe der Blendenöffnung wird mit dem Blendenwert angegeben, z. B. f5,6 oder f8. Je höher der Blendenwert steigt, desto kleiner wird die Blendenöffnung.

Bei Blende 5,6 ist die Öffnung somit größer als bei Blende 8 oder 16. Dieses gegenläufige Verhältnis liegt in der Berechnung der Blende und der vereinfachten Angabe der Blendenwerte begründet.

▲ *Blende ganz geöffnet (oben) und auf den Wert f16 geschlossen (unten).*

Merken Sie sich einfach, dass kleine Blendenwerte wenig Schärfentiefe erzeugen und große Blendenwerte eine hohe Schärfentiefe liefern, dann kann eigentlich nichts schiefgehen. Dabei beschreiben die folgenden Blendenzahlen jeweils einen ganzen Blendenschritt: f1,4, f2, f2,8, f4, f5,6, f8, f11, f16, f22, f32 und f45.

Wie sich die Blende berechnet

Um die Blendenangaben für alle Objektive vergleichbar zu halten, wird das Verhältnis aus der Brennweite und dem Öffnungsdurchmesser der Blende ermittelt. Blende 8 bedeutet somit, dass der Durchmesser der Blendenöffnung einem Achtel der Brennweite entspricht, egal um welches Objektiv es sich handelt.

Genau genommen müsste die Blende daher immer als Bruchzahl angegeben werden, also zum Beispiel f/8 oder 1:8,0, diese Schreibweise finden Sie beispielsweise auf den Objektiven. Im normalen Gebrauch wird der Übersichtlichkeit halber meist einfach nur der Zähler, also f8 angegeben – wie in diesem Buch auch.

Da die Bildwirkung entscheidend von der Blendeneinstellung abhängt, ist es für eine kreative Bildgestaltung unabdingbar, den Blendenwert selbst wählen zu können. Am besten geeignet sind hierfür die Modi *Av* und *M*, bei denen Sie den Blendenwert direkt einstellen können. In den Modi *P* und *Tv* ist das indirekt aber auch möglich. Und auch die *Kreativ-Automatik* CA lässt mit dem Regler *Hintergr. unscharf* eine Anpassung der Blende zu. Alle anderen Programme bestimmen den Blendenwert automatisch.

> **Unschärfefalle**
> Erhöhen Sie den Blendenwert möglichst nicht über f16 hinaus, denn dann kann es dazu kommen, dass das gesamte Bild an Schärfe verliert. Schuld ist die sogenannte Beugungsunschärfe (siehe auch Seite 219 in Kapitel 8).

3.4 Die Lichtempfindlichkeit motivbezogen regeln

Ihre EOS 1200D ist nicht nur bei Blende und Belichtungszeit absolut variabel, sondern vor allem auch bei der Lichtempfindlichkeit des Sensors, die über den ISO-Wert gesteuert wird. Damit haben Sie stets ein Ass im Ärmel. Vor allem, wenn das Umgebungslicht sehr begrenzt ist.

Angenommen, Sie machen eine Tour durch ein Ausstellungsgelände und gehen aus der sonnigen Außenanlage in ein Gebäude. Bleibt der ISO-Wert dabei stabil, kann es schnell einmal zu Verwacklung kommen, wie die linke Abbildung auf der nächsten Seite zeigt.

Eine Erhöhung der Lichtempfindlichkeit über den ISO-Wert reicht dann meist schon aus, um das Motiv scharf auf den Sensor zu bekommen. Kleine Aktion, große Wirkung, könnte man sagen.

▲ *Der Blendenwert ist am Monitor ❶ oder im Sucher ❷ der EOS 1200D stets ablesbar.*

0,3 s | f5,6 | ISO 100 | 18 mm
▲ Verwackelte Aufnahme bei niedriger Lichtempfindlichkeit.

1/25 s | f5,6 | ISO 800 | 18 mm
▲ Scharfes Bild bei hoher Lichtempfindlichkeit.

Beste Bildqualität bei niedrigen ISO-Werten

Leider bewirken hohe ISO-Werte meist ein erhöhtes Bildrauschen. Tausende kleiner unterschiedlich heller oder bunter Fehlpixel führen dazu, dass Helligkeit und Farbe nicht gleichmäßig wiedergegeben werden. Dabei ist das Bildrauschen der EOS 1200D bei den niedrigen Stufen ISO 100 und 200 noch kaum wahrzunehmen und bei ISO 400 immer noch gering.

Auch bei ISO 800 und 1600 hält es sich in einem erfreulich niedrigen Rahmen. Bei ISO 3200 bis 6400 tritt das Bildrauschen dagegen deutlicher zutage, und bei ISO 12800 ist es sehr störend.

Fotografieren Sie daher, wenn es die Bedingungen zulassen, mit niedrigeren ISO-Einstellungen im Bereich von ISO 100 bis 800 und nur, wenn es nicht anders geht, maximal auch mit ISO 1600 oder gar ISO 3200.

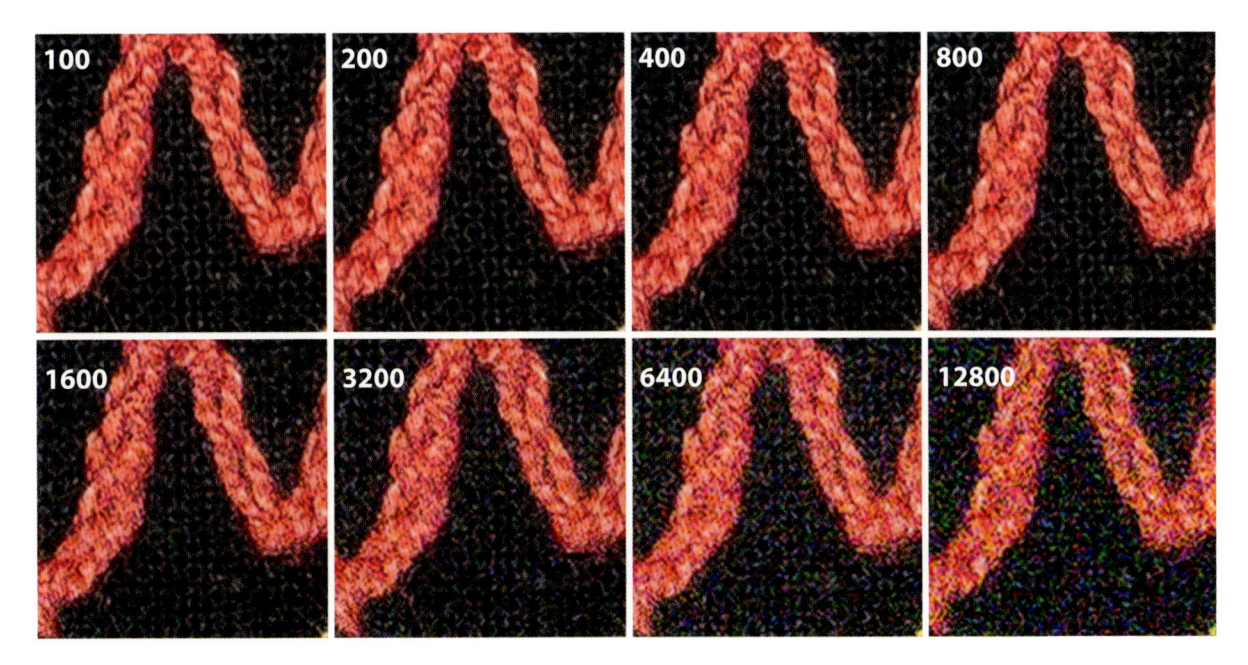

f8 | 64 mm | Stativ

▲ *Die Ausschnitte* ❶ *aus den Originalbildern zeigen das unterschiedlich stark ausgeprägte Bildrauschen bei verschiedenen ISO-Stufen.*

Übrigens geht die höhere ISO-Empfindlichkeit auch immer zulasten der Detailauflösung. So verschwimmen in den gezeigten Bildausschnitten die feinen Strukturen mit steigendem ISO-Wert zunehmend. Ein dritter Nachteil: Auch der sogenannte Dynamikumfang, also die Bandbreite der darstellbaren Tonwertabstufungen, sinkt mit zunehmendem Rauschen. Auch aus diesen Gründen ist es von Vorteil, mit niedrigen ISO-Werten zu agieren und so die bestmögliche Performance aus dem Sensor zu holen.

Kamerainterne Hilfen gegen das Bildrauschen

Die Darstellung der Bilder mit den unterschiedlichen ISO-Stufen des vorigen Abschnitts ist zugegebenermaßen ein wenig unfair ausgefallen, denn die EOS 1200D ist unbestritten auch bei höheren ISO-Werten zu mehr Qualität in der Lage. Dazu trägt die Rauschunterdrückung bei, die bei JPEG-Fotos automatisch in der Kamera angewendet wird und bei RAW-Bildern mit den Rauschreduzierungsfunktionen des Konverters justiert werden kann. Dennoch wollten wir Ihnen gerne zeigen, wie viel Rauschen vom Sensor kommt und was die Kamera am Ende daraus machen kann. Hier also der Fairness halber gleich auch noch ein Vergleich der Ausschnitte ohne und mit der kcamerainterner Rauschunterdrückung *High ISO Rauschreduzierung*. Was allerdings auffällt, ist, dass sich der Verlust an Detailschärfe auch mit Rauschreduzierungsmitteln nicht wettmachen lässt. Bei hohen ISO-Werten ist daher immer mit wenig Detailverlust zu rechnen.

Deaktiv. **Standard** **Stark**

▶ *Bildergebnisse ohne und mit High ISO Rauschreduzierung; zu sehen sind die Ausschnitte der kameraintern automatisch verarbeiteten JPEG-Bilder.*

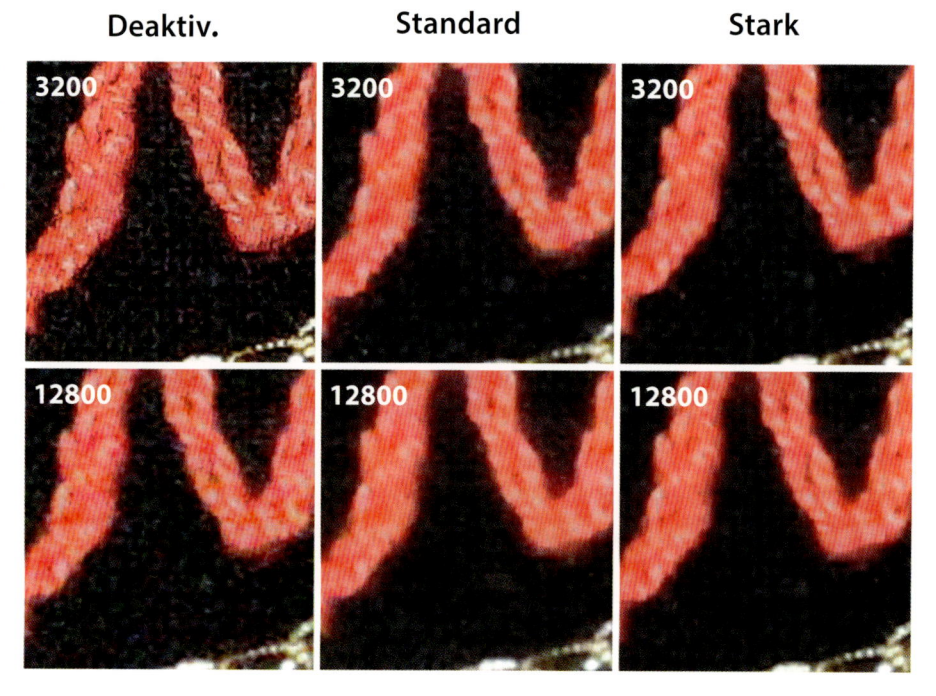

Die EOS 1200D besitzt zur Reduktion des Bildrauschens zwei zentrale Funktionen, die Sie im Menü *Einstellung 3* bei den *Individualfunktionen (C.Fn)* finden, wenn Sie in einem der Modi *P*, *Tv*, *Av* oder *M* fotografieren. Alle anderen Modi regeln die Rauschunterdrückung automatisch.

Mit der *Rauschreduzierung bei Langzeitbel.* wird ein gewisses Grundrauschen herausgefiltert. Allerdings gilt dies nur für Fotos, die mit längeren Belichtungszeiten als einer Sekunde aufgenommen werden. Für die meisten Situationen empfiehlt sich die Einstellung *Automatisch*. Bei der *High ISO Rauschreduzierung* wird das Bildrauschen vor allem bei hohen ISO-Werten verringert. Zu empfehlen ist, die Funktion auf dem voreingestellten Wert *Standard* zu belassen und nur bei Aufnahmen mit ISO-Werten von 6400 oder H (12800) auf *Stark* zu erhöhen.

> **✓ Verzögerungen durch Rauschreduzierung**
>
> Bei der *Rauschreduzierung bei Langzeitbel.* in Kombination mit sekundenlanger Belichtung dauert die Bearbeitung des Bildes in etwa genauso lange wie die Belichtung.
>
> Die 1200D ist daher weniger schnell wieder aufnahmebereit. Im Fall der *High ISO Rauschreduzierung* kann bei der Einstellung *2:Stark* die Bildanzahl und Geschwindigkeit bei Reihenaufnahmen sinken.

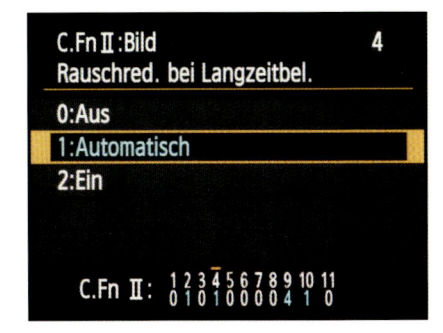

▲ *Mit dieser Einstellung greift die 1200D erst bei Belichtungszeiten ab 1 Sekunde aufwärts ins Geschehen ein.*

▲ *Die Einstellung auf 0:Standard ist absolut empfehlenswert.*

Einstellen des ISO-Werts

Um die Lichtempfindlichkeit des Sensors manuell einstellen zu können, muss sich Ihre 1200D in einem der Modi *P*, *Tv*, *Av* oder *M* befinden. Aber auch bei *Movie-Aufnahmen* kann der ISO-Wert frei gewählt werden, wenn im Menü *Movie 1* die Option *Movie-Belicht.* auf *Manuell* eingestellt ist.

Anpassen können Sie den ISO-Wert nun, indem Sie entweder die *ISO*-Taste auf der Kamerarückseite drücken, den Wert mit dem *Hauptwahlrad* auswählen und das Ganze mit der *SET*-Taste bestätigen.

Oder Sie rufen den ISO-Wert über das Menü *Schnelleinstellung* Q auf und justieren ihn ohne erforderliche *SET*-Bestätigung. Im Modus *Movie-Aufnahmen* ist nur letzteres möglich.

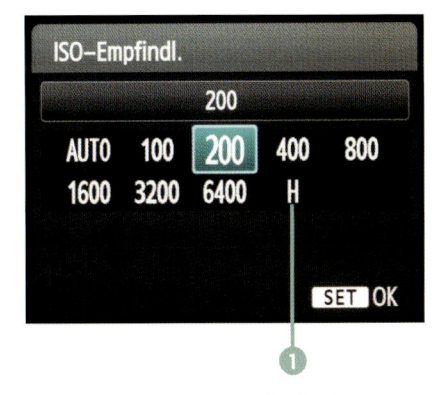

▲ *Einstellen der ISO-Empfindlichkeit (H = ISO 12800* ❶ *ist verfügbar, wenn die ISO-Erweiterung aktiviert wurde).*

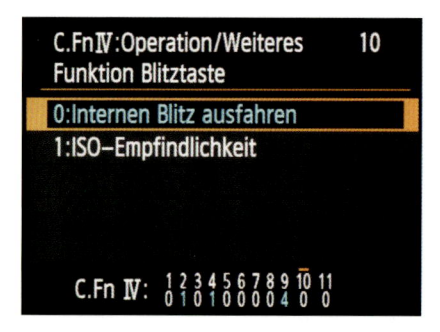

▲ *Funktionsbelegung der Blitztaste.*

Es gibt aber auch noch eine dritte Möglichkeit: Im Menü *Einstellung 3* bei *Individualfunktionen (C.Fn)* können Sie mit *Funktion Blitztaste* der *Blitztaste* auf der Kameraoberseite die Funktion *ISO-Empfindlichkeit* zuweisen. Der interne Blitz kann dann in den Modi *P*, *Tv*, *Av* und *M* aber nur noch mit der Schaltfläche im Menü *Schnelleinstellung* [Q] aktiviert werden. Überlegen Sie sich also gut, ob Sie diese grundlegende Bedienungsänderung einführen möchten.

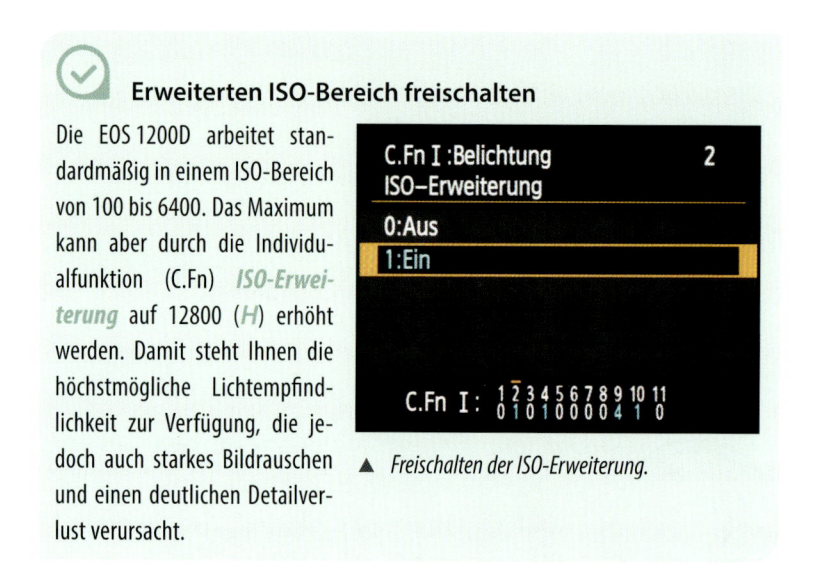

Erweiterten ISO-Bereich freischalten

Die EOS 1200D arbeitet standardmäßig in einem ISO-Bereich von 100 bis 6400. Das Maximum kann aber durch die Individualfunktion (C.Fn) *ISO-Erweiterung* auf 12800 (*H*) erhöht werden. Damit steht Ihnen die höchstmögliche Lichtempfindlichkeit zur Verfügung, die jedoch auch starkes Bildrauschen und einen deutlichen Detailverlust verursacht.

▲ *Freischalten der ISO-Erweiterung.*

Den ISO-Wert motivbezogen wählen

Belichtungszeit und Blende sind in der Fotografie ein voneinander abhängiges Pärchen. Die Lichtempfindlichkeit des Sensors wiederum beeinflusst sowohl die Blende als auch die Belichtungszeit. Dies bedeutet, dass die ISO-Erhöhung bei festgelegter Blende, z. B. im Modus *Av*, für kürzere Belichtungszeiten sorgt, was bei Aufnahmen in dunkler Umgebung oder Fotos von bewegten Motiven vorteilhaft ist. Wird der ISO-Wert hingegen bei festgelegter Belichtungszeit z. B. im Modus *Tv* erhöht, steigt der Blendenwert und Sie können mit einer höheren Schärfentiefe fotografieren.

Der ISO-Wert kann also ein bisschen wie das Zünglein an der Waage angesehen werden. Nehmen Sie beispielsweise:

- ISO 100–200 für Aufnahmen bei Sonnenschein
- ISO 200–800 bei Außenaufnahmen im Schatten oder in hellen Innenräumen mit größeren Fenstern
- ISO 400–3200 für Innenaufnahmen mit schwächerer Beleuchtung (z. B. in der Kirche) oder Nachtaufnahmen (beleuchtete Gebäude, Bürotürme vor dem Nachthimmel)
- ISO 1600 bis H (12800) für Konzertaufnahmen ohne Blitz oder Hallensport: je höher der ISO-Wert, desto besser kann Bewegungsunschärfe eingefroren werden

1/60 s | f2,8 | ISO 400 | 200 mm

◄ *Das hübsche Fastnachtspärchen entdeckten wir kurz nach Sonnenuntergang und konnten es mit erhöhter Lichtempfindlichkeit verwacklungsfrei in Szene setzen.*

Die Lichtwertstufen (EV) richtig wählen

Die Abstufungen, mit denen die Belichtungszeit, die Blende und der ISO-Wert flexibel angepasst werden können, werden auch als Lichtwertstufen oder EV (*Exposure Value*) bezeichnet. Standardmäßig verwendet Ihre 1200D für die Belichtungszeit ❶ und die Blende ❷ Drittelstufen ❸ – eine volle Lichtwertstufe (1 EV) entspricht somit drei Drittelstufen. Der ISO-Wert ❹ wird hingegen über ganze EV-Stufen ❺ justiert (ausgenommen die ISO-Automatik).

▶ *Lichtwertstufen (EV).*

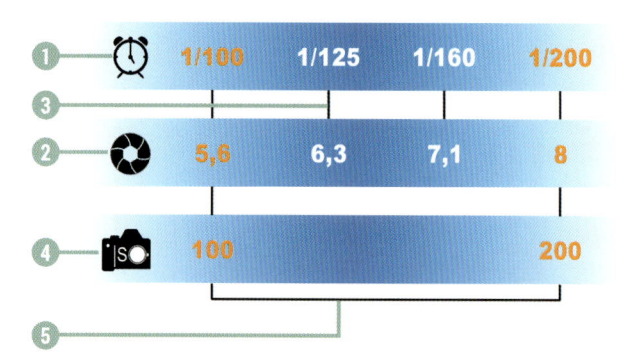

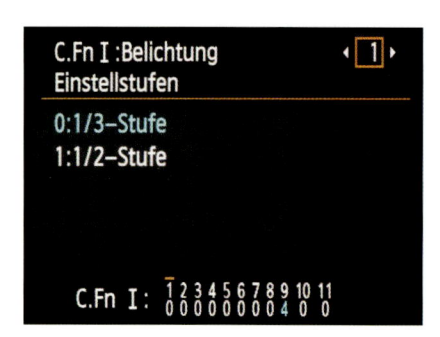

▲ *Die Einstellstufen beeinflussen die wählbaren Lichtwertstufen für Belichtungszeit und Blende.*

Wenn Sie bei der Belichtungszeit und der Blende eine gröbere Abstufung bevorzugen, können Sie im Menü *Einstellung 2* bei den *Individualfunktionen (C.Fn)* die Option *Einstellstufen* auf *1:1/2-Stufe* setzen. Dann ergäbe sich bei der Belichtungszeit anstatt der Werte aus dem Schema oben eine Abstufung von 1/90 s – 1/125 s – 1/180 s und beim Blendenwert die Abstufung f5,6 – f6,7 – f8. Die ISO-Einstellung wird hiervon nicht berührt.

Mehr Freiheiten dank ISO-Automatik

Möchten Sie sich nicht ständig mit der ISO-Einstellung auseinandersetzen, dann lassen Sie Ihre EOS 1200D doch einfach selbst einen geeigneten Wert wählen. Mit der *ISO-Automatik* können Sie absolut flexibel bei wechselnden Lichtsituationen agieren. Dabei ist es sogar möglich, einen bestimmten ISO-Höchstwert vorzugeben, um in Abhängigkeit von der jeweiligen Fotosituation stets bestmögliche Bildqualitäten zu erzielen. Dazu wählen Sie im Modus *P*, *Tv* oder *Av* die ISO-Vorgabe *Automatisch* aus und stellen im Menü *Aufnahme 3* 📷 bei *ISO Auto-Limit* den gewünschten Höchstwert ein.

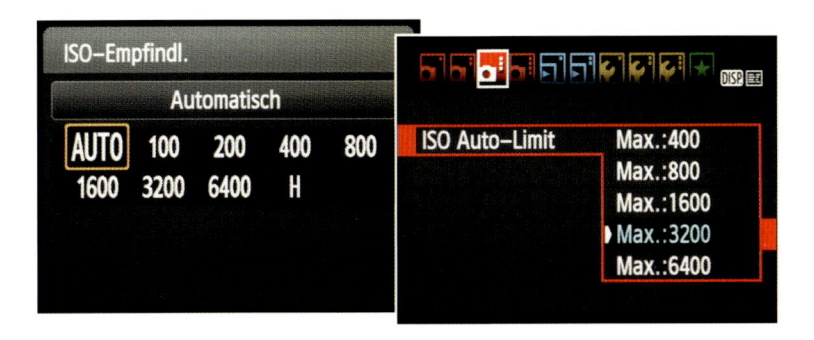

◄ Links: Einschalten der ISO-Automatik. Rechts: Auswahl des ISO-Höchstwerts, den die ISO-Automatik nicht überschreiten darf.

▼ Scharfe Aufnahme im Modus *Av* dank ISO-Automatik.
1/60 s | f13 | ISO 320 | 50 mm

Übrigens, wenn Sie sich die Aufnahmeeinstellungen von Bildern ansehen, die mit der ISO-Automatik aufgenommen wurden, können unerwartete „krumme" ISO-Werte auftauchen, wie beispielsweise ISO 320 oder 500. Daran ist zu sehen, dass Ihre 1200D die Lichtempfindlichkeit wirklich sehr fein an die Situation anpasst.

3.5 Die Messmethode motivabhängig einsetzen

Es ist schon erstaunlich, wie konstant und zuverlässig die EOS 1200D in den meisten Fällen für eine stimmige Motivhelligkeit sorgt. Seien es sonnenbeschienene Landschaften, ein Porträt im Schatten oder ein grandioser Sonnenuntergang. Verantwortlich dafür ist der eingebaute Belichtungsmesser. Er analysiert die Helligkeit des Motivs und vergleicht diese mit einem internen Standard, dem Helligkeitswert von 18%-igem Neutralgrau.

Die Belichtung wird anschließend über die Anpassung der Belichtungszeit, der Blende und des ISO-Werts so justiert, dass das Fotomotiv von seiner Helligkeit her dem internen Standard ähnelt. Bereits in der Standardeinstellung produziert die 1200D auf diese Weise zuverlässig richtig belichtete Bilder.

Wenn es aber darauf ankommt, kann es nie schaden, auch die anderen Belichtungsmöglichkeiten parat zu haben. Lernen Sie in den folgenden Abschnitten die Messmethoden *Mehrfeldmessung*, *Selektivmessung* und *Mittenbetonte Messung* kennen, um für jede Fotosituation schnell die richtige Wahl treffen zu können. Jeder Modus verwendet einen unterschiedlich großen Bildbereich für die Ermittlung der Belichtung.

Die Messmethode auswählen

Um den Messmodus der EOS 1200D zu verändern, drücken Sie die *Schnelleinstellungstaste* Q und wählen die Schaltfläche für die Messmethode ❶ aus. Mit dem *Hauptwahlrad* können Sie die Option anschließend direkt ändern.

Alternativ finden Sie diese Funktion auch im Menü *Aufnahme 2* bei *Messmethode*. Dies ist jedoch nur in den Modi *P*, *Tv*, *Av* und *M* möglich. Alle anderen Programme nutzen aufgrund ihrer hohen Zuverlässigkeit die *Mehrfeldmessung*.

◀ *Anpassen der Messmethode über die Schnelleinstellung.*

> **Belichtungskorrektur statt Messmethodenwechsel**
>
> Wer sich nicht ständig mit dem Anpassen der Belichtungsmessmethode an die Situation beschäftigen möchte, der kann die Bildhelligkeit natürlich auch ganz einfach mit einer Belichtungskorrektur auf Vordermann bringen. Dazu erfahren Sie ab Seite 119 in diesem Kapitel mehr.

Fast immer passend: die Mehrfeldmessung

Die *Mehrfeldmessung* ist vielseitig, flexibel und erfasst die meisten Belichtungssituationen ohne größere Probleme. Viele gängige Motive werden mit ihr korrekt erfasst, wie z. B. Tages- und Abendlicht mit der Sonne im Rücken oder von der Seite, Sonnenauf- und -untergänge ohne Sonne im Bild, diesiges Gegenlicht, Motive bei bedecktem Himmel oder im Schatten, viele Innenraumaufnahmen sowie Schnappschüsse und Situationen, in denen schnell gehandelt werden muss.

1/30 s | f5,6 | ISO 200 | 18 mm
Aufnehmen in der Dämmerung oder Nachtaufnahmen landen in schöner Regelmäßigkeit richtig belichtet auf dem Sensor.

Bei der *Mehrfeldmessung* ⬚ setzt der *AE-Sensor* 63 Messsektoren ein, um nahezu das gesamte Bildfeld auszumessen. Zudem werden die Bildbereiche, die von einem oder mehreren AF-Feldern scharfgestellt wurden, etwas stärker gewichtet, sodass die Belichtung möglichst optimal auf Ihr Hauptmotiv abgestimmt wird. Dies erklärt auch die hohe Flexibilität und Zuverlässigkeit dieser Messmethode. Wenn Sie möchten, können Sie das gleich einmal praktisch nachvollziehen. Richten Sie die 1200D im Modus *P* auf eine helle Lampe aus. Fokussieren Sie dann einmal mit dem mittleren

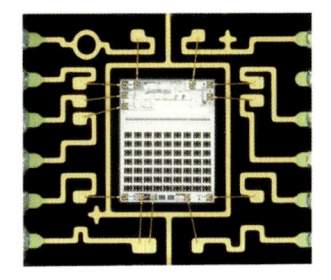

▲ *AE-Sensor* (Bild: Canon).

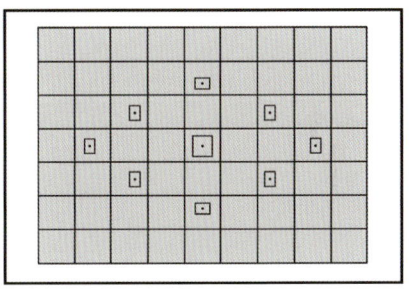

▲ Schema der *Mehrfeldmessung*.

1/30 s | f5,6 | ISO 3200 | 200 mm

◀ *Das Detail eines historischen Bentleys, aufgenommen in einem Innenraum, ließ sich mit der Mehrfeldmessung problemlos richtig belichten.*

AF-Feld auf die Lampe und schauen Sie sich die Belichtungswerte an (wie Sie das Fokusmessfeld einstellen, erfahren Sie auf Seite 129 in Kapitel 4). Stellen Sie jetzt ein anderes AF-Feld ein, richten den Bildausschnitt aber wieder genauso ein wie zuvor. Trifft das AF-Feld jetzt einen dunkleren Motivbereich, ändern sich die Belichtungswerte, obwohl der Bildausschnitt der Gleiche ist.

Selektivmessung bei Gegenlicht und hohem Kontrast verwenden

Die *Selektivmessung* [○] erlaubt es, kleine Bildareale sehr genau anzumessen und die Umgebung dabei außer Acht zu lassen. Dafür nutzt Ihre 1200D eine Kreisfläche in der Bildmitte, die ca. 10 % der Bildfläche umfasst. Nur dieser Bereich wird zur Belichtungsmessung herangezogen.

Aufgrund dieser Eigenschaft ist die *Selektivmessung* [○] beispielsweise geeignet für Motive, bei denen Sie die Belichtung exakt auf einen bestimmten Bildbereich abstimmen möchten, wie z. B. Sonnenuntergänge mit der Sonne im Bild, bei der die Belichtung über einen Himmelsbereich neben der Sonne gemessen wird.

▲ Schema der *Selektivmessung*.

1/160 s | f5,6 | ISO 200 | 100 mm
▶ Mit der Mehrfeldmessung ist die Gegenlichtaufnahme etwas zu dunkel geraten.

Oder Sie messen damit mehrere Bildstellen aus (Kontrastumfang) und errechnen daraus einen Mittelwert, den Sie in die *Manuelle Belichtung* übertragen. Das ist z. B. sinnvoll, um eine ganze Bilderserie mit gleichbleibender Belichtung im Studio zu produzieren.

1/160 s | f5,6 | ISO 320 | 100 mm

◄ *Die Selektivmessung hat bei diesem Motiv das bessere Ergebnis geliefert.*

Bei hohen Kontrasten kann die *Selektivmessung* [○] allerdings radikale Ergebnisse liefern. Denn wenn der Messbereich extrem hell ist und die Umgebung sehr dunkel, wird die Belichtung äußerst knapp ausfallen. Ist der Messbereich dagegen sehr dunkel, entstehen leicht total überstrahlte Hintergründe – beispielsweise bei einem Porträt ohne Blitz, bei dem die Sonne von hinten kommt.

Daher ist die *Selektivmessung* [○] auch nicht die geeignete Messmethode für bewegte Motive, denn bei Actionshootings kommen schnell mal dunkle, mal helle Stellen in den Messbereich, was starke Helligkeitsschwankungen zwischen den Bildern nach sich zieht.

Wenn Sie nicht die Bildmitte messen möchten

Liegt der Motivbereich, den Sie mit der *Selektivmessung* [○] richtig belichten möchten, nicht in der Bildmitte, setzen Sie am besten die *AE-Speicherung* ✱ ein, die wir ab Seite 292 in Kapitel 14 ausführlich vorstellen.

Wann die mittenbetonte Integralmessung sinnvoll ist

Die *Mittenbetonte Messung* [ ], häufig auch als Integralmessung bezeichnet, misst die Belichtung vorwiegend in der Bildmitte und senkt die Gewichtung zum Rand hin ab. Sie liefert in der Regel Ergebnisse, die der *Mehrfeldmessung* [◉] ähneln. Der Vorteil liegt allerdings darin, dass sie sich von der Helligkeit des Bildrandes nicht so leicht ablenken lässt.

Daher ist die *Mittenbetonte Messung* [ ] beispielsweise für Porträts von Mensch und Tier geeignet. Denn oberstes Credo hierbei ist, dass die Person optimal in Szene gesetzt wird. Der Hintergrund kann ruhig etwas zu hell oder zu dunkel werden, solange das Gesicht, das sich ja meistens etwa in der Bildmitte befindet, richtig belichtet wird. Aber auch bei Motiven im Gegenlicht oder bei kontrastreichen Situationen liefert die *Mittenbetonte Messung* [ ] häufig sehr gute Resultate. Denken Sie z. B. bei einer dunklen Statue vor einer hellen Mauer oder einem lichtdurchfluteten Kirchenfenster an diese Messmethode.

▲ Die *Mittenbetonte Messung* gewichtet das Bildzentrum stärker als die Randbereiche.

▼ Das Schaf im Gegenlicht der tiefstehenden Sonne ließ sich mit der *Mittenbetonten Messung* optimal belichten.
1/125 s | f5,6 | ISO 200 | 200 mm

3.6 Die Belichtung mit dem Histogramm prüfen

Auch wenn der Monitor der EOS 1200D eine sehr gute Wiedergabequalität hat, ist es nicht immer möglich, die Belichtung des gerade aufgenommenen Fotos am Bildschirm optimal zu beurteilen. In solchen Situationen schlägt die Stunde des Histogramms. Jedes Foto besitzt ein solches Diagramm, das viel besser zur Kontrolle etwaiger Über- oder Unterbelichtungen geeignet ist als der alleinige Blick auf das Monitorbild. Um die Histogramm-Anzeige aufzurufen, gehen Sie zunächst über die *Wiedergabetaste* ▶ in die Bildbetrachtungsansicht. Drücken Sie nun die *DISP.*-Taste so oft, bis die hier gezeigte Ansicht erscheint. Das Histogramm ❶ des jeweiligen Fotos ist nun rechts neben dem Bild zu sehen.

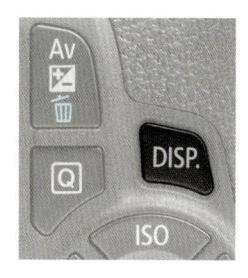

▲ *DISP.-Taste zum Umschalten der Wiedergabeansicht.*

Das Histogramm stellt nichts anderes dar als eine simple Verteilung der Helligkeitswerte aller Bildpixel. Links werden die dunklen ❷ und rechts die hellen Pixel ❸ aufgelistet. Die Höhe jeder Helligkeitsstufe ❹ zeigt an, ob viele oder wenige Pixel mit dem entsprechenden Helligkeitswert vorliegen.

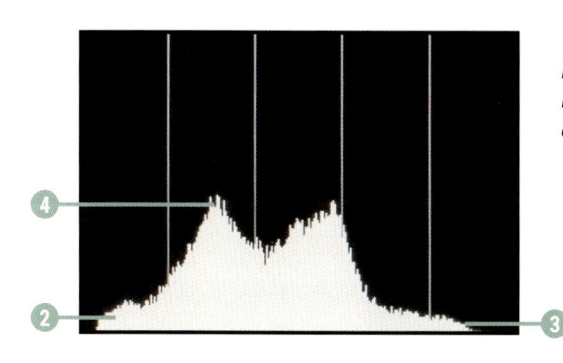

◀ *Das Histogramm listet alle Bildpixel nach ihrer Helligkeit auf.*

▲ *Bildwiedergabe mit Histogramm.*

Bei einer korrekten Belichtung sammeln sich rechts und links an den Grenzen keine oder nur niedrige Werte. Ein einziger Berg in der Mitte deutet auf viele mittelhelle Farbtöne hin, zwei oder mehr getrennte Hügel zeugen von einer kontrastreicheren Szene. Bei einer deutlich unterbelichteten Aufnahme verschieben sich die Histogrammberge nach

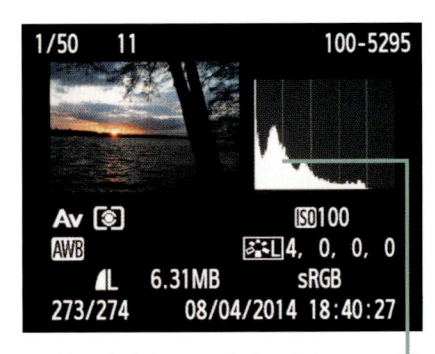

▲ *Unterbelichtung mit Beschnitt an der linken Histogramm-Seite.* ❺

links in Richtung der dunklen Helligkeitswerte ❺. Besonders dramatisch kann es werden, wenn der Pixelberg links abgeschnitten wird. Vermeiden Sie solche Histogramme nach Möglichkeit. Korrigieren Sie die Belichtung lieber nach oben und nehmen Sie das Bild erneut auf.

Verlagert sich der Pixelberg im Histogramm dagegen nach rechts außen ❻, vielleicht sogar über die Begrenzung des Diagramms hinaus, enthält Ihr Foto stark überbelichtete Bereiche. Diese werden von der *Überbelichtungswarnung* der 1200D durch schwarz blinkende Areale ❼ besonders hervorgehoben.

Das ist auch sehr gut so, denn meist wird selbst die beste Bildbearbeitung in die weißen Flecken keine Strukturen mehr hineinzaubern können. Korrigieren Sie die Belichtung auf jeden Fall nach unten, wenn es großflächig blinkt. Betrifft die Überbelichtung nur punktuelle Bereiche ❽, lässt sich die leichte Überbelichtung hingegen gut verschmerzen.

RAW-Besonderheiten

Zur schnellen Bildansicht wird in der RAW-Datei stets ein JPEG-Vorschaubild mitgespeichert. Dieses wird auch für die Anzeige des Histogramms verwendet. Es gibt somit keine Anzeige des RAW-Histogramms, was die Interpretation der RAW-Belichtung etwas erschwert. Aber Sie können davon ausgehen, dass Sie bei RAW noch Spielraum für etwa ±1,5 **L**ichtwertstufen (EV) haben, wenn das JPEG-Histogramm am Rand anstößt. Solche Überbelichtungen können mit dem RAW-Konverter meist noch gut gerettet werden. Die Zeichnung kann dann in die hellen Stellen zurückgeholt werden. Es ist sogar ratsam, RAW-Bilder tendenziell zu mehr Helligkeit hin zu belichten, denn das Zurückfahren heller Bereiche ruft weniger Bildstörungen hervor als das Aufhellen zu dunkler Areale.

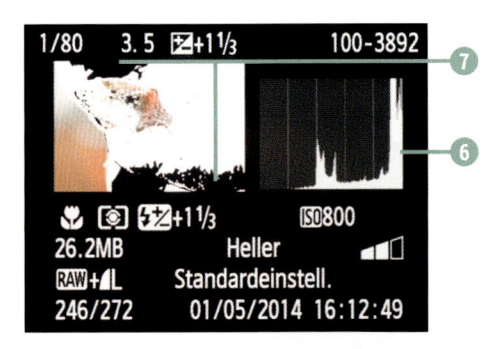

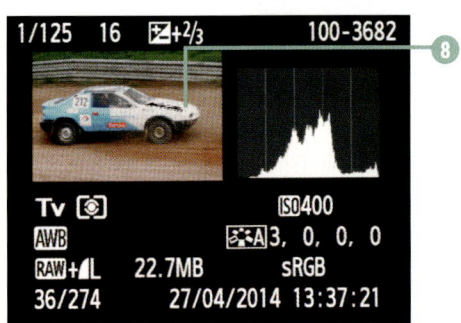

◀ *Oben: Überbelichtetes Bild mit Anzeige überstrahlter Bereiche* ❼*. Unten: Aufnahme mit nur punktuell überbelichteten Stellen* ❽*.*

Die Belichtung mit dem Live-Histogramm kontrollieren

Der Livebild-Modus Ihrer EOS 1200D bietet eine tolle Möglichkeit, bereits vor der Aufnahme festzustellen, ob das Motiv nach Ihren Wünschen belichtet wird oder ob die Gefahr von Fehlbelichtungen besteht. Dazu aktivieren Sie das Livebild 📷 und stellen mit der *DISP.*-Taste die Ansicht mit dem Histogramm ein.

Entscheiden Sie, ob die Bildhelligkeit stimmt oder Änderungen notwendig sind, wobei Sie Belichtungskorrekturen nur in den Modi *P*, *Tv*, *Av* oder *M* direkt durchführen können. In den anderen Modi müssen Sie sich der *AE-Speicherung* bedienen, wenn die Bildhelligkeit nicht Ihren Vorstellungen entspricht.

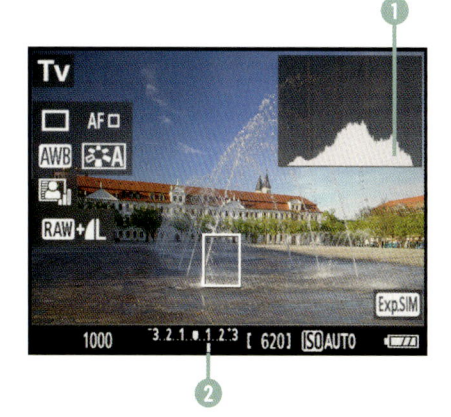

▲ *Hier haben wir um + 1 EV überbelichtet* ❷ *und die Bildhelligkeit dabei anhand des Live-Histogramms* ❶ *geprüft.*

Das Histogramm für die RGB-Kanäle separat anzeigen

Mit dem Helligkeitshistogramm sind die Möglichkeiten der EOS 1200D noch nicht erschöpft. Denn auch die einzelnen Farbkanäle Rot, Grün und Blau, aus denen sich jedes Bild zusammensetzt, können von Ihrer Kamera als getrennte Histogramme angezeigt werden.

Mit dieser Art der Darstellung können Fehlbelichtungen noch differenzierter diagnostiziert werden. Besonders hilfreich kann das RGB-Histogramm werden, wenn Sie Motive mit sehr kräftigen Farben aufnehmen.

Hierbei können einzelne Farben überstrahlen, ohne dass dies im Helligkeitshistogramm zu erkennen ist. Beim späteren Druck können die zu kräftigen Farben dann beispielsweise Probleme bereiten, indem sie zeichnungslos, zu blass oder im anderen Fall auch übertrieben intensiv wirken.

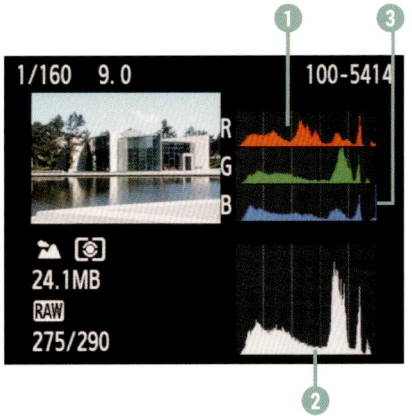

1/160 s | f9 | ISO 100 | 40 mm

▲ Der blaue Kanal ❸ weist Überstrahlungen auf. Rechts: Bildergebnis mit den überbelichteten Blautönen.

Um das RGB-Histogramm ❶ aufzurufen, drücken Sie bei der Bildwiedergabe mit dem Helligkeitshistogramm einfach ein weiteres Mal die *DISP.*-Taste.

Bei unserem Beispiel ist zu sehen, dass das Helligkeitshistogramm zunächst zwar eine gute Gesamtbelichtung anzeigt ❷. Im RGB-Histogramm ist jedoch beim blauen Farbkanal eine Überstrahlung zu sehen ❸.

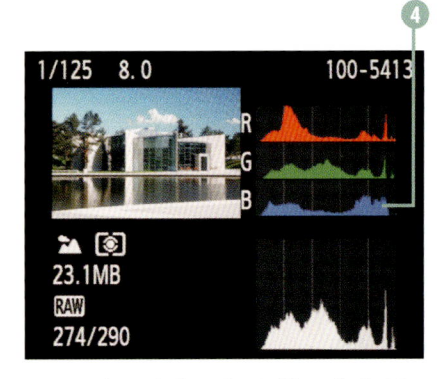

▲ Durch Verdrehen des Polfilters ließ sich die Belichtung vor allem im Blaukanal ❹ optimieren. Rechts: Der Polfilter hat die Belichtung vor allem im Blaukanal verbessert und das Foto wirkt insgesamt farblich prägnanter.

Im konkreten Beispiel konnten wir vor allem die zu hellen Blautöne durch Verdrehen des am Objektiv angebrachten Polfilters korrigieren. Dadurch dunkelte sich der Himmel etwas ab und die Überstrahlung im blauen Bereich verschwand ❹.

Ähnliche Belichtungsverbesserungen können Sie beispielsweise auch durch eine Korrektur der Belichtung (siehe nächster Abschnitt) erzielen oder, wenn die Überstrahlung nicht zu heftig ausfällt, durch die nachträgliche Bildoptimierung am Computer.

> **RGB-Histogramm als Standard**
>
> Sollten Sie zur Belichtungskontrolle generell das RGB-Histogramm vorziehen, können Sie die standardmäßige Histogrammanzeige von der Vorgabe *Helligkeit* auf *RGB* umstellen. Dazu rufen Sie im Menü *Wiedergabe 2* ▶ die Rubrik *Histogramm* auf.

3.7 Typische Situationen für Belichtungskorrekturen

Die Belichtungsautomatiken der EOS 1200D sind zwar sehr ausgereift und führen in vielen Fällen zu richtig belichteten Aufnahmen. Gänzlich sollten Sie sich jedoch nicht darauf verlassen. Denn Gegenlicht, starke Kontraste oder Dunkelheit führen häufig zu fehlbelichteten Bildern.

Mit ein wenig Hintergrundwissen über bekannte Standardsituationen, in denen der Belichtungsmesser in die Irre geführt wird, werden Sie die notwendigen Belichtungskorrekturen jedoch schnell in den Griff bekommen.

Meist werden Korrekturen der Belichtung in Situationen notwendig, in denen ein Motiv großflächig sehr hell oder sehr dunkel ist – zum Beispiel eine weiße Mauer oder eine Schneefläche einerseits oder eine Nachtaufnahme bzw. ein großflächig dunkler Motivausschnitt andererseits. Dabei können Sie sich generell merken: Dunkle Motive müssen unterbelichtet werden, helle Motive erfordern eine Überbelichtung.

alle Bilder: f5,6 | ISO 100 | 50 mm

Links: 1/320 s

Mitte: 1/125 s

Rechts: 1/80 s

▲ *Ohne Belichtungskorrektur wurde die Aufnahme etwas zu dunkel (links). Durch eine Überbelichtung um + 1⅓ EV konnte das Portal mit kontrastreicher, frischer Wirkung eingefangen werden (Mitte). Eine Überbelichtung von +2 EV war hingegen zu viel des Guten (rechts).*

So hat die EOS 1200D im Falle des hellen Domportals in zunächst eine etwas zu dunkle Bildversion erzeugt. Mit einer Überbelichtung von +1⅓ EV konnten wir aber schnell für eine bessere Bildwirkung mit einem sonnigeren Charakter sorgen.

Da die 1200D generell zu etwas Unterbelichtung neigt, fotografieren wir häufiger mit Korrekturwerten von +⅓ bis etwa +1⅓ EV, achten jedoch stets gut auf das Histogramm und die Überbelichtungswarnung.

Der umgekehrte Fall ist bei sehr dunklen Motiven zu erwarten. Die Automatik belichtet etwas zu lang, sodass eine verwaschen wirkende, mittelhelle Bildvariante entsteht. Belichten Sie großflächig dunkle Motive daher mit -⅓ bis -1 EV unter.

Achten Sie dabei aber auch in dem Fall stets auf die Pixelverteilung im Histogramm, damit die dunklen Bildareale nicht in zeichnungsloses Schwarz abrutschen.

4 s | f7,1 | ISO 200 | 64 mm | Stativ

◀ *Verwaschen wirkendes Detail eines bestickten Wandteppichs ohne Belichtungskorrektur.*

2 s | f7,1 | ISO 200 | 64 mm | Stativ

◀ *Eine Belichtungskorrektur von -1 EV zeigt das Motiv mit realistischer Helligkeit.*

Wenn das Motiv sowohl sehr helle als auch sehr dunkle Bereiche enthält, empfehlen wir Ihnen, bei der Belichtung den hellen Stellen mehr Aufmerksamkeit zu schenken als den dunklen und eventuell notwendige Belichtungskorrekturen so anzuwenden, dass keine großflächig überstrahlten Bildareale entstehen.

Belichtungskorrekturen durchführen

Die Bildhelligkeit lässt sich bei der EOS 1200D abhängig vom Aufnahmemodus auf zwei unterschiedliche Arten einstellen. Im Modus *Kreativ-Automatik* [CA] und bei den Normalprogramm-Modi (🏃, 🏔, 🌷, 🏅, und 📷) drücken Sie die *Schnelleinstellungstaste* [Q] und wählen im Bereich *Aufn. nach Umgebung* den Effekt *Dunkler* oder *Heller* ❶ aus.

Im Auswahlbereich darunter können Sie die Intensität des Effekts ❷ in drei Stufen einstellen. Auf diese Weise sind Belichtungskorrekturen von ±²/₃ EV, ±1²/₃ EV und ±2 EV möglich.

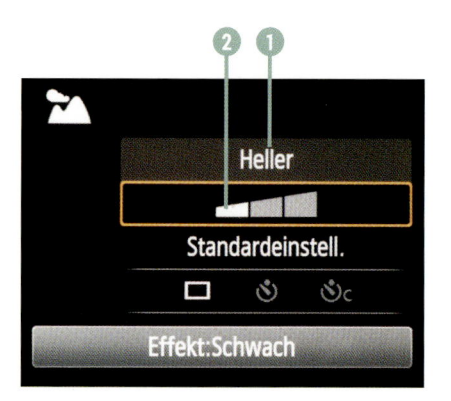

◀ *Hier haben wir im Modus Landschaft eine Überbelichtung von +²/₃ EV eingestellt.*

Wenn Sie in einem der Modi *P*, *Tv* oder *Av* fotografieren oder *Movie-Aufnahmen* 🎥 anfertigen, können Sie die Belichtung in ¹/₃ EV-Stufen noch feiner einstellen. Dazu drücken Sie die Taste für die *Belichtungskorrektur* Av⬛ und drehen gleichzeitig das *Hauptwahlrad* ⚙ ❸ nach links (Unterbelichten) oder nach rechts (Überbelichten). Helligkeitsänderungen von ±5 EV sind möglich.

Im Modus *M* wird die Belichtungskorrektur hingegen über eine individuelle Anpassung der Belichtungszeit, des Blendenwerts und/oder des ISO-Wertes durchgeführt und kann daher auch mehr als ±5 EV betragen.

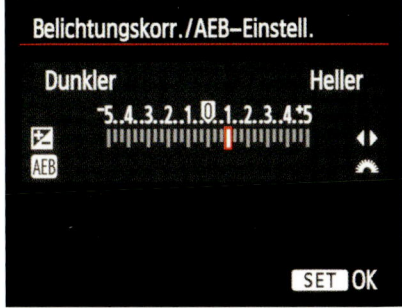

Alternativ finden Sie die Funktion zur Belichtungskorrektur auch im Menü *Aufnahme 2* 📷 bei *Beli.korr./AEB*, die Bildhelligkeit wird darin mit den Pfeiltasten ◄/► angepasst. *AEB* steht für die automatische Belichtungsreihe, auf die wir ab Seite 289 in Kapitel 14, noch näher eingehen werden.

▼ Um das Bild hell genug auf den Sensor zu bekommen, mussten wir es um eine ganze Stufe überbelichten.
1/125 s | f8 | ISO 100 | 175 mm | +1 EV

▲ Oben: Belichtungskorrektur von +1 EV. Unten: Belichtungskorrektur über das Kameramenü.

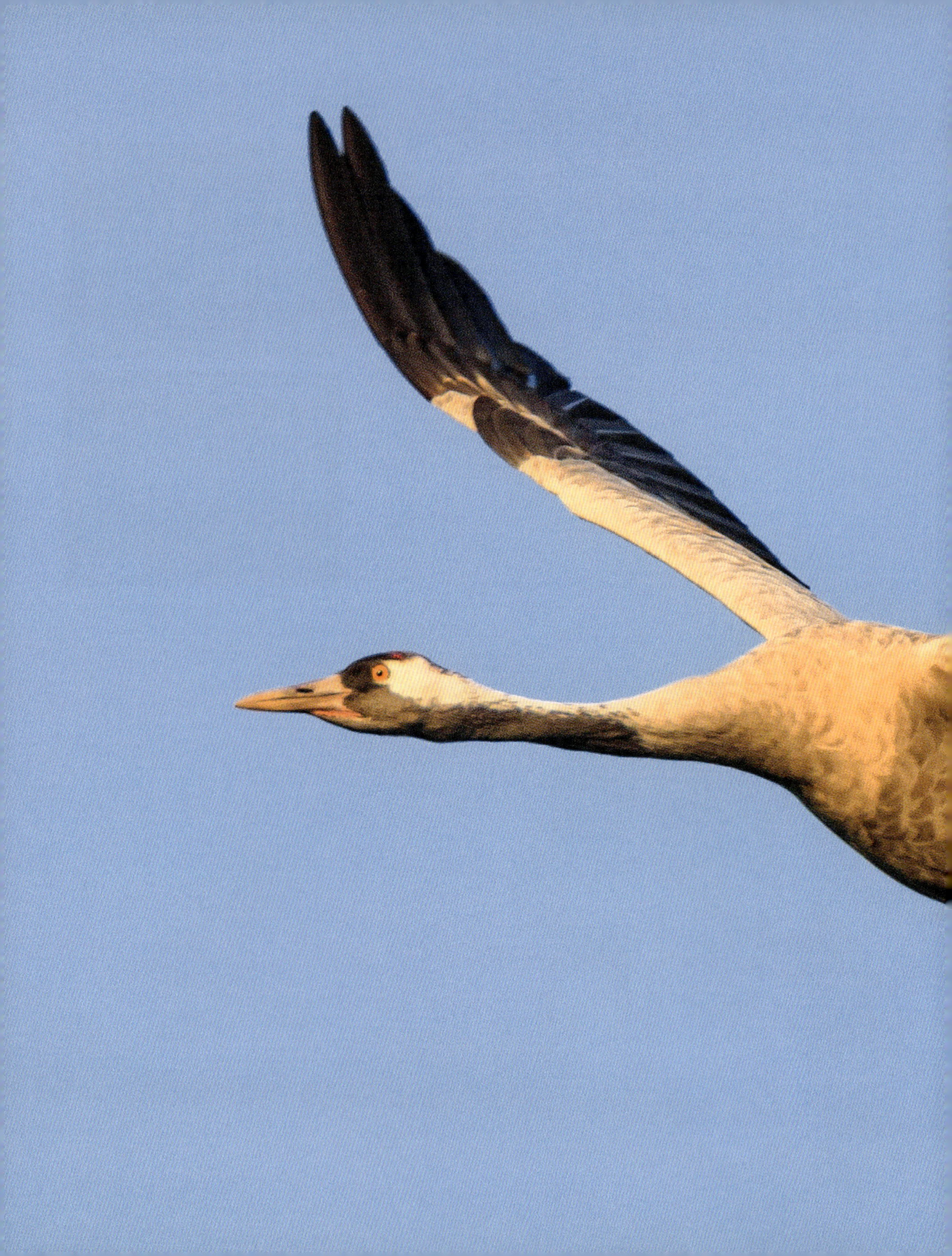

Wie die richtige Schärfe ins Bild kommt

Eine gute Belichtung und ein schönes Motiv sind nicht allein für das Gelingen hervorragender Fotos verantwortlich. Die Schärfe spricht ein deutliches Wörtchen mit. Liegt sie im Bild an der richtigen Stelle, kann gezielt mit Schärfe und Unschärfe gespielt werden. Das erhöht die Spannung einer Aufnahme oder sorgt für eine optimale Freistellung des gewünschten Motivbereichs. Nicht zuletzt verlangen rasante Bewegungsabläufe einen zuverlässigen Autofokus, damit dem Kameraauge auch garantiert keine gute Szene entgeht. Erfahren Sie in diesem Kapitel daher alles Notwendige über das Scharfstellen mit Ihrer EOS 1200D.

▼ *Bei dem Kudu haben wir genau auf die Augenebene fokussiert.*
1/1600 Sek. | f4 | ISO 320 | 500 mm | Bohnensack auf Autoscheibe

4.1 Wichtige Bildelemente gezielt scharfstellen

Vom Scharfstellen oder Fokussieren hängt es ab, welcher Bildbereich im fertigen Foto auf jeden Fall detailliert zu sehen sein wird. Ihr Foto wird genau an der fokussierten Stelle die höchste Detailschärfe aufweisen. Bei Porträts von Mensch und Tier sollte die Schärfe beispielsweise auf den Augen liegen. Daher haben wir bei dem Kudu-Porträt besonders darauf geachtet, dass der Fokus den Augenbereich erfasst. Der Kopf liegt damit genau auf der sogenannten Schärfeebene.

Die Schärfeebene ❶ können Sie sich wie eine unsichtbare, flache, dünne Platte vorstellen, die parallel zur Sensorebene ❷ vor der 1200D angebracht ist. Bei paralleler Ausrichtung liegt sie flach auf dem Motiv, z. B. einer bunten Pappschachtel ❸. Daher wird die gesamte Schachteloberfläche ❹ scharf zu erkennen sein, unabhängig davon, welcher Blendenwert gerade eingestellt ist.

Wenn die 1200D gekippt wird, liegt die Schärfeebene ❺ nicht mehr parallel zur Pappschachtel. Daher wird bei einem niedrigen Blendenwert (f4, geringe Schärfentiefe) nur der Bereich im Bild scharf werden, an der die Schärfeebene das Motiv kreuzt ❻.

Wird der Blendenwert erhöht (f16) so erhöht sich auch der scharf abgebildete Bereich ❼ vor und hinter dieser „Schnittkante". Als Folge nimmt die Schärfentiefe des Fotos zu, obwohl die 1200D zum Objekt nicht parallel liegt. Merke: Mit steigendem Blendenwert nimmt zwar die Schärfentiefe zu. Perfekte Schärfe herrscht aber immer nur im fokussierten Bildpunkt und in allen Motivpunkten, die auf der gleichen Schärfeebene liegen.

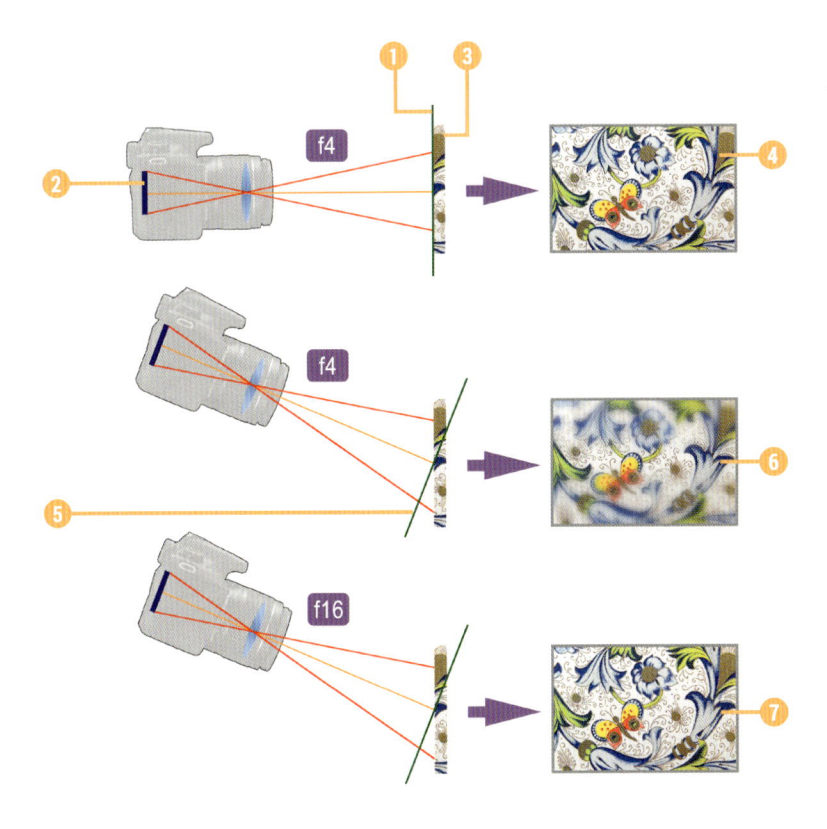

◄ *Einfluss von Schärfeebene und Schärfentiefe auf das Bild.*

4.2 Automatisch fokussieren mit der EOS 1200D

Bei der Scharfstellung können Sie sich in den meisten Fällen auf den leistungsstarken Autofokus der EOS 1200D verlassen. Das Kameraauge fokussiert automatisch, sobald der Auslöser bis zum ersten Druckpunkt heruntergedrückt wird. Nach dem Auslösen ist dann das scharfe Foto im Kasten. Beim Fokussieren gibt Ihnen die 1200D verschiedene Hilfestellungen, anhand derer Sie sehen können, ob das Fotomotiv auch tatsächlich korrekt scharfgestellt ist.

▲ Bei erfolgreichem Scharfstellen leuchten die aktiven AF-Felder kurz rot auf ❶, der *Schärfenindikator* ❷ leuchtet durchgehend grün und es ist ein Piep-Ton zu hören.

Dazu zählt der Piep-Ton, der zu hören ist, sobald eines der neun AF-Felder ❶ die Scharfstellung erfolgreich abgeschlossen hat und dazu rot aufleuchtet. Außerdem erscheint unten rechts im Sucher ein grüner, durchgehend leuchtender Punkt, der *Schärfenindikator* ❷.

Falls Sie keinen Signalton hören, der Autofokus des Objektivs permanent hin und her fährt und der *Schärfenindikator* im Sucher blinkt, sind Sie entweder zu nah am Objekt oder das Objekt ist zu kontrastarm (zum Beispiel eine einfarbige Fläche). Im ersten Fall halten Sie die Kamera etwas weiter entfernt. Im zweiten Fall ändern Sie den Bildausschnitt ein wenig, um einen stärker strukturierten Motivbereich ins Bild zu bekommen. Danach sollte das Scharfstellen wieder funktionieren.

4.3 Autofokusmodi und AF-Felder wählen

Für die perfekte Bildschärfe in jeder fotografischen Lebenslage hat Ihre 1200D drei Autofokusmodi an Bord. Diese legen fest, wie die 1200D das Motiv scharfstellen soll. So behält der *One-Shot AF* den einmal gefundenen Schärfepunkt bei, während der *AI Servo AF* und der *AI Focus AF* in der Lage sind, die Schärfe mit dem Motiv mitzuführen (AI steht übrigens für **A**rtificial **I**ntelligence).

Selbst auswählen können Sie die Autofokusmodi allerdings nur in den Programmen *P*, *Tv*, *Av* oder *M*. Um dies zu tun, drücken Sie die Taste *AF* auf der Rückseite Ihrer 1200D.

Anschließend können Sie mit dem *Hauptwahlrad* die gewünschte Funktion direkt auswählen und die Wahl mit der *SET*-Taste bestätigen. Alternativ können Sie den AF-Betrieb aber auch über das Menü *Schnelleinstellung* Q erreichen.

▲ Mit der Taste *AF* gelangen Sie direkt zu den Autofokusmodi.

Mit den neun AF-Feldern, die Sie beim Blick durch den Sucher sehen, bestimmen Sie, welcher Bildbereich fokussiert werden soll. Dabei kann Ihre 1200D die AF-Felder entweder automatisch auswählen oder Sie entscheiden sich für ein einziges AF-Feld, was jedoch wieder nur in den Modi *P*, *Tv*, *Av* und *M* möglich ist. Dazu drücken Sie die Taste für die *AF-Messfeldwahl* und legen das gewünschte AF-Feld ❶ mit den *Kreuztasten* fest.

Wenn Sie die *SET*-Taste drücken, wechselt die Auswahl zwischen allen Feldern, also der automatischen AF-Messfeldwahl und dem zentralen AF-Feld, hin und her. Die AF-Messfeldwahl hat so lange Bestand, bis Sie ein anderes AF-Feld auswählen, selbst wenn die EOS 1200D zwischendurch ausgeschaltet wird.

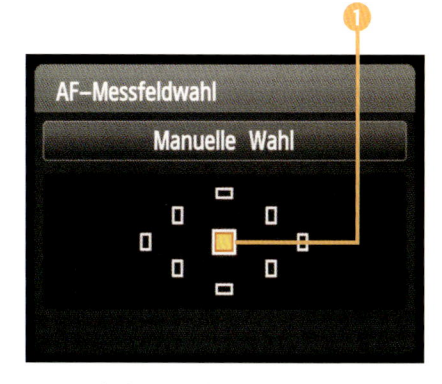

Das Tolle ist, dass Sie mit der Auswahl einzelner AF-Felder die Schärfe schnell und gezielt auf bestimmte Bildstellen lenken können. Bei den Abbildungen unten haben wir uns dies beispielsweise zunutze gemacht, um den Fokus einmal auf die Kakteen im Vordergrund und einmal auf die Landschaft dahinter zu legen.

Ohne die Kameraposition dafür ändern zu müssen, entstanden zwei unterschiedliche Interpretationen des gleichen Motivs, bei denen der jeweils nicht fokussierte Bereich deutlich unschärfer aussieht.

▲ *Hier haben wir das zentrale AF-Feld aktiviert, um die Schärfe auf die Bildmitte einzustellen.*

▼ *Für das erste Bild (links) haben wir mit dem rechten AF-Feld fokussiert und beim zweiten Foto das mittlere AF-Feld verwendet.*
1/100 s | f11 | ISO 200 | 60 mm

> **Manuell nachfokussieren**
>
> Manchmal kommt es vor, dass der Fokus auch bei der Wahl eines einzelnen AF-Feldes nicht so ganz perfekt an der Stelle sitzt, an der er sein soll. Nun könnten Sie nach dem automatischen Fokussieren einfach am Entfernungsring des Objektivs drehen und die Schärfe manuell nachjustieren. Aber Vorsicht, nicht jedes Objektiv verträgt eine solche Aktion. Bei Canon sind es beispielsweise nur die Objektive mit einem Ring-USM-Motor, die jederzeit manuelles Fokussieren zulassen. Der Entfernungsring ist entsprechend leichtgängig. Die meisten Objektive mit Micro-USM-Motor dürfen hingegen nicht manuell fokussiert werden, solange der Fokussierschalter noch auf *AF* steht. Entsprechend schwergängig ist der Entfernungsring. Schauen Sie am besten in der Bedienungsanleitung Ihres jeweiligen Objektivs nach, ob ein Vermerk zum jederzeitigen manuellen Fokussieren vorhanden ist.

4.4 Das Allroundtalent One-Shot AF

Statische Motive wie Landschaften, Gebäude, Personen, die fürs Porträt stillhalten, Pflanzen oder Verkaufsgegenstände gehören wohl zu den häufigsten Motiven, die einem vor die Linse geraten. Bei all diesen Fotomotiven ist es eigentlich lediglich notwendig, schnell einen passenden Schärfepunkt zu finden und diesen so lange zu fixieren, bis der Auslöser heruntergedrückt wird. Genau dafür hat die EOS 1200D den AF-Betrieb *One-Shot AF* im Programm – eine wirklich gute Allroundeinstellung, die in unserem fotografischen Alltag vermutlich zu 90 % genutzt wird. Auch die Modi *Porträt*, *Landschaft*, *Nahaufnahme* und *Nachtporträt* verwenden diesen AF-Betrieb.

Mit dem *One-Shot AF* stellt die 1200D scharf, sobald Sie den Auslöser bis zum ersten Druckpunkt herunterdrücken, und behält diesen Schärfepunkt bei, solange Sie den Auslöser auf dieser Position halten. Daher können Sie den *One-Shot AF* auch prima für das Fotografieren mit der Schärfespeicherung einsetzen. Bei erfolgreichem Scharfstellen sind alle Kamerasignale aktiv: die rot aufleuchtenden AF-Felder, der *Schärfenindikator* und der Piep-Ton (sofern Sie ihn nicht im Menü *Aufnahme 1* 📷/*Piep-Ton* deaktiviert haben).

1/160 s | f5,6 | ISO 400 | 135 mm | +⅔ EV

◄ Im Modus *One-Shot AF* hat die automatische AF-Messfeldwahl sechs AF-Felder zur Scharfstellung dieses Bildes eingesetzt.

Das Besondere am *One-Shot AF* ist, dass Ihre 1200D wirklich nur dann auslöst, wenn eines der AF-Felder das Motiv scharfstellen konnte. Sie setzt damit auf die sogenannte Schärfepriorität. Das bedeutet, dass Sie nicht oder erst mit etwas Verzögerung auslösen können, solange der Autofokus noch keinen Bildbereich zum Scharfstellen gefunden hat. Erst wenn einer der Fokuspunkte sitzt, kann das Bild aufgenommen werden. Da der Autofokus der 1200D sehr schnell ist, fällt dies häufig erst auf, wenn dunkle oder strukturarme Motivbereiche mit einem der äußeren AF-Felder fokussiert werden sollen.

> **AF-Felder anzeigen in DPP**
>
> Um das Verhalten Ihrer 1200D bei der automatischen AF-Messfeldwahl nachvollziehen zu können, gibt es bei der Canon-Software *Digital Photo Professional* die Möglichkeit, sich die AF-Felder anzeigen zu lassen. Dazu markieren Sie das Foto und wählen dann die Schaltfläche *Bearbeitungsfenster* 🖼 oder klicken doppelt auf das Bild. Wählen Sie anschließend *Ansicht*/*AF-Feld*.

▲ Die bei der Aufnahme verwendeten Fokusfelder werden rot markiert.

4.5 Bewegte Motive mit dem AI Servo AF einfangen

Mit dem Fokusmodus *AI Servo AF* stellt Ihnen die EOS 1200D einen kontinuierlichen Autofokus zur Seite. Dieser ist aktiv, solange Sie den Auslöser halb herunterdrücken, und kann

▲ *Für Actionaufnahmen ist der AI Servo AF prädestiniert.*

> **Erhöhter Strombedarf**
>
> Der *AI Servo AF* verbraucht mehr Strom, daher kann die Akkukapazität unter Umständen schneller zur Neige gehen. Nehmen Sie am besten einen Ersatzakku mit, wenn Sie vorhaben, diesen AF-Betrieb häufiger einzusetzen.

ein einmal erfasstes Motiv verfolgen. Das können Sie gleich einmal nachvollziehen, indem Sie ein nahe gelegenes Objekt scharfstellen, den Auslöser auf dem ersten Druckpunkt halten und dann auf ein weiter entferntes Objekt zielen und wieder zurück. Ihre 1200D wird die Schärfe mit einer kurzen Verzögerung auf die jeweilige Entfernung einstellen. Die AF-Felder leuchten in diesem Fall aber nicht rot auf und der Schärfenindikator und der Piep-Ton treten ebenfalls nicht in Aktion. Das Ganze funktioniert daher auf Sicht und ist zu Beginn etwas gewöhnungsbedürftig.

Der *AI Servo AF* ist immer dann sehr hilfreich, wenn es darum geht, ein bewegtes Objekt über eine gewisse Zeit scharf im Sucher zu halten und dann zum passenden Zeitpunkt auszulösen. Bei der Autocross-Aufnahme hat dies beispielsweise sehr gut funktioniert. Hier kam es darauf an, den um die Ecke rasenden Buggy bereits scharfzustellen, als er eigentlich noch zu weit entfernt war für ein formatfüllendes Bild, und das Auto anschließend zu verfolgen. Dazu haben wir den Auslöser halb heruntergedrückt und gewartet, bis der *AI Servo AF* ihn erfasst hatte.

Mit weiterhin halb heruntergedrücktem Auslöser konnten wir den Buggy verfolgen und schließlich im passenden Moment auslösen. Die EOS 1200D hatte die Schärfe bis zu dem Punkt wunderbar mitgeführt. Auch bei anderen Sportaufnahmen, beispielsweise einem Läufer, einem rasanten Surfer oder Skifahrer oder bei spielenden Kindern und auch fliegenden Vögeln leistet der *AI Servo AF* gute Dienste. Daher nutzt das Aufnahmeprogramm *Sport* ebenfalls diese Autofokusmethode.

Wichtig zu wissen ist aber, dass die 1200D immer auslöst, egal ob die Schärfe schon perfekt auf dem Motiv liegt oder nicht. Sie agiert in der sogenannten Auslösepriorität. Daher können durchaus leicht unscharfe Bilder dabei herauskommen.

Welchen Bildbereich Ihre 1200D scharfstellt, hängt auch beim *Al Servo AF* von der *AF-Messfeldwahl* ⊞ ab. Mit einem einzelnen AF-Feld können Sie ihr Motiv in den Modi *P*, *Tv*, *Av* und *M* sehr gezielt verfolgen. Wenn Sie die automatische AF-Messfeldwahl aktiviert haben oder im Modus *Sport* 🏃 fotografieren, wird die 1200D das Motiv zunächst über das mittlere AF-Feld scharfstellen.

Anschließend können die anderen acht AF-Felder aber die Schärfenachführung mit übernehmen, wenn das Motiv nicht mehr vom mittleren AF-Feld getroffen wird.

Das ist z. B. sehr praktisch bei Motiven, die sich vor einem mehr oder weniger unstrukturierten Hintergrund bewegen, also beispielsweise bei Flugzeugen, Hubschraubern oder fliegenden Vögeln.

1/1000 s | f4 | ISO 400 | 200 mm | +⅔ EV

▲ Mit dem *Al Servo AF* haben wir die Schärfe mit dem Buggy mitgeführt und das Bild im passenden Moment ausgelöst.

> **Einen Bewegungsablauf dokumentieren**
>
> Möchten Sie einen Bewegungsablauf in mehreren Bildern aufnehmen, wählen Sie mit der Direkttaste für die *Betriebsart* 🔁 ⊙ die *Reihenaufnahme* 🔁 aus. Wenn Sie den Auslöser länger durchdrücken, nimmt die 1200D nun eine Bilderserie mit einer Geschwindigkeit von etwa drei Bildern pro Sekunde auf.

1/1000 s | f5,6 | ISO 320 | 700 mm | +1 EV

▲ Bei Flugaufnahmen vor blauem Himmel ist die automatische AF-Messfeldwahl in Kombination mit dem *AI Servo AF* eine gute Wahl.

4.6 Bei AI Focus AF entscheidet die Kamera

Die volle Flexibilität bietet der *AI Focus AF*. Dieser Modus stellt quasi einen Mix aus dem *One-Shot AF* und dem *AI Servo AF* dar. Er erkennt, ob sich das Objekt bewegt oder nicht, und fokussiert dementsprechend flexibel. Der *AI Focus AF* wird von den Vollautomatiken (A⁺, ⚡) und der *Kreativ-Automatik* CA eingesetzt und kann in den Modi *P*, *Tv*, *Av* und *M* ausgewählt werden.

Der *AI Focus AF* ist beispielsweise hilfreich beim Start eines Rennens, bei dem eben noch alles still stand und plötzlich Bewegung in die Szene kommt. Oder denken Sie an einen Vogel, der eben noch auf dem Ast saß und dann losfliegt.

Die Vorgehensweise entspricht dabei der des *AI Servo AF*, sprich: Sie fokussieren das Objekt, halten den Auslöser halb

▲ Auswahl des *AI Focus AF* in den Modi *P*, *Tv*, *Av* und *M*.

gedrückt und drücken ihn immer dann durch, wenn sich eine schöne Szene ergibt. Bei statischen Motiven hören Sie nach erfolgreicher Scharfstellung einen leisen Piep-Ton, der Schärfenindikator im Sucher taucht aber nicht auf. Auch kann es vorkommen, dass unscharfe Bilder entstehen, wenn die Scharfstellung zum Auslösezeitpunkt vielleicht noch nicht optimal war. Der *AI Focus AF* nutzt ebenfalls die Auslösepriorität.

▼ *Das Amselküken hüpfte vor unserem Fenster mal hierhin, mal dahin. Dank der Schärfenachführung des AI Servo AF während der Bewegungen des Tieres ging der Fokus nicht so schnell verloren.*
1/1600 Sek. | f4 | ISO 200 | 200 mm | +1 EV

Im Unterschied zum *AI Servo AF* kann es jedoch vorkommen, dass bei Bewegungsantritt die Nachführung verzögert startet. Das Motiv wird nach dem Start der Bewegung somit nicht immer zuverlässig scharfgestellt.

Daher ist es meist besser, sich klar für eine der beiden Fokusarten *One-Shot AF* oder *AI Servo AF* zu entscheiden. Dann wissen Sie, was Sie erwarten können, und laufen fokustechnisch nicht ins Ungewisse.

4.7 Mit dem manuellen Fokus individuell scharfstellen

Bei der manuellen Fokussierung legen Sie die Schärfe durch Drehen am *Entfernungsring* ❶ des Objektivs fest. Das ist zwar eine nicht gerade schnelle Methode, dafür ist sie aber äußerst präzise und unabhängig von den Beschaffenheiten des Motivs.

Die manuelle Fokussierung wird immer dann zum Mittel der Wahl, wenn ganz gezielt ein bestimmter Bildbereich scharf gestellt werden soll, der von keinem der neun AF-Felder abgedeckt wird.

Oder denken Sie an Situationen, in der der Autofokus einfach keine oder nicht die gewünschte Schärfeebene finden kann. Es gibt zum Glück nicht viele Situationen, in denen der Autofokus überfordert ist:

▲ *Der Entfernungsring des Objektivs.*

2,5 s | f11 | ISO 200 | 70 mm | Stativ

▶ *Motive bei sehr schwacher Beleuchtung und wenig Kontrast können den Autofokus ausheben.*

1/80 s | f8 | ISO 200 | 200 mm
Regelmäßige Muster, sich wiederholende Strukturen oder Spiegelungen auf Fenstern oder Lack können Autofokusprobleme hervorrufen.

1/640 s | f4,5 | ISO 200 | 95 mm
Strukturen im Vordergrund, wie zum Beispiel Gräser oder Äste, können den Autofokus ablenken.

1/80 s | f11 | ISO 1600 | 100 mm | +⅔ EV

▲ Bei der Makrofotografie ist es besonders wichtig, den richtigen Bildbereich scharf zu stellen. Das geht mit dem manuellen Fokus oft am besten.

Die Aktivierung des manuellen Fokus erfolgt über den *Fokussierschalter* am Objektiv. Stellen Sie einfach *MF* ein und justieren Sie anschließend die Schärfe über den *Entfernungsring* des Objektivs, wobei Sie die Schärfeanpassung entweder im Sucher oder im Livebild verfolgen. Lösen Sie das Bild wie gewohnt aus, wenn Ihnen die Fokussierung passend erscheint. Aber Achtung, die 1200D löst immer aus, egal ob der Fokus optimal sitzt oder nicht (Auslösepriorität).

Fokushilfe

Wenn Sie beim manuellen Fokussieren den Auslöser auf halber Stufe halten, ist Ihre 1200D beim Finden der Schärfe behilflich. Denn sobald eines der aktiven AF-Felder eine optimale Scharfstellung erkennt, leuchtet es kurz rot auf, der *Schärfenindikator* im Sucher erscheint und der Piep-Ton ist zu hören. Daher kann es vorteilhaft sein, trotz manueller Fokussierung ein AF-Feld auszuwählen, das den bildwichtigen Motivbereich abdeckt, und dieses als Schärfeunterstützung zu nutzen.

4.8 Komfortabel scharfstellen im Livebild-Modus

Mit dem Livebild-Autofokus können Sie die Schärfe besonders komfortabel steuern. Die EOS 1200D bietet hierfür drei unterschiedliche Möglichkeiten:

- *FlexiZone-Single* AF □: Hiermit stellen Sie einen spezifischen Bildbereich scharf, den Sie frei im Bildausschnitt wählen können, bestens für die Makrofotografie geeignet
- *Live-Modus* AF ☺: Stellt eine Gesichtserkennung zur Verfügung, mit der Sie Personen gezielt scharfstellen können
- *QuickModus* AF Quick: Der Autofokus erfolgt über die klassischen neun AF-Felder und ist geeignet, wenn die beiden anderen Methoden Fokusprobleme haben sollten

Um die AF-Methode aufzurufen, schalten Sie das Livebild mit der Taste 📷 ein. Drücken Sie anschließend die *Schnelleinstellungstaste* Q und navigieren Sie zum ersten Menüpunkt ❶. Mit dem *Hauptwahlrad* 🔘 können Sie nun den gewünschten Autofokusmodus aktivieren. Alternativ können Sie die *AF-Methode* ❷ auch im Menü *Aufnahme 4* 📷 einstellen, egal ob das Livebild eingeschaltet ist oder nicht.

> ✅ **Aufnahmeinformationen ein- und ausblenden**
>
> Mit der *DISP.*-Taste können Sie auch im Livebild einstellen, ob die Belichtungs- und weitere Aufnahmeinformationen eingeblendet werden sollen oder nicht. Wir bevorzugen meist die Ansichtsform, bei der keine Informationen das Bild verdecken, die Belichtungseinstellungen am unteren Monitorrand aber zu sehen sind.

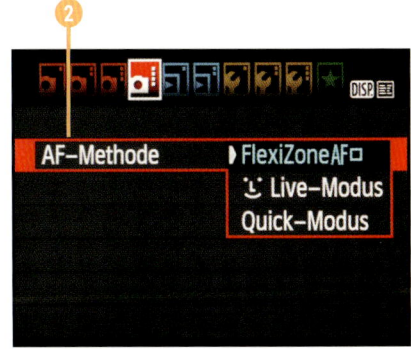

▲ Oben: Auswahl der AF-Methode im Livebild-Modus. Unten: Einstellen der AF-Methode über das Aufnahmemenü.

Wie schnell ist der Livebild-Autofokus?

Die Scharfstellung erfolgt im Livebild-Modus direkt über den Sensor. Dazu klappt Ihre EOS 1200D beim Betätigen der Taste 📷 den Schwingspiegel hörbar hoch. Bei der Scharfstellung fängt der Prozessor an, den für die Fokussierung ausgewählten Sensorbereich zu analysieren. Dabei kommt die sogenannte *Kontrasterkennung* zum Einsatz. Hierbei ruckeln sich die Objektivlinsen in kleinen Schritten an den Fokuspunkt heran. Das geht vor allem zulasten der Geschwindigkeit. Daher kann die Kontrastmessung nicht mit der Schnelligkeit der *Phasenerkennung* mithalten, die die EOS 1200D beim Fokussieren über den Sucher einsetzt. Es dauert je nach Motiv etwa 1 bis 2 Sekunden, bis der Fokus präzise sitzt. Und dies wird auch durch die Stepping-Motor-Technologie der neuen Canon-Objektive nicht wesentlich verbessert. Der Livebild-Autofokus der 1200D ist zwar äußerst präzise, aber auch deutlich langsamer. Am besten lässt sich der Präzisionsvorteil in Situationen ausnutzen, in denen die Reaktionsschnelligkeit des Autofokus keine wichtige Rolle spielt, wie zum Beispiel bei Landschaftsaufnahmen, Architekturbildern, Stillleben, Makrofotos unbewegter Objekte oder bei Porträts still stehender Personen.

▼ *Da sich die Wanze nicht bewegte, konnten wir sie vom Stativ mit der AF-Methode FlexiZone-Single gut scharfstellen.*
1/40 s | f13 | ISO 400 | 100 mm

Mit FlexiZone-Single gezielt Details scharfstellen

Mit dem eingeblendeten rechteckigen Fokusrahmen ❶ können Sie die Schärfe bei *FlexiZone-Single* AF ☐ frei wählbar auf einer bestimmte Bildstelle platzieren, abgesehen von den äußersten Randbereichen. Diese AF-Methode eignet sich vor allem für statische Motive – eine Landschaft, Architektur oder eine Makroaufnahme und natürlich noch vieles mehr. Der Spiegel bleibt während der ganzen Aktion hochgeklappt, daher ist die Fokussierung leise. Die Livevorschau wird auch nicht unterbrochen und der Spiegelschlag kann keine Verwacklungen hervorrufen.

Den Fokusrahmen können Sie mit den *Kreuztasten* in fein abgestuften Schritten in alle vier Himmelsrichtungen verschieben. Ein Druck auf die *Löschtaste* 🗑 befördert ihn wieder in die Bildmitte. Zum Scharfstellen drücken Sie den Auslöser bis zum ersten Druckpunkt herunter. Die Fokussierung dauert ein wenig. Sie ist abgeschlossen, wenn das Rechteck grün aufleuchtet. Jetzt muss der Auslöser nur noch durchgedrückt werden und fertig ist das Bild.

▲ *Scharfstellen mit der AF-Methode Flexi-Zone-Single.*

Unser Tipp

Verwenden Sie *FlexiZone-Single* AF ☐ in den Programmen *P*, *Tv*, *Av* oder *M* in Kombination mit dem *Selbstauslöser:2 Sek.* ⏱₂, um unbewegte Motive, z. B. Stadtansichten zur blauen Stunde oder Makroaufnahmen von Blüten, absolut verwacklungsfrei vom Stativ aus fotografieren zu können. Eine externe Fernsteuerung ist dafür nicht notwendig.

Schnelle und automatische Gesichtserkennung

Mit der Gesichtserkennung des *Live-Modus* AF ☺ wird es möglich, Personen in einer Szene schneller zu finden und den Fokus gezielt auf die Gesichter zu legen. Dazu springt das quadratische AF-Feld ⌈ ⌉ ❷ automatisch auf das erkannte Gesicht. Jetzt muss nur noch der Auslöser halb heruntergedrückt werden, um genau den Gesichtsbereich zu fokussieren. Ist die Scharfstellung abgeschlossen, leuchtet der Rahmen wie gewohnt grün auf, der Piep-Ton ist zu hören und das Bild kann ausgelöst werden. Erkennt die 1200D gleich mehrere Personen, legt sie den Hauptrahmen mit den zwei Pfeilen ◀⌈ ⌉▶ ❸ in der Regel auf das Gesicht, das der Kamera am nächsten ist. Fokussieren Sie nun gleich oder lenken

▲ *Scharfstellen mit der Gesichtserkennung.*

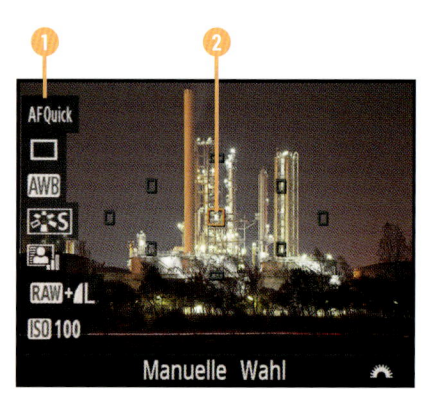

Sie den Hauptrahmen mit den *Kreuztasten* ✥ auf ein anderes Gesicht um. Falls die 1200D das Gesicht nicht erkennen kann, weil es zu klein ist, nur seitlich zu sehen ist, im Gegenlicht stark abgeschattet wird oder die Person eine Sonnenbrille trägt, schalten Sie auf *FlexiZone-Single* AF ☐ um. Das funktioniert ganz flink, denn mit der *SET*-Taste können Sie stets zwischen dem *Live-Modus* AF ☺ und *FlexiZone-Single* AF ☐ hin- und herschalten. Die Individualfunktion *SET-Taste zuordnen* im Menü *Einstellung 3* ⚐ muss dazu allerdings auf *0:Normal (deaktivieren)* stehen. Ist das nicht der Fall, können Sie die AF-Methode durch gleichzeitiges Drücken der Taste Av☒/🗑 und der *SET*-Taste umschalten, was aber sehr umständlich ist. Auch ist es möglich, einfach über die Bildmitte zu fokussieren, denn wenn der *Live-Modus* AF ☺ kein Gesicht erkennt, wird der AF-Rahmen in der Bildmitte zur Scharfstellung verwendet.

Wann der QuickModus sinnvoll ist

Bei der Wahl des *QuickModus* AFQuick nutzt die EOS 1200D wie gewohnt die neun AF-Felder zur Scharfstellung, so wie es auch beim Fokussieren mit dem *One-Shot AF* abläuft. Um ein bestimmtes AF-Feld auszuwählen, drücken Sie im Livebild-Modus die *Schnelleinstellungstaste* [Q] und wählen das Symbol für die AF-Methode ❶ aus. Danach drücken Sie die obere *Kreuztaste* ▲. Anschließend können Sie mit dem *Hauptwahlrad* ⟳ die AF-Felder ❷ nacheinander ansteuern. Wenn alle Felder orange leuchten, ist die *automatische AF-Messfeldwahl* aktiviert, bei der Ihre 1200D die Fokuspunkte selbstständig auswählt.

▲ *Auswahl des AF-Feldes für die Scharfstellung im QuickModus.*

Der *QuickModus* AFQuick ist vor allem dann von Vorteil, wenn die zuvor beschriebenen AF-Methoden Probleme beim Fokussieren bekommen sollten. So können Sie beispielsweise bei dunklen, wenig strukturierten Motiven das mittlere AF-Feld, also den sensitiven Kreuzsensor Ihrer 1200D, für eine schnelle und zuverlässige Scharfstellung einsetzen.

Nachteilig am *QuickModus* AFQuick ist allerdings, dass der Spiegel für den Fokusvorgang kurzzeitig umgeklappt wird. Daher ist die Methode lauter und auch nicht schneller als die anderen AF-Methoden.

Schärfekontrolle mit der vergrößerten Ansicht

Wenn ein Fotomotiv nicht formatfüllend im Bildausschnitt erscheint, kann es schwer zu erkennen sein, ob der Fokus auch richtig sitzt, egal ob automatisch gesetzt oder manuell eingestellt. Dafür hat Ihre EOS 1200D im Livebild-Modus eine praktische Vergrößerungsfunktion in petto. Bereits vor der Aufnahme können Sie den Bildbereich an beliebiger Stelle vergrößert darstellen und den Fokuspunkt oder umgebende Bildareale genauer beurteilen. Denken Sie bei filigranen Motiven, bei Nahaufnahmen oder beim Spiel mit geringer Schärfentiefe an diese Funktion.

Verfügbar ist die Lupenfunktion bei den AF-Methoden *Flexi-Zone-Single* AF ☐, im *QuickModus* AFQuick und wenn Sie den *Fokussierschalter* Ihres Objektivs auf *MF* gestellt haben, um das Motiv manuell zu fokussieren. Die Gesichtserkennung im *Live-Modus* AF ☺ erlaubt eine vergrößerte Vorschau hingegen nicht. Um die Lupenfunktion zu nutzen, platzieren Sie den weißen AF-Rahmen ❶ auf der zu vergrößernden Bildstelle. Drücken Sie anschließend die *Vergrößerungstaste* ⊕, sodass der Ausschnitt ❷ nun 5-fach vergrößert dargestellt wird. An welcher Bildposition Sie sich befinden, ist an der kleinen Rechteckmarkierung ❸ zu sehen. Mit den *Kreuztasten* ✥ können Sie den Bildausschnitt verschieben, wobei Ihnen der quadratische Auswahlrahmen ❹ stets anzeigt, welcher Bildausschnitt nach dem Drücken der *Vergrößerungstaste* ⊕ in der 10-fachen Vergrößerung zu sehen sein wird. Auch bei vergrößerter Livebild-Ansicht können Sie Fotos auslösen. Wenn Sie nach der 10-fachen Vorschau erneut die Vergrößerungstaste betätigen, landen Sie wieder in der unvergrößerten Ausgangsansicht.

> **Quick-Modus empfohlen**
>
> Es gibt Objektive, für die Canon explizit den *Quick-Modus* AFQuick empfiehlt, da die Fokussierung mit den anderen Methoden lange dauert und manchmal gar nicht funktioniert. Zu den betroffenen Objektiven zählen folgende Modelle: EF 24 mm f/2.8, EF 35 mm f/2, EF 50 mm f/2.5 Compact Macro, EF 100 mm f/2.8 Macro, EF 100 mm f/2.8 (Soft Focus), EF 28-90 mm f/4-5.6 III, EF 55-200 mm f/4.5-5.6 USM, EF 90-300 mm f/4.5-5.6, EF 90-300 mm f/4.5-5.6 USM.

▲ Oben: Auswahl des zu vergrößernden Bildbereichs ❶. Unten: 5x-fach vergrößerter Bildausschnitt ❷ mit Positionsangabe ❸ und Auswahlrahmen ❹ für die 10-fache Vergrößerung.

403
GHM Sport-Team
Kittan´s Kurierdienst
Tel. 0172/ 1026835
223
B&C
BüroCommunikation
A4RES
GROUP
CITROËN
AUTOHAUS
HENNERSDORF
Kubschütz & Sohland

Für Freigeister und Profis: Die Kreativ-Programme

Suchen Sie ein Belichtungsprogramm, das bei der Gestaltung anspruchsvoller Fotoideen kaum noch Wünsche offen lässt? Dann sollten Sie auf jeden Fall die sogenannten Kreativ-Programme (*P*, *Tv*, *Av* und *M*) Ihrer EOS 1200D kennenlerne n.

Suchen Sie ein Belichtungsprogramm, das bei der Gestaltung anspruchsvoller Fotoideen kaum noch Wünsche offen lässt? Dann sollten Sie auf jeden Fall die sogenannten Kreativ-Programme (*P*, *Tv*, *Av* und *M*) Ihrer EOS 1200D kennenlernen.

Schöpfen Sie die Möglichkeiten Ihrer Kamera damit voll aus und gehen Sie dabei kreativ zu Werke. Denn dort, wo bei den anderen Programmen der Einfluss auf die Bildgestaltung eingeschränkt wird, eröffnen Ihnen die Kreativ-Programme noch viel mehr Möglichkeiten, Ihre Fotos individuell und professionell zu gestalten.

5.1 Spontan reagieren mit der Programmautomatik

Die *Programmautomatik* (*P*) ist prima für Schnappschüsse geeignet, da auch in diesem Modus alle Belichtungseinstellungen automatisch gesetzt werden. Gegenüber den Vollautomatiken A⁺ und ⚡, der *Kreativ-Automatik* CA und den *Normalprogramm-Modi* besteht jedoch der große Vorteil, dass Sie den ISO-Wert, die AF-Felder, die Messmethode und vieles mehr selbst bestimmen können.

Außerdem haben Sie die Möglichkeit, die Kombination aus Belichtungszeit und Blendenwert an Ihr Motiv anzupassen. Eine solche Programmverschiebung ist aber kein Muss. der Modus *P* bietet sich somit an, wenn Sie gerne spontan fotografieren, die Rahmenbedingungen aber noch umfangreicher selbst festgelegten möchten.

Wenn Sie die Zeit-Blende-Kombination im Sinne der Bildgestaltung doch einmal ändern möchten, tippen Sie zunächst den Auslöser kurz an, damit die 1200D die Belichtungszeit und den Blendenwert ermitteln kann.

1/160 s | f5,6 | ISO 125 | 89 mm

▲ *Schnappschuss mit Gartenzwerg, aufgenommen im Modus P mit manuell herabgesetzter Schärfentiefe.*

Die Werte werden im Monitor und Sucher angezeigt. Jetzt können Sie am *Hauptwahlrad* drehen und die Zeit-Blende-Kombination verändern.

Nach rechts gedreht verkürzt sich die Belichtungszeit und der Blendenwert sinkt. Auf diese Weise setzen Sie die Schärfentiefe herab, was einer schönen Motivfreistellung vor diffusem Hintergrund zugutekommt.

Bei dem Bild mit dem Gartenzwerg sind wir beispielsweise so vorgegangen. Die verkürzte Zeit kann aber auch nützlich sein, wenn Sie bewegte Motive wie z. B. spielende Kinder vor der Kamera haben und Bilder ohne Bewegungsunschärfe bevorzugen.

> **Programmverschiebung temporär**
>
> Die Programmverschiebung hat nur so lange Bestand, bis Sie das Bild aufgenommen haben. Auch wenn die 1200D die Belichtungsmessung beendet (Blende- und Zeitwert ausgeblendet), in den Ruhezustand übergeht (Monitor schaltet sich aus), ausgeschaltet wird oder Sie den Modus ändern, werden die geänderten Werte verworfen. Für mehrere Bilder mit der gleichen Einstellung verwenden Sie daher lieber eines der anderen Kreativ-Programme.

1/60 s | f11 | ISO 200 | 42 mm | +⅔ EV
▲ *Aufnahme mit erhöhter Schärfentiefe im Modus P.*

Im Gegenzug können Sie die Schärfentiefe mit dem Drehen des *Hauptwahlrads* nach links steigern, indem Sie den

Blendenwert erhöhen. Gleichzeitig verlängert sich dadurch die Belichtungszeit. Bei dem Bild mit dem Baum und dem Rapsfeld dahinter war es uns beispielsweise wichtig, dass der Kirchturm im Hintergrund ebenfalls möglichst scharf abgebildet wird. Daher haben wir hier mit einem höheren Blendenwert fotografiert. Alternativ kann die verlängerte Belichtungszeit aber auch für spannende Wischeffekte im Bild sorgen, denken Sie z. B. an verwischtes fließendes Wasser.

> ✅ **Belichtungswarnung**
>
> Es kann vorkommen, dass das vorhandene Licht für die gewählte Einstellung zu schwach oder zu stark ist. Dies deutet die EOS 1200D durch blinkende Zeit-Blende-Werte an. Um Unterbelichtungen zu vermeiden, erhöhen Sie in dunkler Umgebung den ISO-Wert oder hellen Ihr Motiv mit dem Blitz auf. Bei aktivem Blitz werden die Belichtungswerte jedoch auf 1/60 s und f4 oder f5,6 festgelegt. Umgekehrt senken Sie bei starker Helligkeit den ISO-Wert oder bringen einen lichtschluckenden Grau- oder Polfilter am Objektiv an.

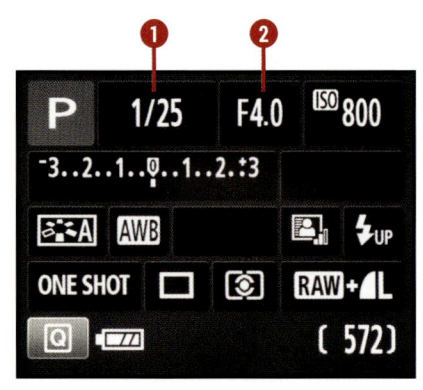

▲ *Hier haben wir das* **Hauptwahlrad** *nach links gedreht. Die Belichtungszeit* ❶ *hat sich dadurch um eine Stufe verlängert* ❸ *und der Blendenwert* ❷ *um eine Stufe erhöht* ❹.

5.2 Mit Tv die Geschwindigkeit kontrollieren

Die Bezeichnung der *Blendenautomatik* (*Tv*) steht für **T**ime **V**alue und bedeutet, dass Sie in diesem Programm die Belichtungszeit selbst wählen können. Ihre 1200D nimmt automatisch eine dazu passende Blendeneinstellung vor. Die längste Belichtungszeit, die Sie einstellen können, liegt bei 30 s. Sie verkürzt sich von da aus Schritt für Schritt bis zur kürzesten Belichtungszeit von 1/4000 s. Damit haben Sie die Möglichkeit, nur einen ganz kurzen Augenblick festzuhalten oder den Aufnahmemoment zu verlängern. Beides hat vor allem bei bewegten Elementen seinen Reiz. So eignet sich *Tv* einerseits sehr gut für Sportaufnahmen, Bilder von rennenden Menschen oder fliegenden Tieren oder zum Einfrieren spritzenden Wassers – also alles Motive, bei denen Momentaufnahmen schneller Bewegungsabläufe im Vordergrund stehen.

1/4000 s | f2,8 | ISO 200 | 70 mm

◄ *Mit der extrem kurzen Belichtungszeit wird jegliche Bewegung eingefroren und scharf abgebildet.*

Andererseits können Sie mit *Tv* auch kreative Wischeffekte erzeugen, also Bilder, in denen alle Bewegungen durch Unschärfe verdeutlicht werden. Fließendes Wasser, mit den Flügeln schlagende Vögel oder Autos und U-Bahnen lassen sich auf diese Weise sehr kreativ und dynamisch in Szene setzen.

0,3 s | f14 | ISO 100 | 50 mm
▶ *Bei längerer Belichtungszeit wird alles was sich bewegt verwischt abgebildet.*

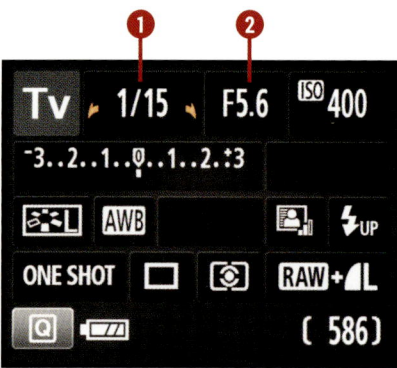

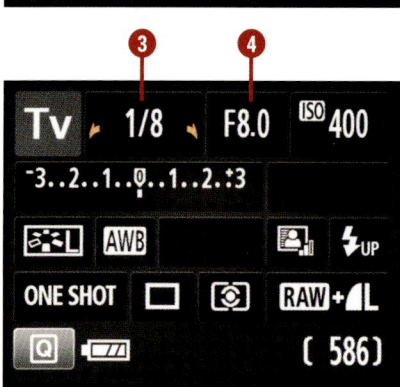

Die Auswahl der Belichtungszeit im Modus *Tv* lässt sich flink über das **Hauptwahlrad** vornehmen. Hierbei verlängern Sie die Belichtungszeit durch Drehen des Rades nach links und verkürzen sie mit einem Rechtsdreh.

Wird die Belichtungszeit ❶ um eine EV-Stufe verlängert ❸, erhöht sich der Blendenwert ❷ ebenfalls um eine EV-Stufe ❹ und umgekehrt. So wird eine vergleichbare Bildhelligkeit garantiert.

▲ *Anpassen der Belichtungszeit im Modus Tv.*

Belichtungswarnung im Modus Tv

Wenn die Belichtung bei der gewählten Belichtungszeit problematisch wird, fängt der Blendenwert im Modus *Tv* an zu blinken. Steht die Blende hierbei auf dem niedrigsten Wert, erhöhen Sie den ISO-Wert oder setzen Blitzlicht ein, um die Unterbelichtung zu kompensieren.

Blinkt der höchste Blendenwert, den Ihr Objektiv liefern kann, riskieren Sie eine Überbelichtung. In dem Fall verkürzen Sie die Belichtungszeit, verringern den ISO-Wert oder bringen einen lichtschluckenden Grau- oder Polfilter am Objektiv an, um eine Überbelichtung zu vermeiden.

5.3 Hintergrundschärfe mit Av steuern

Der Modus *Verschlusszeitenautomatik* (*Av*) ist das geeignete Belichtungsprogramm, mit dem Sie die Schärfentiefe Ihres Bildes perfekt selbst steuern können. Die Bezeichnung *Av* leitet sich von der englischen Bezeichnung **A**perture **V**alue (Blendenwert) ab. Demnach wählen Sie in diesem Modus die Blendenöffnung über den Blendenwert selbst aus; die passende Belichtungszeit bestimmt Ihre 1200D daraufhin automatisch. Ein geringer Blendenwert von f2,8 bis f5,6 erzeugt eine geringe Schärfentiefe, was sich beispielsweise für Porträts von Menschen und Tieren oder für Sportaufnahmen eignet, denn so wird der Blick des Betrachters auf das Hauptmotiv geführt und nicht von unwichtigeren Details

▼ *Durch den geringen Blendenwert hebt sich die Person sehr prägnant vor dem diffusen Hintergrund ab.*
1/1250 s | f2,8 | ISO 100 | 195 mm | +⅔ EV

aus dem Hintergrund abgelenkt. Ein hoher Blendenwert von f8 oder mehr (geschlossene Blende) erzeugt dagegen eine hohe Schärfentiefe, bestens einsetzbar bei Landschaften und Architekturbildern, die mit durchgehender Detailgenauigkeit abgebildet werden sollen.

1/100 s | f11 | ISO 100 | 28 mm | +⅔ EV

▶ *Von der Mauer links unten bis zur obersten Kugel auf dem Minarett wird dank erhöhtem Blendenwert alles scharf abgebildet.*

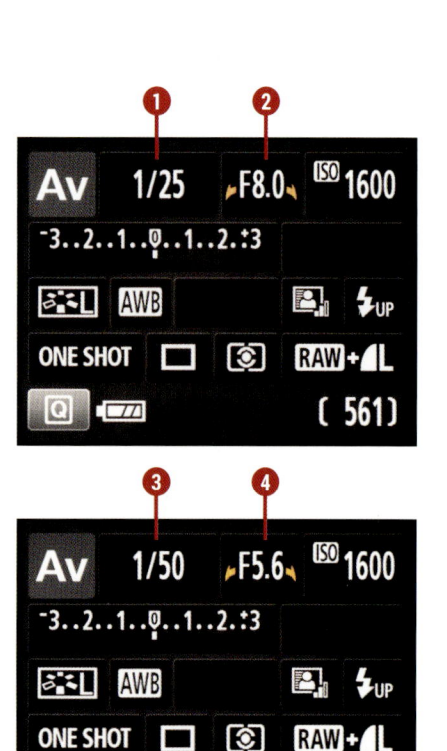

Um die Schärfentiefe im Modus *Av* zu beeinflussen, tippen Sie zuerst den Auslöser kurz an, damit die Belichtungsmessung aktiviert wird. Danach drehen Sie das *Hauptwahlrad* nach links, um den Blendenwert zu verringern (geringe Schärfentiefe) oder nach rechts, um ihn zu erhöhen (hohe Schärfentiefe). Wird der Blendenwert ❷ um eine ganze EV-Stufe verringert ❹, verkürzt sich die Belichtungszeit ❶ ebenfalls um eine ganze EV-Stufe ❸, damit Bilder mit gleicher Helligkeit entstehen.

▲ *Einstellen des Blendenwerts im Modus* ***Av***.

✓ Schärfentiefe-Kontrolle

Möchten Sie bereits vor dem Auslösen des Bildes sehen, wie hoch die Schärfentiefe Ihrer Aufnahme sein wird? Dann überprüfen Sie die Schärfentiefe am besten mit der *Schärfentiefe-Kontrolle*, wie auf Seite 218 in Kapitel 8.

Achten Sie trotz der automatisch eingestellten Belichtungszeit stets auch auf die Zeitwerte. Denn wenn die Belichtungszeit laut Kehrwertregel zu lang wird, ist ein Fotografieren aus der Hand ohne Verwacklung erschwert. Verwenden Sie in dem Fall ein Stativ oder verkürzen Sie die Belichtungszeit durch Erhöhen des ISO-Werts.

5.4 Schwierige Lichtsituationen beherrschen mit M

Bei der *Manuellen Belichtung* (*M*) Ihrer 1200D haben Sie in jeder Hinsicht freie Hand, denn sämtliche Belichtungseinstellungen können Sie hier selbst und unabhängig voneinander wählen. Das hat beispielsweise Vorteile bei Nachtaufnahmen, wenn es darum geht, mit hoher Schärfentiefe und geringem ISO-Wert qualitativ hochwertige Bilder anzufertigen.

Oder denken Sie an das Verschmelzen von Einzelbildern zu einem schönen Panorama. Dabei ist es notwendig, dass jedes Bild mit exakt den gleichen Einstellungen aufgenommen wird. Ähnliches gilt für die Verarbeitung verschiedener Belichtungen zur HDR-Fotografie.

Die Einzelfotos lassen sich am besten im Modus *M* erstellen – alle mit der gleichen Blende, aber unterschiedlichen Zeiten

Und auch beim Fotografieren mit Blitzlicht im kleineren oder größeren Fotostudio hat die *Manuelle Belichtung* einige Vorteile parat.

Um mit der *Manuellen Belichtung* zu fotografieren, richten Sie am besten als Erstes den geplanten Bildausschnitt ein. Entscheiden Sie sich anschließend für einen ISO-Wert. Bei dem gezeigten Panorama haben wir beispielsweise auf viel Qualität gesetzt und daher ISO 100 ❶ eingestellt.

> **Belichtungswarnung im Modus Av**
>
> Bei *Av* warnt Ihre 1200D mit einer blinkenden Belichtungszeit vor einer Unterbelichtung (Zeit steht auf 30 s) oder einer Überbelichtung (Zeit steht auf 1/4000 s). Um die Belichtung zu korrigieren, ändern Sie die Blendeneinstellung, bis die Zeitangabe wieder durchgehend leuchtet. Oder legen Sie alternativ, wenn nicht die ISO-Automatik gewählt ist, einen anderen ISO-Wert fest. Gegen eine Überbelichtung können Sie auch einen lichtschluckenden Grau- oder Polfilter am Objektiv befestigen. Gegen Unterbelichtungen können Sie mit Blitzlicht angehen.

Die Länge der Belichtungszeit war bei dem statischen Motiv weniger von Bedeutung, daher konnten wir auch mit hoher Schärfentiefe (f8) fotografieren.

Den Blendenwert ❷ stellen Sie übrigens durch Drücken der Taste Av☒ und gleichzeitiges Drehen am *Hauptwahlrad* ein. Die Belichtungszeit ❸ mussten wir schließlich mit dem *Hauptwahlrad* auf 5 s hochsetzen, damit das Bild die richtige Helligkeit mit auf den Weg bekam.

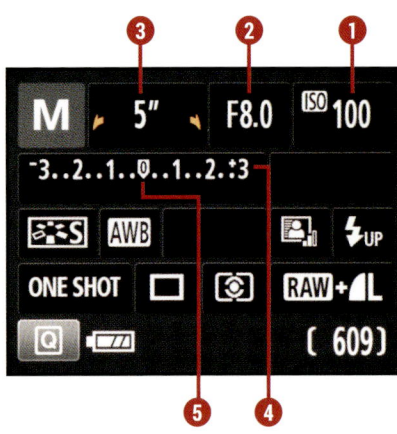

▲ *Belichtungseinstellung im Modus M.*

154   Kapitel 5   Für Freigeister und Profis: Die Kreativ-Programme

5 s | f8 | ISO 100 | 24 mm | Stativ

◄ Mit der *Manuellen Belichtung* konnten wir fünf qualitativ hochwertige, identisch belichtete Einzelbilder erstellen und diese anschließend zum Panorama zusammenfügen.

M mit ISO-Automatik

Die ISO-Automatik ist auch im Modus *M* verfügbar. Ihre 1200D stellt die Bildhelligkeit in dem Fall so ein, dass die Standardbelichtung ❺ (Markierung mittig) erreicht wird und passt dafür die Lichtempfindlichkeit flexibel an. Damit wird der Gedanke der vollmanuellen Belichtung zwar ad absurdum geführt, aber bei actionreichen Szenen mit sich ständig ändernden Lichtverhältnissen kann dies vorteilhaft sein. Bei statischen Motiven empfehlen wir dagegen die Wahl fester ISO-Werte, denn nur so haben Sie die Belichtung wirklich voll und ganz in der Hand.

Wenn es darum geht, bewegte Motive manuell zu belichten, drehen Sie die Reihenfolge einfach um und stellen erst die benötigte Belichtungszeit ein und justieren anschließend die Blende so, dass die Bildhelligkeit stimmt.

Übrigens können Sie jederzeit an der *Belichtungsstufenanzeige* ❹ ablesen, ob Ihre Einstellungen mit der automatisch von der 1200D ermittelten Belichtung übereinstimmen (Markierung mittig ❺) oder nicht (Markierung links bei Unter- und rechts bei Überbelichtung).

Kapitel 5 Für Freigeister und Profis: Die Kreativ-Programme   **155**

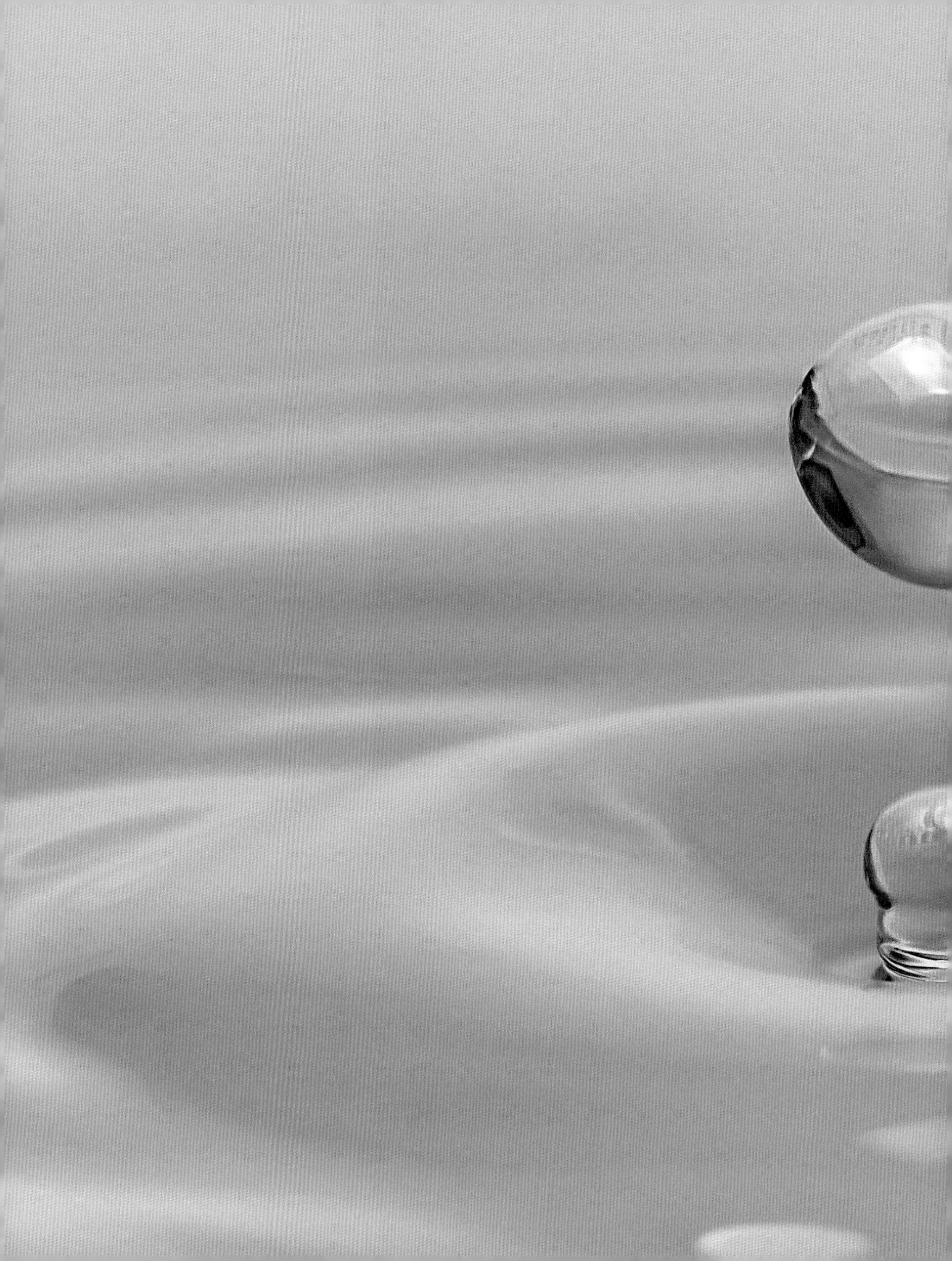

Farbgestaltung mit Weißabgleich und Bildstil

Abgesehen vom Motiv und der richtigen Belichtung – was wäre ein Foto ohne ansprechende, intensive oder auch mal schockierende Farben? Wir möchten nicht sagen: nichts, aber es würde doch einiges fehlen. Viele Motive wirken durch ansprechende Farben erst so richtig beeindruckend. Erfahren Sie daher in diesem Kapitel, wie Ihre EOS 1200D die Farben sieht und wie Sie die Farbgebung über den *Weißabgleich* und die *Bildstile* individuell gestalten können.

6.1 Mit Lichtstimmungen und Farbtemperaturen „malen"

Mit der EOS 1200D betreiben Sie eigentlich nichts anderes als Lichtmalerei. Das Licht, das vom Motiv zurückgeworfen wird, gelangt durchs Objektiv in die Kamera und wird dort vom Sensor in ein sichtbares Bild umgewandelt.

Das Licht können Sie sich dabei als die Farbe, den Sensor als Leinwand vorstellen. Aus diesem Grund leitet sich das Wort Fotografie aus dem Griechischen ab und bedeutet so viel wie „Malen mit Licht".

Da Licht im fotografischen System eine so zentrale Rolle einnimmt, ist es sicherlich nicht verkehrt, kurz einen Blick auf dessen Farbeigenschaften zu werfen.

▼ *Die Farben des Regenbogens erstrecken sich vom energiereichen blauvioletten Licht bis hin zum energiearmen roten Licht.*
1/200 s | f8 | ISO 100 | 27 mm

Dass das natürliche Sonnenlicht nicht farblos ist, weiß jeder spätestens dann, wenn nach einem Regenguss die Mischung aus Sonnenlicht und Wassertropfen einen farbenprächtigen Regenbogen ans Firmament zaubert.

Dieses von Violett über Blau und Grün bis hin zu Gelb, Orange und Rot changierende Naturschauspiel ist eigentlich nichts anderes als die Aufspaltung des weißen, „unsichtbaren" Lichts in die für unsere Augen sichtbaren Lichtfarben.

Die Lichtfarben werden für uns aber nicht nur durch das Auftreten eines Regenbogens sichtbar. Auch im Laufe eines Tages verändert sich die Färbung der natürlichen Sonnenstrahlung permanent, da Wolken, die Ozonschicht, der Sonnenstand und andere Faktoren ständig Einfluss auf den Lichtcharakter nehmen. Hinzu kommen dann noch die von Menschenhand generierten Lichttypen wie Glühlampen, Neonröhren oder Kerzenlicht. All die verschiedenen Lichtfarben lösen in uns Stimmungen aus. So empfinden wir das Licht der Dämmerung als angenehm, während Neonbeleuchtung den Inbegriff einer unpersönlichen Lichtstrahlung darstellt.

▲ *Die Farben des Regenbogens.*

Da Ihre EOS 1200D dieses Farbgefühl nicht hat, sondern alles streng elektronisch regelt, muss ihr der Lichtcharakter mitgeteilt werden, und genau an dieser Stelle kommen die sogenannte *Farbtemperatur* und der *Weißabgleich* ins Spiel. Mit der Farbtemperatur werden die Farbeigenschaften einer Lichtquelle beschrieben, und zwar ausgedrückt als Kelvin-Wert.

Das morgendliche Sonnenlicht hat beispielsweise Kelvin-Werte um 3500 K und die Mittagssonne liegt etwa bei 5500 K. Bei bedecktem Himmel steigt die Farbtemperatur bis auf etwa 6500 bis 7000 K an, während Nebel Werte um die 8000 K erreichen kann. Allein das Sonnenlicht hält somit bereits eine Vielzahl an Farbtemperaturen für uns parat.

▶ Das Tageslicht verändert seine Farbtemperatur von 3500 Kelvin der Morgensonne bis hin zu etwa 6000 Kelvin eines bedeckten Himmels. Mondlicht liegt bei 4100 Kelvin.

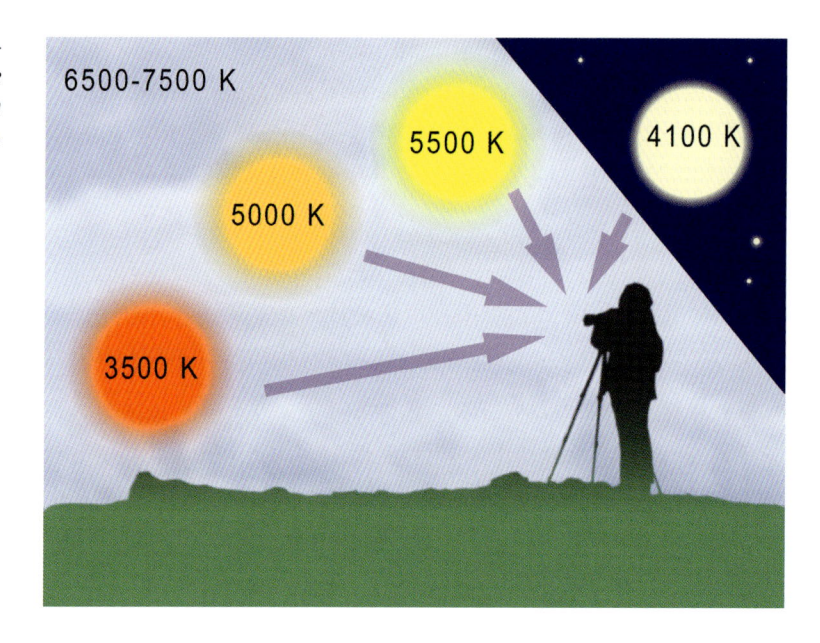

Die Farbtemperatur künstlicher Lichtquellen hängt von dem Material ab, das zur Lichterzeugung eingesetzt wird. Feuer erscheint gelbrot, Glühbirnen eher gelblich, Neonröhren haben häufig eine grünliche Farbe und Blitzlicht kommt dem Tageslicht schon fast nahe. Künstliche Lichtquellen besitzen etwa die in der Tabelle aufgelisteten Kelvin-Werte.

▶ Farbtemperatur künstlicher Lichtquellen.

Künstliche Lichtquellen	Farbtemperatur
Kerze	1500–2000 K
Glühbirne 40 W	2680 K
Glühbirne 100 W	2800 K
Energiesparlampe Extra Warmweiß	2700 K
Energiesparlampe Warmweiß	2700–3300 K
Energiesparlampe Neutralweiß	3300–5300 K
Energiesparlampe Tageslichtweiß	5300–6500 K
Halogenlampe	3200 K
Leuchtstoffröhre (kaltweiß)	4000 K
Blitzlicht	5500–6000 K

Um Ihrer 1200D die Lichtquelle mitzuteilen, die sich ihr gerade vor der Linse offenbart, müssen Sie ihr die Kelvin-Werte über den Weißabgleich vermitteln. Dies übernehmen entweder die kameraeigenen Weißabgleichvorgaben oder der Fotograf selbst, wie Sie später noch sehen werden.

6.2 Wie der Weißabgleich die Farben beeinflusst

Erst der Weißabgleich ermöglicht eine naturgetreue Farbdarstellung ohne Farbstich und Fehlfarben. Die Farbgebung eines jeden Bildes ist somit vom richtigen Weißabgleich abhängig. Wobei es genau genommen zwei Möglichkeiten gibt, den Weißabgleich auf das Bild einwirken zu lassen. So können Sie die Farben einerseits genau auf die Lichtquelle abstimmen. Ein weißes Blatt Papier, eine weiße Bluse oder eine weiße Blüte werden unter diesem Licht dann technisch korrekt neutral weiß dargestellt.

Andererseits können Sie den Weißabgleich aber auch absichtlich verschieben und Ihrem Bild damit eine subjektivere Farbstimmung verleihen. So könnten Sie beispielsweise Lampenlicht neutral und dafür mit sehr kühler Wirkung darstellen, indem Sie den Weißabgleich exakt auf diese Lichtart einstellen. Oder Sie wählen eine Variante mit verstärktem gelbrötlichen Schein und einer wärmeren Atmosphäre, so wie Sie es bei den beiden Bildern auf der nächsten Seite sehen.

Den Weißabgleich exakt auf den Kelvin-Wert der Lichtquelle abzustimmen, führt also nicht immer zum gewünschten Resultat. Sonnenuntergänge, aufgenommen mit 3500 K würden sehr blaustichig und ungemütlich aussehen. Für solche Motive eignen sich Kelvin-Werte um 6000 K besser. In jedem Fall ist der Weißabgleich dafür notwendig, dass die vorhandene Lichtstimmung später im Bild auch sichtbar transportiert wird.

1/40 s | f8 | ISO 250 | 100 mm
▲ Der Weißabgleich wurde auf die Lichtquelle (4900 K) abgestimmt, sodass das Blüteninnere auch weiß aussieht.

▲ Hier ist das Blütenweiß aufgrund eines zu hohen Kelvin-Werts gelbstichig geworden (6500 K).

▲ Blaustichige Darstellung der weißen Blütenanteile durch einen zu niedrigen Kelvin-Wert (2850 K).

Beide Bilder: 10 s | f10 | ISO 100 | 18 mm | Stativ

▲ Links: Mit 3800 Kelvin wirkt die Aufnahme wärmer und realistischer. Rechts: Wird der Weißabgleich auf die künstliche Beleuchtung abgestimmt, kann die Wirkung neutral und nüchtern sein.

Manchmal, beispielsweise bei Produktaufnahmen, muss er dafür genau auf die Lichtquelle abgestimmt sein, manchmal führt erst eine Verschiebung zur gewollt stimmungsvollen Aufnahme.

6.3 Farbe per Weißabgleich kontrollieren

Die beste Weißabgleich-Funktion ist diejenige, um die man sich gar nicht kümmern muss. Gut daher, dass Ihre 1200D eine wirklich verlässliche Automatik besitzt, die Sie in den allermeisten Situationen nicht im Stich lässt.

Vor allem bei Außenaufnahmen unter natürlicher Beleuchtung analysiert der Weißabgleich *Automatisch* AWB (auto white balance) die Zusammensetzung des Lichts ohne Probleme, sodass Sie in den meisten Fällen ein Bild mit korrekter Farbgebung erhalten werden.

Aber selbst bei der farbenfrohen Beleuchtung zur Dämmerungszeit oder bei Motiven kurz nach Sonnenuntergang (blaue Stunde) und in der Nacht, landen die Fotos und Videos mit adäquater Farbgebung auf dem Sensor.

Links: 1/800 s | f4 | ISO 100 | 200 mm | +⅔ EV

Rechts: 4 s | f11 | ISO 100 | 24 mm | −⅔ EV | Stativ

◄ Links: Bei Tageslicht von morgens bis abends trifft die EOS 1200D die Farbstimmung meist richtig. Rechts: Auch in der Dämmerung arbeitet die Weißabgleichautomatik verlässlich.

Wenn Sie zum Fotografieren im Heimstudio spezielle Tageslichtlampen benutzen oder das Objekt nur mit Blitzlicht ausleuchten, wird Sie der automatische Weißabgleich ebenfalls selten im Stich lassen. Werden hingegen verschiedene Lichtquellen gemischt, kann es zu Farbverschiebungen kommen. Dann wäre der später vorgestellte *Manuelle Weißabgleich* eine gute Wahl.

1/100 Sek. | f11 | ISO 100 | 100 mm

◄ Die Jadefigur wurde nur mit Blitzlicht beleuchtet, und der automatische Weißabgleich sorgte für eine realistische Farbwiedergabe.

Kapitel 6   Farbgestaltung mit Weißabgleich und Bildstil

Mit den Weißabgleichvorgaben arbeiten

In Situationen, in denen der automatische Weißabgleich nicht das optimale Resultat liefert, können Sie mit einem festgelegen Weißabgleich fotografieren. Das kann beispielsweise bei Motiven sinnvoll sein, die sich im Schatten befinden und vom AWB zu kühl interpretiert werden. Schalten Sie dann am besten auf die Vorgabe *Wolkig* oder *Schatten* um.

Beide Bilder: 1/60 s | f3,5 | ISO800 | 200 mm | +1 EV

▶ Das Amselküken saß im schattigen Efeu und konnte mit dem Weißabgleich *Schatten* (links) farblich viel schöner in Szene gesetzt werden als mit dem automatischen Weißabgleich.

Wählen Sie in Situationen, in denen Ihre 1200D einmal die Farben nicht richtig trifft, eine der Vorgaben, die der Lichtquelle entspricht oder ihr zumindest sehr ähnlich ist. Hierbei haben Sie zwei Möglichkeiten:

- Im Fall der Modi *Porträt*, *Landschaft*, *Nahaufnahme* und *Sport* können Sie den Weißabgleich durch Drücken der Taste Q und Ansteuern der Schaltfläche mit der Funktion *Aufn. n. Beleucht./Mot.* ❶ aufrufen. Stellen Sie die Option direkt mit dem *Hauptwahlrad* ein. Oder drücken Sie die *SET*-Taste und wählen die Vorgabe aus der Liste ❷ aus. In beiden Fällen können Sie das Bild danach direkt aufnehmen, denn die Einstellung wird sofort übernommen. Sie hat aber nur so lange Bestand, bis Sie den Aufnahmemodus wechseln oder die 1200D aus- und wieder einschalten.

- In den Modi *P* bis *M* und dem Modus Movie-Aufnahmen rufen Sie die Weißabgleichfunktion ebenfalls mit der Taste Q auf ❸. Mit dem *Hauptwahlrad* können

▲ Anpassen der Weißabgleichvorgabe.

164   Kapitel 6   Farbgestaltung mit Weißabgleich und Bildstil

Sie die Vorgabe direkt einstellen oder mit der *SET*-Taste die Liste verfügbarer Optionen aufrufen. Danach kann das Bild oder der Film direkt aufgenommen werden. Alternativ lässt sich der Weißabgleich auch über die *WB*-Taste ❹ einstellen. Dann muss die Auswahl jedoch mit der *SET*-Taste bestätigt werden; es ist somit ein Tastendruck mehr notwendig.

✅ **Den Weißabgleich nachträglich anpassen**

Mit der Bildqualität RAW steht es Ihnen frei, den Weißabgleich später flexibel auf Ihr Motiv abzustimmen. Das geht mit den allermeisten RAW-Konvertern ganz problemlos, wie z. B. Adobe Lightroom, Adobe Photoshop (Elements), GIMP oder Digital Photo Professional. Trotz der Flexibilität sollten Sie aber stets versuchen, den Weißabgleich beim Fotografieren schon weitestgehend korrekt einzustellen, damit die Bildqualität nicht in der späteren Farbverschiebung leidet. Es kann nämlich durchaus vorkommen, dass bei extremen Korrekturen beispielsweise das Bildrauschen zunimmt.

▲ *Weißabgleicheinstellung im Schnellmenü (oben) oder mit der Direkttaste WB (unten).*

Die Weißabgleich-Vorgaben in der Übersicht

Unterteilen lassen sich die Weißabgleich-Vorgaben prinzipiell in Einstellungen für natürliches und für künstliches Licht. Die folgende Übersicht gibt Ihnen dazu alle wichtigen Informationen.

- *Tageslicht* ☀ (ca. 5200 K): Diese Vorgabe eignet sich bei Außenaufnahmen in hellem Licht vom späten Vormittag bis zum frühen Nachmittag. Sie liefert auch bei Sonnenuntergängen und Aufnahmen von Feuerwerk schöne Farben.

- *Wolkig* ☁ (ca. 6000 K): Aufnahmen im Freien bei mittlerer bis starker Bewölkung und Nebel erhalten eine angenehme Farbgebung. Bei Dämmerung und Sonnenauf-/-untergang können Sie die Gelb-Rot-Anteile gegenüber *Tageslicht* verstärken.

1/320 s | f4,5 | ISO 200 | 105 mm

▲ *Springender Wassertropfen mit dem Weißabgleich Kunstlicht (oben) und dem automatischen Weißabgleich.*

> **Weißabgleichkorrektur für besondere Bilder**
>
> Bei den Weißabgleichvorgaben müssen Sie sich nicht an die festgesetzten Werte halten, denn mit der Weißabgleichkorrektur, die wir Ihnen ab Seite 243 in Kapitel 10 genauer vorstellen, können Sie ganz eigene Farbvariationen erstellen und Ihren Bildern damit das gewisse Etwas verleihen.

- *Schatten* (ca. 7000 K): Die Vorgabe ist ihrem Namen nach vor allem für Außenaufnahmen im Schatten geeignet. Sie liefert aber auch bei Dämmerung und Sonnenauf-/-untergängen intensive Farben, deren Gelb-Rot-Anteile noch einmal stärker betont werden als bei *Wolkig*.

- *Kunstlicht* (ca. 3200 K): Verwenden Sie diese Einstellung bei Innenaufnahmen mit künstlicher Beleuchtung durch Glühlampen oder Leuchtstofflampen, die mit vergleichbarer Lichtfarbe strahlen. Alternativ können Sie damit Aufnahmen von „farblosem" Wasser (z. B. springende Wassertropfen), die mit Tageslichtlampen oder Blitzlicht beleuchtet werden, intensiv blau darstellen. Im Modus *Landschaft* ist die Vorgabe nicht verfügbar.

- *Leuchtstoff* (ca. 4000 K): Geeignet für Innenaufnahmen mit Leuchtstoffbeleuchtung, die in warmen oder kalten Weißtönen strahlen. Wenn Sie bei Kunstlicht fotografieren, werden die Gelbanteile erhöht und die Szene erscheint ind wärmeren Farbtönen, daher auch passend bei Kerzenlicht. Nicht wählbar im Modus *Landschaft*.

- *Blitz* (ca. 6000 K): Für Motive, die überwiegend durch Blitzlicht aufgehellt werden. Da Blitzlicht dem Tageslicht sehr ähnlich ist, können Sie diese Einstellung alternativ zur Vorgabe *Tageslicht* verwenden. Sie steht im Modus *Movie-Aufnahmen* aber nicht zur Verfügung.

- *Abendlicht* (ca. 6.000 K): Für Sonnenuntergänge geeignete Einstellung, die aber nur in den Modi *Porträt*, *Landschaft*, *Nahaufnahme* und *Sport* verfügbar ist.

6.4 Mut zum manuellen Weißabgleich

Nicht immer treffen die Weißabgleichautomatik oder eine der anderen Vorgaben die Bildfarben richtig, was beispielsweise bei Mischlicht aus künstlichen Lichtquellen und Tageslicht der Fall sein kann oder häufig auch bei Motiven im

Schatten oder bei bedecktem Himmel. So kann es passieren, dass die Bilder farbstichig werden. Vergleichen Sie dazu einmal die beiden Waldaufnahmen. Mit dem automatischen Weißabgleich ist die Farbgebung etwas zu bläulich geraten. Das Ergebnis des manuellen Weißabgleichs zeigt das Bild hingegen ohne Farbstich und in natürlicheren Farben.

Wenn es also um die farbgenaue Wiedergabe geht, ist es sinnvoll, den manuellen Weißabgleich durchzuführen. Dafür können Sie als Hilfsmittel entweder ein weißes Objekt, ein Blatt Papier oder ein Taschentuch verwenden. Allerdings besitzen solche Objekte meist Aufheller, die die Messung beeinflussen können.

Daher setzen Sie besser eine sogenannte Graukarte ein. Das ist eine feste Papp- oder Plastikkarte, die mit 18-prozentigem Grau beschichtet ist und unabhängig vom vorhandenen Licht einen zuverlässigen Weißabgleich ermöglicht. Geeignete Graukarten wären beispielsweise die Digital Grey Kard DGK-1 oder DGK-2 von Enjoyyourcamera oder der hier gezeigte ColorChecker Passport von X-Rite.

1/4 s | f9 | ISO 100 | 122 mm | Stativ

▲ Oben: Farbstich mit dem automatischen Weißabgleich (AWB). Unten: Ergebnis des manuellen Weißabgleichs.

◄ ColorChecker Passport für den manuellen Weißabgleich.

Da der manuelle Weißabgleich nur in den Kreativ-Programmen *P*, *Tv*, *Av* und *M* und bei *Movie-Aufnahmen* 🎥 einsetzbar ist, wählen Sie eines dieser Modi. Stellen Sie den Fokusschalter Ihres Objektivs auf *M* oder *MF* und richten Sie die 1200D nun auf das weiße Objekt oder die Graukarte, sodass der Sucher vom Weiß bzw. Grau möglichst gut ausgefüllt ist.

Kapitel 6   Farbgestaltung mit Weißabgleich und Bildstil   167

▲ Das Referenzbild für die Waldaufnahme.

▲ Oben: Auswahl des Referenzbildes. Unten: Aktivieren des Weißabgleich *Manuell* über die Taste *WB*.

Lösen Sie aus und prüfen Sie das Bild. Es kann unscharf sein, sollte aber weder zu dunkel noch zu hell sein. Möglicherweise müssen Sie die Belichtung korrigieren und das Foto erneut schießen. Wenn das Referenzbild zu dunkel ist, funktioniert die Einstellung des Weißabgleichs nicht optimal.

Navigieren Sie anschließend im Menü *Aufnahme 2* 🅾 zur Rubrik *Custom WB*. Darin können Sie das soeben aufgenommene Bild auswählen. Anschließend stellen Sie mit der Taste *WB* oder dem *Schnellmenü* Q die Weißabgleichvorgabe *Manuell* 📷 ein. Den Fokusschalter des Objektivs können Sie nun wieder auf *A* oder *AF* stellen. Wenn Sie Ihr Motiv jetzt erneut fotografieren, wird es mit den gespeicherten Weißabgleichwerten aufgenommen, und natürlich landen auch alle anderen Bilder, die Sie bei gleicher Beleuchtung fotografieren, ohne Farbstich auf dem Sensor.

> ✓ **Den Graukartenwert später nutzen**
>
> Wenn Sie sich das Prozedere des manuellen Weißabgleichs sparen möchten, können Sie die Graukarte auch einfach an irgendeiner Stelle ins Bild halten und mitfotografieren. Nehmen Sie die gleiche Szene und vielleicht noch weitere Bilder in der gleichen Umgebung auf. Später öffnen Sie die Fotos im RAW-Konverter, klicken mit der Weißabgleich-Pipette auf die Graukarte des ersten Bildes und übertragen die Werte auf alle anderen Fotos. Jetzt sollte die Farbstimmung aller Bilder korrekt sein.

6.5 Mit Bildstilen und Umgebungseffekten zum besonderen Foto

Die Farbwirkung Ihrer Bilder und Filme können nicht nur über den Weißabgleich gesteuert werden, sondern zusätzlich mit den sogenannten *Bildstilen* und *Umgebungseffekten* (Basic+) individuell angepasst werden. So können Sie beispielsweise die Farbsättigung erhöhen oder verringern oder auch eine Schwarz-Weiß-Aufnahme oder eine Sepiatonung erzeugen. Erfahren Sie im Folgenden mehr über den kreativen Einsatz dieser beiden Funktionen.

Wie die Bildstile Fotos und Filme beeinflussen

Wenn wir ein Motiv vor Augen haben, geht bei uns meistens das Kopf-Kino schon an, bevor der Auslöser überhaupt gedrückt wird. Wir stellen uns vor, dass das Gemüse des Marktstandes besonders frisch wirken würde, wenn die Farben kräftig und der Kontrast hoch sind. Oder denken Sie an Architekturbilder, die in Schwarz-Weiß eine sehr prägnante Wirkung entfalten können. Lässt sich so etwas mit der 1200D in die Tat umsetzen? Klar, mit dem Wissen um die *Bildstile* Ihrer Kamera sind Sie dabei.

▼ Links: Ergebnis mit dem Bildstil Auto. Rechts: Kräftige und etwas wärmere Farben mit dem, wie nachfolgend gezeigt, individuell angepassten Bildstil *Landschaft*.

Die Bildstile der EOS 1200D beeinflussen die Bildwirkung durch vorgegebene Werte für die *Schärfe*, den *Kontrast*, die *Farbsättigung* und den *Farbton*, und im Falle einer monochromatischen Darstellung mit den Eigenschaften *Filtereffekt* und *Tonungseffekt*. Diese Bildeigenschaften wirken sich auf JPEG-Fotos direkt aus und können bei RAW-Bildern nachträglich angewendet werden. Um einen bestimmten Bildstil zu verwenden, stellen Sie eines

Kapitel 6 Farbgestaltung mit Weißabgleich und Bildstil **169**

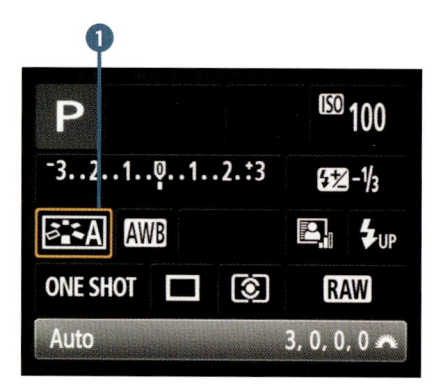

▲ Schnellauswahl einer Bildstilvorgabe.

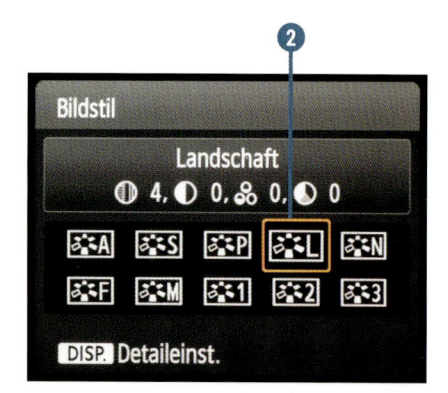

▲ Oben: Menü-Übersicht der Bildstile. Unten: Bildstil *Landschaft* mit geänderten Werten bei Schärfe, Kontrast und Farbsättigung.

der Kreativ-Programme *P*, *Tv*, *Av* oder *M* oder den Modus *Movie-Aufnahme* ein und rufen das Schnellmenü [Q] auf. Dort können Sie die Auswahlfläche für den *Bildstil* ❶ ansteuern und den Eintrag direkt mit dem Hauptwahlrad ändern.

Wenn Sie die einzelnen Parameter, die sich hinter jedem Bildstil verbergen, anpassen möchten, so wie wir es bei dem rechten Bild auf Seite 169 getan haben, drücken Sie nach Auswahl des Bildstils die *SET*-Taste. Ausgehend von der Menüansicht mit dem aktuell gewählten Bildstil ❷ können Sie nun mit der *DISP.*-Taste die Bildeigenschaften aufrufen. Navigieren Sie zur gewünschten Option, z. B. dem *Farbton* ❸, und drücken Sie *SET*. Stellen Sie den Wert wie gewünscht ein und bestätigen Sie dies mit der *SET*-Taste. Sind alle Detaileinstellungen erledigt, können Sie den Auslöser antippen, um das Menü zu verlassen, und das Bild mit Ihrem individuellen Bildstil aufnehmen. Im Folgenden finden Sie Kurzbeschreibungen zu den Eigenschaften der verschiedenen Bildstile:

- *Auto*: Farbe, Kontrast und Schärfe werden an die von der EOS 1200D erkannte Motivart angepasst, sodass die Darstellung bei einem Landschaftsmotiv in etwa dem Bildstil *Landschaft* entspricht und die eines Porträts dem Bildstil *Porträt*.

- *Standard*: Recht kräftige Farben und eine gute Schärfe sorgen bei einem Großteil der Motive für eine ausgewogene Darstellung, daher als Standardeinstellung absolut zu empfehlen.

- *Porträt*: Speziell auf Hauttöne abgestimmte Farbgebung und verringerte Schärfe, um Nahaufnahmen von Gesichtern optimal in Szene zu setzen. Über die Anpassung des *Farbtons* können Sie die Hautfarbe anpassen oder z. B. leichte Rötungen abmildern. Mit nach links verschobenem Regler werden die Rottöne verstärkt, nach rechts verschoben erscheint die Haut gelblicher.

- *Landschaft* : Intensiviert die natürlichen Blau- und Grüntöne. Die Bilder wirken wie früher die Dias mit kräftigen Farben (zum Beispiel Landschaften, Blüten). Aber Achtung: An sich kräftige Motivfarben können dadurch auch zu bunt werden, und die Schärfung ist bei kontrastreichen Motivkanten manchmal zu stark. Passen Sie den Bildstil dann entsprechend an.

- *Neutral* : Neutrale, natürlich wirkende Farbgebung kann zum Beispiel gut als Basis genutzt werden, wenn Bilder oder Filme am Computer weiter optimiert werden sollen.

- *Natürlich* : Gedeckte Farbtöne, die aber etwas intensiver sind als beim Bildstil *Neutral*. Dafür erscheint das Bild matter. Der Stil eignet sich ebenfalls für Bilder, die am PC weiterverarbeitet werden sollen, und insbesondere für Aufnahmen, die mit Weißabgleichwerten unter 5200 K aufgenommen wurden wie z. B. der Vorgabe *Leuchtstoff* oder *Kunstlicht*.

- *Monochrom* : Schwarz-Weiß-Darstellung, die mit *Filtereffekten* (Gelb, Orange, Rot, Grün) und *Tonungseffekten* (Sepia, Blau, Violett, Grün) verschiedentlich aufgepeppt werden kann. Die Filtereffekte wirken wie die Farbfilter aus der analogen Fotografie und können z. B. weiße Wolken plastischer herausarbeiten. Die Tonungseffekte färben das gesamte Schwarz-Weiß-Bild ein.

- *Eigener Stil* : Es gibt drei freie Plätze für eigene Bildstile (*Anw. Def. 1-3*). Um den Stil zu ändern, wählen Sie einen der Speicherplätze ❶ aus und gehen dann mit der *DISP.*-Taste zu *Detaileinst.*. Darin wählen Sie zuerst einen Grundstil aus, z. B. *Monochrom* ❷. Danach können Sie die zugehörigen Bildeigenschaften anpassen ❸. Bei der späteren Auswahl des eigenen Bildstils ❹ werden die von Ihnen abgeänderten Werte farblich hervorgehoben ❺.

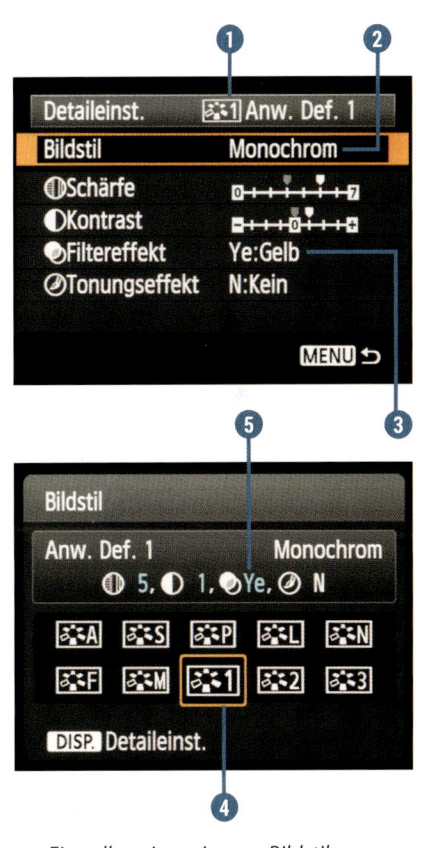

▲ *Einstellen eines eigenen Bildstils.*

Kapitel 6   Farbgestaltung mit Weißabgleich und Bildstil   **171**

Basic+: Farbgestaltung mit Umgebungseffekten

Auch in den Motiv-Programmen der EOS 1200D kann die Farbgebung Ihrer Fotografie in gewissem Umfang selbst bestimmt werden. Hierzu hält die Kamera eine Palette sogenannter *Umgebungseffekte* (Basic+) bereit.

Damit können Sie das Foto hinsichtlich Farbe und Kontrast oder Helligkeit bereits vor dem Auslösen nach Ihren eigenen Vorstellungen gestalten.

Bestimmen Sie selbst, ob eine Landschaft in neutralen Farben, monochrom oder mit erhöhter Farbsättigung dargestellt werden soll, oder ob ein Porträt etwas weichgezeichnet wird.

▼ *Vergleich der Umgebungseffekte.*
(1/250 s | f7,1 | ISO 100 | 120 mm | Stativ

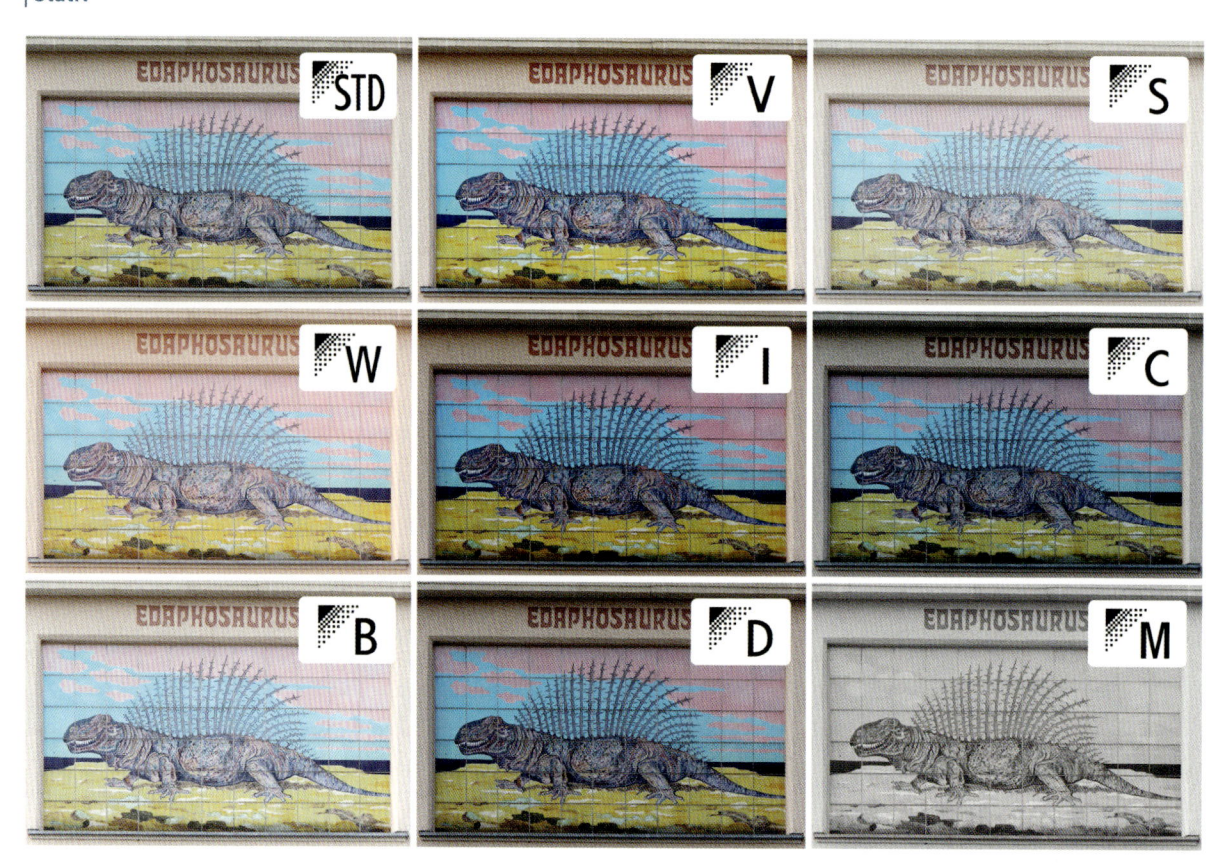

Um den Umgebungseffekt zu justieren, wählen Sie die *Kreativ-Automatik* CA oder einen der *Normalprogramm-Modi* aus. Aktivieren Sie das Livebild und drücken Sie anschließend die Taste Q. Navigieren Sie zur Auswahlfläche für die Umgebungseffekte ❶, die sich nun flink mit dem *Hauptwahlrad* einstellen lassen.

◀ Auswahl eines Umgebungseffekt im Livebild-Modus.

Erscheint unter dem gewählten Effekt eine weitere Schaltfläche ❷, können Sie nach unten auf diese navigieren und entweder die Stärke des Effekts anpassen oder Filtereffekte auswählen. Tippen Sie am Ende einfach den Auslöser an und nehmen Sie das Bild auf. Die Einstellungen werden automatisch übernommen.

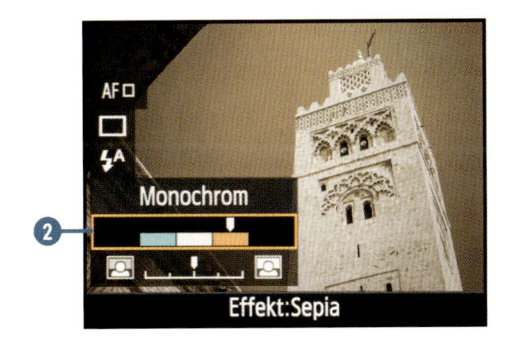

◀ Die Anpassungen ❷ haben so lange Bestand, bis Sie einen anderen Aufnahmemodus wählen oder die 1200D ausschalten.

Für welche Motive sich die Basic+-Effekte besonders gut eignen, können Sie der folgenden Auflistung entnehmen:

- *Standard* STD: Die Bearbeitung wird auf den Aufnahmemodus abgestimmt. So werden Bilder im Modus *Land-*

Kapitel 6 Farbgestaltung mit Weißabgleich und Bildstil 173 *schaft* 🏔 farbintensiver wiedergegeben oder im Modus *Porträt* 👤 weicher und mit auf die Haut abgestimmter Farbgebung entwickelt. Die Einstellung ist vom Schnappschuss über Porträts bis zur Nachtaufnahme für alle Motive geeignet.

- *Lebendig* V: Erzeugt hohe Schärfe, hohen Kontrast und mehr Farbsättigung. Achten Sie darauf, dass bei intensiv gefärbten Motiven keine Übersättigung der Farben auftritt. Geeignet für Landschaften, Herbstbilder, Architekturaufnahmen mit blauem Himmel oder Sonnenauf-/-untergänge.

- *Weich* S: Durch das Aufhellen der Schatten und eine verringerte Sättigung entsteht eine weiche Bildwirkung, die sich z. B. für Porträts, Blüten, Hochzeitsringe und andere romantische Motive eignet.

- *Warm* W: Die Wirkung ähnelt der Vorgabe *Lebendig*, setzt aber für eine insgesamt weichere Wirkung auf weniger Sättigung, hellere Schatten und weniger Schärfe. Warme Farben werden besonders betont, daher gut geeignet für romantische Sonnenauf-/-untergänge oder Porträts von Tier und Mensch, die in warmen Tönen erscheinen sollen.

- *Kräftig* I: Ähnlich wie *Lebendig*, aber leicht abgedunkelt, sodass die Hauptmotive dem Betrachter stärker ins Auge fallen. Gut geeignet für mit Blitz oder Sonne leicht aufgehellte Porträts vor einem dunkleren Hintergrund oder helle Blüten vor einem dunkelgrünen Naturhintergrund. Aber Achtung: dunkle Bereiche können zeichnungslos werden.

- *Kalt* C: Ähnlich wie *Kräftig*, aber mit etwas weniger Kontrast und Betonung kühler Farbtöne und daher gut geeignet für Motive im Schatten und Nachtaufnahmen.

- *Heller* B: Die Wirkung ist ähnlich wie *Standard*, aber mit erhöhter Bildhelligkeit. Daher ist dieser Stil gut ein-

---

✓ **Parallel Bilder ohne Effekt speichern**

Wenn Sie für die Aufnahmen die Bildqualität RAW verwenden, haben Sie stets eine Version ohne Umgebungseffekt in petto, denn die RAW-Aufnahmen werden pur, ganz ohne jegliche Effekte gespeichert. Mit dem RAW-Konverter können Sie sie verlustfrei in die Richtung entwickeln, die Ihnen am meisten zusagt.

setzbar bei an sich schon hellen Motiven, die frisch und strahlend wirken sollen.

- *Dunkler* D: Die Bildhelligkeit wird gesenkt. Dunkle Motive, die bei *Standard* leicht überbelichtet würden, können damit besser aussehen.
- *Monochrom* M: Bei der monochromen Bilddarstellung kann zwischen reinem Schwarz-Weiß sowie einer Blau- oder Sepiatönung gewählt werden. Architektur, strukturreiche oder geometrische Formen, Porträts von Tieren und Menschen, Landschaften mit interessanter Wolkenstruktur sind geeignete Motive.

6.6 Die Wahl des geeigneten Farbraums

Ist es Ihnen auch schon einmal passiert, dass die Farben beim Ausdruck des Bildes auf dem eigenen Drucker oder die Bilder, die vom Ausbelichter gekommen sind, irgendwie flau und blass wirken?

Wenn ja, dann kann das an einer falschen Einstellung oder einer vergessenen Anpassung des Farbraums gelegen haben.

▼ *Links: Das farbkräftige Original im Farbraum Adobe RGB der Fliesenornamente. Rechts wurde die Konvertierung vom Adobe RGB- in den sRGB-Farbraum vergessen, sodass die Farben ungewollt flau aussehen. Hätte das Original im sRGB-Farbraum vorgelegen, wäre dies nicht passiert.*
Links: 1/60 s | f6,3 | ISO 1600 | 32 mm| +⅓ EV

Der Farbraum definiert alle Farbtöne, die theoretisch in einem Bild vorkommen können, auch wenn nicht alle Farben in Ihrem Foto enthalten sind. Jede Farbe wird hierbei durch bestimmte Werte der drei Grundfarben **R**ot, **G**rün und **B**lau definiert. Diese Werte nutzen Bildschirme und Drucker, um die Farben korrekt darzustellen. Ihre EOS 1200D bietet nun die Möglichkeit, zwischen zwei Farbräumen auszuwählen, *sRGB* und *Adobe RGB*. Zu finden ist diese Funktion im Menü *Aufnahme 2* bei *Farbraum*, jedoch nur im Fall der Kreativ-Programme *P*, *Tv*, *Av* und *M*.

▲ *Einstellen des Farbraums im Menü Aufnahme 2.*

Worin liegt aber der Unterschied und welcher Farbraum ist am besten geeignet? Zunächst einmal unterscheiden sich die beiden Farbräume schlichtweg in der Anzahl der maximal darstellbaren Farben. In der Grafik unten ist zu sehen, dass die Farbenvielfalt von sRGB kleiner ist als die von Adobe RGB, vor allem im grünen Farbsegment. Adobe RGB besitzt somit mehr farbliche Reserven und eignet sich daher vorwiegend für Bilder, die aufwendig nachbearbeitet werden und später in höchstmöglicher Qualität mit entsprechend auf das Farbprofil eingestellten Druckern ausgegeben werden sollen.

Für die Darstellung am PC, im Internet und den direkten Ausdruck auf dem eigenen Drucker reicht hingegen sRGB meist völlig aus. Auch wenn Sie mit Software arbeiten, die kein Farbmanagement unterstützt, ist sRGB der besser geeignete Farbraum, weil er einfach eine höhere Verbreitung aufweist. Beim Verschicken der Fotos zu externen Ausbelichtern sollten Sie in den meisten Fällen ebenfalls den sRGB-Standard verwenden.

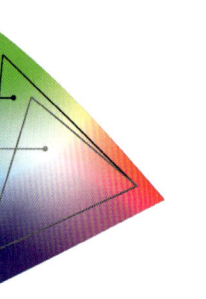

▲ *Die Farbräume Adobe RGB und sRGB.*

Jedem, der sich nicht unbedingt in die Tiefen des professionellen Farbmanagements begeben möchte, sei geraten, den voreingestellten Farbraum sRGB einfach beizubehalten. Dann kann es auch nicht passieren, dass die Farben ungewollt flau wirken, weil bei der Bildbearbeitung notwendige Konvertierungsschritte vergessen wurden.

1/200 s | f7,1 | ISO 100 | 50 mm | +⅓ EV
Stimmt der Farbraum, brauchen Sie sich um flaue Farben keine Sorgen zu machen.

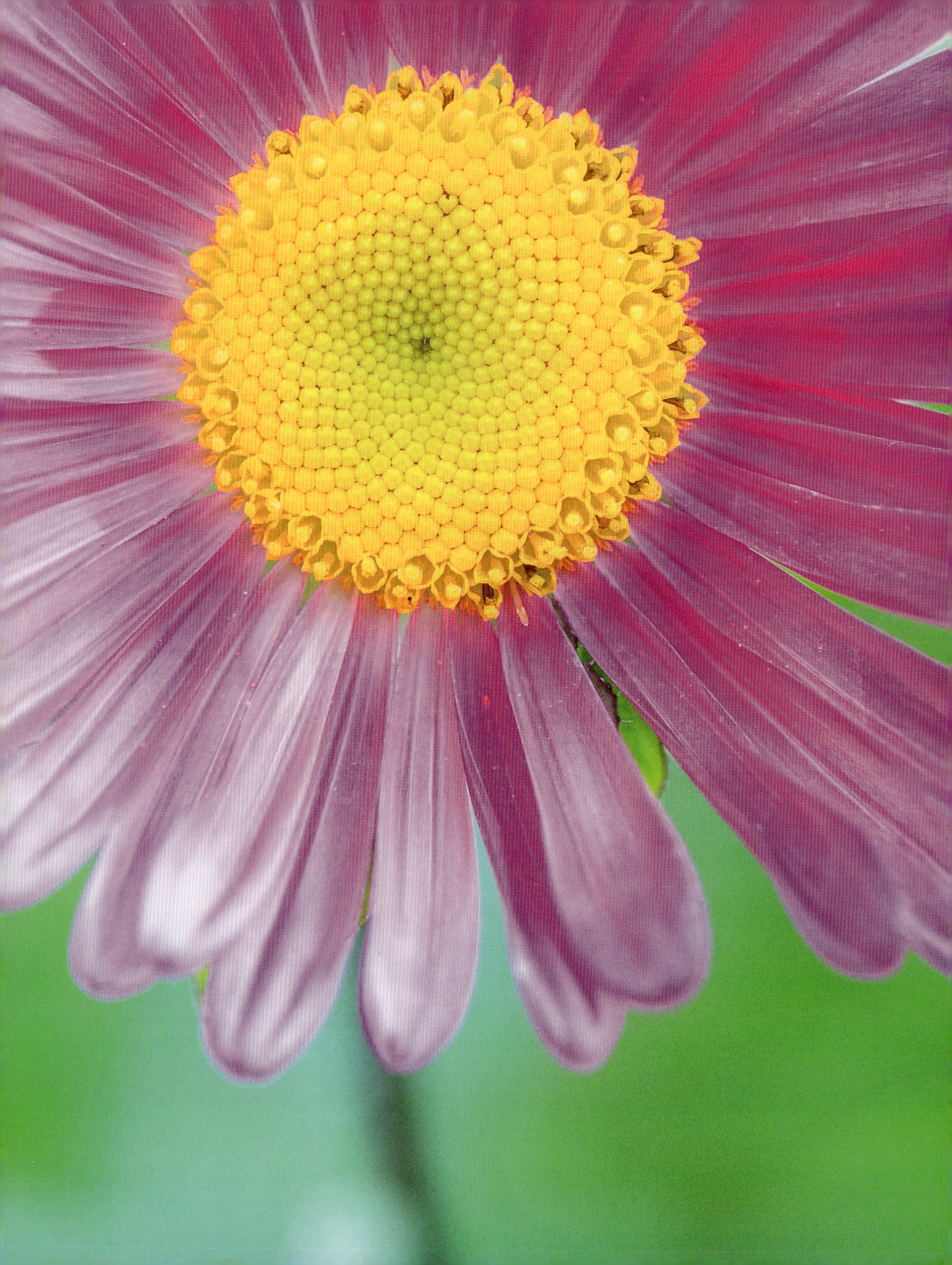

Gekonnt Blitzen ist keine Zauberei

Nicht immer reicht das vorhandene Licht aus, um ein Motiv perfekt auszuleuchten. Dann schlägt die Stunde des Blitzlichts. Egal, ob es der kcamerainterne Blitz ist oder ein aufgesteckter Systemblitz, der Spielraum für den kreativen Einsatz dieses Zusatzlichts ist höher, als vielleicht zunächst gedacht. Erfahren Sie in diesem Kapitel alles über die umfangreichen Blitzoptionen Ihrer EOS 1200D und fügen Sie den Blitz mal harmonisch, mal dominant in Ihre Bilderwelten ein. Flexibilität pur herrscht also auch im Blitzbereich!

7.1 Der Kamerablitz: Immer dabei und schnell einsatzbereit

Ihre EOS 1200D besitzt einen fest eingebauten Blitz, der ausklappbar oberhalb des Objektivs positioniert ist. Das Angenehme daran ist seine ständige Verfügbarkeit, egal, wo Sie sich gerade befinden.

Aufgrund der festgelegten Position und der Tatsache, dass es keine Dreh- und Schwenkmöglichkeiten gibt, können Sie Ihre Motive aber nur frontal anblitzen.

Das Motiv sollte überdies nicht zu weit entfernt sein, denn mit einer Leitzahl von circa 9 ist der interne Blitz nicht der allerkräftigste. Trotzdem ist es damit möglich, kreative Blitzaufnahmen zu gestalten, wie die folgenden Abschnitte zeigen.

1/200 s | f8 | ISO200 | 128 mm | +1 EV
▲ Ohne Blitz sind die Blüten und Blätter zu dunkel geraten.

▼ Man sieht es dem Bild nicht an, aber der interne Blitz der 1200D hat die Johannisblüten angenehm aufgehellt.
1/200 s | f8 | ISO125 | 128 mm | +1 EV

Wann sich der Blitz automatisch zuschaltet

Am einfachsten können Sie den Blitz in den Modi *Automatische Motiverkennung*, *Kreativ-Automatik*, *Porträt*, *Nahaufnahme* und *Nachtporträt* einsetzen, denn die EOS 1200D regelt das Zusammenspiel aus Blitz- und Umgebungslicht in diesen Programmen ganz eigenständig. Wann die 1200D den Blitz zuschaltet, hängt von der Helligkeit der Szene ab. Die Kamera aktiviert beispielsweise immer dann den Blitz, wenn Verwacklungen oder zu dunkle Schattenbereiche entstehen könnten. Die Zeitschwelle hierfür liegt etwa bei 1/60 s und beim *Nachtporträt* bei 1 s.

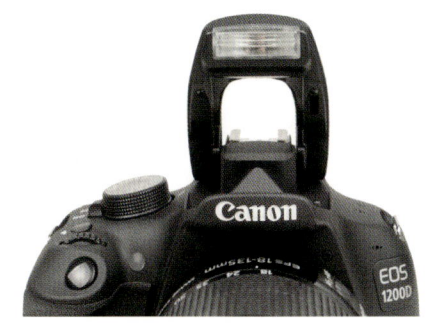

▲ *Der Blitz klappt automatisch aus dem Gehäuse, wenn der Auslöser bis zum ersten Druckpunkt heruntergedrückt wird.*

Auch bei hohen Kontrasten kann sich das Blitzgerät automatisch aktivieren. In diesem Fall geht die 1200D von einer Gegenlichtsituation aus und „denkt", sie müsse die Schatten aufhellen. Das ist in vielen Fällen auch richtig und führt zu besseren Bildern. Allerdings führt die automatische Blitzaktivierung nicht immer zum besten Resultat. Daher schauen Sie sich auf jeden Fall auch die Steuerungsoptionen in den Modi *P*, *Tv*, *Av* und *M* an, um für jede Situation eine passende Blitzstrategie parat zu haben.

Den Blitz in den Kreativ-Programmen einsetzen

Um den internen Blitz in den Programmen *P*, *Tv*, *Av* und *M* nutzen zu können, tippen Sie den Auslöser an, damit die 1200D die Belichtungsmessung aktiviert, und drücken dann die *Blitztaste*. Sogleich klappt der interne Blitz einsatzbereit aus dem Gehäuse.

▲ *Ausklappen des Blitzgeräts über die Blitztaste.*

Alternativ können Sie den Blitz auch über das Menü *Schnelleinstellung* aktivieren. Dazu steuern Sie die Schaltfläche *Internen Blitz ausfahren* an und drücken die *SET*-Taste. Das ist vor allem dann angesagt, wenn Sie die *Blitztaste* mit der Funktion *ISO-Empfindlichkeit* belegt haben (Menü *Einstellung 3*/*Individualfunktionen (C.Fn)*/*Funktion Blitztaste*).

▲ *Internen Blitz ausfahren über das Schnelleinstellungsmenü.*

1/200 s | f5,6 | ISO 400 | 200 mm

▲ Um den Frischeeindruck ein wenig zu steigern, haben wir im Modus **Av** den internen Blitz zur Aufhellung der Oliven eingesetzt

✓ Reichweite des internen Blitzgeräts

Für den besseren Überblick haben wir Ihnen in der Tabelle die Reichweite des internen Blitzgeräts (Leitzahl ca. 9,2 bei ISO 100) einmal aufgelistet. Generell gilt: Die Reichweite des Blitzlichts nimmt mit steigendem Blendenwert ab und mit steigender ISO-Zahl wieder zu. Daher ist es beim Blitzen häufig sinnvoll, geringe Blendenwerte zu verwenden und mit ISO 200 bis 800 zu fotografieren.

	ISO 100	ISO 200	ISO 400	ISO 800	ISO 1600
f2,8	3,3	4,6	6,6	9,3	13,1
f3,5	2,6	3,7	5,3	7,4	10,5
f5,6	1,6	2,3	3,3	4,6	6,6
f8	1,2	1,6	2,3	3,3	4,6
f11	0,8	1,2	1,7	2,4	3,3

▲ Reichweite des internen Blitzes der Canon EOS 1200D in Metern in Abhängigkeit von der Blenden- und ISO-Einstellung. Der Abstand zwischen Blitz und Objekt sollte 1 m nicht unterschreiten, da sonst eine ungleichmäßige Ausleuchtung auftritt.

7.2 Mehr Flexibilität mit Systemblitzgeräten

Neben dem integrierten Blitz können über den Zubehörschuh auch externe Blitzgeräte an der EOS 1200D angeschlossen werden. Damit erweitert sich der kreative und qualitative Spielraum enorm.

Das Schöne daran ist, dass Sie das Licht nun auch lenken und streuen können, denn die meisten externen Systemblitze sind schwenkbar und teilweise auch drehbar.

Für eine gleichmäßigere Ausleuchtung von Gegenständen, Personen oder kleineren Räumen empfiehlt es sich, den Blitzkopf nach oben in Richtung Decke zu richten. Das Licht wird dann reflektiert und gleichmäßiger über die gesamte Bildfläche verteilt. Durch das indirekte Blitzen wird die Ausleuchtung homogener, die Schattenränder verlaufen weicher und die meisten störenden Reflexionen verschwinden wie von Geisterhand.

Alternativ können Sie auch eine Styroporplatte als Reflexionsfläche verwenden und diese zum Beispiel links oder

▲ *Mit einem dreh- und schwenkbaren Blitzkopf können Sie das Blitzlicht in verschiedene Richtungen lenken.*

▼ *Der direkte Blitz erzeugte hier zu starke Reflexionen und eine ungleichmäßige Ausleuchtung.*

1/40 s | f8 | ISO 800 | 100 mm

1/40 s | f8 | ISO 800 | 100 mm

◄ *Der Blitzkopf zeigte nach oben, sodass das Licht weich über die Terrariendecke auf den Python gestreut wurde.*

Kapitel 7 Gekonnt Blitzen ist keine Zauberei 183

> **Blitzen in den Modi Landschaft und Sport**
>
> In einigen Programmen (🚫, 🏔 und 🏃) ist der integrierte Blitz deaktiviert. Dies wird auch bei Anbringung und Einschalten eines externen Gerätes im Modus *Automatik (Blitz aus)* 🚫 so beibehalten. Anders verhält es sich bei den Programmen *Landschaft* 🏔 und *Sport* 🏃. Mit eingeschaltetem Systemblitz können Sie nun auch in diesen Modi für eine Blitzaufhellung sorgen.

rechts von Ihrem Motiv positionieren, um das Licht indirekt von der Seite kommen zu lassen. Die Schatten treten dann auf der dem Blitz abgewandten Seite in Erscheinung. Auf diese Weise können Sie mit Licht und Schatten sehr flexibel experimentieren.

Kompatible Systemblitzgeräte für Ihre EOS 1200D

Der Blitzgerätemarkt hat heutzutage einiges zu bieten. Von kleineren und im Funktionsumfang etwas eingeschränkteren Geräten bis hin zu Profi-Systemblitzen mit hoher Leistung und umfangreicher Ausstattung können Sie Ihre 1200D auf vielfältige Art und Weise mit einem externen Blitz aufwerten.

Im Folgenden finden Sie als Anhaltspunkte einige interessante Geräte aus jedem Leistungsbereich. Am besten gehen Sie jedoch einfach mal zum Fachhändler Ihres Vertrauens und stecken einen kleinen und einen großen Blitz an die 1200D, um das Gewicht und die Dimensionen der Konstruktion selbst zu erfahren. Welches Gerät es dann wird, können Sie ganz nach Leistung, Ausstattung und Preis entscheiden.

Canon Speedlite 270EX II

Klein, aber fein, so könnte man das Speedlite 270EX II beschreiben. Der kompakteste und leichteste Blitz im Canon-Sortiment mit der Leitzahl 27 spendet in vielen Situationen ein hilfreiches Zusatzlicht, das sich aufgrund des neigbaren Reflektors sogar indirekt über die Decke leiten lässt.

Selbst kleinere Räume lassen sich so ausleuchten und mit der *Hi-Speed-Synchronisation* können Sie auch mit Belichtungszeiten kürzer als 1/200 s fotografieren Aber in puncto Größe und Gewicht (circa 155 g) ist er fast unschlagbar – ein praktischer Reisebegleiter also.

> **Die Leitzahl**
>
> Die Leistung eines Blitzgerätes wird durch die Leitzahl ausgedrückt. Je höher der Wert ist, desto stärker ist die Lichtmenge, die der Blitz auszusenden vermag und damit auch die maximal mögliche Reichweite.

◄ *Canon Speedlite 270EX II in Standardposition (links) und mit nach oben geklapptem Blitzkopf für das indirekte Blitzen (rechts).*

Canon Speedlite 320EX

Dieser immer noch recht kompakte Blitz mit einer Leitzahl von 32 hat es in sich. Durch den dreh- und neigbaren Reflektor lässt sich das Licht in jede beliebige Richtung lenken. Überdies kann der 320EX drahtlos von einem Canon-Transmitter angesteuert werden. Hinzu kommt die Möglichkeit, mit der Hi-Speed-Synchronisation fotografieren zu können. Zudem gibt es eine Videoleuchte, mit der auch beim Filmen mit Zusatzlicht aus der Kamera gearbeitet werden kann. Das LED-Licht ist jedoch recht schwach und reicht für eine Aufhellung bei starkem Gegenlicht nicht aus. Aufgrund der guten Lichtleistung und Flexibilität des Blitzes sowie der übersichtlichen Bedienung ist das etwa 360 g leichte Gerät auf jeden Fall sehr empfehlenswert.

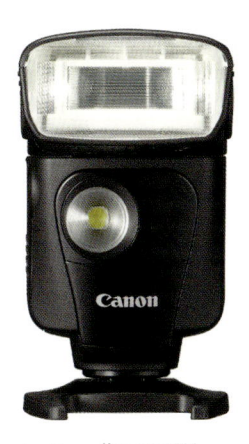

▲ *Speedlite 320EX (Bild: Canon).*

Canon Speedlite 430EX II

Das etwa 320 g leichte Speedlite 430EX II ist zwar etwas größer, zählt aber immer noch zu den leichteren Modellen. Aufgrund des Zoomreflektors passt sich die Lichtintensität der eingestellten Objektivbrennweite an, sodass die Blitzleistung optimal ausgenutzt wird und höhere Reichweiten möglich sind. Mit der ausklappbaren Streuscheibe können zudem Weitwinkelperspektiven und Makromotive bes-

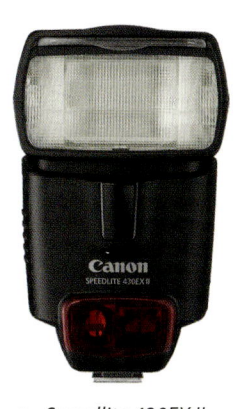

▲ *Speedlite 430EX II (Bild: Canon).*

ser ausgeleuchtet werden. Die Hi-Speed-Synchronisation ist nutzbar, sodass auch mit Belichtungszeiten kürzer als 1/200 s fotografiert werden kann. Das Gerät ist zwar selbst nicht masterfähig, kann also keine anderen Blitze fernsteuern, aber als zuverlässiger und robuster Remote-Blitz erfreut er sich flächendeckender Beliebtheit.

Canon Speedlite 600EX/600EX-RT

Zweifellos sind der 600EX und der 600EX-RT die vielseitigsten und leistungsstärksten Geräte des Canon-Blitzsystems. Beide haben eine sehr hohe Leistung, können als Master- oder Remote-Blitz fungieren und besitzen alle Funktionen, die man von einem professionellen Systemblitz erwarten würde.

Bei dem 600EX-RT kommt noch hinzu, dass er in der Lage ist, andere 600EX-RT-Blitzgeräte aus bis zu 25 bis 30 m Entfernung per Funk auszulösen. Die anderen masterfähigen Canon-Blitze (580EX, 580EX II, 600EX) nutzen hierfür Infrarotsignale, die quasi nur auf Sicht arbeiten. Die TTL-Funktechnik erhöht nicht nur die Fernauslösereichweite, auch ist ein direkter Sichtkontakt zwischen den Geräten nicht notwendig. Damit ist die Flexibilität und Zuverlässigkeit der kabellosen Steuerung verbessert. Allerdings wird dann auch ein Funkauslöser auf der Kamera benötigt, also z. B. ein weiteres 600EX-RT-Gerät oder der Transmitter ST-E3-RT. Für alle, die viel Leistung gepaart mit einer umfangreichen Ausstattung anstreben, sind die etwa 425 g schweren 600er-Blitzgeräte auf jeden Fall zu empfehlen.

▲ *Speedlite 600EX-RT (Bild: Canon).*

Metz mecablitz 52 AF-1 digital für Canon

Hinsichtlich Größe und Gewicht (circa 346 g) lässt sich der Metz mecablitz 52 AF-1 am ehesten mit dem Speedlite 430EX II vergleichen. Er beherrscht die Hi-Speed-Synchronisation, die bei Metz mit dem Kürzel HSS gekennzeichnet ist. Der Blitz ist zudem mit dem Canon-E-TTL-Remote-Betrieb kompatibel. Allerdings fehlt dem 52 AF-1 die Master-Funk-

▲ *Mecablitz 52 AF-1 digital (Bild: Metz).*

tion, er lässt sich nur als Remote-Blitz verwenden. Wobei er zusätzlich auch über den integrierten Kamerablitz der 1200D gezündet werden kann (Servo-Betrieb). Zudem besitzt der 52 AF-1 etwas mehr Leistung, die sich in kritischen Situationen schon mal bezahlt machen kann, und last but not least eine praktische Bedienung mittels Touchscreen. Prädikat: viel Leistung zum guten Preis.

Sigma EF-610 DG Super

Sehr viel Leistung zu einem günstigen Preis wird einem mit dem Sigma EF-610 DG Super geboten. Dieser Blitz bietet alle wichtigen Blitzfunktionen wie Stroboskopblitzen, Hi-Speed-Synchronisation und die drahtlose Blitzsteuerung.

Bei Letzterer gibt es drei Möglichkeiten: 1. Der DG Super triggert als Master einen zweiten DG-Super-Blitz. 2. Der DG Super wird mithilfe eines anderen Aufsteckblitzes ausgelöst. 3. Der DG Super wird über den integrierten Kamerablitz ausgelöst.

Bei 2. und 3. muss die Blitzleistung allerdings manuell justiert werden. Als günstige Alternative mit viel Power hat der circa 440 g schwere EF-610 DG Super also einiges zu bieten.

▲ *Sigma EF-610 DG Super (Bild: Sigma).*

✓ Die E-TTL-Blitzsteuerung

Die *E-TTL*-Blitzsteuerung Ihrer EOS 1200D sorgt für eine möglichst gelungene Mischung aus vorhandenem Umgebungslicht und zugeschaltetem Blitzlicht. Dabei misst die 1200D bei halb gedrücktem Auslöser zunächst das Umgebungslicht. Wird der Auslöser durchgedrückt, erfolgt eine zweite Messung, mit der das Blitzlicht auf das gemessene Umgebungslicht abgestimmt wird. Bei den Messungen wird das Licht erfasst, das durch das Objektiv auf den Sensor trifft, daher die Bezeichnung *TTL = through the lens*. Das Canon spezifische *E* steht für *Evaluative* und verdeutlicht, dass die Kontrast- und Helligkeitsbeschaffenheit der Szene mit einberechnet werden. Die Zahl „II" verdeutlicht das aktuelle Messverfahren mit integrierter Entfernungsmessung, was jedoch nur bei Canon Objektiven zum Einsatz kommt, die Abstandsinformationen an die Kamera senden.

7.3 Kreative Blitzsteuerung mit P, Tv, Av und M

Mit den Aufnahmemodi *P*, *Tv*, *Av* und *M* können Sie die Blitzdosis gezielt steuern und so für eine gelungene Mischung aus vorhandener Lichtquelle und Blitzlicht sorgen. Dabei ist es vom Prinzip her egal, ob der interne oder der externe Blitz zum Einsatz kommt.

Blitzen mit der Programmautomatik

Die *Programmautomatik* (*P*) agiert bei eingeschaltetem Blitz wie die *Automatische Motiverkennung* [A⁺]. Sprich, die Belichtungszeit steht bei wenig Licht auf 1/60 s fest und verringert sich mit zunehmender Umgebungshelligkeit auf bis zu 1/200 s. Längere Belichtungszeiten als 1/60 s und das Variieren der Blende sind nicht möglich. Im Unterschied zu [A⁺] können Sie jedoch eine (Blitz-)Belichtungskorrektur durchführen und den ISO-Wert und viele andere Parameter (Weißabgleich, Belichtungsmessmethode etc.) selbst

▼ *Spontaner Schnappschuss mit Blitzaufhellung im Modus P.*
1/60 s | f5 | ISO 400 | 75 mm

bestimmen. Dennoch ist der Spielraum eingeschränkter. Daher empfehlen wir Ihnen für einen wirklich kreativen Umgang mit dem Blitz die Modi *Tv*, *Av* und *M*.

Kreativ blitzen mit Av

Mit der *Verschlusszeitenautomatik* (*Av*) haben Sie die Gestaltung der Schärfentiefe voll im Griff. Und das ist praktischerweise mit eingeschaltetem Blitz auch so. Setzen Sie Ihr Motiv also nach Lust und Laune mal vor einem diffusen Hintergrund in Szene oder lassen Sie mehr Schärfentiefe im Bild zu, wie wir es exemplarisch bei den beiden Aufnahmen der Mohnblüte getan haben.

Links: (1/160 s | f4 | ISO 100 | 100 mm
Rechts: (1/40 s | f11 | ISO 200 | 100 mm

◀ *Links: Blitzaufhellung mit geringer Schärfentiefe. Rechts: Vergleichbare Bildhelligkeit, aber mit erhöhter Schärfentiefe.*

Wichtig zu wissen ist: *Av* sorgt immer dafür, dass die vorhandene Beleuchtung auch ohne Blitz schon zu richtig belichteten Fotos führt. Das Blitzlicht wird somit nur zur Schattenaufhellung hinzugefügt. Das bedeutet aber auch, dass bei wenig Licht mit einer langen Belichtungszeit zu rechnen ist, die in Dunkelheit bis auf 30 s ansteigen kann. Dafür ist die Ausleuchtung aber generell sehr gut auf den Hintergrund abgestimmt und das Foto sieht nicht blitzlastig aus. Der

Vorsicht vor Überbelichtung

Wenn der Blitz aktiv ist und die Belichtungszeit bei 1/200 s steht und blinkt, deutet dies auf eine Überbelichtung hin. Setzen Sie in dem Fall den ISO-Wert herab und erhöhen Sie Eventuell auch den Blendenwert. Auch können Sie einen lichtschluckenden Graufilter anbringen oder mit der *Hi-Speed-Synchronisation* blitzen, wenn Sie einen dafür geeigneten Systemblitz an der EOS 1200D angebracht haben (siehe auch Seite 198 in diesem Kapitel). Wenn das alles nicht hilft, ist die Szene zu hell und besser ohne Blitz zu bewältigen.

▲ *Die Szene war zu hell für die normale Blitzsteuerung.*

Modus *Nachtporträt* arbeitet bei wenig Licht übrigens ähnlich wie *Av*, nur dass Sie keinen Einfluss auf den ISO-Wert haben und dieser stark ansteigen kann, dafür bleibt die Belichtungszeit kürzer. Denken Sie in dunkler Umgebung und wenn Sie den Hintergrund möglichst hell abbilden möchten, auch an diese Option.

Wenn es darum geht, mit *Av* bei schlechten Lichtverhältnissen verwacklungsfrei zu fotografieren, hat Ihre 1200D noch einen Trumpf in petto. Denn Sie können *Av* zur Anwendung kurzer Belichtungszeiten zwingen. Zu finden ist diese Option im Menü *Einstellung 3* bei den *Individualfunktionen (C.Fn)* unter der Rubrik *Blitzsynchronzeit bei Av*.

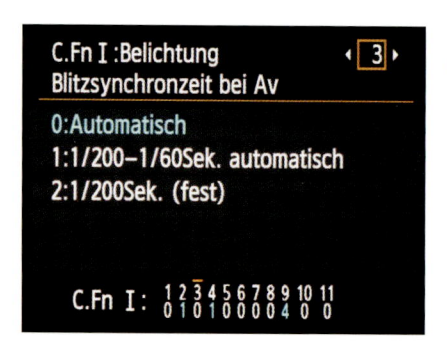

◀ *Festlegen der Belichtungszeit für das Blitzen im Modus Av.*

Mit der Einstellung *1/200-1/60Sek. automatisch* liegt die längste Belichtungszeit bei 1/60 s und die kürzeste bei 1/200 s. Das kann sinnvoll sein, wenn Sie beispielsweise Personen im Innenraum fotografieren möchten. Scheint gerade die Sonne in den Raum, verkürzt die 1200D die Belichtungszeit bis aufs Maximum. Zieht eine Wolke durch, verlängert sich die Belichtungszeit, aber eben nur bis auf 1/60 s. Auf wechselnde Lichtverhältnisse müssen Sie daher weniger achten, die Bilder sollten stets richtig belichtet und verwacklungsfrei sein, sowohl die der Bewegungen der fotografierten Personen als auch Ihre eigenen. Allerdings kann der Hintergrund etwas zu dunkel werden, wenn die Umgebungshelligkeit für 1/60 s nicht mehr ausreicht. Aktivieren Sie daher auf jeden Fall die ISO-Automatik, die mit aktivem Blitz bis ISO 800 ansteigt.

1/80 s | f5,6 | ISO 200 | 28 mm

◄ Um die im Waldboden wühlenden Wildschweine ohne Bewegungsspuren und ordentlich hell abzubilden, kam die Einstellung *1/200-1/60Sek. automatisch* sehr gelegen.

> ### ✓ Im Hochformat auf die Blitzrichtung achten
>
> Wenn Sie mit dem internen oder externen Blitz im Hochformat fotografieren, achten Sie auf die Blitzrichtung. Je nachdem, auf welcher Seite die Schatten zur Aufhellung angestrahlt werden sollen, muss auch der Blitz darauf ausgerichtet werden.

Bei der Einstellung *1/200 Sek. (fest)* wird konstant bei 1/200 s geblitzt. Bewegungsunschärfe wird auf diese Weise so gut wie komplett eliminiert. Allerdings kann der Hintergrund bei wenig Umgebungslicht oder zu schwachem Blitzlicht fast ganz schwarz werden. Das ist Geschmackssache, kann aber auch zu spannenden Bildern führen.

▼ Das Blitzlicht hellt die Libelle auf, und die kurze Belichtungszeit lässt den ohnehin schon dunklen Waldhintergrund fast schwarz aussehen.

1/200 s | f8 | ISO 400 | 100 mm

Das Spiel mit der Belichtungszeit im Modus Tv und M

In den Modi *Tv* und *M* können Sie die Belichtungszeit selbst festlegen, egal, ob der Blitz aus- oder eingeschaltet ist. Das Zusammenspiel aus Blitzlicht und Umgebungslicht hängt dabei maßgeblich von der Länge der Belichtungszeit ab. Solange die EOS 1200D bei der gewählten Zeit genügend Hintergrundlicht mit einfangen kann, dient der Blitz daher nur als Aufheller.

Wenn Sie eine kürzere Belichtungszeit wählen, wird der Blitz hingegen immer stärker zur Hauptlichtquelle. Ganz extrem kann es bei einer starken Unterbelichtung werden. Das Bild ohne Blitz ist nahezu schwarz, während das Ergebnis mit Blitz fast wie eine Studioaufnahme vor schwarzem Pappkarton daherkommt.

Bei dem Prachtflossensalmler an der Aquarienscheibe haben wir genau das jedoch extra provoziert, denn wir wollten eine besonders plakative Wirkung der Fischunterseite mit den filigranen Flossenstrukturen erzielen.

1/60 s | f3,5 | ISO 800 | 100 mm

▶ *Die vorhandene Beleuchtung fließt in das Bild ein; die Markierung der Belichtungsstufenanzeige* ❶ *lag in der Mitte.*

1/50 s | f5 | ISO 100 | 100 mm

◀ *Durch die Unterbelichtung* ❷ *wird das Aquarienlicht aus dem Bild ausgeschlossen. Eine Blitzsoftbox sorgte für die harmonische Blitzausleuchtung.*

Ähnliches wie bei dem Bild oben passiert beispielsweise auch, wenn Sie in großen Räumen fotografieren. Wenn die Grundbelichtung ohne Blitz nichts vom vorhandenen Licht einfängt, versinkt alles, was zu weit vom Blitz entfernt ist, in Dunkelheit. Das angeblitzte Motiv wirkt dann häufig zu hell oder, umgangssprachlich ausgedrückt, „plattgeblitzt".

✓ Lichtformer für Systemblitzgeräte

Wenn das Bild größtenteils von Blitzlicht aufgehellt wird, können harte Schattenränder und unschöne Reflexionen entstehen. Dem können Sie mit einfachen Hilfsmitteln begegnen. Soften Sie das Licht beispielsweise mit einem Handdiffusor ab, den Sie zwischen den Blitz und das Objekt halten – am besten möglichst dicht ans Fotomotiv, dann wird die Ausleuchtung am weichsten.

Oder befestigen Sie einen Blitzdiffusor am Blitzgerät (z. B. Softbox III von LumiQuest). Wenn Sie häufiger mit entfesselten Geräten fotografieren (siehe Seite 196 in diesem Kapitel), können Sie, ähnlich den Studioblitzen, auch größere Softboxen oder Reflexionsschirme einsetzen (z. B. von flash2softbox, Magic Square Softbox oder Lastolite Ezybox Hotshoe).

▲ *Systemblitz mit der Softbox III.*

Wenn Sie das vermeiden möchten gilt es, die Grundbelichtung anzuheben. Dies können Sie durch Verlängern der Belichtungszeit im Modus *Tv* oder durch Verlängern der Belichtungszeit und Verringern des Blendenwerts im Modus *M* erreichen. Hinzu kommt die Möglichkeit, die Lichtempfindlichkeit des Sensors über die ISO-Einstellung zu erhöhen und das Bild dadurch noch heller zu gestalten.

Situationen für Tv plus Blitz

Ein großer Vorteil der selbst definierten Belichtungszeit im Modus *Tv* besteht darin, dass Sie das Stativ umgehen können. Befinden Sie sich zum Beispiel im Zoo, in einer Kirche oder einem schwach beleuchteten Innenraum, ist das Blitzen im Programm *Tv* prima geeignet, um auch ohne Stativ verwacklungsfreie und recht ordentlich ausgeleuchtete Bilder zu erhalten. Dazu können Sie die Belichtungszeit entsprechend der Kehrwertregel möglichst lang wählen. Schalten Sie den Bildstabilisator ein und stützen Sie sich am besten auch noch an einer Wand, Säule oder etwas Ähnlichem ab. Schon gelingen Bilder mit ausgewogener Ausleuchtung.

> ✅ **Die Synchronisationszeit**
>
> Die kürzeste Belichtungszeit, die Sie mit dem Blitz an Ihrer 1200D nutzen können, beträgt 1/200 s. Verantwortlich für diese Beschränkung ist der Mechanismus des Kameraverschlusses. Dieser erlaubt Blitz-Belichtungszeiten nur bis zu dieser sogenannten Synchronisationszeit, denn nur bis zu dieser Zeit wird der Kameraverschluss für die Bildaufnahme vollständig geöffnet, sodass der Sensor einmal ganz freigelegt wird und das gesamte Foto etwas von dem nur kurz aufleuchtenden Blitzlicht abbekommt.

1/10 s | f3,5 | ISO 400 | 18 mm
▶ *Die Belichtungszeit haben wir so lang wie noch freihändig haltbar gewählt, um viel Umgebungslicht mit einzufangen.*

7.4 Feinabstimmung der Blitzdosis

Sollte Ihnen das Blitzlicht einmal zu intensiv oder zu schwach erscheinen, so denken Sie in jedem Fall daran, dass auch der Blitz in seiner Intensität reguliert werden kann. Er sendet dann eine stärkere oder eine gedrosselte Lichtmenge ab. Mit dieser *Blitzbelichtungskorrektur* lässt sich die Lichtmischung sehr flexibel beeinflussen. Blitzaufnahmen bei Tag im Seiten- oder Gegenlicht gelingen meist mit einer Blitzreduktion sehr gut. Beim indirekten Blitzen über die Decke oder bei Verwendung von Softboxen kann es dagegen sinnvoll sein, mit einer erhöhten Blitzintensität mehr Power aus dem Blitzgerät herauszuholen.

▼ *Links: Mit dem Blitzbelichtungskorrekturwert -1 konnten wir eine gute Mischung aus Vordergrund- und Hintergrundhelligkeit erzielen. Rechts: Durch eine Blitzbelichtungskorrektur mit dem Wert +2 wurde die Statue zu hell angestrahlt.*

Links: 1/200 s | f7,1 | ISO 200 | 20 mm | -1 EV

Rechts: 1/200 s | f7,1 | ISO 200 | 20 mm | +2 EV

Die Blitzdosis kann allerdings nur in den Modi *P*, *Tv*, *Av* und *M* angepasst werden. Ganz schnell und unkompliziert können Sie dies tun, indem Sie die *Schnelleinstellungstaste* Q drücken und das Symbol für die *Blitzbelichtungskorrektur* ansteuern.

Durch Drehen am *Hauptwahlrad* können Sie die Werte anpassen. Nach rechts wird die Blitzlichtmenge um bis zu 3 Stufen erhöht, nach links gedreht verringert sich der Anteil an Blitzlicht im Ergebnis um ebenfalls bis zu 3 Stufen.

▲ *Blitzbelichtungskorrektur über das Schnelleinstellungsmenü.*

▲ Korrektur des internen Blitzgeräts im Menü *Blitzsteuerung*.

Alternativ lässt sich die Korrektur auch im Menü *Blitzsteuerung* vornehmen, die Sie im Menü *Aufnahme 1* finden. Wählen Sie darin entweder die *Funktionseinst. int. Blitz* oder bei einem angebrachten Canon-Speedlite die *Funktionseinst. ext. Blitz*. Darin finden Sie den Eintrag *Blitzbel. korr.* für die Abstimmung der Blitzlichtmenge. Mit Geräten von Fremdherstellern funktioniert das allerdings nicht immer, die Korrektur muss dann direkt am Blitzgerät eingestellt werden, was nicht wirklich länger dauert.

7.5 Blitzeinsatz bei Gegenlicht

Gegenlicht oder Situationen, in denen der Hintergrund von der Sonne angestrahlt wird und das Motiv im Vordergrund im Schatten liegt, zählen in der Fotografie zu den reizvollsten Lichtstimmungen. Egal ob bei Tage oder kurz vor dem Sonnenuntergang: Das Licht von hinten schafft eine luftig leichte Hintergrundhelligkeit, einen schönen hellen Lichtsaum um die Motive und eine gleichmäßige Beleuchtung der Vorderseite, bei denen keine Licht-Schatten-Flecken störend wirken können. Im Fall von Personen kommt noch hinzu, dass es leichter fällt, die Augen offen zu halten und entspannt zu schauen, wenn die Sonne einem nicht direkt ins Gesicht scheint. Einziges Manko: Die Vorderseite wird in der Regel zu dunkel. Aber dagegen können Sie mit dem Blitz ja problemlos ansteuern.

Die Frage ist nur, wie solche Fotos am besten gelingen. An sich eignen sich die *Automatische Motiverkennung* und der Modus *Porträt* sehr gut dafür, vorausgesetzt, der Blitz klappt in der jeweiligen Situation automatisch aus dem Gehäuse. Sollte er dies nicht tun, können Sie auch die *Kreativ-Automatik* CA einsetzen und dort die Option *Blitz ein* wählen. Allerdings haben Sie in diesen Modi nur eingeschränkten Einfluss auf die Grundhelligkeit des Bildes und keine Möglichkeit, die Blitzintensität zu ändern.

1/2500 s | f2,8 | ISO 200 | 200 mm | -⅓ EV

Das Sonnenlicht von hinten bringt Mähne und Schweif zum Glänzen, das Blitzlicht von vorne hellt die Schatten auf.

Daher ist zu empfehlen, es auf alle Fälle auch einmal mit dem Modus *Av* zu versuchen. Dann können Sie erst die Hintergrundbeleuchtung ohne Blitz abstimmen und dafür Eventuell eine Belichtungskorrektur vornehmen. Bei dem Pferdebild haben wir beispielsweise um -$\frac{1}{3}$ EV unterbelichtet, damit die Mähne nicht überstrahlt. Anschließend steuern Sie den Blitz hinzu und drosseln oder intensivieren ihn je nach Wunsch, wie im vorherigen Abschnitt gezeigt.

Der Vorteil von *Av* ist auch, dass Sie mit niedrigen Blendenwerten für einen unscharfen Hintergrund sorgen können. Dann jedoch kann ein Problem auftreten. Die Belichtungszeit müsste aufgrund der hellen Umgebung kürzer sein als 1/200 s, im normalen Blitzmodus ist das aber nicht möglich. Deshalb entstehen schnell einmal total überbelichtete Bilder, wie Abbildung auf Seite 190 in diesem Kapitel zeigt.

▼ Mit eingeschalteter *Hi-Speed-Synchronisation* konnten wir den Karnevalisten mit geringer Schärfentiefe vor einem diffusen Hintergrund schön freistellen.
1/2000 s | f3,2 | ISO 200 | 105 mm

Mit der sogenannten *Hi-Speed-Synchronisation* oder Kurzzeitsynchronisation können Sie aber auch dieses Problem umgehen, wenn Sie mit einem dafür geeigneten externen Blitzgerät (z. B. Speedlite 270EX II) in einem der Modi *P*, *Tv*, *Av* und *M* fotografieren. Der Blitz kann dann mit bis zu 1/4000 s ausgelöst werden. Einschalten können Sie die *Hi-Speed-Synchronisation* übrigens im Menü *Aufnahme 1* bei *Blitzsteuerung*/*Funktionseinst. ext. Blitz*/*Verschluss-Sync.* oder direkt am externen Blitzgerät.

Wenn Sie die *Hi-Speed-Synchronisation* nicht verwenden können und bei Gegenlicht mit dem Blitz überbelichtete Bilder bekommen, können Sie durch Erhöhen des Blendenwerts und Verringern des ISO-Werts dagegen ansteuern. Oder Sie bringen einen lichtschluckenden Filter, einen Graufilter oder einen Polfilter, am Objektiv an, um die Lichtmenge zu reduzieren.

▲ *Aktivieren der Hi-Speed-Synchronisation.*

7.6 Kreative Wischeffekte bei Dunkelheit

Bewegungen lassen sich nicht nur durch die Wahl einer kurzen Belichtungszeit einfrieren, sondern beispielsweise auch durch das Hinzufügen einer extrem kurzen Lichtphase. Das können Sie sich für kreative Wischeffekte bei Party- oder Eventfotos zunutze machen. Wenn Sie beispielsweise im Modus *Tv* eine lange Belichtungszeit und einen hohen ISO-Wert einstellen und während der Belichtung am Entfernungsring Ihres Objektivs drehen oder die 1200D mit dem Motiv mitziehen, entstehen spannende strahlen- oder streifenförmige Lichtspuren. Wenn Sie dann noch eine gute Portion Blitzlicht hinzufügen, erhalten Sie eine Mischung aus unscharf verzogenen Umgebungslichtern und vom Blitzlicht scharf abgebildeten Motivbereichen. Hier haben wir beispielsweise eine Fasnachtslarve mit dem Zoomeffekt in Szene gesetzt.

1/4 s | f14 | ISO 1600 | 70 mm

▲ Mit einer Mischung aus Zoomen und Blitzen entstehen kreative Wischeffekte, bei denen das Hauptmotiv aber noch erkennbar bleibt.

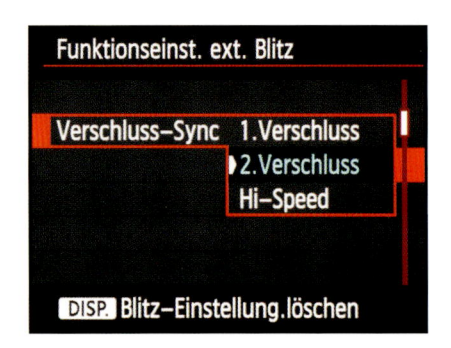

▲ Auswahl der Verschluss-Synchronisation.

Bei solchen Motivideen ist immer ein wenig Ausprobieren gefragt und man kann nie ganz genau sagen, wie das Bild aussehen wird. Aber genau das macht es natürlich auch spannend. Dabei können Sie auch einmal mit dem Zeitpunkt der Blitzzündung experimentieren. Lassen Sie den Blitz am Anfang der Belichtung zünden, so wie er es in der Standardeinstellung immer macht; das nennt sich Blitzen auf den *1. Verschluss*.

Oder lassen Sie den Blitz erst am Ende der Belichtung zünden. Dafür wählen Sie im Menü *Aufnahme 1* 📷, bei der Blitzsteuerung entweder für den internen oder den externen Blitz bei der Rubrik *Verschluss-Sync* die Einstellung *2. Verschluss*. Dank der E-TTL-Blitzsteuerung fügt sich das Blitzlicht harmonisch ins Bild ein.

7.7 Strategien für das entfesselte Blitzen

Systemblitzgeräte können als individuell positionierbare, von der 1200D getrennte Blitzgeräte verwendet werden. Diese Blitzmethode wird auch entfesseltes Blitzen oder Blitzen im Remote-Betrieb bezeichnet, weil das Blitzgerät nicht mehr in direktem Kontakt mit der 1200D steht. Hierbei können Sie auf vier grundlegende Weisen vorgehen:

- Ein Master-Blitzgerät (z. B. Speedlite 600EX) auf dem Blitzschuh Ihrer 1200D löst ein Remote-Blitzgerät (z. B. Speedlite 430EX II) entfesselt aus. Der Master kann hierbei selbst Licht beisteuern oder auch nur die Remote-Geräte auslösen.

- Der Speedlite Transmitter ST-E3-RT (Canon-Funksystem) oder ST-E2 (Canon-Infrarotsystem), die beide selbst kein Blitzlicht aussenden, aktivieren kompatible Remote-Blitzgeräte.

- Das Remote-Blitzgerät wird mit dem internen Blitz ausgelöst. Das funktioniert allerdings nur mit Geräten, die das Servo-Blitzen unterstützen (z. B. Sigma EF-610 DG Super oder Metz mecablitz 52 AF-1 digital). Die Blitzintensität muss zudem manuell am Remote-Blitz einstellbar sein.

- Bringen Sie an der 1200D einen Funksender an und am Blitz einen Funkempfänger (z. B. von Yongnuo oder Pixel King) und steuern Sie die Blitzintensität der Remote-Blitze über die Sendereinheit.

▲ *Speedlite Transmitter ST-E3-RT (Bild: Canon).*

▲ *E-TTL-fähiges Funk-Blitzauslöser-Set „Pixel King Pro".*

Das entfesselte Blitzen mit einem Servo-Blitzgerät ist gar nicht so kompliziert. Um Ihnen die Vorgehensweise einmal zu demonstrieren, haben wir ein Modellauto als Motiv gewählt. Ziel war es, diese nur schwach von vorne und etwas stärker von rechts hinten auszuleuchten. Als Servo-Blitzgerät diente uns der Metz Mecablitz 52 AF-1 digital. Bei der gewählten Belichtung spielte das Raumlicht keine

Rolle – übrigens eine Vorgehensweise, die auch bei Porträts im Studio regelmäßig eingesetzt wird. Dazu haben wir die Belichtungszeit im Modus *M* auf 1/125 s eingestellt.

Den Blendenwert können Sie je nach der gewünschten Schärfentiefe flexibel einstellen. Bedenken Sie jedoch, dass Sie für hohe Blendenwerte und niedrige ISO-Empfindlichkeiten starke Blitzgeräte benötigen, denn die Reichweite sinkt enorm. Aktivieren Sie anschließend den internen Blitz Ihrer 1200D und nehmen Sie das Bild nur damit auf.

1/125 s | f10 | ISO 100 | 35 mm

▲ *Aufhellung mit dem internen Blitz ohne Blitzbelichtungskorrektur, ein Handdiffusor zwischen Blitz und Figur hat das Licht abgesoftet.*

Im nächsten Schritt haben wir den Mecablitz 52 AF-1 auf *Servo* gestellt und eine Blitzleistung von *1/4* gewählt. Den Servo-Blitz haben wir anschließend an einer Blitzsoftbox (Flash2Softbox, 40 × 40 cm) befestigt und von hinten rechts oben auf die Figur gerichtet. So entstand die zweite Aufnahme mit einem aufgehellten Hintergrund und einem modellierenden Schatten vorne links neben der Figur.

1/125 s | f10 | ISO 100 | 35 mm

▲ *Ergebnis mit zwei Blitzgeräten, dem integrierten und dem entfesselten Servo-Blitz.*

Wenn der Servo-Blitz den E-TTL-Messblitz der 1200D nicht ignorieren kann, schafft er es meist nicht, zum Zeitpunkt der Zündung des Hauptblitzes wieder vollgeladen zu sein und das Bild wird ohne Blitzlicht aufgezeichnet. Praktischerweise besitzen z. B. die servo-fähigen Metz-Blitzgeräte eine Lernfunktion zum Ignorieren des Messblitzes.

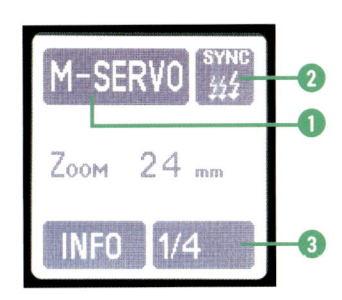

▲ *Metz mecablitz 52 AF-1 im Servo-Modus* ❶ *mit der Funktion zum Ignorieren des E-TTL-Messblitzes* ❷ *und manuell eingestellter Leistung von 1/4* ❸*.*

Kapitel 7 Gekonnt Blitzen ist keine Zauberei

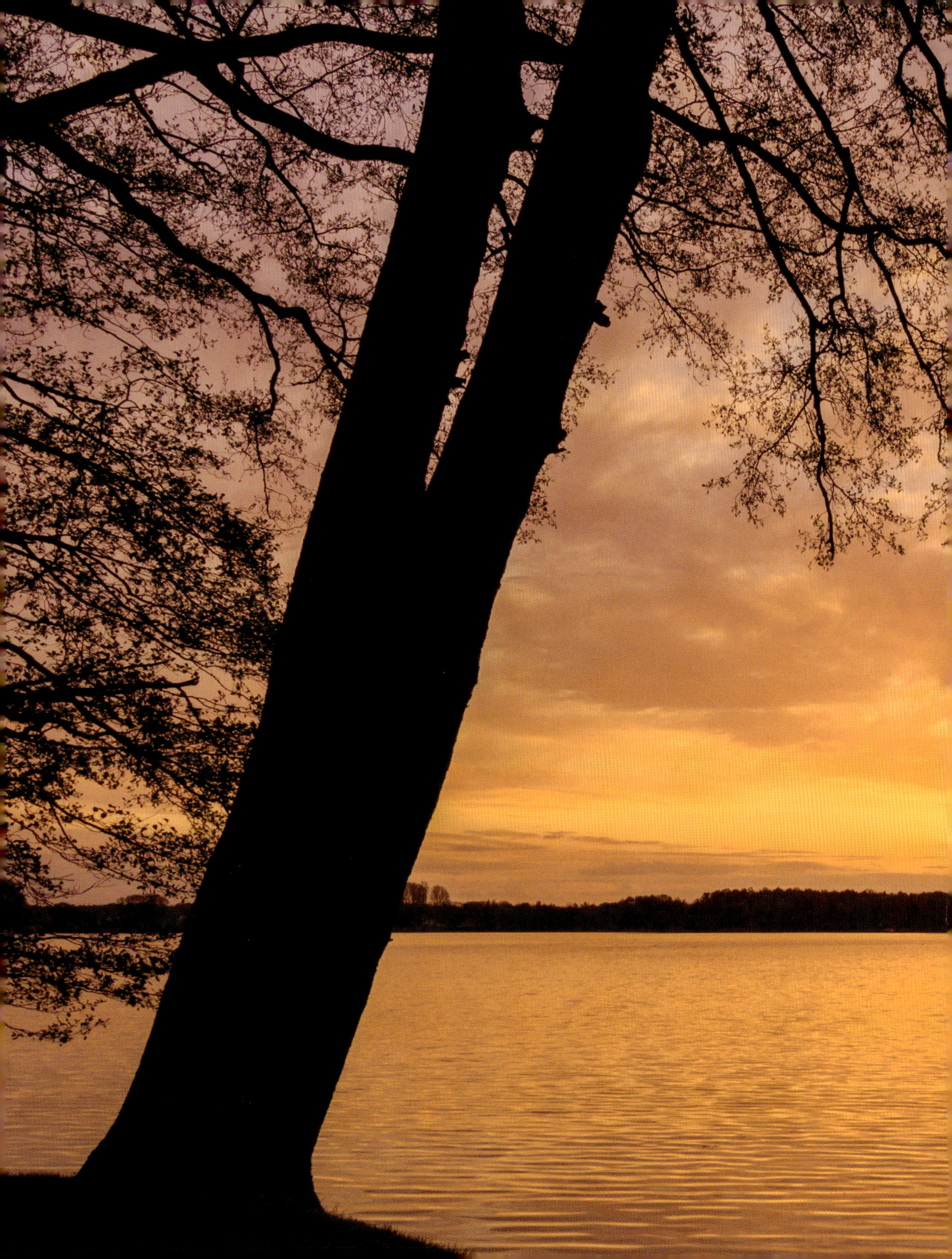

Bildgestaltung: Wie komponiere ich ein stimmiges Bild

Alle bisherigen Kapitel haben sich damit beschäftigt, wie die Technik Ihrer EOS 1200D dazu genutzt werden kann, möglichst optimale Bilder zu fotografieren. Jetzt drehen wir den Spieß einfach einmal um und schauen uns an, was denn der Fotograf zum Bilderfolg beitragen kann, außer die richtigen Kameraeinstellungen vorzunehmen.

8.1 Tipps für eine gelungene Bildgestaltung

Motive zu erkennen und sie ansprechend in Szene zu setzen ist mindestens genauso wichtig, wie die Beherrschung der grundlegenden Kameratechnik. Das fängt bei der Wahl des Bildausschnitts an und hört bei der Positionierung der Hauptelemente im Foto noch lange nicht auf. Wo liegen also die fotografischen Geheimnisse, mit deren Hilfe sich wirklich beeindruckende Bilder erzeugen lassen, die man auch gerne mal herzeigt? Nun, es gibt derer natürlich viele, sodass man hierüber ganze Bücher schreiben könnte. Die wichtigsten Grundlagen aber finden Sie in diesem und den nachfolgenden Kapiteln.

Die Drittelregel als Gestaltungsgrundlage

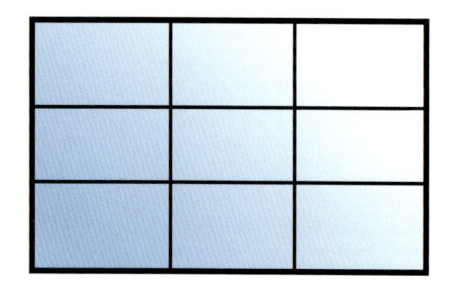

Besonders harmonisch wirken viele Bilder, wenn nicht nur der Horizont oder senkrecht stehende Motivteile gut ausgerichtet sind, sondern auch die wichtigsten Bildelemente der Komposition ein ästhetisch ansprechendes Plätzchen im Bildausschnitt erhalten.

▲ *Goldener Schnitt.*

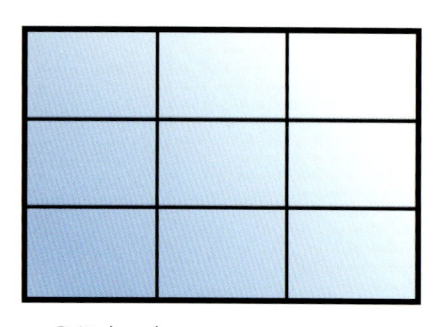

▲ *Drittelregel.*

Bildende Künstler orientieren sich bei der Anordnung der zentralen Bildelemente häufig an den Regeln des sogenannten Goldenen Schnitts. Da der Sensor der EOS 1200D jedoch ein etwas abweichendes Format hat als es dem Goldenen Schnitt zugrunde liegt, hat sich die Gestaltungshilfe der sogenannten Drittelregel etabliert.

Hierbei werden interessante Punkte des Motivs in etwa auf die „Drittel-Schnittpunkte" des Bildausschnitts gelegt. Das Bild wirkt dadurch ausgeglichen und die Aufmerksamkeit des Betrachters wird unbewusst genau auf das oder die Hauptelemente gelenkt. Würde das Hauptobjekt einfach nur in der Bildmitte auftauchen, so hätte das Auge des Betrachters erstens weniger „Mühe" es zu finden und wäre andererseits ziemlich schnell gelangweilt. Auch der Horizont wird der Drittel-Regel nach in etwa auf die Linie des oberen oder des unteren Drittels gelegt. Wenn Sie sich das Landschaftsbild mit dem Arganabaum anschauen, sehen Sie, dass hier beide Kriterien annähernd erfüllt sind.

1/80 s | f11 | ISO 200 | 18 mm
◀ *Bildgestaltung nach der Drittelregel.*

Um die Kreuzungspunkte für die Drittelregel besser abschätzen zu können, hat Ihre 1200D als Gestaltungshilfe eine praktische *Gitteranzeige* an Bord. Aktivieren können Sie die Funktion *Gitteranzeige* im Menü *Aufnahme 4* 📷, wobei Sie zusätzlich die Möglichkeit haben, zwischen zwei Gittertypen mit unterschiedlich engem Raster zu wählen.

Dies ist in allen Aufnahmeprogrammen möglich, wobei das Gitter erst nach dem Einschalten des Livebildes 📷 zu sehen ist. Das größere Hilfsliniennmuster *Gitter 1* mit seinen 9 Teilbereichen ist für die Bildgestaltung getreu der Drittelregel bestens geeignet. Das *Gitter 2* teilt den Bildausschnitt dagegen in 24 quadratische Felder ein. Die enger gesetzten Linien eignen sich beispielsweise gut, um Gebäude oder den Horizont gerade auszurichten.

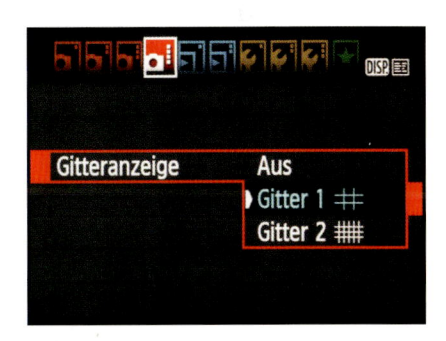

▲ *Aktivieren der Gitteranzeige.*

Regeln bewusst brechen, warum nicht?

Wie zumeist in der Fotografie sind Regeln nicht in Stein gemeißelt. Das gilt auch für die Horizontausrichtung und die Drittelregel. Ein mit Absicht schief gelegter Horizont oder eine radiär angeordnete Sonnenblumenblüte mit mittiger Positionierung haben ebenfalls ihren Reiz.

Ausnahmen von den keinesfalls festgezurrten Regeln machen kreative Fotoeffekte ja oftmals erst möglich. Dennoch kann man sich der Wirkung einer klassisch gestalteten Fotografie meistens nicht entziehen. Sie gibt dem Bild nun mal eine perfekte Proportionierung mit auf den Weg. Wobei natürlich auch das Motiv mitbestimmt, welche Perspektive gut wirkt und welche nicht.

▼ *Dieses Bild wirkt durch die symmetrische Anordnung attraktiv.*
1/60 s | f4 | ISO 640 | 15 mm

Schärfespeicherung
für den perfekten Bildausschnitt

Beim Gestalten einer Fotografie kommt der richtigen Schärfe an der richtigen Stelle eine ebenso große Bedeutung zu wie beispielsweise der Positionierung der einzelnen Elemente getreu der Drittelregel. Daher ist es gut zu wissen, wie sich die Schärfe gezielt an bestimmte Bildstellen lenken lässt. Gut, vermutlich werden Sie jetzt sagen, das hatten wir doch schon. Man wähle einfach ein passendes AF-Feld, fokussiere und fertig ist die Sache. Stimmt auch, aber es gibt ein paar Situationen und Überlegungen, die gegen diese Methode sprechen:

- Nur bei dem mittleren AF-Feld handelt es sich um einen sogenannten Kreuzsensor. Dieser ist wesentlich lichtempfindlicher als die flankierenden acht AF-Sensoren. Bei wenig Licht oder einem wenig kontrastierten Bildbereich ist der mittlere AF-Sensor in der Regel schneller und zuverlässiger. Daher wäre es besser, das Hauptmotiv nur über diesen Sensor zu fokussieren und dann erst den endgültigen Bildausschnitt festzulegen.

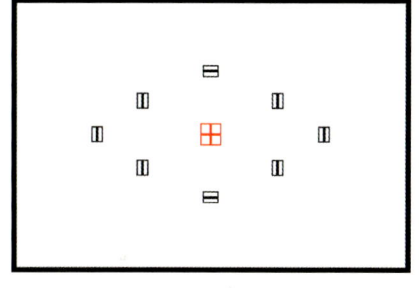

▲ *Der mittlere Kreuzsensor stellt am zuverlässigsten scharf.*

- Wer Motive häufig außerhalb der Bildmitte positioniert empfindet es vielleicht, so wie wir, etwas umständlich, ständig über diverse Tastendrucke zwischen den AF-Feldern hin- und herwechseln zu müssen.

- Die Motivanordnung kann auch so sein, dass keines der AF-Felder das Objekt optimal erfassen kann. Stellen Sie sich dazu beispielsweise ein Landschaftsmotiv mit einem extrem niedrigen Horizont vor, den Sie zwar fokussieren möchten, der aber außerhalb der Reichweite der AF-Felder liegt.

Ein kurzes Zwischenspeichern der Schärfe wäre somit äußerst praktisch und bei der EOS 1200D auch ohne Weiteres umsetzbar. Wählen Sie dazu am besten ein einzelnes AF-Feld, wie auf Seite 130 in Kapitel 4 beschrieben. Bei schlechten Lichtverhältnissen sollte es das mittlere AF-Feld sein. Aber auch bei der automatischen AF-Messfeldwahl können Sie die Schärfespeicherung nutzen. Peilen Sie damit das Motiv Ihrer Wahl an und halten Sie den Auslöser halb gedrückt. Wichtig ist, dass das oder die aktiven AF-Felder auch das Objekt im Fokus haben, welches Sie scharfstellen möchten. Wenn alle AF-Felder aktiv sind, wird es in der Regel das am nächsten zur Kamera gelegene Objekt sein. Wenn die Schärfe sitzt, richten Sie den Bildausschnitt mit weiterhin auf dem ersten Druckpunkt gehaltenem Auslöser neu ein und nehmen das Bild anschließend auf. Auf diese Weise lässt sich das Hauptmotiv schnell und einfach außermittig positionieren.

▲ *Scharfstellen des Gesichts des Wasserspeiers mit dem mittleren AF-Feld.*

1/200 s | f5,6 | ISO 250 | 150 mm | +1 EV

▲ *Aufnahme des gewünschten Bildausschnitts mit der zuvor gespeicherten Scharfstellung.*

Auch bei Hochzeiten oder anderen Feiern, bei denen es darauf ankommt, bestimmte Personen scharf abzubilden, kann diese Technik hervorragende Dienste leisten. Richten Sie das mittlere AF-Feld auf die Person, die scharf dargestellt werden soll, und bestimmen Sie dann den Bildausschnitt. So kann es nicht passieren, dass Personen fokussiert werden, die Sie gar nicht in den Bildmittelpunkt stellen wollten, zum Beispiel jemand, der gerade im Vordergrund steht oder hinten durchs Bild läuft. Achten Sie aber darauf, dass Sie den Bildausschnitt zügig einrichten, vor allem dann, wenn Sie mit niedrigen Blendenwerten fotografieren. Denn wenn sich das Motiv bewegt, stimmt der Abstand nicht mehr, die Schärfe sitzt dann vor oder hinter dem Motiv und das Bild kann unscharf werden.

Festlegen, was gespeichert werden soll

Ihre EOS 1200D bietet die Möglichkeit, die Schärfe und die Belichtung mit dem Auslöser und der *Sterntaste* ✱ zu speichern. Hierbei können Sie selbst bestimmen, welche Werte mit welcher Taste zwischengespeichert werden sollen. Dazu navigieren Sie im Menü *Einstellung 3* 🔧 zu den *Individualfunktionen (C.Fn)* und darin zur Option *Auslöser/AE-Speicherung*.

> **Wann die Schärfespeicherung nicht funktioniert**
>
> Da der kontinuierliche Autofokus *AI Servo* die Schärfe permanent auf die jeweilige Situation anpasst, ist die hier gezeigte Methode zur Schärfespeicherung nicht einsetzbar. Dies gilt sowohl für die Modi *P*, *Tv*, *Av* oder *M* als auch für das Programm *Sport* 🏃. Mit einer Umprogrammierung der Tastenfunktionen (*AE/AF, keine AE-Spei.*, siehe nächster Abschnitt) lässt sich aber auch mit dem *AI Servo AF* eine Schärfespeicherung durchführen.

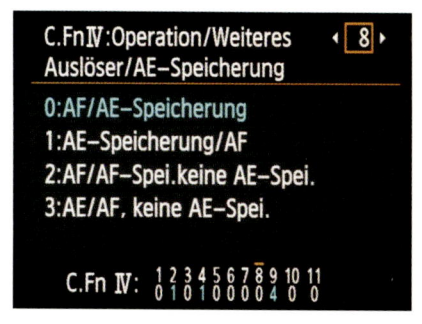

- In der Standardeinstellung *AF/AE-Speicherung* können Sie die Schärfe (*AF*) mit halb heruntergedrücktem Auslöser speichern, so wie bei dem Wasserspeier des vorigen Abschnitts gezeigt. Die Belichtung (*AE*) lässt sich mit der *Sterntaste* ✱ speichern, wie auf Seite 299 in Kapitel 14 gezeigt.

- Bei der Einstellung *AE-Speicherung/AF* fokussiert die 1200D mit der *Sterntaste* ✱, und die Belichtung kann mit halb dem Auslöser gespeichert werden. Das ist zum Beispiel praktisch, wenn Sie die Belichtung eines bestimmten Bildbereichs speichern möchten (Auslöser auf halber Stufe) und der finale Bildausschnitt anschließend neu fokussiert werden soll (*Sterntaste* drücken).

▲ *Festlegen, welche Werte mit dem Auslöser und der* Sterntaste *in den Zwischenspeicher gelangen.*

- Die Einstellung *AF/AF-Speicherung keine AE-Spei.* ist bei Sportaufnahmen mit dem *AI Servo AF* nützlich. Stoppen Sie den kontinuierlichen Autofokus mit der *Sterntaste* ✱ immer dann, wenn die Sicht auf das bewegte Motiv z. B. von Ästen, vorbeilaufenden Passanten oder Ähnlichem durchkreuzt wird. So wird verhindert, dass die 1200D die Schärfeebene verliert oder durch eine Neufokussierung wertvolle Zeit vergeht. Eine Belichtungsspeicherung ist aber nicht möglich, es sei denn, Sie fotografieren im Modus *M*. Auch ist das gleichzeitige Drücken des Auslösers zum kontinuierlichen Scharfstellen und der *Sterntaste* ✱, um die Scharfstellung zu stoppen, ein wenig gewöhnungsbedürftig.

- Bei der Einstellung *AE/AF, keine AE-Spei.* läuft der Autofokus über die *Sterntaste* ✱ ab. Der Auslöser speichert die Belichtung aber nicht. Dies können Sie sich beim Fokussieren actionreicher Motive mit dem *AI Servo AF* zunutze machen. Starten Sie den kontinuierlichen Autofokus mit der *Sterntaste* ✱, um die Bewegung zu verfolgen, oder stoppen Sie ihn durch Loslassen der Taste, wenn die Akteure anhalten (z. B. beim Fußball). Beim Auslösen wird die Belichtung stets an die aktuelle Situation angepasst.

Wenn Sie durch den Sucher oder auf das Livebild Ihrer EOS 1200D blicken, sehen Sie bereits den Bildausschnitt, der nach dem Drücken des Auslösers vom Kamerasensor erfasst und aufgezeichnet wird.

8.2 Bildgestaltung mit Perspektive

Über den Einfluss der Brennweite

Zur Beschreibung der Ausdehnung des fotografierbaren Bildfeldes wird häufig auch der Begriff Bildwinkel verwendet.

Sie sehen also so viel vom angepeilten Motiv, wie es der Bildwinkel des Objektivs bei der gewählten Brennweite gerade zulässt. Die Wirkung verschiedener Bildwinkel haben wir bei den folgenden Bildern einmal durchexerziert. Dabei kommt die Wasserlandschaft bei 18 und 55 mm Brennweite noch gut zur Geltung.

Mit steigender Brennweite gibt der Ausschnitt jedoch immer mehr Details preis, sodass bei 200 mm nur noch das Fachwerkhaus ins Bild passt. Mit zunehmender Brennweite fahren Sie somit, fast wie mit einer Filmkamera, immer näher ins Motiv hinein.

▼ *Bildausschnitt bei 18 mm (links) und bei 55 mm Brennweite.*

▲ *Bildausschnitt bei 135 mm (links) und bei 200 mm Brennweite.*

▲ *Bildwinkel der EOS 1200D bei unterschiedlichen Brennweiten.*

Den Bildwinkel könnte man sich vereinfacht auch als Tortenstück vorstellen, das aus einem kugelrunden Kuchen geschnitten wird. Der ganze „Kuchen" ist nie zu sehen, da die Kamera ja keine Rundumsicht bietet. Je nach Bildwinkel gibt es aber mal mehr und mal weniger Motiv auf den Sensor. Je höher die Brennweite wird, desto enger wird das verbleibende Sichtfenster. Das Motiv erscheint dabei immer stärker vergrößert.

Wenn Sie vom gleichen Standort aus fotografieren, können Sie somit alleine durch Ändern des Bildwinkels zu ganz unterschiedlichen Sichtweisen derselben Szene kommen. Allerdings verändert sich die Perspektive bei gleichem Kamerastandpunkt nicht. So ist beispielsweise das Fachwerkhaus des Bildes bei 200 mm Brennweite deckungsgleich mit dem Fachwerkhaus des Bildes, das bei 135 mm Brennweite aufgenommen wurde.

Wie Sie die Perspektive ändern können

Die Fotografierposition zu variieren, ist eine der einfachsten Möglichkeiten, um die eigenen Bildergebnisse auf kreative Weise zu verbessern und immer wieder neue Perspektiven des anvisierten Fotoobjekts zu entdecken. Wenn Sie ein Motiv zunächst einmal aus verschiedenen Blickwinkeln betrachten, bevor Sie den Auslöser drücken, werden Sie schnell spannendere Ansichten finden als die, die oftmals intuitiv im Stand und aus der Augenhöhe heraus festgehalten werden.

Beschäftigen Sie sich daher mit ihrem Motiv bevor Sie auslösen. Gehen Sie näher heran oder weiter davon weg, kippen Sie die EOS 1200D aus der horizontalen Ebene nach oben oder nach unten, wechseln Sie zwischen Hoch- und Querformat ab oder nutzen Sie einen höheren oder tieferen Standpunkt. Ohne das Objektiv dabei wechseln zu müssen, kann dies allein schon die perspektivische Wirkung ändern.

1/50 s | f11 | ISO 400 | 28 mm | +⅔ EV

▲ *Die Brennweite und die Belichtungseinstellungen sind indentisch, durch das Verlagern des Aufnahmestandorts entstanden aber zwei völlig unterschiedliche Sichtweisen der Autospiegel-Wand.*

Der Cropfaktor und was er bewirkt

In Ihrer EOS 1200D verrichtet ein digitaler CMOS-Sensor vom Typ APS-C seine Arbeit. Dieser ist im Vergleich zum Vollformatsensor analoger Kameras oder z. B. der EOS 5D Mark III (24 × 36 mm) in seiner Diagonalen 1,6-fach kleiner (22,3 × 14,9 mm). Bezeichnet wird dieser Unterschied mit dem Begriff Crop- oder Verlängerungsfaktor. Aufgrund der geringeren Bildfläche erfasst die EOS 1200D auch einen kleineren Bildausschnitt.

Im Vergleich zum Vollformatsensor erscheinen die Motive der 1200D bei gleicher Brennweite daher leicht vergrößert. Wenn Sie für das gezeigte Pinguinbild mit der Vollformatkamera beispielsweise 160 mm Brennweite benötigt hätten, so reichten bei der digitalen EOS 1200D bereits 100 mm Brennweite aus, um einen vergleichbaren Bildausschnitt zu erhalten.

Die Wirkung, die eine bestimmte Brennweite an der EOS 1200D erzielt, lässt sich dabei immer auf die Wirkung an einer Vollformatkamera umrechnen. Dazu wird die Brennweite mit dem Cropfaktor 1,6 multipliziert. Auf diese Weise würden für das 18-55-mm-Kit-Objektiv die Werte 29-88 mm zustande kommen. An der Vollformatkamera

EOS 5D Mark III würde somit ein 29-88-mm-Objektiv die gleichen Bildausschnitte liefern, wie das 18-55-mm-Objektiv an der EOS 1200D.

▶ Linke Spalte: Bildausschnitt mit einem Vollformatsensor, mittlere Spalte: Bei gleicher Brennweite sieht das Motiv aus der 1200D 1,6fach vergrößert aus. Rechte Spalte: Bei 1,6-fach geringerer Brennweite ist der Bildausschnitt aus der 1200D mit dem des Vollformatsensors vergleichbar.

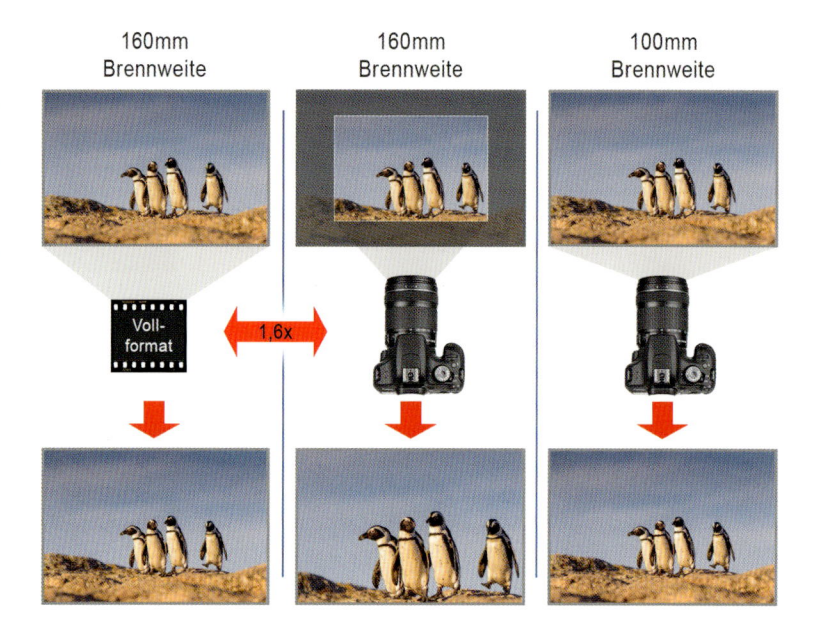

Das ist freilich nur eine Spielerei. Sie kann aber dem ein oder anderen vielleicht das Abschätzen der Wirkung verschiedener Brennweiten erleichtern. Denn wer früher schon häufiger mit 29 mm fotografiert hat, weiß in etwa, welchen Bildausschnitt er mit 18 mm Brennweite an der EOS 1200D erwarten kann (29 mm : 1,6 = 18 mm). Übrigens, alle Brennweiten in diesem Buch sind ohne Umrechnung angegeben, sie entsprechen den Werten des jeweiligen Objektivs und diese Werte beziehen sich alle auf das Vollformat.

8.3 Arbeiten mit scharfem und unscharfem Hintergrund

Wie schaffen es die Profis immer, den Blick des Betrachters genau auf das Hauptmotiv zu lenken? Wie kommt die tolle räumliche Tiefe zustande? Und mit welchem Trick entstehen Fotos, die durch durchgehende Schärfe von Vorder- bis Hintergrund brillieren? Nun, die Antwort kennen Sie schon aus den vorherigen Kapiteln.

Es ist die Schärfentiefe, die Königin unter den Gestaltungsmitteln, die für solche Phänomene sorgt. Erfahren Sie in diesem Abschnitt noch mehr über die Voraussetzungen für den gezielten Einsatz der Schärfentiefe und steuern Sie die Wirkung Ihres Bildes selbst und nach dem eigenen Empfinden.

Objektfreistellung mit Teleobjektiven

Die Blende hat sicherlich den größten Einfluss auf die Schärfentiefe, wie Sie auf Seite 97 in Kapitel 3 und bei vielen anderen Bildern in diesem Buch bereits erfahren haben. Der Fotograf darf die Rechnung aber nicht ohne die Brennweite machen, denn auch diese hat noch ein Wörtchen mitzureden.

Genau genommen ist es so, dass die Schärfentiefe mit steigender Brennweite abnimmt, wenn ein Motiv etwa gleich groß abgebildet wird. Vergleichen Sie dafür einmal verschiedene Brennweiteneinstellungen Ihres Zoomobjektivs am gleichen Motiv und belassen die Blende auf einem festen Wert.

Beim Betrachten der Bildergebnisse wird Ihnen schnell auffallen, dass die Schärfentiefe der Bilder variiert. Im Weitwinkelbereich wird sie höher ausfallen, während sie im Telebereich auf wenige Zentimeter zusammenschrumpft.

Am hier gezeigten Pilzbeispiel ist dies gut zu sehen. Die Fotos haben wir mit zwei verschiedenen Brennweiten aufgenommen. Der Blendenwert ist bei beiden Aufnahmen identisch. Wenn Sie den Hintergrund der Bilder vergleichen, fällt jedoch sofort auf, dass bei der Aufnahme mit 50 mm Brennweite die Waldfläche hinter dem Pilz schärfer abgebildet ist als bei der 200 mm-Teleeinstellung.

Links: 1/5 s | f5,6 | ISO 100 | 50 mm
Rechts: 1/5 s | f5,6 | ISO 100 | 200 mm

▶ Links: Unruhiger Hintergrund durch höhere Schärfentiefe bei 50 mm Brennweite. Rechts: Harmonischer Hintergrund durch geringere Schärfentiefe bei 200 mm Brennweite.

Dieses Wissen können Sie sich zunutze machen, indem Sie zum Beispiel für Porträtaufnahmen eher zu höheren Brennweiten von 50 mm und mehr greifen. Damit lässt sich die Person vor einem unscharfen Hintergrund hervorragend freistellen. Soll dagegen viel Schärfentiefe im Bild sein, empfehlen sich geringere Brennweiten. Dies ist unter anderem ein Grund dafür, weshalb Weitwinkelobjektive um die 18 mm Brennweite ja auch vorwiegend in der Landschafts-, Architektur- und Reportagefotografie Verwendung finden.

Die Schärfentiefe kontrollieren

Vielleicht haben Sie sich bereits häufiger gefragt: Kann ich denn schon vor der Aufnahme sehen, wie scharf mein Bild sein wird? Wie wird sich der gewählte Blendenwert wohl auf die Schärfentiefe auswirken? In der Tat haben Sie dafür immer die Möglichkeit. Hierzu wählen Sie einen der Modi *P*, *Tv*, *Av* oder *M* aus. Belegen Sie zudem die *SET*-Taste mit der Funktion *Schärfentiefe-Kontrolle*. Diese Möglichkeit finden Sie im

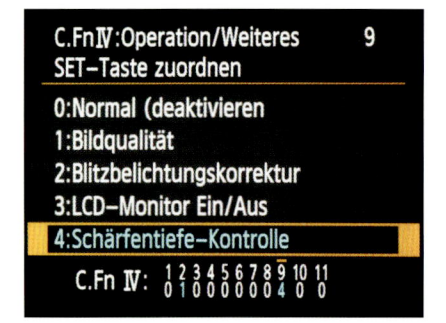

▲ *Belegen der SET-Taste mit der Schärfentiefe-Kontrolle.*

Menü *Einstellung 3* bei den *Individualfunktionen (C.Fn)* unter der Rubrik *SET-Taste zuordnen*.

Wenn Sie nun die *SET*-Taste betätigen, schließt sich die Blende auf den gewählten Wert, den Sie beispielsweise im Modus *Av* vorgegeben haben. Sogleich wird auch die tatsächliche Schärfentiefe sichtbar. Beim Blick durch den rein optischen Sucher verdunkelt sich das Bild dadurch jedoch, weil die kleinere Blendenöffnung weniger Licht durchlässt. Aber auch daran kann man sich gewöhnen. Am besten lässt sich die Schärfentiefe jedoch mit dem Livebild kontrollieren, weil die EOS 1200D die Bildhelligkeit angleicht. Vergrößern Sie ruhig auch einmal den Bildausschnitt mit der Taste 🔍 und prüfen Sie die Schärfe im fokussierten Bereich ohne und mit *Schärfentiefe-Kontrolle*. Übrigens, in der Makrofotografie ist die Schärfentiefe-Kontrolle besonders wichtig, um z. B. störende Grashalme im Hintergrund identifizieren zu können.

Vorsicht vor Beugungsunschärfe

Die Schärfentiefe steigt mit zunehmender Blendenzahl und erhöht den gesamten Schärfeeindruck einer Fotografie. Leider stimmt diese Aussage nur für einen bestimmten Blendenbereich. Denn ab einem gewissen Blendenwert nimmt die Schärfe des gesamten Fotos wieder ab. Der Grund ist die sogenannte Beugungsunschärfe, die dadurch entsteht, dass ein Teil des Lichts an den Blendenkanten abgelenkt wird und unkontrolliert auf den Sensor trifft. Die Beugungsunschärfe betrifft das gesamte Bild, daher büßt auch der fokussierte Bereich deutlich an Detailzeichnung ein. Vergleichen Sie dazu einmal die beiden Froschbilder, die mit Blende 16 und Blende 32 entstanden sind. Mit Blende 16 ist das fokussierte Auge knackig scharf. Bei Blende 32 erscheint das Auge hingegen deutlich unschärfer und schwammig. Die höhere Blendeneinstellung konnte den Schärfeeindruck somit keinesfalls steigern. Im Gegenteil, die Detailschärfe des ganzen Bildes hat sogar abgenommen.

▲ *Kontrollieren der Schärfentiefe im Livebild-Modus.*

Oben: 1/6 s | f16 | ISO 400 | 100 mm
Unten: 0,6s | f32 | ISO 400 | 100 mm

▲ Oben: Die Schärfentiefe ist hoch und das fokussierte Auge hat eine gute Detailschärfe. Unten: Durch Beugungsunschärfe hat die Detailschärfe des gesamten Bildes abgenommen, daher ist auch das fokussierte Auge unscharf geraten.

Wer absolut kein Quäntchen Schärfe einbüßen möchte, merkt sich bei der EOS 1200D am besten eine Obergrenze bei Blende 16. Dieser Wert sollte weder im Weitwinkel- noch im Makro- oder im Telebereich überschritten werden. „Viel hilft viel" ist eben nicht immer das zielführende Motto.

Sie können natürlich auch einfach einmal Ihre eigene Kamera-Objektiv-Kombination testen. Dazu stellen Sie die 1200D auf ein Stativ, wählen ISO 100 und legen die Brennweite fest.

Fokussieren Sie nun im Modus *Av* manuell auf das Objekt. Lösen Sie mit dem Fernauslöser oder dem *Selbstauslöser:2 Sek*. ⌚2 Bilder mit verschiedenen Blendenwerten aus und vergleichen Sie die Ergebnisse in der 100%-Vergrößerung am Computerbildschirm. Achten Sie insbesondere auf einen Schärfeabfall im fokussierten Bereich.

▼ *Um kein Quäntchen Schärfe einzubüßen, haben wir den Bläuling nur mit Blende 11 fotografiert.*
0,5 s | f11 | ISO 200 | 100 mm

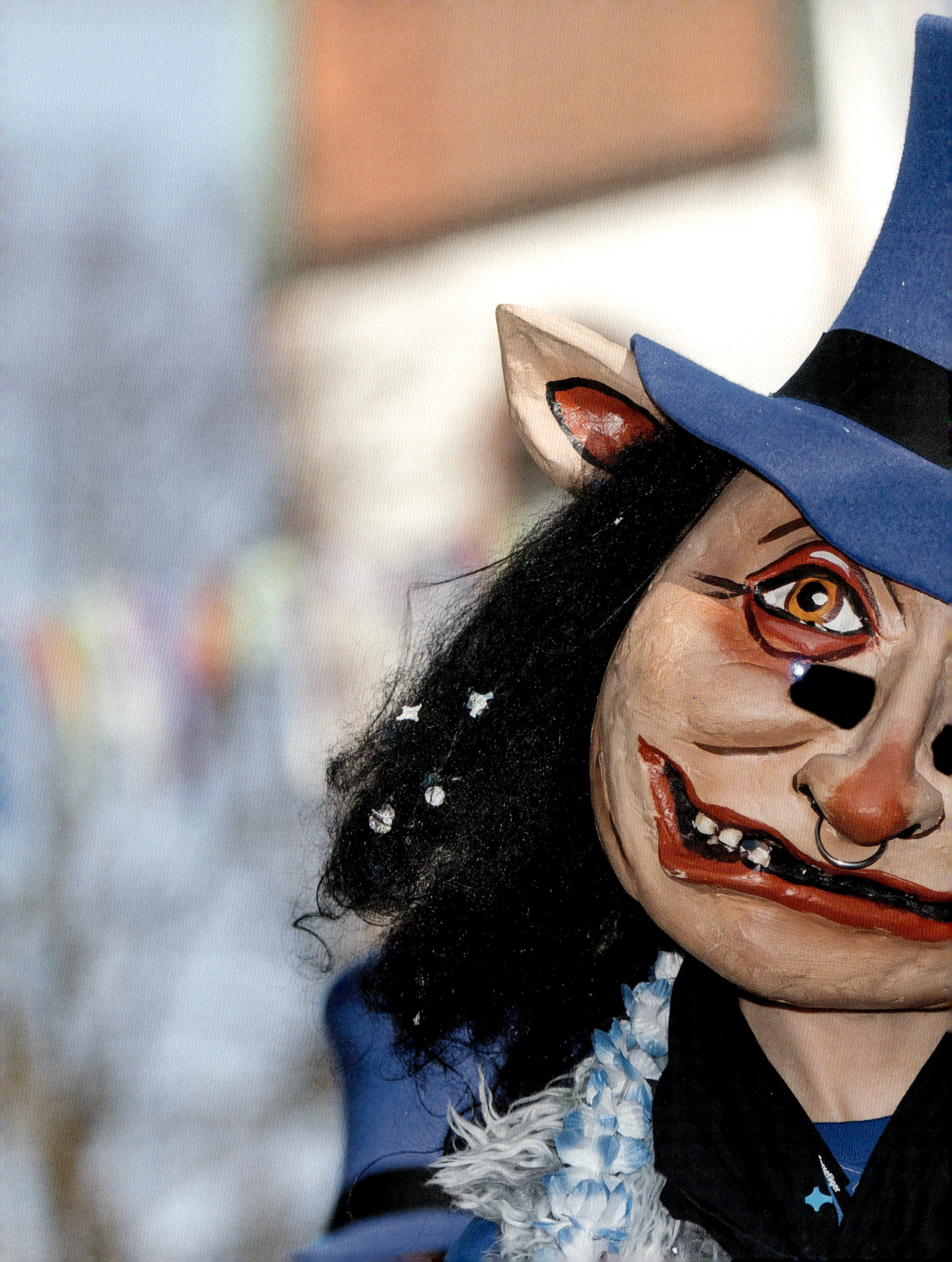

Menschen gekonnt in Szene setzen

Das Fotografieren von Menschen ist mit Sicherheit die am meisten verbreitete Spielart der Fotografie. Egal ob Tante Erna im Garten, Kumpel Max auf dem Gipfel des Watzmanns oder die beste Freundin beim Shoppen in Paris. So unterschiedlich die Situationen sind, so vielseitig sollten Sie auch mit der EOS 1200D darauf reagieren. Das hat aber wenig mit komplizierter Wissenschaft zu tun. Eigentlich bedarf es nur ein paar grundlegender Herangehensweisen, dann steht der gekonnten People-Fotografie nichts im Wege.

9.1 Gruppen und Einzelporträts ohne viel Aufwand

Die abgebildeten Personen stehen naturgemäß im Bildmittelpunkt. Das können Einzelpersonen oder ganze Gruppen sein und dementsprechend wird der Bildausschnitt enger oder weiter zu gestalten sein.

Wenn Sie die EOS 1200D mit dem 18-55- oder dem 18-135-mm-Kit-Objektiv erworben haben oder schon ein Zoomobjektiv mit ähnlichem Brennweitenbereich besitzen, sind Sie bereits bestens präpariert für Gruppen- und Einzelporträts. Mit Brennweiten im Bereich von 18 bis etwa 40 mm werden Sie größere Gruppen schön in Szene setzen können.

▼ *Mit dem Standardzoom lassen sich Porträts und Gruppen prima in Szene setzen.*
1/125 s | f8 | ISO 200 | 18 mm

Damit alle Akteure ausreichend scharf abgebildet werden, sollte die Schärfentiefe nicht allzu gering ausfallen. Verwenden Sie für größere Gruppen beispielsweise die *Kreativ-Automatik* CA und positionieren Sie den Regler *Hintergr. unscharf* ❶ mittig oder etwas weiter rechts.

Die 1200D sollte bestenfalls einen Blendenwert von f5,6 bis f8 ❷ anzeigen. Alternativ bietet sich hierfür natürlich vor allem auch der Modus *Av* an, mit der Sie den Blendenwert direkt auswählen können.

▲ *Gute Werte für Gruppenfotos im Modus Kreativ-Automatik.*

Für Einzelporträts mit unscharfem Hintergrund sind Brennweiten von 55 bis 200 mm und in Kombination mit niedrigen Blendenwerten optimal. Dazu können Sie problemlos den Modus *Porträt* einsetzen, denn dieses Programm öffnet die Blende ganz automatisch und sorgt damit für die notwendige geringe Schärfentiefe.

Alternativ bietet sich aber auch für Einzelporträts das Programm *Av* an. Dann können Sie die Schärfentiefe über den Blendenwert selbst steuern, den Fokus mit einem einzelnen AF-Messfeld auf die Augen legen und mit der *Schärfentiefe-Kontrolle* (siehe Seite 218 in Kapitel 8) prüfen, wie scharf oder unscharf Ihr Bildhintergrund wird.

Übrigens, je niedriger sich der Blendenwert einstellen lässt, desto besser gelingt die Freistellung. Gute Porträtkombinationen aus Brennweite und Blende sind beispielsweise: f1,2 bis f2 bei 50 mm, f1,2 bis f2,8 bei 85 mm oder f2 bis f6,3 bei 200 mm.

1/2500 s | f3,5 | ISO 100 | 73 mm

▲ *Schöne Freisteller gelingen problemlos mit dem Teleobjektiv und einem niedrigem Blendenwert.*

Abstand zum Hintergrund

Wenn Sie die Aufnahmebedingungen für die Porträtaufnahme selbst in der Hand haben, versuchen Sie, den Abstand zwischen Ihrem Modell und dem Hintergrund möglichst groß zu halten. Auf diese Weise erzielen Sie die maximal mögliche Hintergrundunschärfe. Dabei kann es hilfreich sein, sich halb in die Hocke zu begeben, um störende Hintergrundobjekte noch besser aus dem Bild herauszuhalten.

9.2 Mit verschiedenen Abständen spielen

Die Perspektive spielt auch bei der People-Fotografie eine bedeutende Rolle. So können Sie durch unterschiedliche Abstände zu Ihrem Modell ganz unterschiedliche Stimmungen im Bild erzeugen. Wenn Sie Ihren Akteuren beispielsweise sehr nah auf den Leib rücken und dafür eine entsprechend kleine Brennweite einsetzen, entsteht ein sehr unmittelbarer Eindruck, allerdings auch mit etwas verzerrten Proportionen.

Achten Sie darauf, dass vor allem das Gesicht nicht zu sehr davon betroffen ist. Diese Art zu fotografieren kennen Sie sicherlich aus der Reportage-Fotografie. Sie ist dort sehr beliebt, weil der Leser durch den Eindruck von Nähe sehr direkt in die Berichterstattung mit hineingezogen wird.

1/200 s | f7,1 | ISO 800 | 18 mm | +⅔ EV
▶ *Der dichte Aufnahmeabstand erzeugt eine unmittelbare Interaktion zwischen Betrachter und Modell.*

Ganzkörperporträts, die Sie mit etwas mehr Abstand aufnehmen, sodass Sie dafür Brennweiten um die 50 mm benötigen, vermitteln einen sehr natürlichen Eindruck. Die

Sichtweise und die Größe des Bildausschnitts ähneln dem Bild, das wir uns tagtäglich mit unseren eigenen Augen von unserer Umgebung machen. Daher besitzen klassische Porträtobjektive auch eine Brennweite von 50 mm.

1/200 s | f7,1 | ISO 800 | 56 mm | +⅔ EV

◄ *Mittlere Aufnahmeabstände liefern Bilder, die unserem natürlichen Sehempfinden ähneln.*

Wenn Sie sich mit der 1200D noch etwas weiter von Ihrem Modell entfernen und mit stärkeren Telebrennweiten fotografieren, erhalten Sie einerseits eine etwas distanziertere Wirkung. Andererseits können Sie nun noch besser mit der Schärfe und Unschärfe spielen.

Ändern Sie ruhig auch einmal die Aufnahmehöhe, um Vordergrundobjekte unscharf vor Ihrem Modell mit einzubauen, wie wir es der vierten Abbildung dieser Serie getan haben.

Alleine durch Ändern des Aufnahmestandpunkts lässt sich bildgestalterisch so einiges bewirken, ohne dabei irgendeine komplizierte Einstellungsprozedur an der 1200D vornehmen zu müssen. Alle hier gezeigten Aufnahmen entstanden übrigens mit dem Modus *Porträt* 🎭 mit dem Umgebungseffekt *Weich*.

1/200 s | f8 | ISO 800 | 135 mm | +⅔ EV
▶ *Unschärferer Hintergrund durch die Teleperspektive.*

1/200 s | f8 | ISO 800 | 135 mm | +⅔ EV
▶ *Gleiche Teleperspektive, Aufnahmestandpunkt aber knapp über dem Boden.*

9.3 Schöne Selbstauslöser-Fotos schießen

Die sogenannten „Selfies" sind heutzutage in aller Munde. Das sind also Fotos, bei denen Sie sich selbst porträtieren und damit zeigen, was Sie gerade tun oder in welch schöner Urlaubsumgebung Sie sich gerade befinden. Nun ist es aufgrund des nicht vorhandenen Klappdisplays nicht möglich, sich selbst vor der Aufnahme im Monitor der 1200D zu sehen. Aber mit dem klassischen Selbstauslöser sind natürlich trotzdem schöne Selbstporträts möglich. Am einfachsten funktioniert das mit mindestens einer weiteren Person im Foto. Dann können Sie die 1200D auf einem Stativ befestigen oder auf einer geeigneten Unterlage positionieren und den Fokus bequem auf die zweite Person einstellen, so wie wir es bei unserem Gipfelfoto-Shooting getan haben. Alternativ fokussieren Sie auf einen Gegenstand, der sich in der gleichen Entfernung befindet, in der Sie sich positionieren möchten. Oder Sie stellen manuell auf die geplante Entfernung ein.

▼ *Drei Selbstporträts, entstanden mit der Selbstauslöser-Reihenaufnahme.*
1/250 s | f11 | ISO 200 | 28 mm | Stativ

Die Selbstauslöser-Funktion können Sie anschließend mit der Taste ⌸ ⟳ oder über das Schnelleinstellungsmenü [Q] aufrufen, wobei Sie in allen Aufnahmeprogrammen zwei Optionen haben: Mit dem *Selbstauslöser:10 Sek*. ⟳ wartet die 1200D nach dem Auslösen 10 Sekunden, bis das Bild aufgenommen wird. Das Ablaufen der Zeit macht sie durch Blinken der *Selbstauslöser-Lampe* und einen Signalton kenntlich.

▲ *Die Selbstauslöser-Lampe in Aktion.*

Kapitel 9   Menschen gekonnt in Szene setzen   **229**

▲ Aktivieren der Selbstauslöser-Reihenaufnahme mit drei Bildern.

Zwei Sekunden vor der Aufnahme leuchtet die Lampe dauerhaft und es piept schneller. Die zweite Option der **Selbstausl.:Reihenaufn.** funktioniert prinzipiell genauso, sprich, die 1200D wartet ebenfalls 10 Sekunden. Sie nimmt dann aber 2 bis 10 Fotos mit der schnellstmöglichen Reihenaufnahmegeschwindigkeit auf.

Diese liegt ohne Blitz bei etwa 3 Bildern pro Sekunde, mit eingeschaltetem Blitz entsteht etwa 1 Sekunde Pause zwischen den Bildern. Die Anzahl der Bilder können Sie mit den vertikalen **Kreuztasten** ▲/▼ schnell einstellen.

Die dritte Option, der **Selbstauslöser:2 Sek.**, ist aufgrund der kurzen Wartezeit nicht unbedingt für Selbstporträts geeignet. Vielmehr können Sie diese Funktion verwenden, um in den Modi *P*, *Tv*, *Av* oder *M* berührungslose Aufnahmen vom Stativ aus anzufertigen. Denken Sie also eher bei Landschafts- oder Makroaufnahmen an diese Möglichkeit, damit kann dann wirklich nichts verwackeln.

> ✓ **Selfies mit der Gesichtserkennung**
>
> Wenn Sie nur sich selbst im Bild haben möchten, können Sie die Gesichtserkennung des **Live-Modus** AF verwenden, um den Fokus auf Ihr Antlitz einzustellen. Allerdings funktioniert das nur, wenn Sie die 1200D selbst in der Hand halten und auf sich richten, oder wenn Sie mit einem (Funk)Fernauslöser fotografieren. Die Selbstauslöser-Funktionen treten hierbei also gar nicht in Aktion.

9.4 Die Augen in den Fokus stellen

Geht es Ihnen auch so: Bei dem Betrachten eines Porträts wandert der Blick automatisch und unweigerlich sofort in Richtung der Augen? Bei uns und sicherlich dem Großteil der Bildbetrachter ist das so. Daher achten wir beim Fotografieren von Menschen, aber auch bei Porträts von Tieren, besonders darauf, dass die Augen, oder zumindest eines der beiden Augen, scharf abgebildet werden. Hierzu legen wir ein einzelnes AF-Messfeld direkt auf die Augenpartie. Weil die 1200D mit ihren neun AF-Messfeldern aber nicht immer einen Fokuspunkt an der gewünschten Stelle parat hat, nutzen wir häufig die Methode der Schärfespeicherung. Dazu wählen wir mit der Taste ⊡ das mittlere AF-Messfeld aus und platzieren es auf dem Auge. Mit dem Auslöser auf dem ersten Druckpunkt gehalten richten wir anschließend den Bildausschnitt schnell ein und lösen aus. Das funktioniert ganz wunderbar und geht einem nach kurzer Zeit ganz automatisch von der Hand. Wichtig ist aber auch, nach dem Fokussieren nicht zu lange zu warten. Zwar können Sie den Bildausschnitt noch ein wenig anpassen während Sie den Auslöser weiterhin auf dem ersten Druckpunkt halten. Dann sollte aber schnell ausgelöst werden, damit sich die Schärfeebene nicht mehr wesentlich verschiebt.

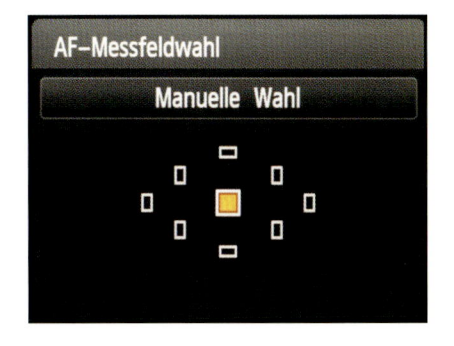

▼ *Mit dem mittleren AF-Messfeld und der Schärfespeicherung haben wir den Fokus flink an die gewünschte Stelle gelegt.*
1/250 s | f5 | ISO 160 | 160 mm

9.5 Hartes Licht managen

Da man sich das natürliche Licht in der Regel nicht aussuchen kann, wird es häufig Situationen geben, bei denen Sie im prallen Sonnenschein fotografieren müssen. Es gibt aber ein paar Tricks, die das Fotografieren unter solchen Bedingungen erleichtern.

Wichtig für einen entspannten Gesichtsausdruck ist vor allem, dass Ihre Akteure nicht direkt ins grelle Licht schauen müssen. Bitten Sie Ihr Modell daher in den Schatten, zum Beispiel unter einem Baum. Auf diese Weise stellen Sie allerdings eine Gegenlichtsituation her, bei der der Hintergrund viel heller ist als das Gesicht Ihrer Protagonisten.

Daher hellen Sie das Gesicht entweder mit Blitzlicht auf oder verwenden Sie einen Reflektor. Reflektoren mit silberner Bespannung beeinflussen die Lichtfarbe nicht und erzeugen eine etwas kühlere, aber sehr natürliche Wirkung.

Wenn Sie einen Reflektor mit Sunlight- oder Sunflame-Beschichtung verwenden, wird die Lichtfarbe wärmer. Achten Sie dann aber gut auf die Hautfarbe und führen Sie gegebenenfalls an Ort und Stelle einen manuellen Weißabgleich durch.

Auch können Sie eine Graukarte mitfotografieren, um den Weißabgleich später im RAW-Konverter daran auszurichten.

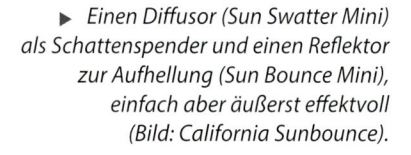

▲ *Sunlight-Oberfläche des 5-in-1-Faltreflektor-Sets.*

▶ *Einen Diffusor (Sun Swatter Mini) als Schattenspender und einen Reflektor zur Aufhellung (Sun Bounce Mini), einfach aber äußerst effektvoll (Bild: California Sunbounce).*

Ist kein Schatten zu finden, erzeugen Sie mithilfe eines Diffusors selbst Schatten. Passende Diffusoren „am Galgen" oder am Lampenstativ und Reflektoren aller Art gibt es beispielsweise von California Sunbounce.

9.6 Indoor-Porträts mit nur einem Blitz

Wenn es darum geht, mit recht einfachen Mitteln ein schönes Porträt in Innenräumen zu fotografieren, werden Sie in der Regel um den Einsatz von Blitzlicht nicht herumkommen. Wie dies bereits mit einem aufgesteckten Systemblitzgerät funktionieren kann, zeigen die folgenden Porträtbilder.

Diese haben wir in einem Wohnraum aufgenommen und die Belichtung manuell so eingestellt, dass die Szene vornehmlich vom Blitz erhellt wurde.

Auf diese Weise lag die Beleuchtung komplett in der eigenen Hand. Trifft das Blitzlicht allerdings direkt auf die Person, treten harte Schattenränder und unschöne Hautreflexionen zutage.

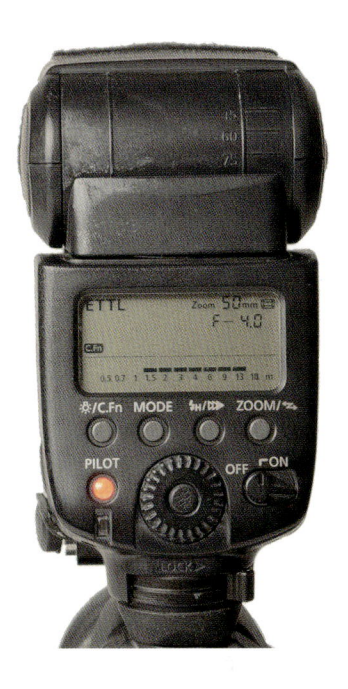

1/100 s | f4 | ISO 100 | 38 mm

◄ *Der direkte Blitz erzeugt eine flache Ausleuchtung mit harten Schlagschatten.*

Für eine weichere Ausleuchtung leiten Sie das Blitzlicht lieber indirekt über die Decke auf Ihr Modell. Wobei es dann vorkommen kann, dass das Licht von oben zu starke Augenschatten und Schatten unterm Kinn verursacht.

Aber auch das lässt sich ändern, drehen Sie den Blitzkopf nach links oder rechts und lassen Sie das Blitzlicht über die Seitenwände kommen. Die Schatten werden sich auf der gegenüberliegenden Seite abzeichnen. Dadurch entsteht meist eine angenehm modellierende Ausleuchtung. Denken Sie daran, die Leistung des Blitzgeräts zu erhöhen, damit der Lichtverlust, der durch den längeren Weg über die Wände entsteht, kompensiert wird. Hier haben wir eine Blitzbelichtungskorrektur von +1 EV eingestellt.

1/100 s | f4 | ISO 100 | 38 mm
▶ *Indirekter Blitz über die linke Wand.*

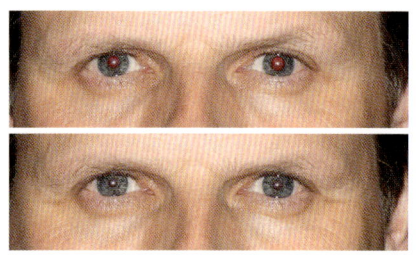

▲ *Oben: Rote Augenreflexion. Unten: Die rote Netzhautreflexion wurde verringert.*

9.7 Mittel gegen rote Augen

Rote Augen machen die Wirkung eines Porträts oder Schnappschusses im Nu kaputt, daher sind sie ein Graus für jeden People-Fotografen.

Vor allem beim Einsatz des internen Blitzgeräts der 1200D in dunkler Umgebung und einem Abstand von mehr als etwa drei Metern können diese störenden Reflexionen der Netzhaut auftreten.

Ihre 1200D hat jedoch eine Funktion zur Reduktion roter Augen an Bord. Ist diese aktiviert, sendet die Lampe zur Verringerung roter Augen ❶ vor der Aufnahme einen kräftigen Lichtstrahl aus. Als Folge ziehen sich die Pupillen enger zusammen, sodass die Netzhaut nicht mehr reflektieren kann. Geben Sie Ihrem Modell am besten Bescheid, dass die Lampe anspringen wird und Sie die Aufnahme aber erst starten werden, wenn Sie „jetzt" sagen. Drücken Sie nun den Auslöser halb durch und warten Sie kurz, bis die zur Mitte hin auslaufende *Skalenanzeige* ❷ im Sucher erloschen ist. Geben Sie Ihrem Modell das Starsignal und lösen Sie kurz danach aus.

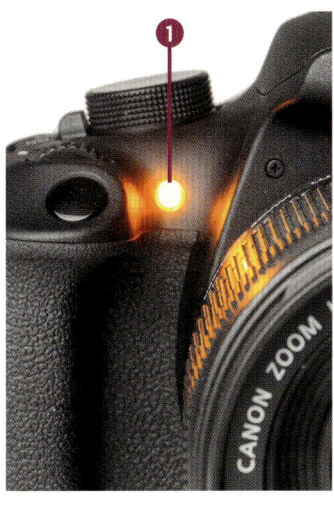

◄ *Skalenanzeige.*

▲ *Lampe zur Verringerung roter Augen.*

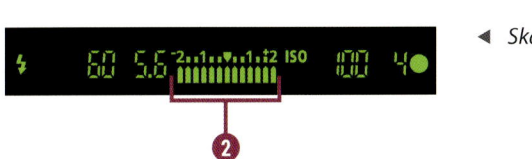

Übrigens, die Funktion *R.Aug. Ein/Aus* finden Sie im Menü *Aufnahme 1* Ihrer EOS 1200D. Sie steht Ihnen in allen Fotoprogrammen zur Verfügung außer in den Modi *Blitz aus*, *Landschaft* und *Sport*.

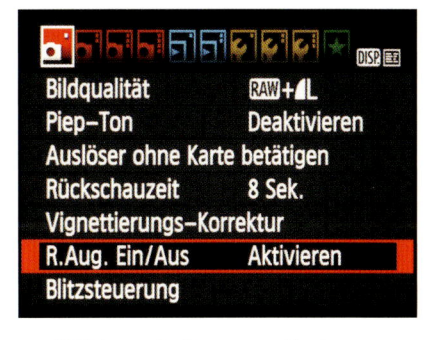

Es kann allerdings vorkommen, dass die roten Pupillenreflexionen nicht ganz verschwinden. Dann haben Sie drei Möglichkeiten: Verwenden Sie einen Aufsteckblitz, um das Licht aus einem steileren Winkel strahlen zu lassen, sodass die Reflexion gar nicht erst entsteht. Gehen Sie näher an Ihr Modell heran, auch mit dem internen Blitz fällt das Licht nun aus einem höheren Winkel auf die Person.

▲ *Aktivieren der Lampe zur Verringerung roter Augen.*

Oder bearbeiten Sie das Foto nach. Die meisten Bildbearbeitungsprogramme und beispielsweise auch der RAW-Konverter von Photoshop oder Photoshop Lightroom haben einfach anzuwendende Korrekturfunktionen gegen rote Augen im Programm.

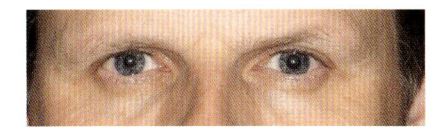

▲ *Hier haben wir die roten Augen der vierten Abbildung dieser Serie mit Photoshop Lightroom einfach eingeschwärzt.*

Kapitel 9   Menschen gekonnt in Szene setzen   **235**

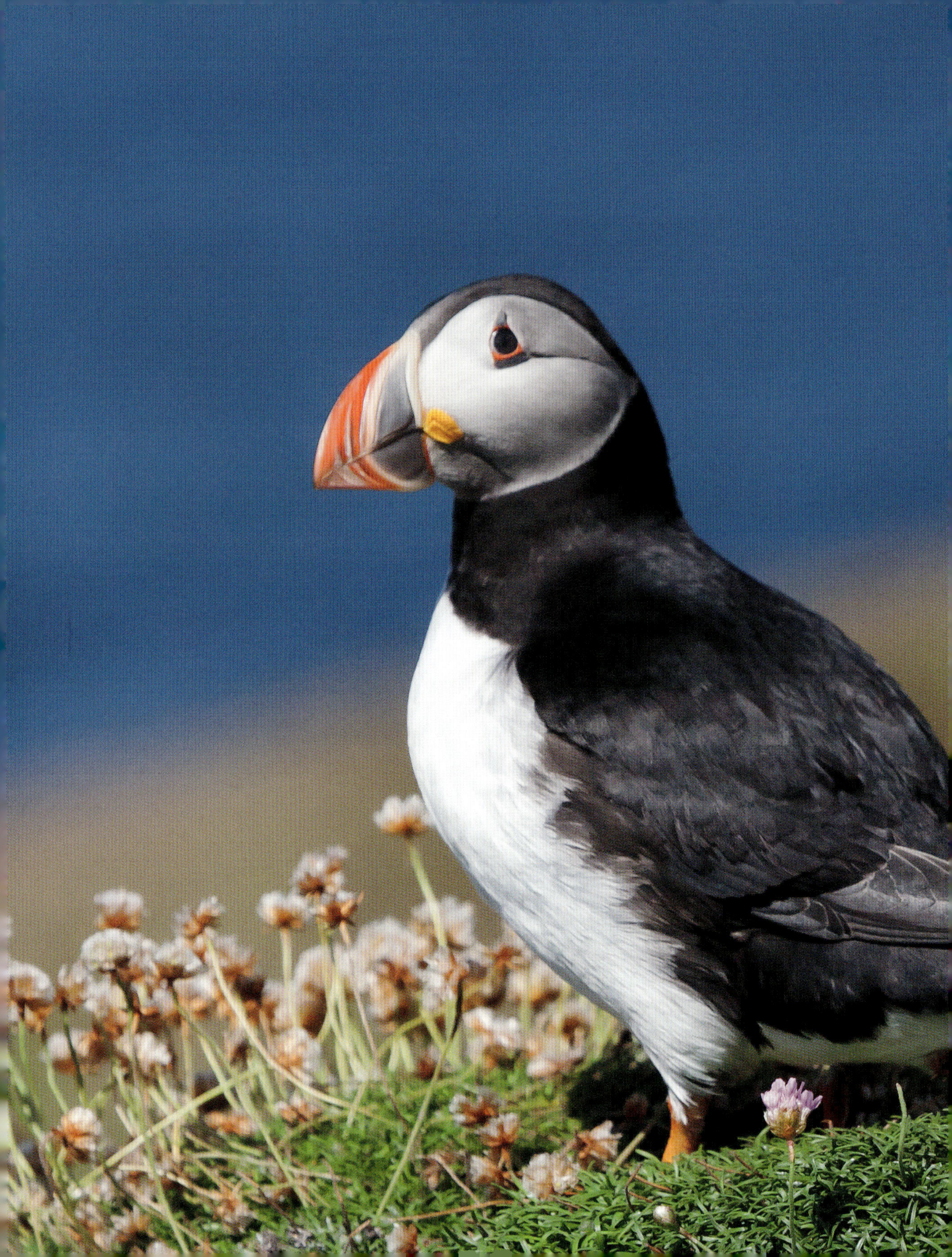

Mit der 1200D in der Natur

Wer sich mit der EOS 1200D auf Expeditionen in die Natur begibt, der erlebt nicht nur viel, sondern bringt sicherlich auch jede Menge schöne Fotos mit nach Hause. Es müssen aber nicht gleich größere Fernreisen sein, um der Naturfotografie zu frönen. Auch kleinere Ausflüge in die nähere Umgebung laden dazu ein, das Gesehene in spannende Bilder umzusetzen und diese mal im Internet, mal bei einer Diashow oder im eigenen Fotobuch zu präsentieren. Also, packen Sie die wichtigsten Sachen zusammen und gehen Sie „on tour".

10.1 Den Bildern eine Tiefenwirkung verleihen

Das schönste Motiv kann flach und langweilig wirken, wenn der Raum als dritte Dimension im Bild nicht zu sehen ist. Geben Sie Ihren Fotos daher eine Tiefenwirkung.

Dazu können Sie beispielsweise Wege, Flüsse, Alleen oder Zäune in die Bilder einbauen, die im Vordergrund breit anfangen und sich in die Tiefe gehend verjüngen oder geradewegs auf das Hauptmotiv hinführen.

Oder gestalten Sie das Bild mit einem natürlichen oder architektonischen Rahmen aus Bäumen, Hecken oder Torbögen. Auch können Sie im Vordergrund interessante Objekte, Tiere oder Personen einbauen, die zum Kontext des Bildes passen.

▼ *Der Blick wird vom Schmelzwasser im Vordergrund über den Pasterze-Gletscher bis hin zum Johannisberg durchs Bild geleitet.*
1/400 s | f6,3 | ISO 250 | 24 mm

1/250 s | f14 | ISO 400 | 24mm | Polfilter

▲ *Die Blätter und Sträucher umrahmen den Blick über den Kochelsee.*

Dabei können Sie das Bild ruhig auch einmal mit geringer Schärfentiefe inszenieren. Fokussieren Sie gezielt das Hauptobjekt und blenden Sie das Vordergrundobjekt unscharf aus oder umgekehrt.

Wichtig ist stets, dass die Schärfe am richtigen Platz im Bild liegt. Überlegen Sie sich also, was das wichtigste Element der Szene ist, und legen Sie die Schärfe dorthin.

Am besten wählen Sie dafür ein passendes AF-Messfeld. Oder Sie nehmen einfach das mittlere und wenden den Trick mit der Schärfespeicherung bei halb heruntergedrücktem Auslöser an.

1/125 s | f9 | ISO 160 | 18 mm | Polfilter

▲ Tiefenwirkung durch die weniger scharfen Blüten im Vordergrund.

10.2 Mehr Dramatik durch Grauverläufe erreichen

Landschaftsaufnahmen haben häufig eines gemein, der Himmel ist viel heller als der Bodenbereich. Das hat zur Folge, dass entweder die Landschaft angenehm hell abgebildet wird und dafür der Himmel überstrahlt oder umgekehrt, der Himmel ist schön durchzeichnet, dafür versinkt die Landschaft im unteren Bildbereich in Dunkelheit. Gut, dass es spezielle Grauverlaufsfilter gibt, die der Kreativität bei der Landschaftsfotografie auf die Sprünge helfen. Durch den geänderten Helligkeitsverlauf erhöht sich die optische Bildtiefe und meist wirken die Fotos auch etwas wilder oder dramatischer. Wenn Sie sich die beiden Fotos hier ansehen, ist der Unterschied gut zu erkennen.

1/200 s | f7,1 | ISO 100 | 60 mm | +⅔ EV | ND Grad 0.9 von Formatt Hitech

◄ *Strukturierter Bodenbereich dank Grauverlaufsfilter.*

1/200 s | f7,1 | ISO 100 | 60 mm | +⅔ EV

◄ *Ohne Filter ist der Bodenbereich zu dunkel geworden.*

Alles, was Sie dafür benötigen, ist ein passender Verlaufsfilter und die *AE-Speicherung* der EOS 1200D. Stellen Sie beispielsweise den Modus *Av* ein, wobei Aufnahmen in den Modi *P*, *Tv* oder *M* natürlich genauso denkbar wären. Stellen Sie Bildhelligkeit gegebenenfalls per *Belichtungskorrektur* ✥ (*P*, *Tv*, *Av*) oder durch Ändern der Belichtungszeit (*M*) so ein, dass Ihnen die Vordergrundhelligkeit zusagt. Drücken Sie nun die *Sterntaste* ✱, um die Belichtung zu speichern (*P*, *Tv*, *Av*).

Jetzt können Sie den Grauverlaufsfilter langsam von oben nach unten ins Bild ziehen und dabei die Änderung des Helligkeitsverlaufs durch den Sucher oder per Livebild beobachten.

Achten Sie darauf, dass der Filter dicht am Objektiv anliegt, damit keine versehentlichen Reflexionen entstehen. Sobald Ihnen die Belichtung gefällt, lösen Sie aus.

▶ *Links: Weiche Übergangskante für nicht linearen Horizont. Mitte: Harte Übergangskante für geraden Horizont (z. B. am Meer). Rechts: Für Sonnenauf- und -untergänge gibt es die speziellen Reverse Graduate Filter (Neutral Density Reverse Grad 0.9 von Formatt Hitech).*

Am besten in der Praxis bewährt haben sich 10 x 15 cm große Steckfilter, dünne Platten aus Glas oder Plastik. Diese Filter können Sie auch ohne speziellen Filterhalter vor das Objektiv halten. Sie lassen sich in einer passenden Filtertasche auch problemlos am Gürtel befestigen lassen (z. B. Lowepro Filter Pouch 100) und sind bei unseren fotografischen Aktivitäten daher oft mit von der Partie. Meist nutzen wir Filterstärken von 0.9 EV.

10.3 Schönere Farben für Sonnenuntergänge

Sonnenauf- und -untergänge gehören sicherlich zu den am meisten fotografierten Landschaftsmotiven. Auch wir können uns bei der Sichtung eines schönen Abendhimmels kaum zurückhalten, das Abendbrot beiseite zu legen, die Kamera zu zücken und aus dem Haus zu rennen, um das far-

▲ *Vorgabe Abendlicht.*

benkräftige Schauspiel auf den Sensor zu bannen. Die Bildfarben spielen bei derartigen Motiven eine ganz besondere Rolle. Wie könnten Sie also vorgehen, um Ihrem Sonnenuntergangsmotiv eine intensivere Note zu verleihen, oder vielleicht sogar den Rot-Violett-Anteil des Abendlichts noch stärker herauszuarbeiten?

Kein Problem, setzen Sie einfach den Weißabgleich kreativ ein. Hier haben wir das erste Foto beispielsweise einfach im Modus *Landschaft* mit der Standardeinstellung fotografiert. Für das zweite Bild haben wir über das Menü *Schnelleinstellung* Q bei *Aufn. n. Beleucht./Motiv* die Vorgabe *Abendlicht* eingestellt. In beiden Fällen lieferte uns die EOS 1200D schöne und natürliche Farben, die im ersten Fall etwas kühler ausfielen und im zweiten Fall verstärkte Gelbanteile aufwiesen.

▼ *Links: Standardeinstellung im Modus Landschaft. Rechts: Verstärkte Gelbanteile mit der Vorgabe Abendlicht.*
Links: 1/80 s | f9 | ISO 100 | 18 mm
Rechts: 1/80 s | f9 | ISO 100 | 18 mm

Was könnten Sie aber noch tun, um die Farbwirkung zu beeinflussen? Nun, wenn Sie in einem der Modi *P*, *Tv*, *Av* oder *M* fotografieren, können Sie die Farbwirkung mit einer *Weißabgleichkorrektur* WB ganz fein abstimmen. Für das dritte Bild, aufgenommen im Modus *Av*, haben wir beispielsweise die rot-violetten Anteile durch eine Feinabstimmung mit der Abkürzung *A6*, *M4* variiert.

Kapitel 10   Mit der 1200D in der Natur   243

1/30 s | f9 | ISO 100 | 18 mm

▲ *Ergebnis mit dem Weißabgleich Schatten und den veränderten Werten A6, M4.*

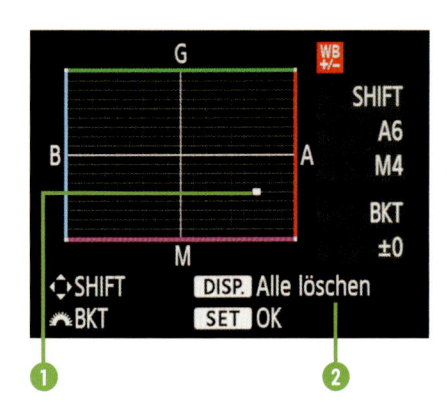

▲ *Einstellen der Weißabgleichkorrektur.*

Eine solche **Weißabgleichkorrektur** WB können Sie über das Menü **Aufnahme 2** bei *WB-Korr.einst.* einstellen. Bewegen Sie Sie den eingeblendeten Cursor ❶ mit den **Kreuztasten** ✥ innerhalb der Koordinaten frei in Richtung der vier Grundfarben *A* (Amber, Gelb), *B* (Blau), *G* (Grün) und *M* (Magenta).

Mit der *SET*-Taste bestätigen Sie die Farbkorrektur, die nun für alle Weißabgleichvorgaben gültig ist. Denken Sie daran, die Farbverschiebung nach dem Shooting wieder zurück zu stellen, das geht mit der *DISP.*-Taste ❷ ganz schnell.

Automatische Weißabgleichreihe nutzen

Um schnell eine Reihe an Bildern aufnehmen zu können, die sich im Weißabgleich um Nuancen unterscheiden, bietet die EOS 1200D eine automatische Reihenfunktion an, die als Weißabgleich-Bracketing (*WB-BKT*) bezeichnet wird. Drehen Sie das *Hauptwahlrad* dazu nach rechts oder nach links, um drei horizontal oder vertikal versetzte Markierungspunkte ❸ zu erzeugen. Lösen Sie nur einmal aus, es werden automatisch drei unterschiedliche eingefärbte Bilder gespeichert: Standard – Blaufärbung – Gelbfärbung (Markierungen horizontal ❸) oder Standard – Magentafärbung – Grünfärbung (Markierungen vertikal). Auch können Sie die Weißabgleichreihe mit der Belichtungsreihe *AEB* (siehe Seite 290 in Kapitel 14) kombinieren. In dem Fall entstehen neun Aufnahmen: drei unterschiedliche Belichtungen mal drei Farbnuancen.

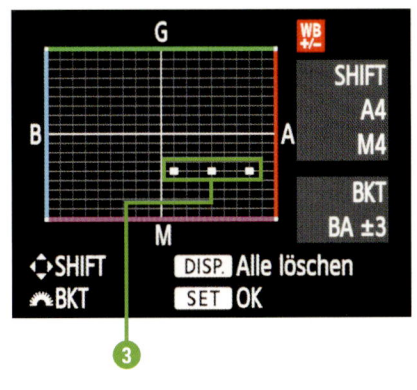

▲ *Einstellen einer Weißabgleichreihe mit Blau-Gelb-Variation.*

10.4 Tiere vor der Kamera

Man muss ja nicht gleich „Birdwatcher" sein oder es toll finden, vor Sonnenaufgang im Tarnzelt zu verschwinden und erst nach Sonnenuntergang wieder heraus zu kommen. Die Tierfotografie ist sehr viel umfassender und bietet ein enorm weites Betätigungsfeld.

Pfiffige Haustierporträts erstellen

Motive aufzuspüren, ist eigentlich gar nicht so kompliziert. Zoos, Safariparks und Tiergehege bieten viele interessante Fotomotive und reichlich Möglichkeiten, sich mit diesem Thema etwas ausführlicher zu befassen. Vielleicht wird aber auch Ihr Hund oder Nachbars Katze zu den ersten bevorzugten Fotomotiven zählen. Egal, welche Tiere ins Visier genommen werden, lassen Sie sich mit Ihrer 1200D voll und ganz auf sie ein. Dabei werden Sie sicherlich auf viele, bereits bekannte fotografische Herausforderungen treffen. Denn die Gestaltung eines unscharfen Hintergrunds und das Fokussieren auf die Augen spielen bei Tierfotos natürlich genauso eine wichtige Rolle wie bei Porträtaufnahmen von Menschen.

1/125 s | f4 | ISO 125 | 100 mm

▲ Begegnen Sie den Tieren auf Augenhöhe, das schafft Nähe und verbessert die Möglichkeit, kreativ mit der Schärfe und Unschärfe zu spielen.

Da viele Tiere kleiner sind als der aufrecht stehende Mensch, werden Sie nicht umhinkommen, sich öfter robbend auf dem Boden wiederzufinden. Das Porträt des mit seinem Lieblingsschal spielenden jungen Hundes haben wir beispielsweise im Liegen aufgenommen. Auch halten die meistens tierischen Modelle vor der Kamera nicht still. Das ist einerseits ganz toll, denn gerade die Aktion im Bild erzeugt Spannung und Emotion. Andererseits gilt es, schnell zu reagieren und mit kurzen Belichtungszeiten zu fotografieren. Geeignete Modi wären da beispielsweise das Programm *Sport*, der Modus *Tv* oder auch, von uns persönlich am liebsten verwendet: *Av* mit geringen Blendenwerten.

▼ Mit dem geringen Blendenwert konnten wir die umher tollenden Lämmer in ihrer Aktion einfrieren und scharf vor dem diffusen Weidenhintergrund freistellen.
1/2000 s | f2,8 | ISO 100 | 200 mm

Wildtiere in den Fokus nehmen

Ob zuhause im heimischen Umfeld oder im Urlaub, das Fotografieren von Wildtieren ist immer eine besondere Herausforderung. Meist liegt das daran, dass die Tiere uns Menschen als bedrohlich, seltsam oder irgendwie störend

1/160 s | f5,6 | ISO 800 | 266 mm | Stativ

▲ *Zwei junge Murmeltiere vor ihrem Bau, fotografiert mit dem Livebild, damit der Auslöser nicht so laut klackt.*

empfinden. Mit ein wenig Einfühlungsvermögen und ruhigem Verhalten klappen schöne Wildtieraufnahmen aber auch ohne ein Riesen-Teleobjektiv oder ausgeklügelte Tarnmechanismen.

Bei den beiden jungen Murmeltieren, die direkt neben dem Wanderweg ihren Bau hatten, haben wir uns gegen Abend einfach ganz ruhig auf den Boden gesetzt und abgewartet. Nach ein paar Minuten kamen sie aus ihrem Bau und wir konnten ein paar schöne Aufnahmen der niedlichen Nager machen.

Dann gibt es natürlich auch viele Tiere, die sich an uns Menschen mehr oder weniger gewöhnt haben. Formatfüllende Porträtmöglichkeiten sind im Fall von Möwe & Co. keine

Seltenheit, und oftmals ist auch genügend Zeit, die 1200D gut auf die Situation einzustellen und auf den besonderen Blick oder eine spannende Aktion zu warten.

Und wenn Sie sich gar so richtig für die Tierfotografie begeistern und ein wenig recherchieren, werden Sie feststellen, dass es viele „hot spots" gibt, an denen es gar nicht schwer ist, besonderen Vögeln oder Säugetieren ganz nahe zu kommen.

Dazu muss man nicht einmal sehr weit reisen. Aufnahmen von Papageitauchern sind beispielsweise in Schottland und Island ohne größere Umstände möglich, und solche von Basstölpeln beispielsweise auf der Insel Helgoland.

▼ *Papageitaucher an der Schottischen Nordküste.*
1/4000 s | f9 | ISO 400 | 225 mm

Fotografieren im Gehege

Im Zoo werden Ihnen viele Tiere leider immer noch hinter mehr oder weniger dichten Gehegezäunen begegnen. Was ist also zu tun, wenn sich die Drähte unschön durchs Bild schlängeln oder der Autofokus nicht richtig scharf stellt?

Nun, fotografieren Sie am besten im Modus *Av* und stellen Sie den Blendenwert auf die niedrigste Stufe. Die Schärfentiefe wird dadurch begrenzt, sodass die Umzäunung außerhalb des fokussierten Bereichs unscharf und „unsichtbar" wird. Achten Sie aber darauf, dass der Draht nicht gerade vor dem Gesicht der Tiere verläuft, und schalten Sie den Blitz aus, damit die Drähte nicht reflektieren. Sollte der Autofokus am Zaun „hängen" bleiben, können Sie die Schärfe manuell einstellen.

▼ *Hinter einem Gitterzaun durchstreift der Mähnenwolf sein Revier, vom Gehegezaun ist im Bild nichts zu sehen.*
1/1250 s | f5,6 | ISO 1250 | 161 mm

Übrigens, die besten Bedingungen herrschen vor, wenn sich das Tier in der Gehegemitte befindet, die Kamera dicht am Zaun ist und mit einer Telebrennweite von 100 bis 200 mm oder auch darüber fotografiert werden kann. Auf diese Weise lassen sich die störenden Drähte nahezu komplett aus dem Foto eliminieren. Probieren Sie es beim nächsten Zoobesuch einfach einmal aus.

1/320 s | f4 | ISO 1000 | 190 mm

◄ *Auch der Weißohrturako ließ sich durch die dichten Gitterstäbe hindurch ordentlich in Szene setzen.*

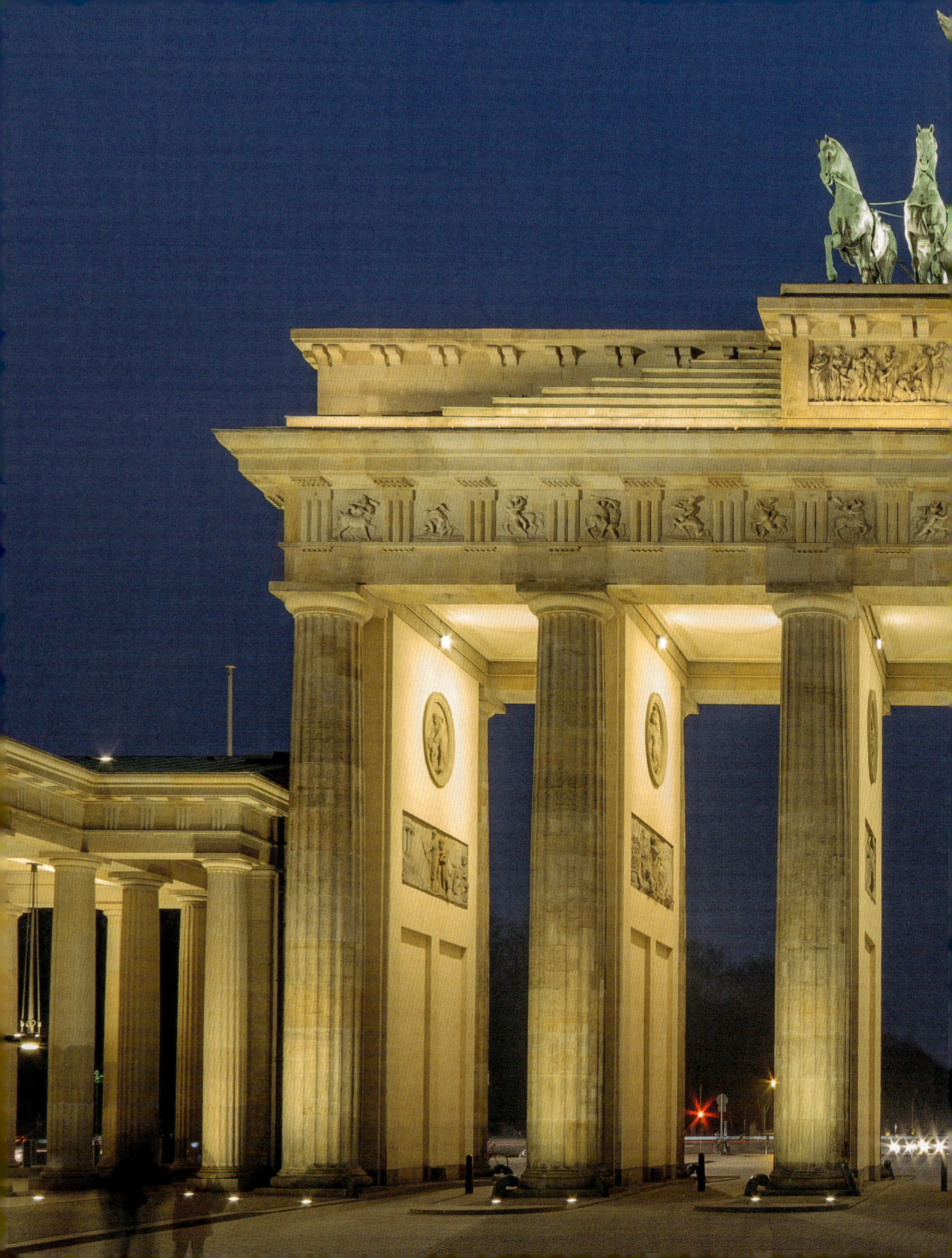

Architektur und Stadtansichten

Unsere Umgebung, egal, wo wir uns auf dieser Erde befinden, ist von Architektur geprägt. Vom barocken Schloss bis zum supermodernen Bürogebäude, von der historischen Steinbrücke bis zur modernen Schrägseilkonstruktion ist unser Leben eng verwoben mit den verschiedensten Architekturstilen und Bauelementen. Da ist es nur natürlich, diese auch in Bildern zu verewigen, um abstrakte Kunstbilder zu schaffen oder eine schöne Erinnerung an besonders beeindruckende Gebäude zu erhalten. Erfahren Sie in diesem Kapitel die wichtigsten Tricks und Kniffe, mit denen Ihre Architekturbilder zum echten Hingucker werden.

11.1 Stürzende Linien vermeiden

Bei Städtetouren kommen meist Weitwinkelobjektive zum Einsatz, um größere Bauten vollständig ins Bild zu bekommen. Auch für spannende Perspektiven sind Weitwinkelobjektive die besten Begleiter.

Wenn das Weitwinkelobjektiv allerdings nach oben oder unten gekippt wird, erscheinen die eigentlich gerade Linien im Bild unnatürlich gekippt. So streben die Linien auseinander, wenn die Kamera nach unten geneigt wird, beim Kippen nach oben laufen sie dagegen aufeinander zu.

1/30 s | f8 | ISO 200 | 40 mm | Polfilter
▶ Gerade Linien durch mehr Abstand und leicht erhöhten Standort.

Wenn Sie Gebäude mit korrekten Proportionen darstellen möchten, versuchen Sie, diese sogenannten stürzenden Linien zu vermeiden. Das funktioniert am besten, wenn Sie das Bild aus einer größeren Entfernung oder einem erhöhten Standort aufnehmen können – oder beides zusammen.

So konnten wir die Kirche in unserem Beispielfoto aus einer größeren Entfernung und einem leicht erhöhten Standort mit geraden Gebäudekanten aufnehmen.

1/30 s | f8 | ISO 200 | 16 mm | Polfilter

◀ *Stürzende Linien durch dichten Aufnahmeabstand.*

In der Realität ist es jedoch nicht immer möglich, ein Gebäude aus größerer Distanz auf den Sensor zu bannen oder gar vom zweiten Stock eines gegenüberliegenden Hauses zu fotografieren. Daher muss man bei Architektur- oder Sightseeing-Motiven zu einem gewissen Teil mit den stürzenden Linien leben.

Was aber auch spannend sein kann, ist, die Darstellung in die umgekehrte Richtung zu übertreiben. Mit einem starken Weitwinkelobjektiv könnten Sie sich dicht vors Gebäude stellen und die Linien absichtlich sehr stark stürzen lassen.

> **Bilder per Software aufrichten**
>
> Die meisten gängigen Bildbearbeitungsprogramme, wie Photoshop Elements oder Gimp und einige RAW-Konverter, wie z. B. Lightroom, oder auch Spezialprogramme wie DxO ViewPoint können stürzende Linien nachträglich aufrichten. In jedem Falle ist es vorteilhaft, beim Fotografieren um das gewünschte Motiv herum genügend Platz zu lassen, damit bei dieser Art der Nachbearbeitung keine wichtigen Motivbereiche abgeschnitten werden.

11.2 Die Froschperspektive sorgt für Abwechslung

Warum nicht einmal zu Ihrem Motiv aufschauen? Wenn Sie das Bild am Sockel einer Statue oder am Fuße eines Gebäudes beginnen lassen, indem Sie die EOS 1200D schräg nach oben halten, werden Sie mit besonders spannenden Perspektiven belohnt.

1/30 s | f11 | ISO 100 | 18 mm | Polfilter

Gebäude oder Statuen wirken majestätisch, wenn sie steil nach oben fotografiert werden.

Aus der sogenannten Froschperspektive betrachtet wirken die Motive majestätisch und erhaben. Achten Sie hierbei auf eine erhöhte Schärfentiefe, damit das Bild eine durchgehend hohe Detailauflösung erhält. Dazu können Sie die 1200D im Modus *Av* zum Beispiel auf einen Blendenwert von f5,6 bis f11 einstellen.

Am besten fokussieren Sie mit dem mittleren AF-Messfeld auf die bildwichtige Stelle, beispielsweise das Gesicht einer Statue, und schwenken dann bei halb gedrücktem Auslöser auf den finalen Bildausschnitt.

Handelt es sich um ein Motiv, das kein nennenswert hervorzuhebendes Hauptelement besitzt, sondern in seiner Gänze das Hauptmotiv darstellt, wie die Domfassade im gezeigten Foto, fokussieren Sie am besten etwa auf die Mitte. Und noch ein Tipp: Eine leichte Drehung der Kamera, sodass die Gebäudelinien zu einem oder sogar zwei Bildrändern in etwa parallel verlaufen, verleiht dem Foto eine zusätzliche perspektivische Spannung.

11.3 Hartes oder weiches Wasser: Sie haben die Wahl

Fließendes Wasser aus Brunnen sieht meistens sehr gut aus, wenn es entweder so eingefroren wird, dass jeder fliegende Tropfen scharf zu sehen ist, oder wenn es sich, im umgekehrten Fall, weich und verwischt über die Figuren oder auf den Boden ergießt. Oftmals ist es aber zu hell, um die Wasserbewegung mit einem Wischeffekt darstellen zu können.

Mit einem sogenannten Neutraldichte- oder Graufilter können Sie den Lichteinfluss ins Objektiv aber verringern und die notwendigen Belichtungszeiten von 1/25 s bis zu mehreren Sekunden verlängern. Bei dem gezeigten Wasserspiel haben wir beispielsweise einen 4-fachen Neutraldichtefilter

Neutraldichtefilter ND4 (links) und ND×400 (rechts).

verwendet, um die Belichtungszeit auf 1/5 s zu verlängern und den Wischeffekt zu erzielen.

Wichtig ist, dass der Neutraldichtefilter die Bildfarben nicht beeinflusst, was vor allem bei stärkeren Filtern wichtig wird. Aus unserer Praxis können wir Ihnen für die 1200D folgende Modelle empfehlen: RODENSTOCK Graufilter Digital HR ND4 (2 EV), Dörr DHG ND8 (ca. 3 EV), Hoya HMC ND×400 (ca. 9 EV) und LEE Filter Big Stopper (10 EV). Sie beeinflussen die Farbgebung nur minimal. Fotografieren Sie aber am besten im RAW-Format, um den Weißabgleich später perfekt austarieren zu können.

Sekundenlange Belichtungszeiten bei Tage erzielen Sie mit Graufiltern, die 8 bis 10 EV Licht schlucken. Durch diese Filter kann man aber überhaupt nicht mehr hindurch sehen. Daher fotografieren Sie am besten im Modus *M* und stellen die Belichtung zuerst so ein, dass sie ohne Filter stimmig ist.

Legen Sie auch den Fokus manuell fest. Verlängern Sie anschließend die Belichtungszeit um die EV-Stufen, die als Filterstärke angegeben ist. Zu große Neutraldichtefilter halten wir übrigens einfach per Hand möglichst dicht vors Objektiv, ohne es zu berühren.

Oben 1/1000 s | f4 | ISO 500 | 18 mm | +1 EV | Stativ, unten: 1/5 s | f6,3 | ISO 100 | 18 mm | +1 EV | Stativ

▲ Oben: Ohne Graufilter konnten wir das Wasser scharf abbilden. Unten: Mit dem Graufilter hinterlässt das Wasser verwischte Spuren im Bild.

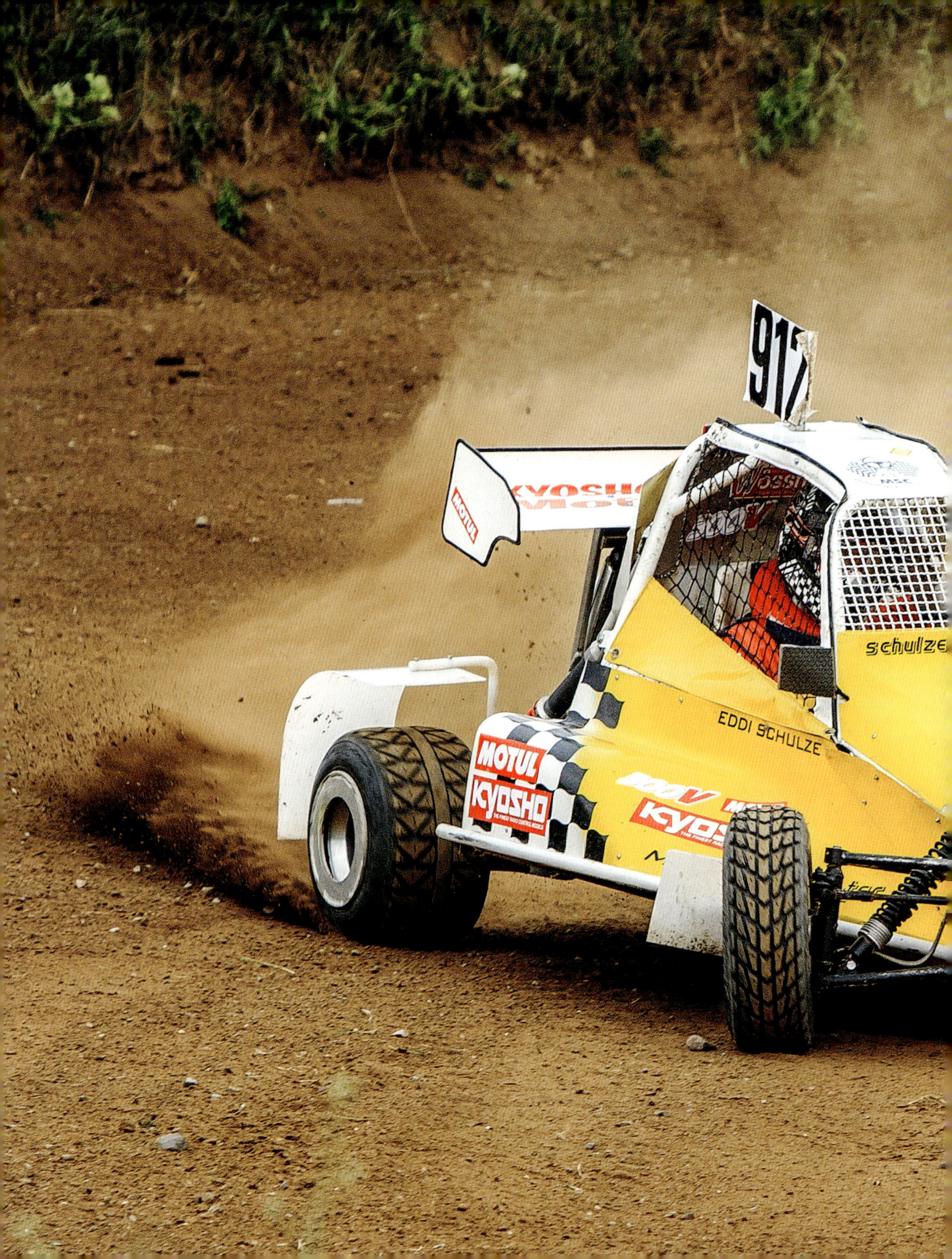
917
MOTUL
KYOSHO
schulze
EDDI SCHULZE
MOTUL
KYOSHO

Dynamik pur: Sport und Actionfotografie

Das Fotografieren bewegter Motive macht unheimlich viel Spaß. Die Bilder wirken einerseits weniger statisch und langweilig, wenn die Bewegung darin auch tatsächlich sichtbar wird. Andererseits können scharf abgebildete Momentaufnahmen spannende Details einer rasanten Bewegung aufdecken. Und mit ein paar grundlegenden Regeln haben Sie die Dynamik schnell in Ihr fotografisches Repertoire aufgenommen.

12.1 Bewegungen „einfrieren"

Vielleicht sind Sie demnächst bei einer Greifvogelflugshow, bei einer Motocross-Veranstaltung oder Sie möchten die eigenen Kinder beim Spielen und Toben fotografieren. Egal, um welche Actionmotive es sich handelt, es wird Ihnen sicherlich wichtig sein, rasante Bewegungsabläufe mit der EOS 1200D scharf im Bild einfangen zu können. In diesem Abschnitt erfahren Sie, wie Sie Ihre Kamera am besten auf derlei Fotoaction vorbereiten.

▼ *Eine Kegelrobbe taucht aus der Brandung auf und durch die kurze Belichtungszeit konnten wir die Actionsituation perfekt einfrieren.*
1/2500 s | f7,1 | ISO 200 | 500 mm

Um schnelle Bewegungen einzufrieren, ist die Einstellung kurzer Belichtungszeiten von zentraler Bedeutung. Daher fotografieren Sie am besten im Modus *Tv* ❶ und geben eine Belichtungszeit von 1/250 s ❷ oder kürzer vor. Alternativ können Sie auch den Modus *Sport* wählen. Für das Einfrieren von Bewegungen in heller Umgebung ist das Programm gut geeignet. Wenn das Licht jedoch schwächer wird oder die Bewegung so schnell ist, dass Sie kürzere Belichtungszeiten als die der automatischen Vorgabe benötigen, ist *Tv* die bessere Wahl.

Geeignete Belichtungszeiten

Es ist ganz hilfreich, sich ein paar Belichtungszeiten einzuprägen, um in der Fotosituation schnell handeln zu können. Daher gibt Ihnen die folgende Tabelle ein paar Anhaltspunkte für häufig fotografierte Actionmotive und die dazu passenden Belichtungszeiten.

Objekt	Bewegung auf 1200D zu	Bewegung quer zur 1200D	Bewegung diagonal
Fußgänger	1/30 s	1/125 s	1/60 s
Jogger	1/160 s	1/800 s	1/320 s
Radfahrer	1/250 s	1/1000 s	1/500 s
fliegender Vogel	1/500 s	1/1600 s	1/1000 s
Auto	1/800 s	1/2000 s	1/1000 s

▲ *Geeignete Belichtungszeiten für das Einfrieren von Bewegungen.*

Damit Ihre 1200D auch bei schwankenden Lichtverhältnissen stets richtig belichtete Fotos liefern kann, aktivieren Sie zudem die ISO-Automatik ❸ und stellen je nach Helligkeit im Menü *Aufnahme 3* bei *ISO Auto-Limit* eine maximale Empfindlichkeit von 1600 oder auch 3200 ein. Bewegt sich das Fotoobjekt von Ihnen weg, seitwärts oder auf Sie zu, ist es zudem hilfreich, den *AI Servo AF* ❹ zu verwenden. So kann die 1200D den einmal gefundenen Schärfepunkt automatisch nachführen. Wenn Sie dann noch die *Reihenaufnahme* ❺ einschalten, erhöhen Sie die Chance auf eine perfekte Momentaufnahme, da Sie nun etwa 3 Bilder pro Sekunde aufzeichnen können.

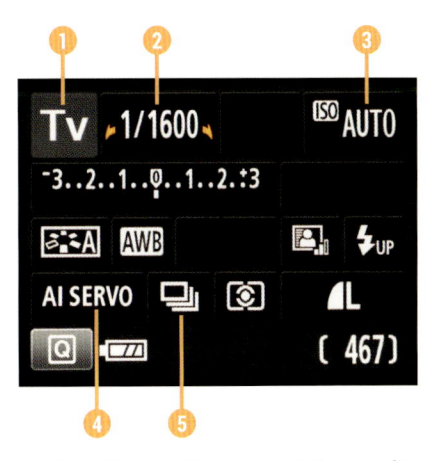

▲ *Grundlegende Kameraeinstellungen für das Einfangen schneller Bewegungen.*

Eines wollen wir an dieser Stelle aber nicht unter den Tisch fallen lassen. Die Reihenaufnahmegeschwindigkeit der EOS 1200D ist in vielen Fällen nicht schnell genug, um rasante Bewegungsabläufe mit einer ausreichend hohen Bildanzahl festhalten zu können. Daher versuchen wir persönlich lieber, das Motiv mit dem *AI Servo AF* zu verfolgen und im richtigen Moment auszulösen, anstatt mit der *Reihenaufnahme* einfach drauflos zu fotografieren. Das erfordert zwar etwas Übung, in unserem Fotoalltag hat sich diese Vorgehensweise jedoch als praktikabler erwiesen.

Probieren Sie beide Strategien einfach einmal aus, dann werden Sie schnell merken, welche Art zu Fotografieren Ihnen besser liegt oder schlichtweg die besseren Ergebnisse liefert.

▼ *Die kurze Belichtungszeit friert die Bewegung ein und die Schärfe wurde mit der Dressurreiterin mitgeführt, sodass wir nur noch im richtigen Moment auslösen mussten.*

1/1600 s | f2,8 | ISO 100 | 75 mm

> **Geeignete Belichtungszeiten**
>
> Es ist ganz hilfreich, sich ein paar Belichtungszeiten einzuprägen, um in der Fotosituation schnell handeln zu können. Daher gibt Ihnen die folgende Tabelle ein paar Anhaltspunkte für häufig fotografierte Actionmotive und die dazu passenden Belichtungszeiten.
>
> | Bildqualität | Reihenaufnahmen am Stück | Zeit bis Pufferspeicher leer ist |
> |---|---|---|
> | S3 bis ◢ L | ca. 69, bei Class 10 Speicherkarte auch mehr | ca. 0,7 s |
> | RAW | 6 | ca. 6 s |
> | RAW + ◢ L | 4 | ca. 6 s |
>
> ▲ Abhängigkeit der Reihenaufnahmen von der Bildqualität.

Falls Ihre 1200D sich selbst bei der Bildqualität ◢ L weigern sollte, ihre volle Geschwindigkeit an den Tag zu legen oder bereits nach wenigen Bildern ins Stocken gerät, kann das an folgenden Funktionseinstellungen liegen:

- Die Belichtungszeit ist zu lang, stellen Sie sie auf 1/30 s oder kürzer ein.

- Die *High ISO Rauschreduzierung* (Menü *Einstellung 3* ϒ/ *Individualfunktionen (C.Fn)*) steht auf *Stark*, setzen Sie die Funktion auf *Standard*.

- Die Speicherkarte ist zu langsam, wählen Sie einen Kartentyp mit Class 6 oder besser 10.

12.2 Den Blitz zu Hilfe nehmen

Bewegungen lassen sich nicht nur, wie im vorherigen Abschnitt gezeigt, durch die Wahl einer kurzen Belichtungszeit einfrieren, sondern beispielsweise auch durch das Hinzufügen einer extrem kurzen Lichtphase. Denken Sie an zerplatzende Luftballons, an Wein, der in ein schönes Glas fließt, oder an springende Wassertropfen. Dadurch, dass der Blitz die Szene nur für einen Sekundenbruchteil ausleuchtet, können Sie selbst superschnelle Abläufe scharf auf den Sensor Ihrer EOS 1200D bannen.

1/125 s | f16 | ISO 400 | 100 mm | Weißabgleich *Kunstlicht*

▲ *Springender Tropfen, aufgenommen mit einem Blitz plus Softbox. Den Blitz haben wir manuell mit einer Leistung von 1/8 betrieben.*

Der Trick ist eigentlich auch ganz einfach. Sorgen Sie dafür, dass die Belichtung ohne Blitz ein sehr dunkles Foto ergibt. Steuern Sie dann einen externen Blitz (oder mehrere) hinzu. Dessen (deren) Leistung stellen Sie so ein, dass das Bild gut belichtet wird. Am Aufbau unseres kleinen Wassertropfen-Shootings können Sie sehen, wie wir beim Fotografieren des gezeigten Bildes vorgegangen sind. Die EOS 1200D stand auf dem Stativ. Die Belichtung haben wir im Modus *M* so eingestellt, dass das Bild ohne Blitz fast schwarz wurde. Die Schärfe wurde ebenfalls manuell auf die über das Wasser gehaltene Pipette eingestellt.

Für ausreichend Licht sorgte ein externer Systemblitz, der kabellos mit einem Funk-Blitzauslöser ausgelöst wurde, wie auf Seite 201 in Kapitel 7 gezeigt. Schließlich haben wir Tropfen in das Becken fallen gelassen und im richtigen Moment ausgelöst. Das erforderte natürlich etwas Geduld, aber nach kurzem Üben hatten wir den Rhythmus drauf.

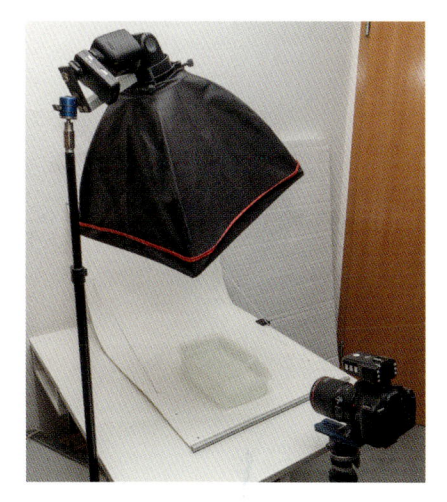

12.3 Die 1200D mit dem Motiv mitziehen

▲ *Aufbau des Wassertropfen-Shootings.*

Das Mitziehen ist eine sehr kreative Art, die Dynamik bewegter Objekte in Bildern einzufangen. Die Bewegungsgeschwindigkeit kommt hier sehr deutlich zum Ausdruck. Tolle Motive für Mitzieher sind beispielsweise fahrende Autos, übers Wasser rasende Boote, rennende Hunde, Radrennfahrer, Vögel im Flug oder Pferde im Galopp. Um einen Mitzieher zu gestalten, nehmen Sie Ihr Fotoobjekt mit der EOS 1200D ins Visier, verfolgen es mit dem kontinuierlichen *AI Servo AF* und lösen aus, während Sie das Objekt mit der Kamera weiter verfolgen. Wichtig hierbei ist, dass die Kamera exakt mit der Schnelligkeit bewegt wird, die das Fotomotiv hat, und dabei nicht nach oben oder unten wackelt. Das exakte Mitziehen bedarf zwar etwas Erfahrung, zugegeben. Dafür lässt sich aber wirklich viel Dynamik ins Bild zaubern.

Als Belichtungszeit eignen sich Werte zwischen 1/250 und 1/60 s meist sehr gut, die Sie im Modus *Tv* vorgeben können. Dann bleibt das Objekt weitgehend scharf erkennbar. Bei längeren Belichtungszeiten von 1/40 bis 1/8 s wird dagegen auch das fokussierte Objekt teilweise unscharf werden. Dabei ist es günstig zu wissen, dass die Belichtungszeit umso kürzer sein muss, je näher das Objekt an der 1200D vorbeirast.

1/125 s | f16 | ISO 400 | 70 mm | +⅔ EV

◀ Die dynamische Wirkung wird durch den verwischten Hintergrund und die sich drehenden Räder besonders betont.

1/1000 s | f5,6 | ISO 400 | 70 mm | +⅔ EV

◀ In diesem Bild wirkt die Szene durch das Einfrieren jeglicher Bewegung zu statisch.

Übrigens, Bildstabilisatoren neuerer Generation funktionieren auch bei Mitziehern. Sie können unterscheiden zwischen den leichten Verwacklungsbewegungen der Hand und einem kräftigen Kameraschwenk.

Manche Canon-Objektive haben überdies einen speziellen Mitziehmodus (*Stabilizer Mode 2*). Es wird dann nur noch in der vertikalen Richtung stabilisiert, wenn Sie die 1200D horizontal bewegen oder umgekehrt. Schauen Sie gleich mal in der Bedienungsanleitung Ihres Objektivs nach, ob der Bildstabilisator für Kameraschwenks geeignet ist. Wenn nicht, dann schalten Sie ihn beim Mitziehen einfach aus.

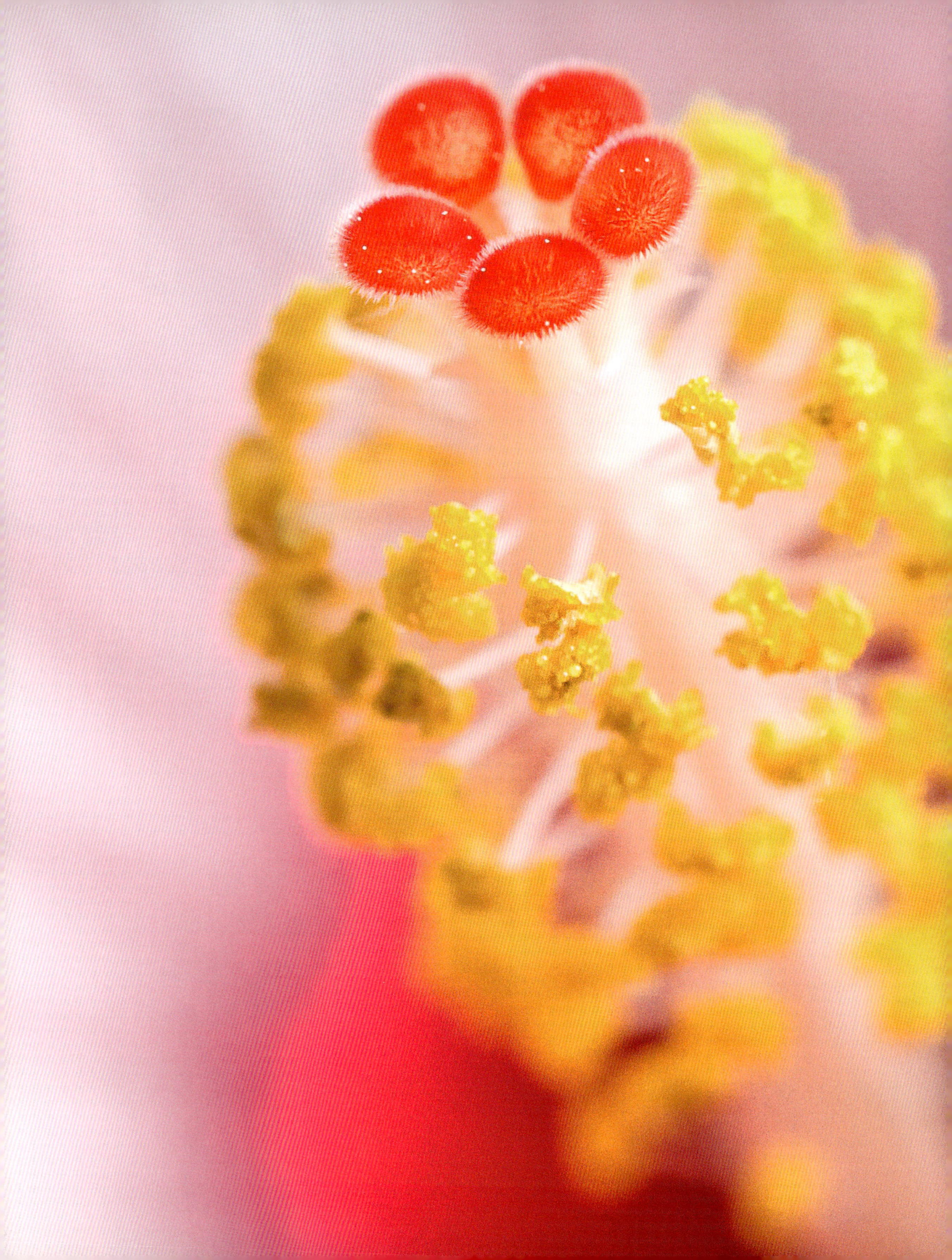

Kleine Dinge ganz groß: Die Welt der Makrofotografie

Kleines ganz groß abzubilden, ist eine sehr reizvolle fotografische Betätigung. Die faszinierenden Facettenaugen einer Libelle oder Detailaufnahmen von Landkartenflechten begeistern immer wieder von Neuem. Auf solche Dinge wird im normalen Alltagsleben selten geachtet, und viele Details sind mit bloßem Auge auch gar nicht so genau zu erkennen. So werden wir von guten Makroaufnahmen doch immer wieder überrascht.

13.1 Die 1200D für Makrofotos startklar machen

In der Nah- und Makrofotografie werden die Objekte möglichst stark vergrößert. Dazu rücken Sie Ihren Motiven mit der EOS 1200D so nah wie möglich auf den Leib: je dichter der Abstand, desto stärker die Vergrößerung.

Leider kann der Abstand aber nicht beliebig eng gewählt werden, da jedes Objektiv eine Naheinstellgrenze besitzt. Wird diese unterschritten, lässt sich das Bild nicht mehr scharfstellen. Bei dem 18-135-mm-STM-Objektiv von Canon beträgt der geringstmögliche Abstand zwischen der Bildebene ⊖ (siehe Markierung oben links auf dem Kameragehäuse ❶) und dem Motiv zum Beispiel 39 cm. Achten Sie daher stets gut auf die Hinweise (*Schärfenindikator*, Piep-Ton), mit denen die 1200D eine erfolgreiche Scharfstellung signalisiert.

Wenn Sie hauptsächlich aus der Hand fotografieren möchten, können Sie in die Makrofotografie ganz unkompliziert mit dem Modus *Nahaufnahme* ❀ einsteigen. Dieses Programm ist vor allem für Freisteller geeignet. Bei wenig Licht oder stärkeren Vergrößerungen liefert es leider häufig zu wenig Schärfentiefe. Auch wird der Blitz automatisch aktiviert, was nicht immer gewünscht ist. Mehr Einfluss auf die Bildgestaltung bietet der Modus *Av*. Vor allem, wenn wir wenig agile Motive vor uns haben und die Situation es erlaubt, vom Stativ aus zu fotografieren, ist *Av* in Kombination mit ISO-Werten von 100 bis 800 unsere bevorzugte Einstellung für die Makrofotografie mit der EOS 1200D.

▲ Markierung der Bildebene.

1/200 s | f5,6 | ISO 200 | 135 mm
▲ Der Modus *Nahaufnahme* ist für Freisteller gut geeignet.

✓ Fotografieren mit der Teleeinstellung

Mit der Teleeinstellung von Zoomobjektiven erzielen Sie in der Regel stärkere Vergrößerungen, auch wird dadurch eine bessere Freistellung des Objekts vor einem diffusen Hintergrund erreicht.

1/6 s | f11 | ISO 200 | 100 mm | Stativ

▲ *Durch Wahl eines höheren Blendenwerts im Modus Av konnten wir den Schmetterlingsflügel durchgehend scharf abbilden.*

13.2 Manueller Fokus ohne und mit Livebild

Die stark vergrößerte Darstellung der Motive bringt es in der Makrofotografie mit sich, dass die automatische Fokussierung nicht immer zum besten Ergebnis führt. Häufig liegen die neun AF-Felder nicht auf dem Bildbereich, der die Hauptschärfe bekommen soll. In der Praxis zeigt sich daher, dass im Nahbereich das manuelle Fokussieren häufig die bessere Wahl ist. Stellen Sie den *Fokussierschalter* Ihres Objektivs ruhig auch einmal auf *MF*.

Bei uns läuft das dann beispielsweise so ab: Wenn wir möglichst nah ans Motiv heran möchten, fokussieren wir manuell auf die Nähe. Dann bewegen wir uns mitsamt der

1200D vorsichtig auf das Insekt, den Frosch oder ein anderes Motiv zu und lösen aus, sobald die Schärfe im Sucher gut aussieht. Dabei achten wir besonders darauf, dass die Hauptschärfe bei Tieren auf den Augen liegt, denn darüber läuft der größte Teil der Kommunikation zwischen Motiv und Betrachter ab.

Es folgen noch ein paar weitere Aufnahmen zur Sicherheit, bei denen wir die Schärfe über den *Entfernungsring* am Objektiv nachjustieren, dann ist das Motiv im Kasten.

Was auch gut funktioniert, ist das manuelle Fokussieren im Livebild-Modus. Durch die Möglichkeit, das Bild vergrößert zu betrachten, lässt sich die Schärfeebene ganz präzise legen, vorausgesetzt, das Fotoobjekt läuft Ihnen nicht aus dem Bildfeld.

▼ Mit dem manuellen Fokus konnten wir die Schärfe genau auf das Auge des Grashüpfers legen.
1/125 s | f8 | ISO 400 | 100 mm

13.3 Kleines groß abbilden, aber wie?

Nach allgemeinem Gusto kann eigentlich erst dann von Makrofotografie gesprochen werden, wenn das Fotomotiv in seiner realen Größe oder noch größer dargestellt wird. Die reale Größe entspricht hierbei dem Abbildungsmaßstab 1:1.

Bei dieser Vergrößerung wird das Motiv auf dem Sensor der 1200D genauso groß dargestellt, wie es in der Realität ist, quasi so, als würden Sie den Sensor darauf kleben und einen Abdruck vom Motiv nehmen.

Mit einem speziellen Makroobjektiv lässt sich der Abbildungsmaßstab 1:1 ohne Probleme erreichen. Bei einem Maßstab von 2:1 wird das Objekt doppelt so groß abgebildet und bei 1:2 nur halb so groß.

Achten Sie daher bei Objektiven, die die Bezeichnung „Makro" tragen, auf die Angaben zum Abbildungsmaßstab. Es handelt sich nicht wirklich um ein Makroobjektiv, wenn in den technischen Daten beispielsweise 1:3,9 steht.

▲ Maßstab 1:2, der Schmetterling wird auf dem Sensor halb so groß abgebildet.

▲ Maßstab 1:1, der Schmetterling wird auf dem Sensor in seiner realen Größe abgebildet.

▲ Maßstab 2:1, der Schmetterling wird auf dem Sensor doppelt so groß abgebildet.

13.4 Nahlinsen für Makroaufnahmen mit jedem Objektiv

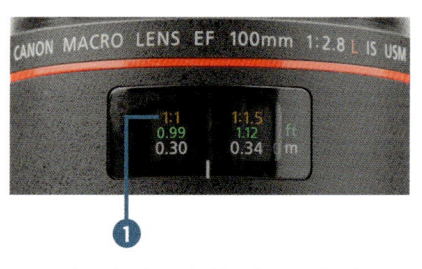

Vielleicht möchten Sie ja erst einmal testen, ob die Nah- und Makrofotografie für Sie ein interessantes Fotogebiet ist, ohne sich gleich ein Makroobjektiv zuzulegen. Hierfür eignen sich Nahlinsen sehr gut, die einfach vor das Objektiv geschraubt werden. Man könnte sie auch als Lesebrillen für Normalobjektive bezeichnen. Mit einer Nahvorsatzlinse rücken Sie Ihrem Motiv dichter auf den Leib, sprich, Sie verringern den Abstand zwischen Kamera und Objekt. Dadurch wird das Motiv größer dargestellt. Auf diese Weise lässt sich selbst mit einem Standardzoomobjektiv schon eine ordentliche Vergrößerung erreichen.

▲ Makroobjektive bilden bis Maßstab 1:1 ❶ ab.

Links: 1/250 s | f5,6 | ISO 1250 | 135 mm
Rechts: 1/250 s | f5,6 | ISO 1000 | 135 mm | Achromat Macro-330 von Marumi

▶ Links: Blüte ohne Vorsatzachromat. Rechts: Mit dem Achromat der Stärke 3 Dioptrien konnten wir die Blüte etwa 1,6-fach größer abbilden.

Das Schöne an den Nahlinsen ist, dass sich die Automatikfunktionen der EOS 1200D wie gewohnt nutzen lassen. Nicht zu vernachlässigen ist zudem der Vorteil, dass eine Nahlinse aufgrund ihrer geringen Größe problemlos in die Jackentasche passt. Es ist auch möglich, mehrere Nahlinsen zu

▲ Einfache Nahlinsen mit 1, 2 und 4 Dioptrien.

kombinieren. Dies führt aber normalerweise zu erheblichen qualitativen Einbußen und ist deshalb nicht zu empfehlen.

Die qualitativ besten Ergebnisse erzielen Sie mit sogenannten Achromaten. Diese sind in der Anschaffung teurer als einfache Nahlinsen, bieten aber aufgrund ihrer Vergütung und ihres zweiglasigen Aufbaus deutlich bessere Bildqualitäten. Farbsäume und Randunschärfen werden damit viel besser unterdrückt.

Damit die Nahlinse perfekt zum Objektiv passt, muss der Durchmesser des Filtergewindes übereinstimmen. Bei dem gezeigten 18-135-mm-STM-Objektiv wären das beispielsweise 67 mm. Es kann aber durchaus sinnvoll sein, eine größere Linse mit einem Adapterring anzubringen. Dann treten eventuelle Randschwächen der Vorsatzlinse verringert zutage, weil sie sich schlichtweg außerhalb des Objektivbildkreises befinden.

▲ *Canon EOS 1200D mit 18-135-mm-STM-Objektiv und 3-Dioptrien-Vorsatzachromat.*

Wichtig ist auch, dass die Nahlinsenstärke zum Objektiv passt, damit es bei der Teleeinstellung nicht dazu kommt, dass Sie mit dem Objektiv fast am Motiv anstoßen. Gute Kombinationen sind beispielsweise Nahlinsen mit 4 bis 5 Dioptrien bei 50 bis 70 mm Brennweite, 2 bis 3 Dioptrien bei 100 bis 120 mm Brennweite oder 1 Dioptrie bei 150 bis 200 mm Brennweite.

13.5 Mit Zwischenringen wird Kleines ganz groß

Eine ebenfalls erschwingliche Alternative zum Makroobjektiv stellen die Zwischenringe dar. Sie werden zwischen Gehäuse und Objektiv geschraubt. Zwischenringe sind in der Mitte hohl und können die Abbildungsleistung des Objektivs daher nur wenig beeinflussen. Dagegen ist die Bildqualität beim Einsatz von Nahlinsen sehr von deren Fertigungsqualität abhängig.

▲ *Zwischenringsatz mit den Stärken 12 mm, 20 mm und 36 mm von Kenko.*

Zwischenringe gibt es in verschiedenen Längen, die auch problemlos miteinander kombiniert werden können.

So ergeben sich bei den handelsüblichen Sets aus drei verschiedenen Ringen (12, 20 und 36 mm) sieben verschiedene Auszugslängen.

Werden alle drei Ringe kombiniert, kommen Sie ohne Weiteres in den Vergrößerungsbereich eines Makroobjektivs, wohlgemerkt jedoch nicht mit der gleichen Qualität, die ein Spezialobjektiv für die Makrofotografie bei gleicher Vergrößerung bietet. Vor allem zu den Rändern hin treten meist stärker Unschärfe und Farbsäume auf.

1/80 Sek. | f8 | ISO 100 | 50 mm | 2 Systemblitzgeräte mit Softboxen | Stativ

▶ *Motivvergrößerung um den Faktor 3,5 mit dem 36-mm-Zwischenring.*

1/80 Sek. | f8 | ISO 100 | 50 mm | 2 Systemblitzgeräte mit Softboxen | Stativ

▲ *Maximale Vergrößerung einer Achatscheibe bei 50 mm Brennweite.*

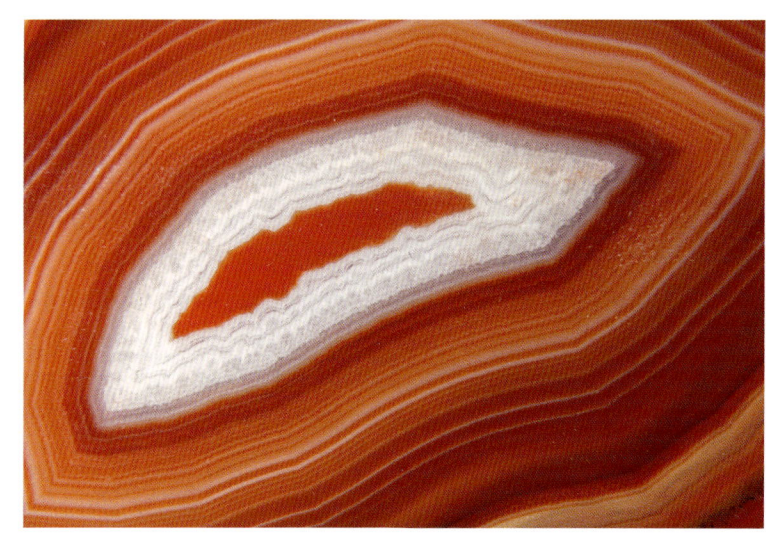

✓ Zwischenringe schlucken Licht

Das Anbringen von Zwischenringen hat leider den Nachteil, dass auf die Fläche des Sensors bezogen weniger Licht zur Verfügung steht als ohne den Ring. Daher muss die Belichtungszeit verlängert oder die Blitzlichtmenge erhöht werden, um diesen Lichtverlust auszugleichen. Achten Sie beim Fotografieren mit Zwischenringen aus der Hand daher stets auf die Belichtungszeit, sonst gibt es schnell mal einen unbeabsichtigten Verwackler.

13.6 Makroobjektive: Spezialisten für die Nähe

Die Makrofotografie lässt sich am besten erschließen, wenn Sie sich dafür ein Makroobjektiv zulegen. Wer sich wirklich ernsthaft mit diesem fotografischen Thema auseinandersetzen möchte, kommt um eine solche Speziallinse schlichtweg nicht herum.

Denn Makroobjektive sind speziell für die geringen Aufnahmeabstände konstruiert, die Sie benötigen, um ein Insekt oder ein Blütendetail lebensgroß und in eindrucksvoller Qualität abbilden zu können.

▼ *Makroobjektive vergrößern nicht nur, sie laden auch zum kreativen Spiel mit Schärfe und Unschärfe ein.*
1/125 s | f5,6 | ISO 2500 | 100 mm

Makroobjektive sind jedoch nicht nur für die Fotografie kleinster Motive interessant.

Die vielseitigen Makrolinsen mit typischen Brennweiten von 60, 70, 90 oder 100 mm eignen sich auch bestens als Porträtobjektiv. Denn auch für diesen Einsatzbereich besitzen sie sehr gute Abbildungsleistungen und bieten zum Freistellen der Motive vor einem unscharfen Hintergrund eine hohe Lichtstärke von f2,8. Vielseitiger, als zunächst gedacht, nehmen sie damit als lichtstarke Festbrennweite mit zusätzlichen Makroeigenschaften eine sehr nützliche Rolle im Fotoequipment ein.

Worauf achten bei einem Makroobjektiv?

Es gibt eine ganze Reihe von Makroobjektiven, die sich für den Einsatz an der EOS 1200D eignen. Die wichtigsten Fragen, die Sie sich zu Beginn stellen sollten, sind: „Welche Arten von Motiven interessieren mich am meisten?", und „Wie häufig werde ich das Makroobjektiv einsetzen?"

Die erste Frage zielt auf die benötigte Brennweite ab. Wenn Sie häufig unbewegte Objekte und Stillleben fotografieren, eignen sich Makroobjektive mit etwa 60 mm Brennweite gut. Sie liefern durchgehend eine etwas höhere Schärfentiefe.

Möchten Sie hingegen Insekten oder andere scheue Tiere aus der Nähe ablichten, empfehlen sich Brennweiten von 100 mm und mehr, denn diese Objektive erlauben bei gleicher Vergrößerungsleistung einen erweiterten Abstand zum Motiv. Persönlich empfehlen wir Ihnen die ±100-mm-Variante.

▲ *Canon-Makroobjektiv EF 100 mm f/2.8L IS USM an der EOS 1200D: Die Stativschelle* ❶ *erlaubt ein schnelles Drehen der Kamera ins Hochformat, mit der langen Wechselschiene* ❷ *kann die Kamera vor und zurückgezogen werden.*

Diese Objektive liegen als toller Allrounder in der Mitte des Spektrums, sind leicht genug für Freihandaufnahmen und die Naheinstellgrenze ist für die meisten Insekten ausreichend weit.

Die zweite Frage hat mit dem Budget zu tun. Wer nur gelegentlich Makrofotografie betreibt, kann die günstigeren Modelle ohne Innenfokussierung und Bildstabilisator in Betracht ziehen. In der Tabelle finden Sie einige empfehlenswerte Makroobjektive für Ihre EOS 1200D.

Objektiv	Fokustyp	Stabilisator	Naheinstellgrenze
Canon EF-S 60 mm f/2.8 Macro USM	Innenfokussierung	Nein	20 cm
Canon EF 100 mm f/2.8 Macro USM	Innenfokussierung	Nein	31 cm
Canon EF 100 mm f/2.8L IS USM	Innenfokussierung	Ja	30 cm
Sigma 70 mm f/2.8 EX DG Makro	Tubus fährt aus	Nein	25,7 cm
Sigma 105 mm f/2.8 EX DG OS HSM Makro	Innenfokussierung	Ja	31,2 cm
Tamron SP AF 60 mm f/2.0 Di II LD [IF] Macro 1:1	Innenfokussierung	Nein	23 cm
Tamron SP AF 90 mm f/2.8 Di Macro 1:1	Tubus fährt aus	Nein	29 cm

▲ *Interessante Makroobjektive für Ihre EOS 1200D. Mit der Innenfokussierung bleibt die Länge des Objektivs beim Scharfstellen gleich, der Autofokus ist daher in der Regel schneller.*

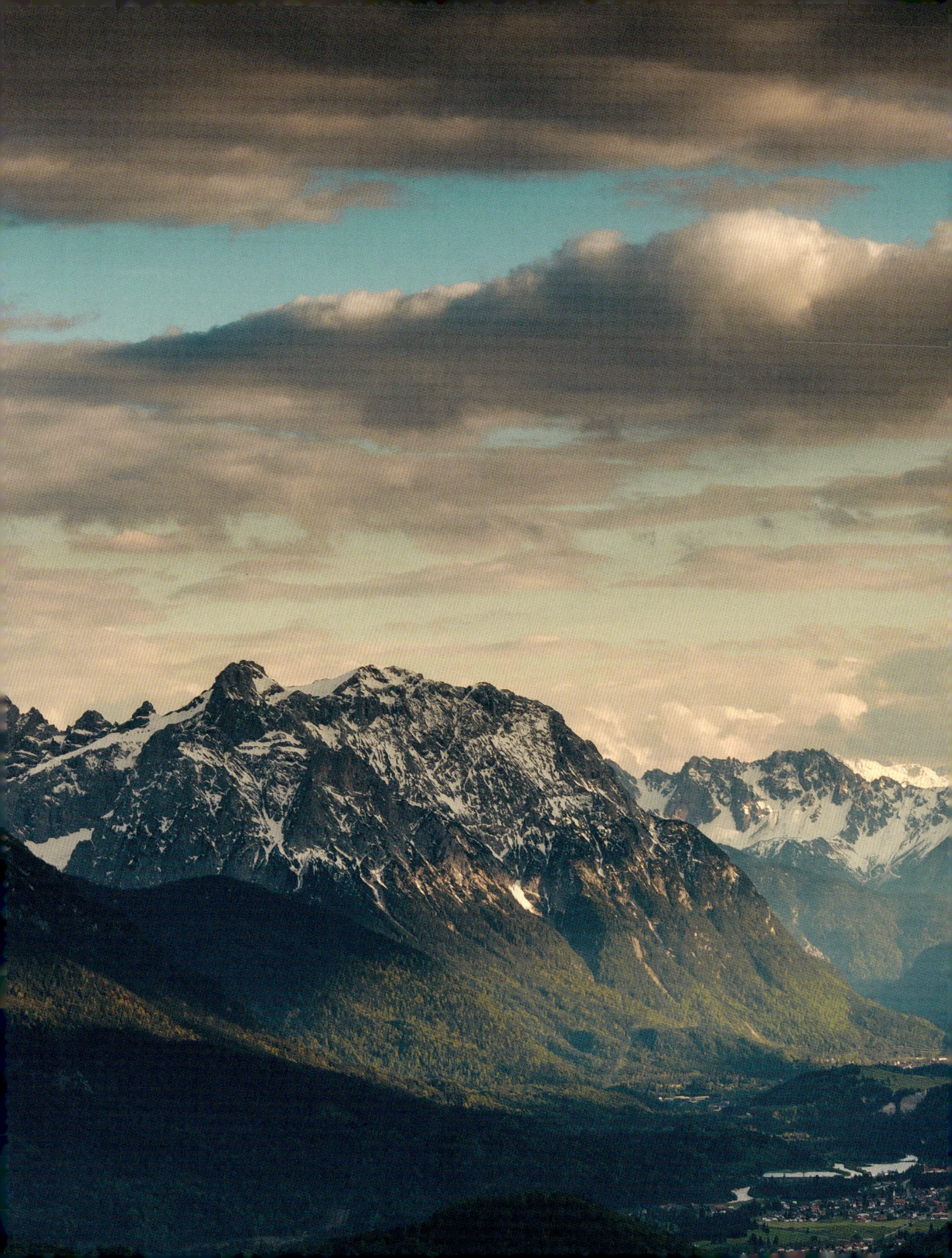

Besondere Herausforderungen meistern

Rauscharme, richtig belichtete und perfekt durchzeichnete Bilder mit optimaler Schärfe im fokussierten Bereich – mal ehrlich, das sind doch die zentralen Eigenschaften, von denen jeder Fotograf nicht genug haben kann, oder? Leider machen es uns die realen Fotobedingungen aber alles andere als einfach. Gegenlicht, hohe Kontraste, rasante Bewegungen oder einen Mangel an Licht gilt es zu bewältigen und dabei gleichzeitig hochqualitative Bilder zu produzieren. Daher ist es Zeit, ein paar Tricks und Kniffe für besonders schwierige Fotosituationen kennenzulernen.

14.1 Herausforderung: hoher Kontrast

Unsere Augen sind in der Lage, ein sehr großes Spektrum an hellen und dunklen Farben auf einmal wahrzunehmen. Daher können wir kontrastreiche Situationen wie eine Person im Gegenlicht, schneebedeckte Berge mit dunklen Waldpartien oder Ähnliches ohne Fehlbelichtung wahrnehmen. Alles sieht natürlich und durchzeichnet aus. Gut, dass wir uns für die tolle Performance unserer Augen nicht einmal großartig anstrengen müssen, vom Blinzeln einmal abgesehen.

Den Helligkeitsumfang, den wir mit unseren Augen mit einem Blick wahrnehmen können, wird auch mit dem Begriff Kontrast- oder Dynamikumfang beschrieben und in Blendenstufen unterteilt. So hat die Natur in etwa einen Dynamikumfang von 25 Blendenstufen. Unser Auge erfasst davon etwa 14 bis 15. Der Sensor der EOS 1200D ist leider weniger dynamisch veranlagt, er bewältigt nur etwa 9 Stufen. So kann es vorkommen, dass ein kontrastreiches Motiv im Foto von der eigenen Wahrnehmung abweicht. Meist macht sich dies in zu hellen oder total unterbelichteten Bildpartien bemerkbar. Doch es gibt ein paar Praxistipps, mit denen selbst hochkontrastierte Motive ausgewogen auf dem 1200D-Sensor landen.

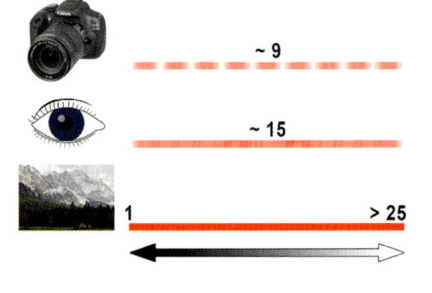

▲ *Dynamikumfang der EOS 1200D im Vergleich zu dem unserer Augen und zur Natur.*

Was die Tonwert-Priorität leistet

Manchmal können bei kontrastreichen Motiven nur die kleinen, ganz hellen Reflexionsstellen das Ergebnis ein wenig schmälern, indem sie überstrahlt und zeichnungslos abgebildet werden. Vergleichen Sie dazu einmal die herausvergrößerten Glanzstellen ❶ der beiden Aufnahmen mit den vergoldeten Figuren. Passend dazu zeigt die EOS 1200D im ersten Bild in der Ansicht mit dem Histogramm per Überbelichtungswarnung überstrahlte Stellen ❷ an und das Histogramm stößt am rechten Rand an ❸. Im zweiten Bild sind die Glanzstellen etwas gemildert und überstrahlen nicht mehr so offensichtlich.

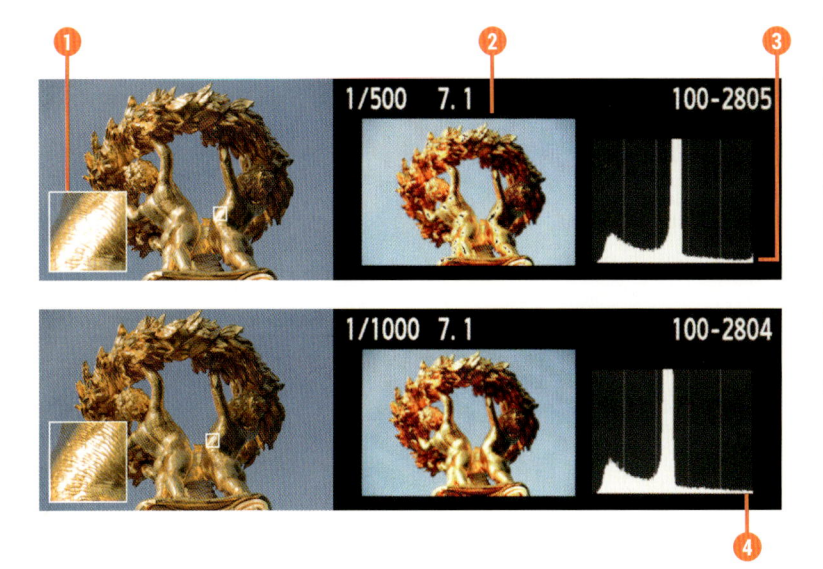

1/500 s | f7,1 | ISO 100 | 115 mm

▲ *Überstrahlte Glanzstellen* ❶*, die in der Überbelichtungswarnung schwarz markiert werden* ❷ *und im Histogramm rechts anstoßen* ❸*.*

1/1000 s | f7,1 | ISO 200 | 115 mm

◂ *Weniger Überstrahlung mit eingeschalteter* Tonwert Priorität*.*

Worin liegt nun aber der Unterschied zwischen den beiden Aufnahmen? Nun, das zweite Bild haben wir mit der sogenannten *Tonwert Priorität* aufgenommen. Diese Funktion schafft es ganz gut, die Spitzlichter, das sind die hellsten Lichtpunkte im Bild, zu schützen. Im Histogramm ist dies an der leichten Linksverschiebung der hellen Histogrammwerte ❹ zu erkennen. Die *Tonwert Priorität* erreicht diesen Effekt softwaregestützt und durch die automatische Einschränkung der Lichtempfindlichkeit auf einen Bereich von ISO 200 bis ISO 6400.

Achten Sie aber trotzdem stets gut auf die Grundbelichtung, denn die *Tonwert Priorität* kann keine überbelichteten Bilder retten. Sie ist zudem wirklich nur bei sehr kontrastreichen Motiven sinnvoll und sollte sonst eher abgeschaltet werden, da sie ein etwas erhöhtes Bildrauschen in den dunkleren Bildpartien bewirken kann, und darauf kann man gut verzichten, wenn das Motiv ohnehin wenig kontrastiert ist.

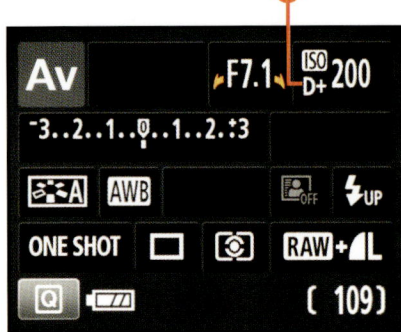

Daher ist es ganz praktisch, die Funktion für den schnellen Zugriff ins *My Menu* zu legen.

Aktivieren können Sie die *Tonwert Priorität* übrigens im Menü *Einstellung 3* bei den *Individualfunktionen (C.Fn)*, was nur in den Modi *P*, *Tv*, *Av* und *M* möglich ist. Im Modus *Movie-Aufnahmen* können Sie die *Tonwert Priorität* allerdings auch nutzen, indem Sie sie über das rote Menü *Movie 1* aktivieren.

Die automatische Belichtungsoptimierung

Eine weitere Hilfe zur Optimierung von Bildhelligkeit und Kontrast hat die EOS 1200D in Form der *automatischen Belichtungsoptimierung* (*Auto Lighting Optimizer*) an Bord. Hierüber hellt die Kamera vor allem die dunkleren Bildbereiche etwas auf. Die Unterschiede sind zwar meist nicht gravierend, wie es auch an unseren Beispielfotos zu sehen ist. Aber bei kontrastreichen Motiven kann die Belichtungsoptimierung eine etwas ausgewogenere Gesamtwirkung erzeugen.

▲ Oben: Einschalten der *Tonwert Priorität*. Unten: Mit *D+* ❶ zeigt die EOS 1200D die aktive Funktion an.

1/50 s | f11 | ISO 100 | 18 mm | Polfilter

▶ Ohne automatische Belichtungsoptimierung ist der Vordergrund etwas dunkel geraten.

1/50 s. | f11 | ISO 100 | 18 mm | Polfilter

◀ *Die automatische Belichtungsoptimierung der Stufe Stark hat die Bildhelligkeit angehoben und dabei die Tiefen stärker angehoben als die Lichter.*

Bedenken Sie jedoch, dass sich das Bildrauschen in den dunklen Bildbereichen erhöhen kann, weil sich die Belichtungsoptimierung lediglich auf die nachträgliche kamerainterne Bildbearbeitung auswirkt. Die Funktion ersetzt somit keinesfalls die Notwendigkeit einer korrekten Belichtung.

Selbst ein- oder ausschalten und in der Stärke variieren können Sie den *Auto Lighting Optimizer* in den Modi *P*, *Tv*, *Av*, *M* und bei *Movie-Aufnahmen*.

Dazu rufen Sie die Funktion entweder über das *Schnelleinstellungsmenü* Q oder über das Menü *Aufnahme 2* bei *Autom. Belichtungsoptimierung* auf. Sie steht aber nur dann zur Verfügung, wenn die *Tonwert Priorität* (siehe vorheriger Abschnitt) ausgeschaltet ist.

Am besten belassen Sie die Einstellung auf *Standard* und verwenden die Einstellung *Stark* nur bei Motiven mit sehr hohem Kontrast. In allen anderen Programmen der EOS 1200D wird die Belichtungsoptimierung automatisch angewendet.

▲ *Einschalten der Automatischen Belichtungsoptimierung.*

> **Flexible RAW-Anpassung**
>
> Während sich die *automatische Belichtungsoptimierung* auf die JPEG-Bilder direkt auswirkt, können Sie die Funktion bei RAW-Fotos im Canon-eigenen RAW-Konvert er *Digital Photo Professional* selbst ein- oder ausschalten und die Effektstärke bestimmen.
>
> ◀ Anpassen der automatischen Belichtungsoptimierung in Digital Photo Professional.

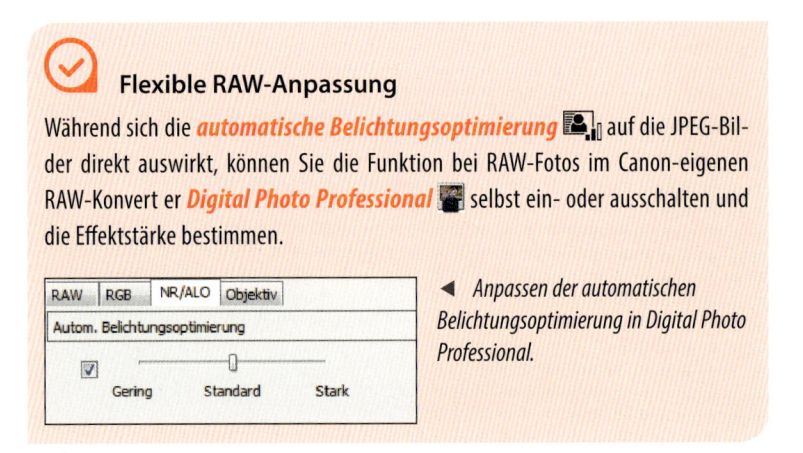

14.2 HDR: Bilder wie von einer anderen Welt

In diesem Kapitel wird dem hohen Dynamikumfang mit der sogenannten HDR-Technik ein Schnippchen geschlagen. Erstellen Sie aus mehreren Einzelfotos ein Bild mit einer beeindruckenden Durchzeichnung, ein sogenanntes HDR-Bild oder HDR-Image (HDRI). Prädestiniert dafür sind beispielsweise Landschaften oder Architekturmotive bei Gegenlicht, Sonnenauf- und -untergänge, Bilder zur blauen Stunde und Nachtaufnahmen oder auch Innenaufnahmen mit hellen Fenstern oder hellen Lampen im Bild. Was nicht so gut funktioniert, sind Aufnahmen bewegter Objekte, da eine Grundvoraussetzung für HDR-Bilder die absolute Deckungsgleichheit der einzelnen Ausgangsbilder ist. Damit ist zum Beispiel die Tier- und People-Fotografie nicht das beste Feld, um HDR-Aufnahmen anzufertigen. Mit der EOS 1200D haben Sie prinzipiell vier Möglichkeiten, HDR-Bilder zu erstellen:

- Erzeugen Sie unterschiedlich helle Bilder mit der automatischen Belichtungsreihe. Nutzen Sie *AEB* in Kombination mit der *Reihenaufnahme*, wie wir es auf Seite 290 getan haben.

- Stellen Sie unterschiedlich helle Bilder auf Basis einer Belichtungskorrektur im Modus *P*, *Av* oder *Tv* her.
- Fertigen Sie beliebig viele Ausgangsbilder im manuellen Modus an, indem Sie mit gleicher Blende, aber unterschiedlichen Belichtungszeiten fotografieren.
- Erstellen Sie ein HDR-Bild aus einer einzelnen Datei, wobei es sich um eine RAW-Datei handeln sollte, die bei ISO 100 bis 200 aufgenommen wurde.

1/80 s bzw. 1/320 s bzw. 1/20 s | f7,1 | ISO 200 | 18 mm

▲ *HDR-Ergebnis aus drei Ausgangsbildern.*

Am unkompliziertesten und schnellsten können Sie die Ausgangsbilder mit der Belichtungsreihenautomatik *AEB* (*AE*, Auto Exposure, automatische Belichtungsanpassung; *B*, Bracketing, Reihenautomatik) Ihrer EOS 1200D anfertigen. Dazu wählen Sie einen der Modi *P*, *Tv* oder *Av* aus und drücken anschließend die *Schnelleinstellungstaste* Q. Navigie-

Kapitel 14 Besondere Herausforderungen meistern   **289**

▲ Einstellungen für die HDR-Ausgangsbilder.

ren Sie zur *Belichtungsstufenanzeige* ❶. Drücken Sie nun die Taste Av und drehen Sie gleichzeitig das *Hauptwahlrad* nach rechts. Sogleich werden neben der mittleren Strichmarkierung zwei weitere Striche sichtbar, die die Belichtungsstufen für die drei Bilder der 290 anzeigen.

Für deutliche Helligkeitssprünge in den Bildern ist die Einstellung auf ±2 Belichtungsstufen ❷ zu empfehlen. Übrigens, alternativ finden Sie die Belichtungsreihenautomatik auch im Menü *Aufnahme 2* bei *Beli.korr./AEB*.

Stellen Sie nun noch die *Reihenaufnahme* ❸ ein. Wenn Sie nicht möchten, dass die Bilder mit unterschiedlichen ISO-Werten aufgenommen werden, nehmen Sie nicht die ISO-Automatik, sondern bestimmen Sie eine feste ISO-Zahl ❹. Dann variieren bei *Av* die Belichtungszeit, bei *Tv* die Blendenwerte und bei *P* beide Werte. Drücken Sie nun den Auslöser so lange durch, bis die drei Bilder aufgenommen sind.

Achten Sie darauf, dass sich der Bildausschnitt dabei nicht verschiebt, was vom Stativ aus natürlich am besten funktioniert, aus der freien Hand aber ebenfalls möglich ist. Dabei wird immer erst eine Aufnahme erstellt, die laut Belichtungsmesser richtig belichtet ist, dann folgt das unterbelichtete und schließlich das überbelichtete Bild.

▲ Die Ausgangsbilder haben wir mit der *Reihenaufnahme* und der automatischen Belichtungsreihe *AEB* aufgenommen.

Die Ausgangsbilder werden im nächsten Schritt softwaregestützt miteinander verschmolzen. Empfehlenswerte Programme hierfür sind beispielsweise Photomatix, HDR

Projects, Oloneo PhotoEngine, Luminance HDR oder Picturenaut. Wenn Sie die Ausgangsbilder häufig ohne Stativ aufnehmen, sollte die Software eine gut funktionierende Automatik zum deckungsgleichen Ausrichten der Fotos haben, was beispielsweise bei Photomatix oder HDR Projects gegeben ist.

14.3 Unkomplizierte Panoramafotografie

Was könnte das Gefühl für die Weite besser transportieren, wenn nicht ein schönes Panoramafoto? Wie ließe sich ein breiter Platz mit historischen Gebäuden eindrucksvoller einfangen, wenn nicht mit einem alle Paläste umspannenden Breitbildformat? Kurz und gut, für Panoramafotos gibt es viele Anlässe. Und dafür müssen Sie nicht einmal viel Aufwand betreiben.

Übertragen Sie am besten die nachfolgenden Einstellungen auf Ihre 1200D und schon kann es losgehen. Am sichersten gelingen Panoramafotos, wenn Sie die Einzelbilder im Modus M ❶ aufnehmen. Stellen Sie für eine hohe Schärfentiefe in heller Umgebung die Blende auf Werte von f8 bis f11 ❷ ein, in dunkler Umgebung nehmen Sie besser niedrigere Werte. Legen Sie anschließend den ISO-Wert fest, in heller Umgebung mit Werten zwischen 100 und 400 ❸ und in dunkler Umgebung mit Werten bis 6400. Jetzt fehlt

AEB-Reihe mit Belichtungskorrektur

Sollte die *AEB*-Reihe insgesamt zu hell oder zu dunkel ausfallen, können Sie sie in Richtung einer Unter- oder einer Überbelichtung verschieben. Das funktioniert genauso wie bei der *Belichtungskorrektur* eines Einzelbildes (siehe Seite 122 in Kapitel 3), nur dass in dem Fall alle drei Markierungsstriche nach links oder rechts wandern. So könnten Sie beispielsweise eine *AEB*-Reihe mit den Korrekturstufen −3 EV, −1 EV und +1 EV anfertigen.

▲ AEB-Reihe mit einer Belichtungskorrektur von -1 EV.

▼ Panorama, erstellt aus acht manuell belichteten, hochformatigen Einzelbildern.
1/50 s | f11 | ISO 100 | 35 mm | Polfilter

1/80 s | f11 | ISO 100 | 18 mm | Polfilter

▲ *360°-Panorama aus 24 hochformatigen Aufnahmen, aufgenommen im Modus Av mit gespeicherter Belichtung.*

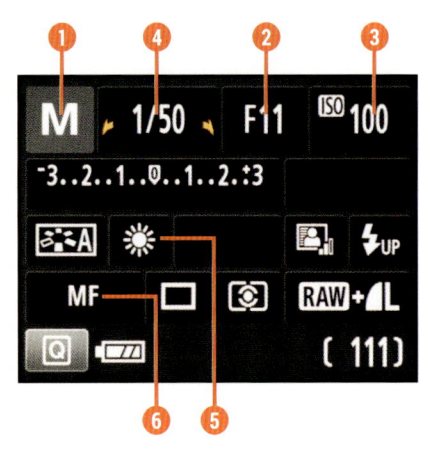

▲ *Grundlegende Belichtungseinstellungen für manuell belichtete Panoramafotos.*

▲ *Sterntaste für die Belichtungsspeicherung.*

nur noch die Belichtungszeit: Wählen Sie eine Zeit, mit der Sie freihändig verwacklungsfrei fotografieren können und mit der die hellste Stelle in Ihrem Panorama nicht komplett überstrahlt ❹.

Das können die weißen Wolken am Himmel sein oder ein von der Sonne angestrahltes, helles Haus. Prüfen Sie dies am besten anhand eines Probefotos. Damit sich farblich nichts verschiebt, können Sie auch noch den Weißabgleich auf eine bestimmte Vorgabe festlegen, zum Beispiel *Tageslicht* ☀ ❺ bei Außenaufnahmen mit Sonne.

Wenn Sie im RAW-Format fotografieren, lässt sich dies natürlich auch später noch anpassen. Fokussieren Sie schließlich auf den Bildbereich, der Ihnen am wichtigsten ist. Danach stellen Sie den Fokussierschalter auf *MF* ❻. Damit sind die Vorbereitungen auch schon getroffen.

Halten Sie die EOS 1200D am besten hochformatig, damit das Panorama mehr Höhe bekommt. Drehen Sie sich nun um die eigene Achse und nehmen Sie schrittweise Bilder auf, die sich etwa um ein Drittel bis zur Hälfte überlappen.

Wenn Sie lieber im Modus *P*, *Tv* oder *Av* fotografieren möchten, können Sie alternativ auch so vorgehen: Richten Sie die 1200D auf einen mittelhellen Bereich des geplanten Panoramas aus.

Drücken Sie den Auslöser bis zum ersten Druckpunkt herunter, um die Belichtung zu messen. Anschließend drücken Sie, ohne den Bildausschnitt zu verändern, die *Sterntaste* ✱ ❼. Dadurch wird die Belichtungs- oder *AE-Speicherung* aktiviert.

Die Belichtungszeit, der Blendenwert und der ISO-Wert sind jetzt gespeichert und Sie können die Taste wieder loslassen. Anschließend können Sie die Einzelbilder mit den gespeicherten Werten nacheinander aufnehmen. Wichtig ist, dass Sie zügig agieren, denn die Belichtungsspeicherung wird nach der Speicherung und im Anschluss nach jeder weiteren Aufnahme nur für vier Sekunden aufrecht erhalten.

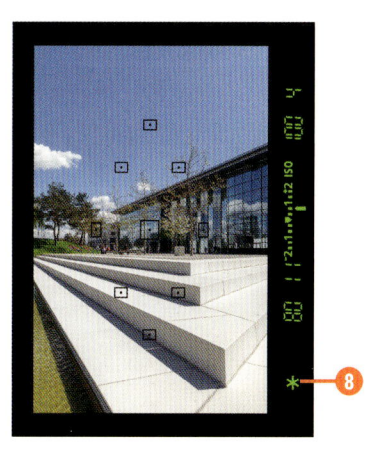

▲ *Im Sucher ist die aktive AE-Speicherung am Sternsymbol* ❽ *zu erkennen.*

Nachdem nun eine entsprechende Anzahl von Bildern erstellt wurde, müssen diese mit Hilfe spezieller Software zusammengesetzt werden. Empfehlenswerte Programme sind beispielsweise PTGui (*www.ptgui.com*), Autopano Pro (*http://www.kolor.com*), PanoramaStudio (*www.tshsoft.de*) oder Photoshop/Photoshop Elements (*www.adobe.com/de/*).

> **Gitteranzeige als Überlappungshilfe**
>
> Wenn Sie die Einzelbilder im Livebild-Modus aufnehmen, können Sie die Überlappung durch Einblenden der *Gitteranzeige* mit dem *Gitter 1* ┼ prima optisch kontrollieren.

PTGui arbeitet unserer Erfahrung nach sehr zuverlässig und schafft, wie in der Abbildung oben zu sehen, sogar 360°-Panoramen aus nicht-nodalpunkt-justierten Einzelfotos, mit Bildern also, die nicht wirklich optimal überlappen und zudem perspektivisch verschoben sind.

Kapitel 14 Besondere Herausforderungen meistern   **293**

◄ Panoramakopf VR-System II für einreihige Panoramen (Bild: Novoflex).

Panoramaköpfe und Nodalpunkteinstellung

Sollten Sie besonderes Interesse an der Panoramafotografie haben, empfehlen sich spezielle Panoramaköpfe für einzeilige Panoramen (z. B. Novoflex VR-System II, Manfrotto Panoramakopf 303) oder sphärische Panoramaköpfe für mehrreihige Panoramen (z. B. Novoflex VR-System PRO, Manfrotto 303SPH oder 303Plus, Nodal Ninja 3 MKII oder Walimex Pro Panoramakopf mit Nodalpunkt-Adapter).

Mit ihnen können Sie den richtigen Abstand zwischen dem Objektiv und der Drehachse des Panoramakopfes, den sogenannten Nodalpunkt, einstellen.

Dies ist besonders wichtig, wenn in Ihrem Bild Gegenstände mit regelmäßigen Strukturen dicht vor der Kamera auftauchen. Fehlerhafte Überlappungen ❶, wie in der nebenstehende Abbildung zu sehen, lassen sich so leicht vermeiden.

▲ Fehlerhafte Überlappungen ❶ sind bei freihändig aufgenommenen Panoramen keine Seltenheit.

Um mit einem Panoramakopf die richtige Drehachse zu finden, richten Sie die 1200D exakt horizontal aus. Dazu eignet sich beispielsweise eine kleine Wasserwaage. Stellen Sie die gewünschte Brennweite am Objektiv ein. Peilen Sie nun zwei vertikale Objekte an, zum Beispiel eine Stehlampe etwa 1,5 m von der Kamera entfernt und einen Türrahmen noch mal etwa 1,5 m dahinter.

Stellen Sie die 1200D dann so auf, dass beide Objekte übereinanderliegen. Drehen Sie die 1200D nun nach rechts und links. Wenn sich die Objekte dabei gegeneinander verschieben, stimmt die Drehachse nicht. Schieben Sie die 1200D nun auf der langen Wechselschiene nach hinten. Der Abstand, bei dem die Objekte sich nicht mehr verschieben, ist der Nodalpunkt. Markieren Sie den Punkt an der Schiene oder notieren Sie sich den Abstand. Dieser Punkt gilt nur für diese spezielle Kamera-Objektiv-Brennweiten-Kombination. Nun können Sie die Einzelbilder für das spätere Panorama der Reihe nach aufnehmen.

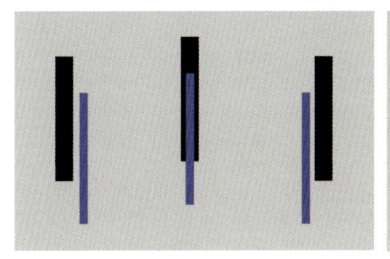

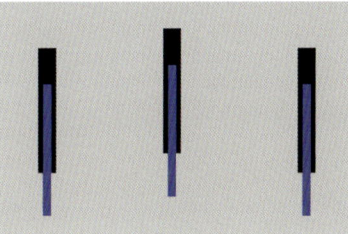

◀ *Links: Die Drehachse stimmt nicht. Rechts: Der Nodalpunkt wurde richtig eingestellt.*

14.4 Unterwegs bei Dämmerung und blauer Stunde

Die Dämmerung und die sogenannte blaue Stunde gehören für viele Fotografen zu den reizvollsten Tageszeiten. Zu dieser Zeit sind die Kontraste noch nicht sehr hoch, aber die meisten Bauwerke schon beleuchtet. Perfekt, um auch in der Stadt beeindruckende Bilder zu erzielen.

Qualitativ hochwertige Bilder erzeugen

Mit dem Programm *Blitz aus* oder *Landschaft* besitzt Ihre EOS 1200D bereits passende Vollautomatiken für Bilder bei Sonnenuntergang und blauer Stunde. Damit lassen sich schon viele gute Fotoergebnisse erzielen. Wer jedoch die Qualität seiner Bilder darüber hinaus weiter steigern möchte, ist, wie so oft, mit einem der Modi *P*, *Tv*, *Av* oder *M* besser bedient.

Voraussetzungen für qualitativ hochwertige Nachtaufnahmen sind ein niedriger ISO-Wert zur Vermeidung von Bildrauschen, ein gelungener Weißabgleich für die richtige Farbgebung, eine korrekte Belichtung und eine ausreichend hohe Gesamtschärfe im Bild. Daher fotografieren wir persönlich nächtliche Motive im Modus *M* ❶ mit einem Blendenwert von etwa f8 ❷, einem ISO-Wert von ISO 100 bis 400 ❸ und mit der Bildqualität RAW + ◢L ❹, um den Weißabgleich und die Belichtung nachträglich noch optimieren zu

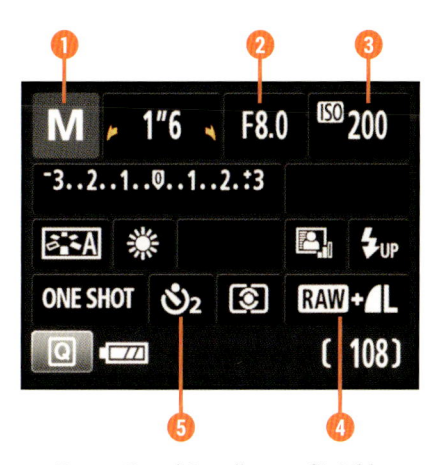

▲ *Unsere Grundeinstellungen für Bilder bei Dämmerung und in der Nacht.*

1,6 s | f8 | ISO 200 | 16 mm | Stativ

▲ Die Dämmerung und blaue Stunde sind zwar kurz, aber perfekt für Nachtaufnahmen in der Stadt.

können. Da die Belichtungszeit meist im Bereich von Sekunden liegt, nehmen wir ein Stativ zu Hilfe und lösen mit dem *Selbstauslöser:2 Sek.* ⏲2 ❺ oder per Fernauslöser aus. Auf Dauer gewöhnt man sich einfach an die qualitativ hochwertigeren Ergebnisse und nimmt dann ein wenig Stativschleppen gerne in Kauf.

Blaue-Stunde-Zeit herausfinden

Wenn Sie nicht auf gut Glück losziehen wollen, können Sie den Sonnenauf- und -untergang sowie die blaue Stunde einplanen. Es gibt interessante und zum Teil kostenfreie Tools für Smartphones, wie z. B. PhotoBuddy, Sundroid, Solar and Moon Calculator, Golden Hour Photos, The Photographer's Ephemeris und viele mehr. Eine gut gemachte Website dazu finden Sie auch hier:
http://jekophoto.de/tools/daemmerungsrechner-blaue-stunde-goldene-stunde.

Richtige Bildhelligkeit dank Belichtungsreihe

Motive zur Dämmerungszeit in der Natur sind häufig Gegenlicht- oder Seitenlichtaufnahmen, mal mit, mal ohne die Sonne im Bild. In der Stadt wechseln sich hingegen sehr dunkle, unbeleuchtete Ecken mit direkten, hell strahlenden Lichtquellen ab. Da ist es nicht immer so einfach, sofort die richtige Bildhelligkeit zu finden.

▼ *In diesem Fall gibt das dritte, überbelichtete Bild (unten) die Situation am attraktivsten wieder.*
0,8 s bzw. 1/4 s bzw. 2,5 s | f14 | ISO 100 | 18 mm | Stativ

Kapitel 14 Besondere Herausforderungen meistern

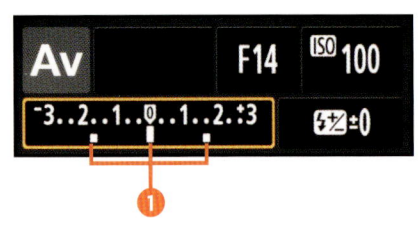

▲ *Belichtungsreihenautomatik mit ±1²⁄₃ EV.*

In solchen Situationen nutzen wir gerne die Belichtungsreihenautomatik *AEB* der EOS 1200D, die uns automatisch drei Bilder mit unterschiedlicher Helligkeit liefert (siehe Seite 290 in diesem Kapitel). Für die Reihe gezeigte Reihe haben wir die Belichtungswerte beispielsweise im Modus *Av* um jeweils ±1²⁄₃ EV ❶ gespreizt und finden das dritte, überbelichtete Bild von der Helligkeit und Zeichnung her am besten gelungen.

Wenn Sie mit der *Kreativ-Automatik* CA oder einem der Normalprogramm-Modi wie z. B. *Landschaft* fotografieren, können Sie die Belichtungsreihenautomatik zwar nicht verwenden, aber dennoch zu unterschiedlich hellen Aufnahmen kommen. Dazu stellen Sie den Umgebungseffekt *Heller* oder *Dunkler* ein und wählen eine der drei Effektstärken aus.

Feuerwerksfotografie

Das Feuerwerk einer Abendveranstaltung kann besonders effektvoll seine Spuren auf dem Sensor Ihrer EOS 1200D hinterlassen. Fragt sich nur, wie das denn am besten zu bewerkstelligen ist. Nun, bei der Feuerwerksfotografie gilt es, zunächst einmal gut vorauszuplanen. Der Blick auf eine interaktive Internetkarte und Fotos von den Vorjahren der Veranstaltung können da sehr wertvolle Hilfe leisten: Wann findet das Feuerwerk statt? Wo werden die Raketen gezündet? Welcher Fotostandort ist günstig, um nah genug dran zu sein und gleichzeitig einen schönen Vordergrund zu haben? Wann sollte ich meine Position einnehmen?

Nach Klärung all dieser Fragen stehen Sie nun also an Ort und Stelle. Die 1200D ist auf dem Stativ fixiert und das Objektiv in Weitwinkeleinstellung ist schon mal grob auf die Szene ausgerichtet. Stellen Sie nun, um besonders flexibel agieren zu können, im Modus *M* die Belichtungszeit auf

> ✓ **Keine Zeit verlieren**
>
> Wenn Sie so schnell wie möglich nach der ersten Aufnahme die nächste starten möchten, schalten Sie im Menü *Einstellung 3* bei den *Individualfunktionen (C.Fn)* die Funktion *Rauschred. bei Langzeitbel.* aus. Sonst dauert die kamerainterne Bildbearbeitung so lange wie die eigentliche Belichtung.

3 s | f14 | ISO 100 | 200 mm | Stativ | Fernauslöser

◄ Feuerwerk über dem Olympiastadion in Berlin.

BULB ❶, das ist eine Stufe unterhalb von 30 s. Setzen Sie die Lichtempfindlichkeit auf ISO 100 ❷, wenn es noch dämmert, oder ISO 200 bis 400 bei sehr dunklem Hintergrund. Der Blendenwert sollte sich an den vorhandenen Bedingungen orientieren. Mit Werten von f3,5 bis f6,3 können kürzere Belichtungszeiten genutzt werden. Das ist praktisch bei starkem Wind.

Wenn jedoch viele helle oder weiße Raketen hochgehen oder bei Windstille mit langer Belichtungszeit besonders viele Raketenschweife in einem Bild versammelt werden sollen, sind Blendenwerte von f11 bis f22 ❸ besser geeignet.

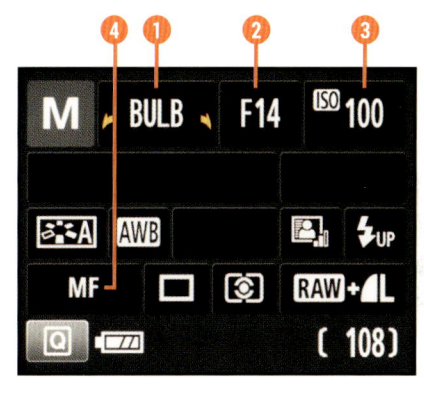

▲ Aufnahmeeinstellungen für das gezeigte Feuerwerksbild.

Geht nun die erste Rakete hoch, bestimmen Sie den Bildausschnitt final und fokussieren auf die Raketenlichter. Schalten Sie danach den Fokus auf Manuell ❹ um. Wenn jetzt die nächste Rakete zündet, starten Sie die Belichtung, warten die gewünschte Zeit ab und beenden die Belichtung wieder. Zum Auslösen verwenden Sie am besten einen Fernauslöser, der für Langzeitbelichtungen geeignet ist (siehe Seite 340 in Kapitel 16).

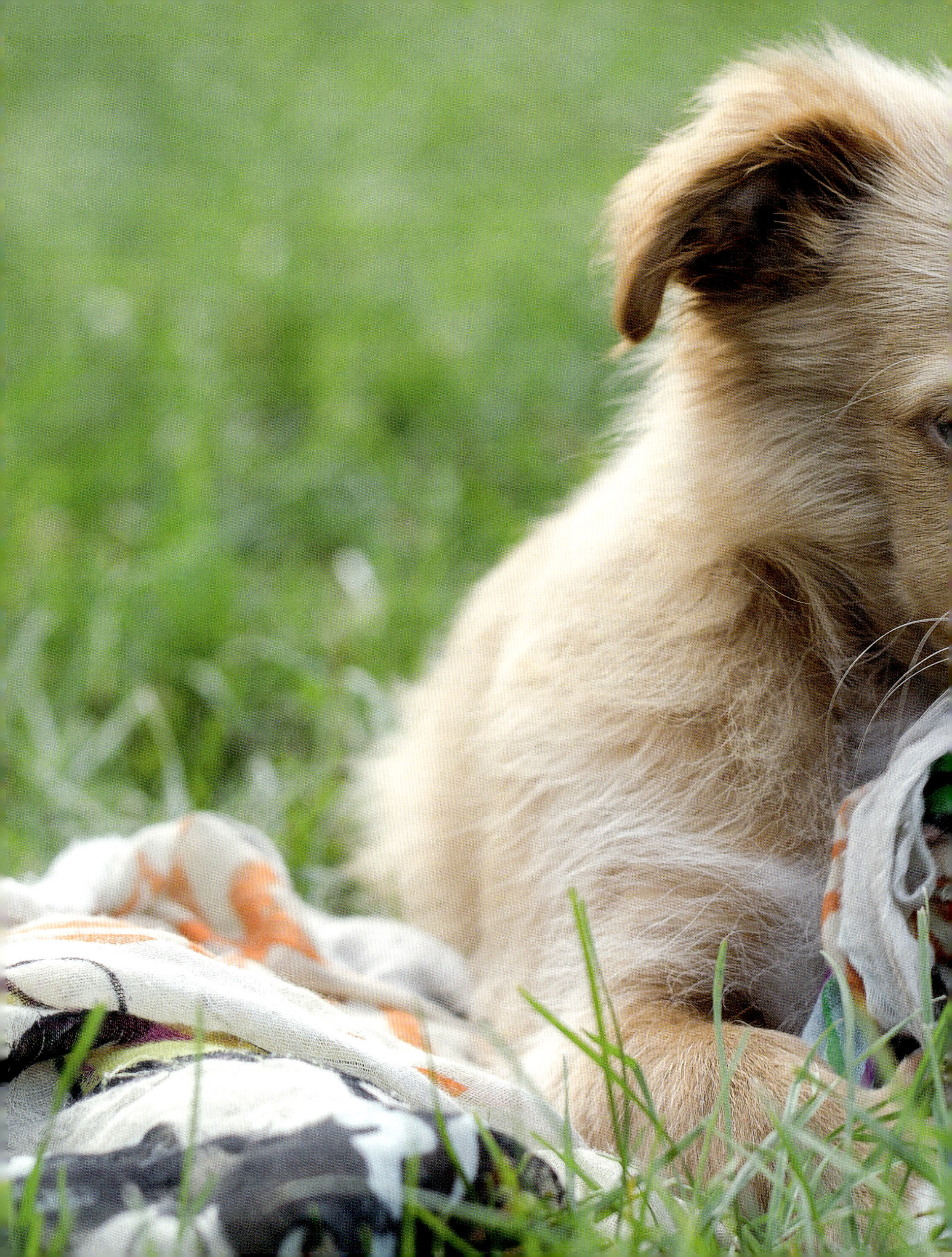

Erste Schritte zum EOS 1200D-Videografen

Sind Sie bereits videografisch unterwegs oder möchten Sie mit dem Filmen erst in Kürze beginnen? Dann wird Ihnen dieses Kapitel sicherlich einige nützliche Tipps und Informationen rund um den Movie-Modus der EOS 1200D liefern. Tauchen Sie also für kurze Zeit ein in die Welt des Filmens mit Ihrer Spiegelreflexkamera. Die Möglichkeiten sind enorm und der Spaßfaktor kommt garantiert auch nicht zu kurz.

15.1 Film ab!

Um spontan und unkompliziert gleich einmal ein Video aufzuzeichnen, reicht ein Dreh des *Modus-Wahlrads* auf den Modus *Movie-Aufnahmen* '🎥. Der Spiegel klappt daraufhin hoch und das Livebild erscheint auf dem Monitor. Es ist etwas schmaler als das Livebild im Fotomodus, da der Film üblicherweise im 16:9-Seitenverhältnis aufgezeichnet wird.

▲ *Vorbereiten der Videoaufnahme.*

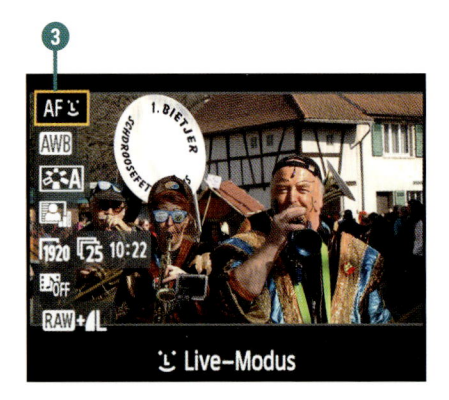

Richten Sie die 1200D auf das zu filmende Motiv aus. Mit der *DISP.*-Taste können Sie die Aufnahmeeinstellungen einblenden lassen und dann auch schnell ablesen, wie viele Minuten Film noch auf die Speicherkarte passen ❶.

Stellen Sie nun mit dem eingeblendeten AF-Messfeld ❷ scharf. Alternativ können Sie den Fokusmodus aber auch noch ändern. Zur Verfügung stehen die bekannten Optionen *FlexiZone-Single* AF ☐, die Gesichtserkennung im *Live-Modus* AF ☺ und der *Quick-Modus* AFQuick über die neun klassischen AF-Messfelder.

▲ *Auswahl der AF-Methode.*

Drücken Sie für die Wahl des Fokusmodus die Schnelleinstellungstaste und navigieren Sie auf das entsprechende Icon ❸. Mit dem *Hauptwahlrad* ⚙ können Sie die Option flink auswählen und danach durch Antippen des Auslösers das Menü wieder verlassen.

Stellen Sie nun mit halb gedrücktem Auslöser scharf. Wenn der Fokus richtig sitzt, ertönt das übliche Signal (sofern Sie die Option *Piep-Ton* nicht deaktiviert haben) und das AF-Messfeld leuchtet grün auf. Starten Sie den Film mit der *Livebild/Movie*-Taste 📷.

Sogleich erscheint ein roter Punkt ❹ im Display, der die laufende Filmaufnahme anzeigt. Außerdem läuft die Aufnahmezeit ❺ an. Um die Filmsequenz zu beenden, drücken Sie die *Livebild/Movie*-Taste 📷 erneut. Die Aufzeichnung wird dann sofort beendet.

▲ *Laufende Movie-Aufnahme.*

⊗ Maximale Filmlänge ist begrenzt

Mit der EOS 1200D können Sie maximal 29:59 Minuten am Stück filmen oder so lange, bis die Videodatei eine Größe von 4 GB erreicht hat. Dann legt die Kamera eine Pause ein und Sie müssen den Film mit der *Livebild/Movie*-Taste 🎬 neu starten. In den meisten Fällen ist das aber kein Problem, denn gute Filme setzen sich ohnehin aus vielen kürzeren Abschnitten zusammen. Achten Sie einmal speziell auf die Längen der einzelnen Einstellungen, wenn Sie einen Film im Kino oder Fernsehen anschauen.

15.2 Welches Format für welchen Zweck?

Auch wenn das voreingestellte *Movie-Aufnahmeformat* 1920 für die meisten videografischen Aktionen bestens geeignet ist, kann es nicht schaden, auch die anderen Optionen einmal unter die Lupe zu nehmen. Die EOS 1200D bietet dazu die in der nachfolgenden Tabelle aufgeführten Möglichkeiten an.

▼ *Die Movie-Aufnahmegrößen der EOS 1200D.*

Aufnahme-größe	Bild-rate	Video-system	Pixel-maße	Seiten-verhältnis	Dateigröße (MB/Min.)	Aufnahmezeit (8-GB-Karte)
1920	30	NTSC	1920 × 1080	16:9	330	ca. 22 Min.
1920	25	PAL	1920 × 1080	16:9	330	ca. 22 Min.
1920	24	beide	1920 × 1080	16:9	330	ca. 22 Min.
1280	60	NTSC	1280 × 720	16:9	330	ca. 22 Min.
1280	50	PAL	1280 × 720	16:9	330	ca. 22 Min.
640	30	NTSC	640 × 480	4:3	82,5	ca. 1 Std. 22 Min.
640	25	PAL	640 × 480	4:3	82,5	ca. 1 Std. 22 Min.

Zu den Kriterien für die Formatwahl zählt das Medium, auf dem die Movies später betrachtet werden sollen. So wäre die Full-HD-Qualität 1920 zum Beispiel für einen Fernseher mit entsprechender Full-HD-TV-Technik geeignet, während bei Fernsehern mit HD-ready-Technologie die kleinere HD-Variante 1280 schon formatfüllend ist. Da Sie die Filme mit der Canon-Software *ImageBrowser EX* oder anderen Videoschnittprogrammen wie z. B. Adobe Premiere Elements jedoch problemlos von Full HD in die HD-Größe umwandeln können, spricht nichts gegen die Verwendung der Aufnahmegröße 1920, zumal auf HD-ready-Fernsehern natürlich auch Full-HD-Filme laufen. Außerdem ist die Kapazität der Speicherkarte von Bedeutung. Wobei im Fall der EOS 1200D nur das kleine Standardformat 640 wirklich eine Ersparnis in der Dateigröße bringt, aber eben auch verbunden mit einem wesentlich kleineren Bild. Die Full-HD- und HD-Formate beanspruchen aufgrund der erhöhten Bildrate des HD-Formats dagegen die gleiche Datenmenge pro Minute.

▶ *Movie-Aufnahmegrößen Full-HD (1920 × 1080 Pixel), HD.1280 × 720 Pixel) und SD (640 × 480 Pixel).*

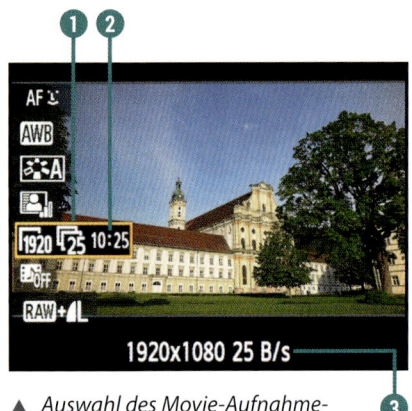

▲ *Auswahl des Movie-Aufnahmeformats.*

Das *Movie-Aufnahmeformat* können Sie übrigens am einfachsten über die *Schnelleinstellungstaste* Q auswählen. Navigieren Sie zur gezeigten Schaltfläche ❶ und bestimmen Sie das Format durch Drehen am *Hauptwahlrad*.

Hierbei werden Ihnen die mögliche Aufnahmezeit ❷ und am unteren Bildrand die Pixelmaße ❸ angezeigt. Alternativ können Sie die *Movie-Aufn.größe* aber auch über das Menü *Movie 2* auswählen.

304 Kapitel 15 Erste Schritte zum EOS 1200D-Videografen

15.3 Was sich hinter der Bildrate verbirgt

Die Bildrate, auch als Framerate bezeichnet, ist bei den Movie-Aufnahmegrößen der EOS 1200D immer mit angegeben. Sie bestimmt die Anzahl an Vollbildern, die pro Sekunde aufgenommen werden und ist abhängig vom eingestellten Videosystem. Im System PAL stehen Ihnen die Bildraten 50, 25 und 24 zur Verfügung und im System NTSC die Bildraten 60, 30 und 24.

◀ Als guter Standard eignen sich die Bildraten mit 25 (PAL) oder 30 Bildern pro Sekunde (NTSC) im Full-HD-Aufnahmeformat.

Die Videosysteme PAL und NTSC stammen noch aus Analogzeiten, als die Fernsehbilder auf die unterschiedlichen Stromfrequenzen abgestimmt waren (z. B. PAL für 50 Herz Wechselspannung in Europa). Im digitalen Zeitalter ist dies nicht mehr ausschlaggebend für eine funktionierende Filmwiedergabe. Daher können Sie das Videosystem im Menü *Movie 2* von *PAL* auf *NTSC* problemlos umstellen.

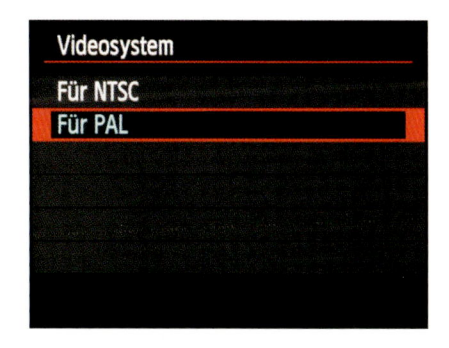

Dann können Sie auch die höheren Bildraten 60 und 30 nutzen, wobei 60 vor allem beim Filmen actionreicher Sequenzen für flüssige Abläufe sorgt.

▲ Umstellen des Videosystems.

Bedenken Sie jedoch, dass sich Filmabschnitte mit verschiedenen Bildraten nicht problemlos zusammenschneiden lassen. Daher ist es sinnvoll, in einem Videosystem und einer Bildrate zu bleiben oder zumindest Bildraten zu verwenden, die sich um den Faktor 2 unterscheiden, also 25 und 50 oder 30 und 60.

Als guter Standard und für langsamere Motive und Kameraschwenks bestens geeignet empfiehlt sich generell 25 oder 30. Die höhere Bildrate von 50 oder 60 ist dagegen gut für actionreichere Szenen, da die Bewegungen aufgrund der höheren Anzahl an Einzelbildern pro Sekunde flüssiger ablaufen. Auch die verlangsamte Wiedergabe von Sequenzen in Zeitlupe lässt sich damit besser realisieren. Die Bildrate 24 entspricht der Bildfrequenz gängiger Kinofilme. Da hierbei weniger Bilder pro Sekunde aufzeichnet werden, ist das Erscheinungsbild meist etwas weicher.

Wichtig ist, die Kameraschwenks ruhig durchzuführen, da sonst schneller Ruckler entstehen. Generell empfehlen wir Ihnen, die Standardeinstellung 1920 25 der 1200D (oder 1920 30 im NTSC-Videosystem) beizubehalten. Sie bietet eine hohe Flexibilität zusammen mit einer sehr guten Qualität.

15.4 Automatisch oder manuell zur richtigen Schärfe

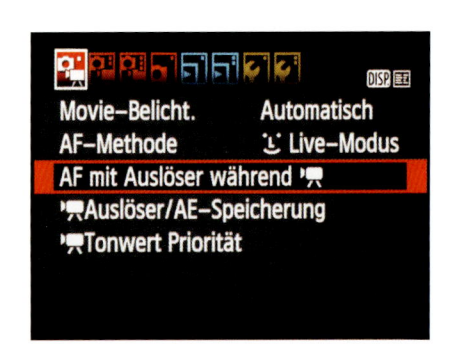

Die Aufnahme bewegter Bilder erfordert einen Autofokus, der das anvisierte Motiv zuverlässig scharf stellt. Der EOS 1200D fehlt aber leider ein automatisch nachführender Autofokus, wie er von vielen Camcordern her bekannt ist. Sie besitzt zum Scharfstellen lediglich die gleichen Optionen, die Sie bereits vom Fotografieren im Livebild-Modus her kennen.

▲ *Die Funktion AF mit Auslöser während Movie-Aufnahmen ermöglicht das Scharfstellen während der laufenden Videoaufzeichnung.*

Daher können Sie vor und während der laufenden Aufnahme nur durch Drücken des Auslösers auf den ersten Druckpunkt scharfstellen, sofern die Funktion *AF mit Auslöser während* im Menü *Movie 1* aktiviert ist.

Mit den neuen STM-Objektiven läuft die Scharfstellung zwar geräuschlos ab, sie ist aber nicht gerade die Schnellste. So schwankt der Fokus beim Druck des Auslösers erst ein paar Mal hin und her, bis das Motiv richtig getroffen ist. Und das ist später im Film natürlich alles zu sehen und bei nicht-STM-Objektiven kommen die Fokusgeräusche noch hinzu.

Die Nachteile des automatischen Fokussierens können Sie jedoch teilweise umgehen, indem Sie manuell fokussieren. Stellen Sie den Fokussierschalter dazu auf *MF*. Dann können Sie die Schärfe im Verlauf der Aufnahme manuell über den Entfernungsring nachregulieren, um beispielsweise von einer Person in der Nähe auf eine andere Person etwas weiter hinten zu schwenken.

Das Drehen am Entfernungsring des Objektivs kann dabei ganz langsam erfolgen. Das wirkt meist viel ruhiger und Schärfesprünge bleiben aus, es erfordert aber auch ein wenig Übung.

▲ *Videoneiger 700CR2 (Bild: Manfrotto).*

Am besten funktioniert das manuelle Scharfstellen, wenn die Kamera auf dem Stativ steht. Mit einem Videoneiger (z. B. 700CR2 von Manfrotto) kann die 1200D dann sehr ruhig geschwenkt werden und das Bild wackelt nicht, wenn am Entfernungsring gedreht wird.

Für das manuelle Scharfstellen beim Filmen gibt es auch ganz praktische Schärfezieheinrichtungen (z. B. Quenox FF1, Edelkrone FocusONE, Lanparte FF-01 Follow Focus). Der Entfernungsring des Objektivs wird dabei über eine Art Zahnradkombination mit einem Hebel verbunden, über den die Scharfstellung sehr fein reguliert werden kann.

▲ *Follow-Focus-Einheit Quenox FF1 (Bild: Quenox).*

Solche Follow-Focus-Einrichtungen können Sie mit einem sogenannten Video-Rig koppeln, auf dem die Schärfezieheinrichtung beim Fokussieren vor- oder zurückfährt (z. B. Quenox DSLR Rig).

▲ *Video-Rig (Bild: Quenox).*

15.5 Helligkeit und Schärfentiefe anpassen

Die Belichtung anpassen

Die Bildhelligkeit der Videoaufnahme passt sich beim Kameraschwenk mit der EOS 1200D ganz von selbst an die veränderte Situation an. Sollte die Belichtung jedoch einmal nicht stimmen, gibt es die Möglichkeit einer Belichtungskorrektur um ±5 EV-Stufen.

Diese können Sie vor und während der Movie-Aufzeichnung einstellen, indem Sie die Taste Av drücken und gleichzeitig das *Hauptwahlrad* nach links (Unterbelichtung) oder nach rechts (Überbelichtung) drehen. Wobei die Belichtungskorrektur während der Filmaufnahme nicht empfehlenswert ist, da die lauten Geräusche sich bei der Tonaufnahme deutlich bemerkbar machen.

▲ Um die sommerliche Atmosphäre zu betonen, haben wir die Videohelligkeit um +⅔ EV angehoben.

Filmen mit konstanter Belichtung

Die automatische Anpassung der Bildhelligkeit ist an sich ganz schön und gut, führt aber häufig auch zu starken Schwankungen, die zum Beispiel einen Kameraschwenk sehr unausgeglichen wirken lassen.

Gerade bei kontrastreichen Situationen mit Gegenlicht oder bei einem Schwenk über hell und dunkel eingefärbte Gegenstände können Belichtungsänderungen sehr störend wirken.

Also legen Sie die Belichtung am besten fest. Dazu richten Sie die EOS 1200D auf einen Bildausschnitt des geplanten Videos, der Ihnen besonders wichtig ist und daher auf jeden Fall richtig belichtet werden soll.

▲ *Speichern der Belichtung mit der Sterntaste.*

Drücken Sie nun die *Sterntaste* ✱. Damit werden die Belichtungszeit ❷, die Blende ❸ und der ISO-Wert ❹ fixiert, was am eingeblendeten Sternsymbol ❶ zu erkennen ist.

Richten Sie den Bildausschnitt ein, mit dem der Film beginnen soll, und starten Sie die Aufzeichnung mit der *Livebild/Movie*-Taste. Die Belichtung bleibt nun konstant und Sie können über Ihr Motiv fahren oder die 1200D zum Zielbildausschnitt schwenken, ohne Helligkeitsschwankungen in Kauf nehmen zu müssen.

Möchten Sie die Belichtungsspeicherung während der Filmaufnahme beenden, um wieder die automatische Helligkeitsanpassung nutzen zu können, drücken Sie einfach die *Vergrößerungstaste*. Um die Belichtung erneut zu speichern, betätigen Sie wieder die *Sterntaste* ✱. Für Flexibilität ist also jederzeit gesorgt.

Die Schärfentiefe selbst steuern

Das Spiel mit der Schärfe und Unschärfe ist bei Movie-Aufnahmen (Pull-Focus-Effekte, Kino-Look) genauso attraktiv wie beim Fotografieren. Wenn Sie also mit niedrigen Blendenwerten filmen möchten, um die Akteure vor Ihrer 1200D besonders prägnant freizustellen oder kreative Schärfeverlagerungen im Video planen, so ist das mit der manuellen Videosteuerung problemlos realisierbar. Alles, was Sie dafür tun müssen ist, im Menü *Movie 2* bei *Movie-Belicht.* die Option *Manuell* einzustellen.

Jetzt können Sie die Videohelligkeit über die Belichtungszeit, den Blendenwert und den ISO-Wert bestimmen. Setzen Sie den Blendenwert auf eine niedrige Stufe ❶, um mit geringer Schärfentiefe filmen zu können. Dazu drücken Sie die Taste Av und drehen das *Hauptwahlrad* nach links. Als Nächstes können Sie nur mit dem *Hauptwahlrad* die Belichtungszeit ❷ einstellen.

✓ Den Weißabgleich festlegen

Da es vorkommen kann, dass sich bei einer Änderung des Motivausschnitts während der Filmaufnahme auch die Farben verschieben, kann es sinnvoll sein, neben der Belichtung auch den Weißabgleich festzulegen. Wählen Sie im *Schnelleinstellungsmenü* Q eine Vorgabe, die den geplanten Videoschwenk in allen Einstellungen gut wiedergibt ❶. Hier war beispielsweise die Vorgabe *Tageslicht* am besten geeignet.

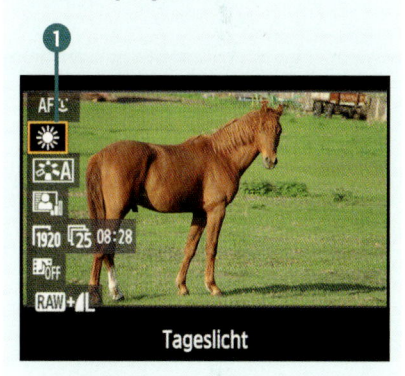

▲ *Festlegen des Weißabgleich.*

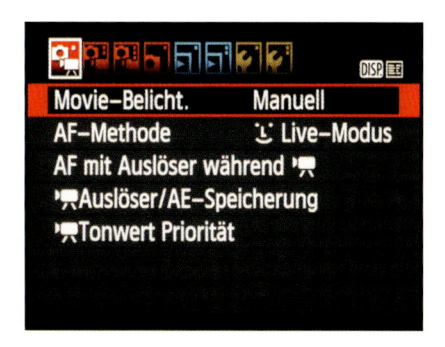

▲ *Aktivieren der manuellen Movie-Belichtung.*

▲ *Einstellen des Blendenwerts* ❷ *und der Belichtungszeit* ❶.

▲ *Auswahl der Lichtempfindlichkeit für die Movie-Aufnahme.*

Für eine flüssige Darstellung von Bewegungen eignen sich Werte zwischen 1/50 s und 1/250 s sehr gut. Die längste verwendbare Belichtungszeit liegt je nach der Bildrate bei 1/30 s (24, 25, 30) oder 1/60 s (50, 60). Selbstverständlich können Sie auch umgekehrt verfahren und erst die Belichtungszeit wählen und dann eine passende Blende einstellen, wenn es primär um das Aufnehmen einer Bewegung geht, bei der die Schärfentiefe keine so wichtige Rolle spielt.

Übrigens, sollte die Umgebung sehr hell sein, können Sie einen Graufilter der Stärke ND4 bis ND8 am Objektiv anbringen, um die Belichtungszeit auf den benötigten langen Werten zu halten.

Jetzt fehlt nur noch der ISO-Wert ❹. Stellen Sie diesen über das Menü *Schnelleinstellung* [Q] ❺ ein – ISO 100 bis 6400 ist wählbar – und legen Sie damit die Bildhelligkeit final fest. Wenn die Markierung der Belichtungsstufenanzeige in der Mitte steht ❸, stimmt die Bildhelligkeit mit der von der 1200D als optimal gemessenen Belichtung überein.

Wenn Sie nicht mit konstanter Belichtung filmen möchten, können Sie natürlich auch die ISO-Automatik aktivieren, dann wird die Bildhelligkeit beim Kameraschwenk flexibel angepasst.

> ✓ **Bildstil für Nachbearbeitungen**
>
> Möchten Sie Ihre Filme gerne nachträglich mit einer spezieller Videosoftware weiter bearbeiten, ist es günstig, wenn die Movie-Aufnahme kameraintern hinsichtlich Kontrast und Farbe nicht stark nachbearbeitet wird. Stellen Sie hierfür im Menü *Schnelleinstellung* [Q] am besten den Bildstil *Neutral* ein.
>
> Um den Kontrast und die Farben später optimal anpassen zu können, eignen sich spezielle Videoschnitt-Programme, wie z. B. Photoshop Premiere Elements, Video Studio, Magix Video deluxe oder Final Cut Pro.

15.6 Den richtigen Ton treffen

Zu den bewegten Bildern gehört natürlich auch ein Ton. Daher besitzt Ihre EOS 1200D auf der Vorderseite ein eingebautes Mono-Mikrofon ❶ und auf der Gehäuseoberseite einen Lautsprecher ❷. Im automatischen Tonaufnahmemodus reguliert die EOS 1200D die Tonaufzeichnung entsprechend der vorhandenen Lautstärke. Zeichnen Sie beispielsweise laufende Musik auf und klatschen dann ein paar Mal in der Nähe der Kamera laut in die Hände, wird die Lautstärke kurzzeitig herunter reguliert. Das Klatschen ist dann zwar leiser, aber auch die Musik im Hintergrund wird weniger gut hörbar und die ganze Aufnahme schwankt hinsichtlich der Lautstärke. Auch kann das Hintergrundrauschen hin und wieder etwas zu dominant werden. Dies können Sie unterbinden durch die Wahl der manuellen Lautstärkeregelung, die Sie im Menü *Movie 2* 🎬 finden. Stellen Sie darin die *Tonaufnahme* auf *Manuell* ❸, dann lässt sich der *Aufnahmepegel* ❹ ebenfalls mit der *SET*-Taste auswählen und mit den *Kreuztasten* ◀/▶ manuell anpassen. Beobachten Sie hierbei die Skala des Lautstärkemessers ein paar Sekunden und stellen Sie den Tonpegel so ein, dass das Maximum bei dem Wert *12* ❺ nur selten erreicht wird. Die Lautstärke sollte nicht bei *0* anschlagen, da der Ton sonst verzerrt wird. Wer gar keinen Sound aufnehmen möchte, kann die Tonaufnahme aber auch komplett untersagen (*Tonaufnahme/Deaktivieren*).

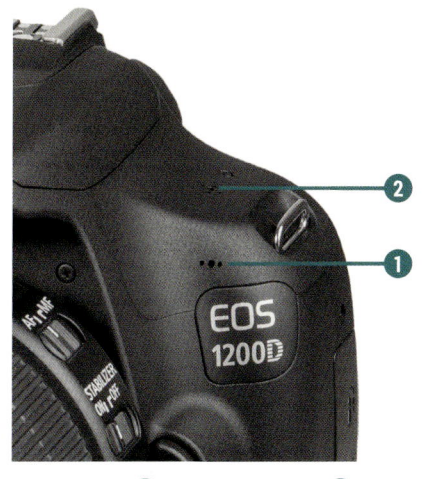

▲ *Mikrofon* ❶ *und Lautsprecher* ❷ *der EOS 1200D.*

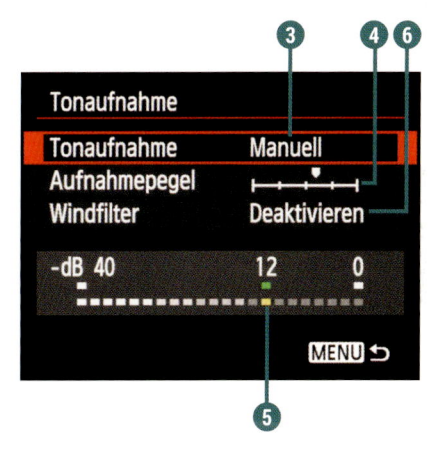

▲ *Einstellen des Aufnahmepegels.*

✓ Windschutz für bessere Tonqualität?

Mit dem *Windfilter* ❻ sollen Störgeräusche, wie sie von leichten Windböen ausgelöst werden, unterdrückt werden. Da dies nur in Maßen gelingt, ist es generell besser, bei starkem Wind das Mikrofon abzuschirmen und lieber mit einem externen Gerät und entsprechendem manuellen Windschutz höherwertige Tonqualitäten zu erzielen. Als Standardeinstellung sollte der *Windfilter* ausgeschaltet bleiben, da sonst auch die normale Tonaufzeichnung verzerrt oder zu stark gedämpft werden kann.

▲ Empfehlenswertes externes Mikrofon Zoom H2N (Bild: Zoom).

> **Parallele Tonaufnahme mit Kamera und Mikrofon**
>
> Nehmen Sie trotz unabhängiger Tonaufnahme den Ton am besten auch mit der 1200D auf. Es gibt spezielle Software, die den Ton aus der Kamera verwenden kann, um den externen Ton damit perfekt zu synchronisieren (z. B. DualEyes von Singular Software).

Die Qualität der Tonaufzeichnung mit dem eingebauten Mikrofon der 1200D ist zwar recht ordentlich, die Position im Gehäuse bringt es jedoch mit sich, dass das Hantieren am Objektiv oder das Betätigen von Tasten die Tonqualität schon extrem stören können. Für alle, die viel filmen, ist daher die Anschaffung eines externen Mikrofons zu empfehlen. Allerdings können an der 1200D keine Mikrofone direkt angeschlossen werden. Daher kommen nur unabhängige Geräte in Frage.

Solche externen Mikrofone sind aber generell sehr interessant, denn mit ihnen können Sie den Ton ganz unabhängig von der Kamera auf einer eigenen Speicherkarte aufzeichnen. So könnten Sie beispielsweise das Zoom-H2N-Mikrofon vor ein Rednerpult stellen und den Ton ganz unabhängig von der Filmaufnahme festhalten. Weder die Kamerageräusche noch die unterschiedliche Distanz zum Redner, die beim Wechseln der Filmposition entstünde, beeinflussen dann den Ton.

Anschließend muss die Tonspur nur noch mit der Filmspur im Schneideprogramm zusammengeführt werden. Auch das Aufzeichnen unabhängiger Geräusche, wie zum Beispiel Vogelstimmen im Wald, ein Interview oder Ähnliches, mit denen Sie eine Diashow oder eine Dokumentation vertonen können, sind damit sehr gut möglich.

15.7 Videoschnappschüsse erstellen

Haben Sie beim Fernsehen schon einmal darauf geachtet, wie lange eine Einstellung pro Szene aus einer Kameraperspektive so dauert? Meist sind das nur wenige Sekunden, dann kommt ein Schnitt und es geht mit einer anderen Kameraperspektive oder einer anderen Szene weiter. Der eigentliche Film besteht somit aus lauter kurzen Stücken, die letztlich erst mit einem Schnittprogramm zum fertigen

Film verarbeitet werden. Genau an dieser Stelle setzt die Funktion *Videoschnappschuss* der EOS 1200D an. Damit können Sie kurze Filmsequenzen aufzeichnen, die 2, 4 oder 8 Sekunden lang sind.

Diese „Filmschnipsel" werden in einer Datei gespeichert und bei der Wiedergabe automatisch aneinandergereiht. Videografieren Sie damit zum Beispiel verschiedene Szenen einer Sightseeing-Tour oder eines Ausflugs.

▼ *Unsere Videoschnappschüsse bei einem Ausflug zum Schiffshebewerk.*

Um die Videoschnappschüsse aufzunehmen, aktivieren Sie als Erstes die Option *Vid.Schnappschuss* im Menü *Movie 2* oder alternativ im Menü *Schnelleinstellung*. Entscheiden Sie sich für die Länge der Filmsequenzen. Die Vorgabe *4 Sek.-Video* bietet in der Regel einen guten Kompromiss aus Abwechslung und ausreichender Zeit, die einzelnen Sequenzen zu erfassen. Bei Wahl des *2 Sek.-Video* erhalten Sie eher eine stakkatoartige Videosequenz. Dagegen wirkt das *8 Sek.-Video* ruhiger, erfordert aber auch ein wenig Bewegung im einzelnen Schnappschuss, entweder durch das Motiv selbst oder durch die Führung der Kamera, sonst kommt beim Betrachten schnell Langeweile auf.

▲ *Aktivieren des Videoschnappschusses.*

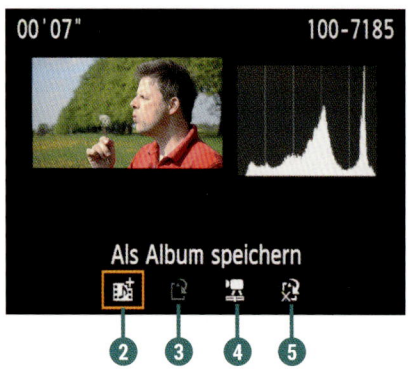

▲ Oben: Videoschnappschuss-Aufnahme. Unten: Speichern der Sequenz im neuen Album.

Zurück im Movie-Modus können Sie die Filmaufnahme gleich starten. Der Ablauf der Sekunden wird durch den blauen Balken ❶ visualisiert. Am Ende der ersten Teilsequenz werden Sie gefragt, ob Sie das Kurzvideo im Album speichern ❷ möchten, es wird dann eine neue MOV-Datei auf der Speicherkarte angelegt, in die alle nachfolgenden Sequenzen hinein gespeichert werden. Alternativ können Sie sich die Sequenz auch noch einmal anschauen ❹ und dann entweder speichern oder auch löschen ❺. Wenn Sie bereits Sequenzen aufgenommen haben und die aktuelle in einem neuen Album speichern möchten, wählen Sie die zweite Schaltfläche von links ❸.

Übrigens: Sobald Sie das Aufnahmeformat des Videos, die Tonaufnahme oder die Schnappschusslänge ändern, muss die neue Sequenz in einem neuen Album gesichert werden. Das Umschalten von automatischer auf manuelle Belichtung stört die fortlaufende Aneinanderreihung der Sequenzen in einem Album hingegen nicht. Um die Videoschnappschüsse zu betrachten, rufen Sie das Album, das am Symbol 📹 zu erkennen ist, mit der *Wiedergabetaste* ▶ auf und starten die Wiedergabe, indem Sie die *SET*-Taste zweimal hintereinander drücken. Die einzelnen Sequenzen werden automatisch nacheinander abgespielt. Möchten Sie die Reihenfolge der Sequenzen ändern oder einzelne Sequenzen entfernen, ist das in der 1200D nicht möglich, wohl aber mit dem Canon-Programm *ImageBrowser EX*.

15.8 Schnappschussalben optimieren

Was in der Kamera nicht möglich ist, kann mit der mitgelieferten Canon-Software *ImageBrowser EX* 📷 in die Tat umgesetzt werden. Ordnen Sie die einzelnen Abschnitte eines Schnappschussalbums in neuer Reihenfolge an und hinterlegen Sie das Ganze mit Musik. Dazu markieren Sie das Schnappschussalbum im ImageBrowser EX und wählen *Bearbeiten*/*EOS Vid.-Schnapps. bearbeiten* ❶.

▲ Videoschnappschussalbum im ImageBrowser EX optimieren.

Der EOS Video Snapshot Task öffnet sich. Im unteren Fensterbereich werden die einzelnen Filmabschnitte des Albums aufgelistet. Fassen Sie einen nach dem anderen einfach mit der Maus an ❸ und ziehen Sie ihn an die gewünschte Stelle. Oder löschen Sie überzählige Sequenzen ❷. Über das Notensymbol ❹ können Sie die von Canon hinterlegten Musikdateien hinzufügen oder selbst aufgenomme Geräusche oder andere Musikdateien auswählen. Es können jedoch nur Abschnitte aus einem Schnappschussalbum sortiert werden. Der Import von Abschnitten aus anderen Alben ist bis dato nicht möglich. Speichern Sie das Video anschließend über *Datei*/*Speichern unter* mit einem neuen Namen ab.

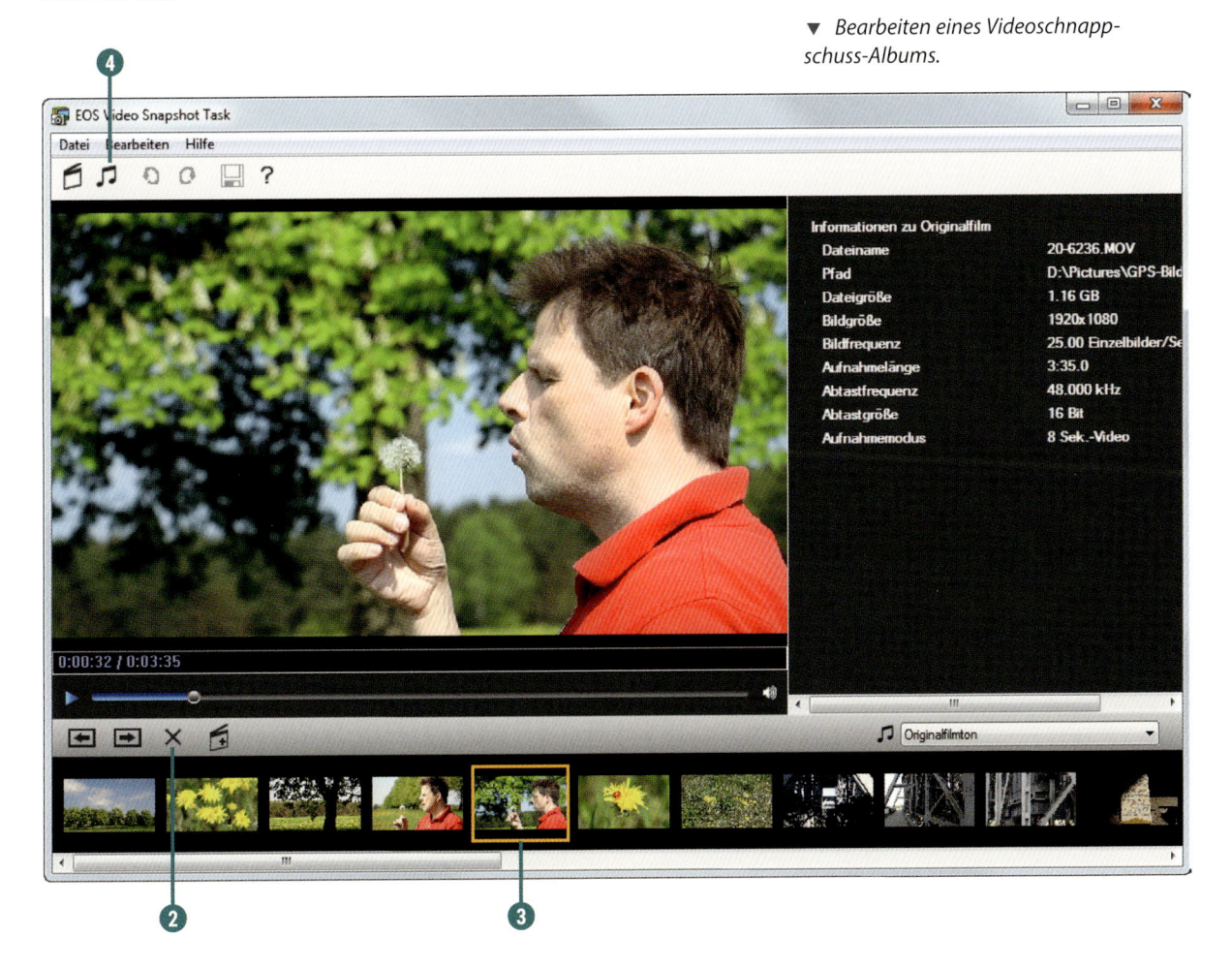

▼ *Bearbeiten eines Videoschnapp-schuss-Albums.*

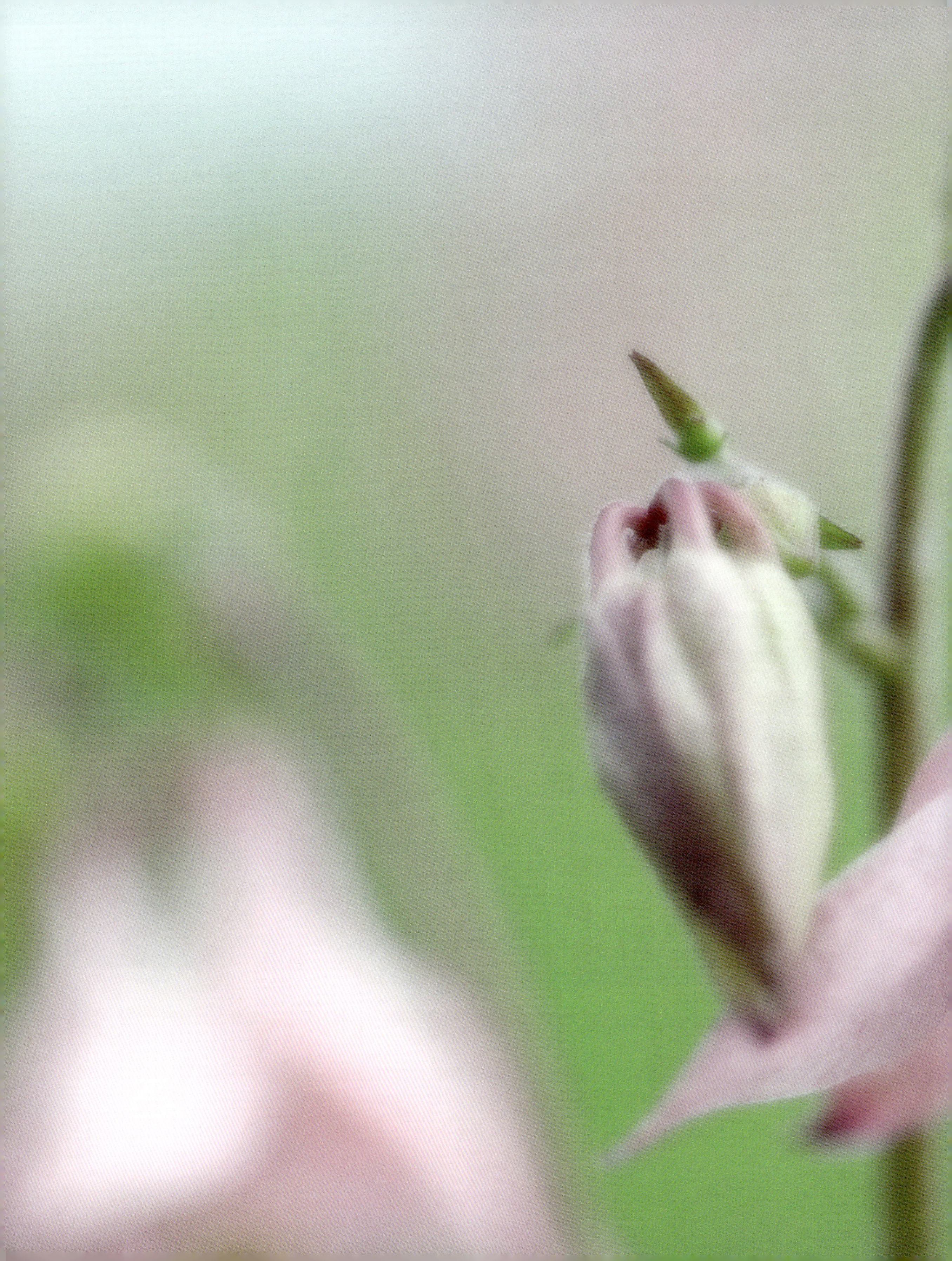

Sinnvolles Zubehör für jeden Anlass

Mehr Zusatzteile zu kaufen, ist kein Problem, schließlich gibt es rund um Ihre 1200D fast nichts, was es nicht gibt. Die Frage ist nur, was ist sinnvoll, was vielleicht sogar wichtig und welche erschwinglichen Alternativen sind möglich?

Kommen Sie also mit auf einen Streifzug quer durch den Zubehördschungel, vom Objektiv über Stative bis zu nützlichen Filtertypen, und erfahren Sie, wie Sie die kamerainterne Software stets auf dem neuesten Stand halten. So besitzt Ihre EOS 1200D am Ende nicht nur einen passenden „Hofstaat", sondern ist auch noch perfekt in Schuss.

▼ *Der Zubehörmarkt bietet viel: wie zeigen Ihnen, was davon wirklich sinnvoll ist.*

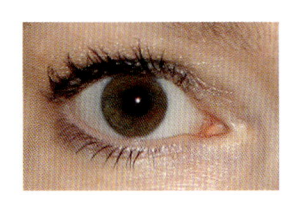

▲ *Was für uns das Auge, das ist für die 1200D das Objektiv.*

16.1 Rund um Objektive & Co

Genauso wie die Güte Ihrer Augen das eigene Sehempfinden bestimmt, hängt die rein optische Qualität der Bilder aus Ihrer EOS 1200D maßgeblich vom angesetzten Objektiv ab. Wie vielseitig die Möglichkeiten sind, Ihre Kamera mit einem qualitativ hochwertigen „Auge" zu versehen, erfahren Sie in den folgenden Abschnitten.

318 Kapitel 16 Sinnvolles Zubehör für jeden Anlass

Verbindungselement Bajonett

Das Bajonett ist die Verbindungsstelle zwischen Kamerabody und Objektiv. Seit dem Jahr 1987 verwendet Canon das sogenannte EF-Bajonett (*electric focus*). An der EOS 1200D können darüber alle EF-Objektive von Canon oder kompatible Modelle von Drittherstellern wie zum Beispiel Sigma, Tamron oder Tokina angebracht werden. EF-Objektive besitzen einen roten Punkt, der als Markierung für das richtige Ansetzen des Objektivs am Bajonett dient. Mit der Einführung der EOS-Modelle mit Cropfaktor – die EOS 300D war die erste Kamera aus dieser Reihe – kam eine weitere Bajonettform hinzu, der sogenannte EF-S-Anschluss (S steht für *short back*). Der Vorteil von EF-S-Objektiven liegt darin, dass sie exakt auf das kleinere Sensorformat zugeschnitten sind und daher kompakter gebaut und günstiger produziert werden können. Das Kit-Objektiv der EOS 1200D ist beispielsweise ein solches EF-S-Modell. EF-S-Objektive werden über die weiße Quadratmarkierung am Kameragehäuse angesetzt.

> ### ⊗ EF- und EF-S-Objektive
>
> EF-S-Objektive können nur an Kameras mit Cropfaktor 1,6 (EOS 1200D, EOS 700D, EOS 70D, EOS 7D) verwendet werden, also nicht an Modellen der EOS-Reihe mit Vollformatsensor (EOS 1DX, EOS 5D Mark III, EOS 6D).

▲ EF-Objektive werden mit der roten und EF-S-Objektive mit der weißen Markierung am Gehäuse der 1200D angesetzt.

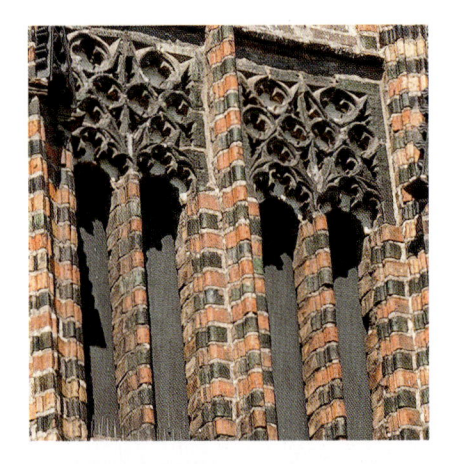

Tipps zur Objektivwahl

In unserem fotografischen Leben haben wir bestimmt schon Stunden, wenn nicht Tage, damit verbracht, uns durch Testergebnisse zu lesen und Objektive zu testen, um das eine, perfekte Objektiv zu finden. Leider gibt es sie aber schlichtweg nicht, die Superlinse, die alle gewünschten Brennweiten vereint und Bilder in höchster Qualität zu erzeugen vermag. Finden wir uns also damit ab, dass wir in gewissem Maße mit Kompromissen leben müssen. Aber welche sind das, und wie können Sie sie gewichten, um zu einem guten Objektiv zu kommen? Wir sind dazu übergegangen, uns auf die wichtigsten Kriterien zu konzentrieren, und diese nach ihrer Rele-

▲ *Die Detailauflösung in der Bildmitte ist meist besser (oben) als in den Ecken (unten).*

✓ Digitale Objektivoptimierung

Der Canon-eigene RAW-Konverter **Digital Photo Professional** bietet eine sogenannte **Digitale Objektivoptimierung** an. Damit werden sowohl unscharfe Bildränder als auch Verzeichnung, Chromatische Aberration und Vignettierung in gewissem Maße nachgebessert. Das funktioniert aber nur bei RAW-Bildern und nur, wenn Canon-Objektive verwendet wurden, die in der aktuellen Datenbank verfügbar sind.

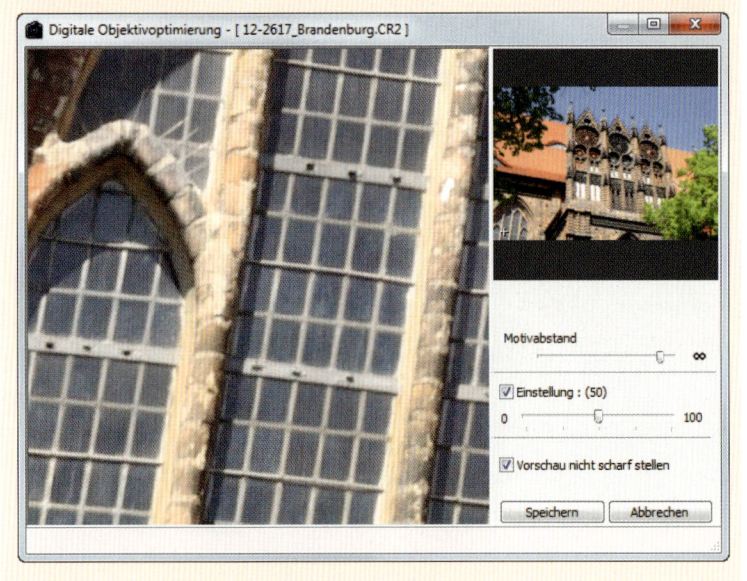

▲ *Anwendung der **Digitalen Objektivoptimierung**.*

vanz absteigend wie folgt zu beurteilen: Detailauflösung, Verzeichnung, Chromatische Aberration, Vignettierung.

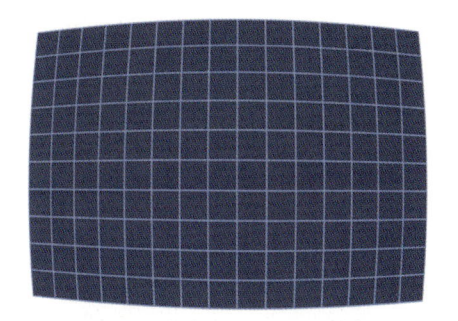

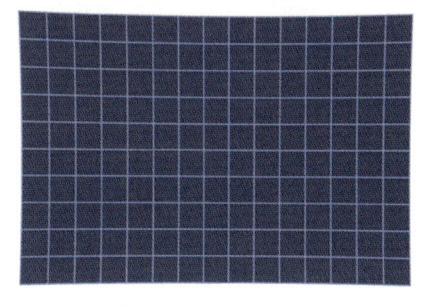

Das für uns wichtigste Kriterium ist die Detailauflösung. Denn ist das Objektiv nicht in der Lage, die feinen Motivstrukturen klar und deutlich abzubilden, lässt sich die Bildqualität auch nachträglich nicht mehr wirklich verbessern. Auch sollte die Schärfe an den Bildrändern nicht sichtbar absinken, wenn das Bild z. B. auf Monitorgröße am Computer betrachtet wird. Wenn bei Objektiven von Verzeichnung die Rede ist, dann ist damit die Eigenschaft gemeint, eigentlich gerade Motivlinien gekrümmt abzubilden. Weitwinkelobjektive verzeichnen tonnenförmig, sodass sich die Linien nach außen wölben. Teleobjektive verzerren kissenförmig und bilden gerade Linien nach innen gewölbt ab. Die Verzeichnung lässt sich durch nachgeschaltete Bildbearbeitung aber recht gut korrigieren.

▲ *Tonnenförmige (oben) und kissenförmige Verzeichnung (unten).*

1/320 s, f8, ISO 200, 18 mm

◄ *Das Objektiv hat die geraden Zaunstreben tonnenförmig verzeichnet.*

Unter der Chromatischen Aberration versteht der geneigte Objektivkenner die bunten Farbsäume, die sich vor allem an kontrastreichen Kanten am Bildrand bemerkbar machen. Meist sind sie cyan- oder magentafarben und bei Weitwinkelobjektiven deutlicher sichtbar. Eine weitere Objektivschwäche wird mit dem Begriff Vignettierung beschrieben. Darunter werden objektivbedingte abgedunkelte Bildecken verstanden. Diese sind meistens bei Motiven gut zu erkennen, die eine einheitlich gefärbte Fläche enthalten, wie z. B. blauen Himmel oder einen einfarbigen Porträthintergrund. Vignettierung kann durch eine leichte Erhöhung des Blendenwerts auf f8 oftmals schon bei der Aufnahme unterdrückt werden. Sie lässt sich aber auch mit gängigen Bildbearbeitungsmitteln gut in den Griff bekommen.

▲ *Die Chromatische Aberration macht sich hier an cyan- und magentafarbenen Säumen entlang der Äste bemerkbar.*

1/2500 s, f6,3, ISO 200, 200 mm
▶ *Das Möwenbild hat durch Vignettierung (dunkle Bildecken) an Qualität eingebüßt.*

✓ Spezielle Filter für weite Winkel

Wenn „übliche" Filter an einem Weitwinkelobjektiv angebracht werden, kann auch dies zu Vignettierung führen, weil der Objektivrand durch den Filter zu hoch geworden ist. Deshalb gibt es spezielle dünne Filter, sogenannte Slim-Versionen. Achten Sie darauf, dass der Filter die Anbringung des Objektivdeckels zulässt, das tun nämlich nicht alle.

▲ *Normal dicker Polfilter (links) und die Slim-Version (rechts).*

Kamerainterne Vignettierungs-Korrektur

Wenn Sie Canon-Objektive verwenden, können Sie die Vignettierung bereits in Ihrer 1200D korrigieren lassen. Die entsprechende Einstellung finden Sie im Menü *Aufnahme 1* bei *Vignettierungs-Korrektur*. JPEG-Fotos werden dann während der Aufnahme von dieser Schwäche weitestgehend befreit. Bei RAW-Bildern funktioniert das aber nicht, hier ist es notwendig, die Korrektur bei der Konvertierung durchzuführen, z. B. mit *Digital Photo Professional* oder Adobe Lightroom.

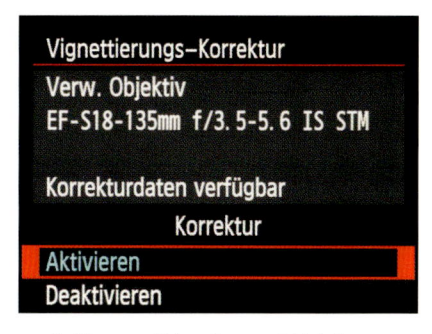

▲ *Bei kompatiblen Canon-Objektiven wird die Vignettierung aus den JPEG-Fotos direkt heraus gerechnet.*

Beide Bilder: 1/1000 s | f6,3 | ISO 100 | 200 mm

◄ *Links: Ergebnis ohne dunkle Bildecken dank kamerainterner Vignettierungs-Korrektur, rechts: Unkorrigierte Aufnahme mit Vignettierung.*

Es kann sein, dass das Profil Ihres Canon-Objektivs noch nicht in der 1200D vermerkt ist und daher die *Vignettierungs-Korrektur* deaktiviert ist. Schließen Sie in dem Fall Ihre Kamera, wie auf Seite 363 beschrieben, an Ihren Computer an. Im Startfenster der *EOS Utility* wählen Sie *Kamera-Einstellungen/Fernaufnahme*. Klicken Sie im nächsten Fenster unten doppelt auf *Vignettierungs-Korrektur* ❶. Mit den Schaltflächen oben können Sie nun einen Objektivtyp auswählen, z. B. *EF-S* ❷ und aus allen Kategorien insgesamt bis zu 40 Objektive markieren. Bestätigen Sie die Aktion mit der Schaltfläche **OK** ❸. Danach schließen Sie die Software, schalten die 1200D aus und ziehen das USB-Kabel wieder ab.

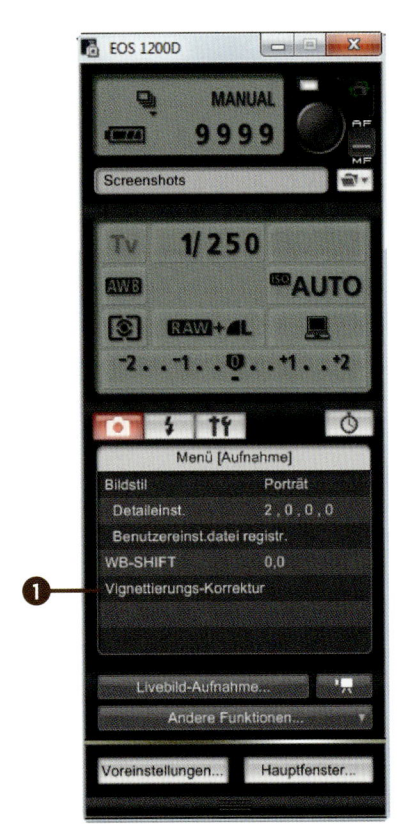

▲ Übertragung neuer Vignettierungs-Korrekturdaten aus der EOS Utility in die EOS 1200D.

Bei Objektiven anderer Hersteller müssen nachträgliche Korrekturen per Hand im Bildbearbeitungsprogramm durchgeführt werden, was etwas zeitaufwendiger und anspruchsvoller sein kann. Oder Sie besorgen sich einen hochwertigen RAW-Konverter, der ebenfalls über eine profilbasierte Objektivfehlerkorrektur verfügt, wie z. B. Adobe Lightroom oder DxO Optics Pro.

Besonderheiten der STM-Objektive

Auf den ersten Blick sehen die STM-Objektive, die erstmals mit dem Erscheinen der EOS 650D von Canon ins Programm genommen wurden, nicht viel anders aus als andere EF-S-Objektive – bis auf das Buchstabenkürzel STM. Dahinter verbirgt sich der Begriff **St**epping **M**otor, was nichts anderes heißt, als dass das Objektiv zum Scharfstellen einen Schrittmotor verwendet. Dieser kann im Unterschied zum gängigen USM, dem **U**ltra**s**chall**m**otor, schneller und leiser fokussieren.

◄ *Derzeit gibt es drei STM-Modelle: EF-S 18-55 mm IS STM (links), EF-S 18-135 mm IS STM (Mitte) und EF 40 mm f/2.8 STM (rechts) (Bilder: Canon).*

Dies soll vor allem beim Nachführen der Schärfe im Modus *Movie-Aufnahmen* Vorteile haben, indem die Scharfstellung schnell, leise und geräuscharm vonstattengeht. Und tatsächlich, in der Praxis fällt der Unterschied zum herkömmlichen Objektiv sofort auf. Weder ruckelt der Fokus störend hin und her noch schmälern laute Objektivgeräusche die Videoqualität. Nach einigen Tests und Praxiseindrücken lautet unser Fazit:

- Das Fokussieren läuft im Livebild-Modus tatsächlich schneller ab.
- Das Scharfstellen ist nahezu geräuschlos.
- Das Nachziehen der Schärfe beim Filmen erfolgt wesentlich ruhiger, leiser und schneller als mit anderen Objektiven.

Aus diesen Gründen landen die STM-Objektive berechtigterweise auch in der Liste empfehlenswerter Objektive für die EOS 1200D des nächsten Abschnitts. Sie sind vor allem

> **Manuelles Nachfokussieren**
>
> Der *Entfernungsring* der verschiedenen STM-Objektive lässt sich butterweich drehen, auch bei Einstellung des *Fokussierschalters* auf AF. Allerdings ändert sich der Fokus dadurch nicht sofort. Mit einem kleinen Trick können Sie jedoch auch mit diesen Objektiven jederzeit manuell nachfokussieren. Dazu drücken Sie den Auslöser halb herunter. Sobald die EOS 1200D die Schärfe gefunden hat, können Sie bei gehaltenem Auslöser am *Entfernungsring* drehen. Jetzt verändert sich die Schärfe wie gewünscht.

für diejenigen interessant, die viel im Livebild-Modus fotografieren und häufig die Filmfunktion nutzen. Auf den optischen Fokus mit Blick durch den Sucher hat die STM-Technik hingegen keinen spürbaren Einfluss.

Die Vorteile einer hohen Lichtstärke

Mit der Lichtstärke wird die maximale Blendenöffnung eines Objektivs bezeichnet, die Sie durch Einstellen des niedrigsten Blendenwerts nutzen können. Je höher die Lichtstärke ist, desto größer die Objektivöffnung und desto mehr Licht wird in die 1200D bis zum Sensor durchgelassen. Da die Schärfentiefe auch von der Blendenöffnung abhängig ist, fällt diese bei lichtstarken Objektiven besonders gering aus. Daher sind lichtstarke Objektive mit Blendenwerten von f1,2

▼ *Mit lichtstarken Objektiven gelingen besonders prägnante Motivfreistellungen.*
1/640 s, f2,8, ISO 100, 200 mm

bis f2,8 vor allem in der Makro- und Porträtfotografie sehr begehrt. Sie bieten einige entscheidende Vorteile:

- Weniger Gefahr von Verwacklung in dunkler Umgebung
- Geringe Schärfentiefe, bestens geeignet für prägnante Freisteller
- Hervorragende optische Unschärfequalität, auch als gelungenes Bokeh bezeichnet
- Hohe Detailauflösung, wenig Verzeichnung und chromatische Aberration

Empfehlenswerte Objektive für Ihre EOS 1200D

Um Ihnen die eventuell anstehende Wahl eines ergänzenden Objektivs ein wenig zu erleichtern, finden Sie in den folgenden Abschnitten eine kleine Auswahl empfehlenswerter Objektive für Ihre 1200D.

Normalzoomobjektiv mit hoher Lichtstärke

Normalzooms decken als handliche Allrounder von der perfekten Sightseeing-Aufnahme über den gekonnt abgelichteten Verkaufsgegenstand bis hin zur Detailaufnahme einen sehr großen Bereich fotografischer Möglichkeiten ab. Das Canon **Canon EF-S 17-55 mm f/2.8 IS USM** vereint in diesem Segment eine sehr gute Bildqualität mit einer durchgehend hohen Lichtstärke von f2,8. Hinzu kommt ein Bildstabilisator, mit dem etwa 3 EV längere Belichtungszeiten noch verwacklungsfrei gehalten werden können. All dies ist vor allem für Aufnahmen ohne Stativ und bei wenig Licht sehr von Vorteil. Die Bildschärfe ist von der Mitte bis zu den Rändern hin sehr hoch, chromatische Aberrationen werden weitestgehend unterdrückt, und auch die Verzeichnung hält sich in einem erfreulich niedrigen Rahmen. Damit empfiehlt sich das Objektiv als lichtstarkes Immer-drauf-Objektiv, allerdings mit einem nicht gerade günstigen Anschaffungswert.

▲ *Canon EF-S 17-55mm f/2.8 IS USM (Bild: Canon).*

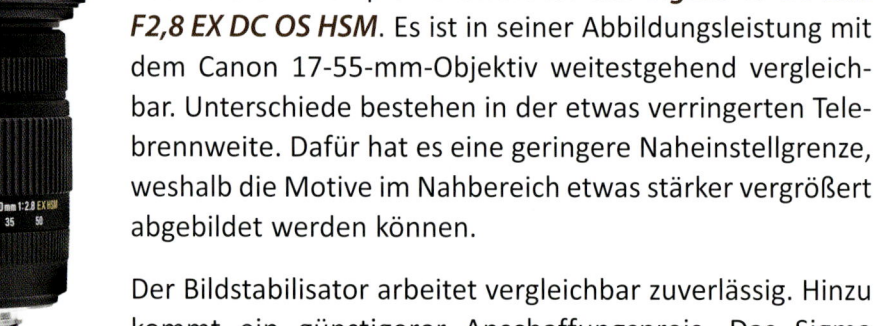

Ebenfalls sehr empfehlenswert ist das **Sigma 17-50 mm F2,8 EX DC OS HSM**. Es ist in seiner Abbildungsleistung mit dem Canon 17-55-mm-Objektiv weitestgehend vergleichbar. Unterschiede bestehen in der etwas verringerten Telebrennweite. Dafür hat es eine geringere Naheinstellgrenze, weshalb die Motive im Nahbereich etwas stärker vergrößert abgebildet werden können.

Der Bildstabilisator arbeitet vergleichbar zuverlässig. Hinzu kommt ein günstigerer Anschaffungspreis. Das Sigma 17-50 mm ist damit ganz vorne dabei, wenn es um eine hohe Lichtstärke gepaart mit bester Abbildungsleistung geht.

▲ *Sigma 17-50 mm F2,8 EX DC OS HSM (Bild: Sigma).*

Reisetaugliches Normalzoom – auch für Filmer interessant

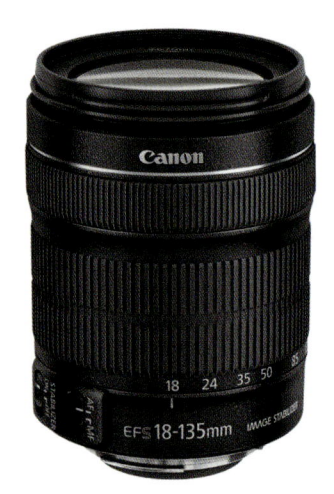

Mit einem speziell auf die kleinere Sensorgröße der 1200D adaptierten Aufbau deckt das **Canon EF-S 18-135 mm f/3,5-5,6 IS STM** einen sehr attraktiven Brennweitenbereich ab. Es besitzt einen dynamischen Bildstabilisator, der auch beim Filmen aus dem Gehen heraus die ruhige Kameraführung ermöglicht.

Der STM-Motor ermöglicht geräuschloses und schnelleres Fokussieren im Livebild- und Filmmodus. Die Schärfeleistung ist sehr gut und die Vignettierung sowie chromatische Aberration lassen sich kameraintern oder per RAW-Konverter herausrechnen.

▲ *Canon EF-S 18-135 mm f/3,5-5,6 IS STM (Bild: Canon).*

Das mit 480 g verhältnismäßig leichte Objektiv ist somit ein wirklich zu empfehlender Allrounder, der auch als Reiseobjektiv genutzt werden kann.

Superweitwinkelzoom

Mit speziellen Weitwinkelzoomobjektiven können Bilder mit besonders dramatischer Perspektivwirkung entstehen. Und für ein Rundumpanorama sinkt mit ihnen die Anzahl notwendiger Einzelaufnahmen.

In diesem Bereich präsentiert **sich das Tokina AT-X 124 AF Pro DX II AF 12-24 mm F4** als sehr empfehlenswert. Es ist ca. 540 g schwer und für die kleinere Sensorgröße der EOS 1200D ausgelegt.

Die Schärfeleistung ist sehr gut. Wie zu erwarten, treten aber bei 12 mm Verzeichnungen und chromatische Aberrationen auf, die sich jedoch vor allem bei RAW-Bildern sehr gut korrigieren lassen. Das erneuerte Modell mit der Nummer II im Namen ist zudem besser gegen Lichtreflexionen geschützt.

▲ *Tokina AT-X 124 AF Pro DX II AF 12-24 mm F4 (Bild: Tokina).*

Telezoom-Objektive

Fernes näher heranzuholen und dabei im Bildausschnitt flexibel zu bleiben, das ist die Domäne der 70-200-mm-Zoomobjektive. Kein Wunder, dass alle namhaften Objektivhersteller eine lichtstarke 70-200-mm-Brennweite im Angebot haben.

Absolut empfehlenswert sind hier die Modelle **Canon EF 70-200 mm f/2,8L IS USM** (I oder II). Die Schärfe- und Kontrastleistung ist bereits bei offener Blende sehr gut. Die Objektive sind auch für Vollformatkameras tauglich, falls Sie später einmal aufrüsten möchten.

▲ *Canon EF 70-200 mm f/2,8L IS USM II (Bild: Canon).*

Die hohe Lichtstärke hat allerdings ihren Preis und schlägt auch deutlich aufs Gewicht (ca. 1490 g). Daher sollte bei Stativaufnahmen auf eine ausreichende Stabilität des Systems geachtet werden.

Die etwas lichtschwächeren, aber ebenso der Profiklasse angehörenden **Canon EF 70-200 mm f/4L USM** ohne Bildstabilisator (705 g) oder mit Bildstabilisator **IS** (760 g) stellen kostengünstigere und hervorragende Alternativen dar. Sie sind zudem leichter und damit gut als Reiseobjektive einsetzbar.

> **Wann sich Telekonverter lohnen**
>
> An dafür kompatiblen Objektiven können Sie mit einem Telekonverter eine noch stärkere Vergrößerung erzielen. Empfehlenswert ist die Verwendung aber nur an Tele(zoom)-Objektiven, die eine Lichtstärke von f2,8 oder f4 besitzen, denn die Konverter verringern die Lichtstärke. Passende Modelle gibt es z. B. von Canon (**Extender EF 1.4x** oder **2x**) oder Kenko (**TELEPLUS PRO 300 AF 1,4X DGX**). 
>
> ▲ Mit 1,4-fachen Telekonvertern nimmt die Lichtstärke eine ganze Blendenstufe ab (Bild: Kenko).

▲ Tamron SP 70-300 mm F4-5,6 Di VC USD (Bild: Tamron).

Ebenfalls als empfehlenswert präsentiert sich das 4-fach-Zoom **Tamron SP 70-300 mm F4-5,6 Di VC USD**. Das Telezoom bietet einen um 100 mm erweiterten Brennweitenbereich, mit dem man noch näher an die Objekte heranzoomen kann. Dafür ist die Lichtstärke aber nicht ganz so stark, was sich beim Freistellen von Porträts bemerkbar macht, der Hintergrund wird nicht ganz so schön unscharf.

Dennoch überzeugt das 70-300-mm-Zoom durch seine guten Abbildungsleistungen, einen leisen Ultraschallmotor, den Bildstabilisator und ein tolles Preis-Leistungs-Verhältnis.

Porträtobjektive

Im Bereich der klassischen Porträtbrennweite von 85 mm kristallisieren sich drei sehr empfehlenswerte Objektive heraus: **Canon EF 85 mm f/1,2L II USM, Canon EF 85 mm f/1,8 USM** und das **Sigma AF 85 mm f/1,4 EX DG HSM**. Optisch liegen alle auf höchstem Niveau, die höhere Lichtstärke von f1,2 muss man sich aber teuer erkaufen.

Alternativ wären ein 85er oder 105er Makroobjektiv mit Lichtstärke f2,8 eine bedenkenswerte Alternative (siehe ab Seite 281 in Kapitel 13).

▲ Sigma AF 85 mm f/1,4 EX DG HSM (Bild: Sigma).

Eine weitere, sehr interessante Alternative stellt das **Canon EF 50mm f/1,4 USM** dar. Zum günstigeren Preis gibt es eine sehr gute Abbildungsqualität und einen größeren Bildwinkel, mit dem gerade bei der Sensorgröße der EOS 1200D Ganzkörperporträts mit weniger Abstand zur Person realisierbar sind.

In engeren Räumen ist das ein großer Vorteil. Für die EOS 1200D ist der nur 290 g schwere 50-mm-Lichtriese also eine absolut empfehlenswerte Festbrennweite.

▲ *Canon EF 50 mm f/1,4 USM (Bild: Canon).*

Superzoomobjektive: Reisebegleiter für alle Fälle

Superzoomobjektive besitzen einen sehr großen Brennweitenbereich und sind daher für die Reise mit der EOS 1200D sehr interessant, da vor allem Objektivwechsel weniger häufig nötig werden.

Von Canon gibt es zum Beispiel das **EF-S 18-200 mm f/3.5-5.6 IS**, von Sigma das neue **18-200 mm F3.5-6.3 II DC OS HSM** und von Tamron das Megazoom **AF 18-270 mm F3.5-6.3 Di II VC LD Asp IF Makro**.

▲ *Canon EOS 1200D mit Canon EF-S 18-200 mm f/3.5-5.6 IS und optionaler Streulichtblende EW-78D.*

Die Abbildungsleistungen von Megazooms sind hinsichtlich Auflösung, Linsenqualität und Lichtstärke jedoch meist nicht ganz so gut. Aber als gewichtsreduzierte Reisebegleitung oder in Situationen, in denen es um schnelles Umschalten der Brennweite geht, können diese Objektive sehr wertvoll sein.

Bei Objektiven von Drittherstellern ist es empfehlenswert, die Bilder im RAW-Format aufzunehmen und sie unter Zuhilfenahme der Objektivkorrekturmöglichkeiten des RAW-Konverters (z. B. Adobe Camera Raw, Lightroom oder DxO Optics Pro) zu entwickeln, um die bestmögliche Bildqualität herauszuholen.

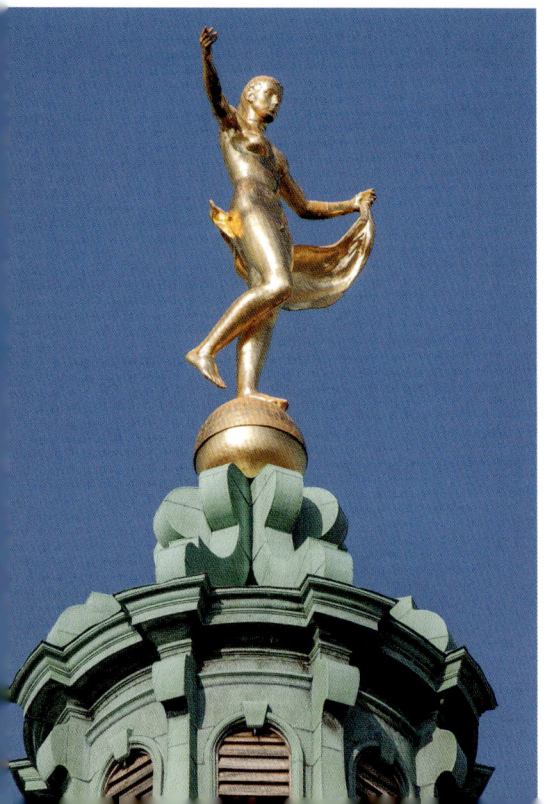

1/80 s | f11 | ISO 200 | 20 mm

▲ Weitwinkelaufnahme, aufgenommen mit dem 18-200 mm Megazoom von Canon.

16.2 Fester Stand mit dem passenden Stativ

Es ist zwar nicht immer die bequemste Art zu fotografieren, ein wenig Schlepperei ist auch damit verbunden, und man fällt mit auch schneller auf als ohne, aber ein stabiles Stativ sollte in keiner gut geführten Fotoausrüstung fehlen. Schließlich gibt es viele Situationen, die nur mit einem Dreibein zu verwacklungsfreien und gut belichteten Bildern führen.

1/250 s | f11 | ISO 320 | 200 mm

◄ Fernaufnahme mit dem 18-200 mm Megazoom von Canon.

Denken Sie an Aufnahmen bei Dämmerung oder blauer Stunde oder an Makromotive im dunklen Wald.

Welche Grundanforderungen gilt es, an ein vernünftiges Stativ zu stellen? Zuallererst sollte es solide genug sein, um ein Mindestmaß an Stabilität zu bieten.

Dabei darf es aber auch nicht zu viel wiegen, vor allem, wenn es zum Einsatz in der freien Natur dienen soll. Karbonstative erfreuen sich aufgrund ihres geringen Gewichts großer Beliebtheit, sind aber auch etwas teurer als ihre Pendants aus Aluminium.

Der zweite wichtige Punkt betrifft die Arbeitshöhe. Wer nicht ständig gebückt durch den Sucher schauen möchte, achtet auf eine Auszugslänge, die der eigenen Körpergröße angepasst ist.

▲ *Das Karbonstativ Sirui N-2204X hat ein extrem kleines Packmaß und ein Bein kann abgeschraubt als Einbeinstativ verwendet werden (Bild: Sirui).*

Wobei es wichtig zu wissen ist, dass Stative beim Herausziehen der Mittelsäule in der Regel immer etwas an Stabilität einbüßen. Das Dreibein ist daher bestenfalls auch ohne ausgezogene Mittelsäule schon hoch genug.

Achten Sie auch darauf, dass sich die Beinauszüge möglichst flexibel verstellen und von der Mittelsäule aus unterschiedlich weit abspreizen lassen, um es auf unebenem Boden stabil aufstellen zu können.

Damit das Stativ beispielsweise die EOS 1200D plus 18-55-mm-Objektiv mit ihren etwa 675 g stabil halten kann, sollte es mindestens eine Nutzlast von 2 kg aufweisen. Besitzt es noch mehr Haltefähigkeit, ist die Stabilisierung noch mal deutlich besser und Sie haben überdies Reserven für schwerere Telezoomobjektive und eventuell zusätzliche Systemblitzgeräte.

Am besten planen Sie nicht allzu knapp. Eine kleine Auswahl empfehlenswerter Modelle haben wir Ihnen in der Tabelle einmal zusammengestellt.

Stativ	Packmaß (cm)	Gewicht/ Nutzlast (kg)	max. Höhe (cm)	Mittelsäule umkehr- oder kippbar
Feisol CT-3441S (Karbon)	43	1,15/10	178	ja
Gitzo GK2580TQR (Karbon)	43	1,72/7	154	ja
Manfrotto 190CXPro4 (Karbon)	52,5	1,65/7	160	ja
Manfrotto 055CXPro4 (Karbon)	54	2,1/9	170	ja
Sirui N-2204X (Karbon)	47	1,5/15	163	ja
Sirui M-3204X (Karbon)	51,5	1,88/18	179	ja

▲ Eine kleine, keinesfalls allumfassende Auswahl interessanter Stative für die EOS 1200D.

> **Bodennahes Fotografieren**
>
> Ein kleiner Tipp für alle, die gerne ausgiebig Makrofotografie betreiben möchten: Aufnahmen knapp über dem Erdboden werden leichter möglich, wenn sich die Mittelsäule des Stativs umgekehrt oder waagerecht montieren lässt und sich die Stativbeine sehr weit abspreizen lassen. Alternativ können auch sehr kurze Mittelsäulen verwendet werden.

◀ Mittelsäulen-Kippmechanismus (Bild: Manfrotto).

Den passenden Stativkopf finden

Stative werden meist ohne Stativkopf angeboten. Das eröffnet Ihnen die Möglichkeit, sich gleich ein passendes Modell für Ihre Ausrüstung und Anwendungsgebiete auszusuchen. Stativkopfsysteme lassen sich generell in Neiger und Kugelköpfe unterteilen. Zwei- bzw. Dreiwegeneiger werden mithilfe von Drehgriffen verstellt, während bei Kugelköpfen meist nur ein Hebel zur Positionseinstellung notwendig ist. Daher lassen sich Kugelköpfe auch sehr intuitiv bedienen, jede gewünschte Position der Kamera ist schnell gefunden. Mit Kugelköpfen können zum Beispiel die feinen Justierungen, die bei der Aufnahme von Makromotiven notwendig sind, spielend vorgenommen werden.

Für die meisten fotografischen Aktivitäten mit der EOS 1200D sind Kugelköpfe, die eine Nutzlast von 4 bis 5 kg aufweisen und zu Preisen von 60 bis 100 Euro angeboten werden, sehr empfehlenswert. Solche Köpfe mit Schnellwechselsystem gibt es beispielsweise von Manfrotto (494RC2), Sirui (G-10), Cullmann (Magnesit MB4.1 plus Schnellkupplung MX465) oder Feisol (CB-40D).

▲ *Der nur 300 g schwere Kugelkopf Sirui G-10 kann bis zu 5 kg Equipment stabil halten (Bild: Sirui).*

> ✓ **Schnellkupplungssystem**
>
> Bei Stativköpfen mit Schnellwechselsystem wird eine Platte an der EOS 1200D befestigt, die im Stativkopf einrastet. So lässt sich die Kamera schnell wieder vom Stativ lösen. Am flexibelsten sind sogenannte Arca-Swiss-kompatible Schnellkupplungen (Schwalbenschwanz-Klemmsystem), die es ermöglichen, verschieden lange Schnellwechselplatten, Winkelschienen oder ganze Panoramaköpfe zu befestigen.

◄ *Mittelsäulen-Kippmechanismus (Bild: Manfrotto).*

Biegestative – Flexibilität pur

Als kleines Immer-dabei-Stativ sind Stative mit biegsamen Beinen sehr interessant, wie z. B. der GorillaPod SLR-Zoom (Traglast 3 kg) oder der Flexipod 300 von Rollei (Traglast

1 kg). Diese Stative zeichnen sich durch ein geringes Eigengewicht und ziemlich viel Flexibilität in der Anbringung aus. Sie können an Ästen, Geländern, Rückspiegeln von Autos, Fahrrädern und vielem mehr befestigt werden. Zugegeben, die 1200D hält damit nicht immer so bombenfest wie mit einem gängigen Stativ. Wenn Sie jedoch mit dem Fernauslöser oder dem 2-Sek.-Selbstauslöser fotografieren, verwackelt trotzdem nichts – es sei denn, Sie fotografieren mitten im Orkan, aber dann wären auch die leichten Stative des vorherigen Abschnitts komplett überfordert.

▶ EOS 1200D am Flexipod 300 von Rollei.

Mit dem Bohnensack auf Tour

Eine ganz andere Methode der Kamerastabilisierung bietet der Bohnensack. Wird die EOS 1200D auf einem solchen Sack platziert, lässt sie sich mitsamt Objektiv auch auf unebenem Untergrund flexibel ausrichten und für die Aufnahme fixieren. Den Bohnensack können Sie auch auf ein heruntergekurbeltes Autofenster legen und dann das Teleobjektiv darauf abstützen, um aus dem Tarnzelt auf vier Rädern ungestörte Tieraufnahmen zu machen. Zur Mitnahme auf Reisen ist das Kissen aus Wildleder oder Stoff ebenfalls prädestiniert, da es fast „schwerelos" ist, wenn man es

▲ EOS 1200D auf einem klassischen Bohnensack aus Wildleder.

leer mit sich führt und erst vor Ort mit Bohnen, Reis, Vogelfutter oder was man sonst so bekommen kann füllt.

16.3 Ein kurzer Blick auf den Akku

Der mitgelieferte Lithium-Ionen-Akku LP-E10 liefert genügend Strom für ca. 500 Bilder oder etwa 1,5 Stunden Filmaufnahme. Danach muss er für rund 2 Stunden im Ladegerät aufgeladen werden.

Denken Sie daran, dass sich die Anzahl möglicher Bilder deutlich reduzieren kann, wenn der Blitz, das Livebild oder die Movie-Funktion häufiger zum Einsatz kommen.

Bei unseren Fotoaktivitäten mit der EOS 1200D, die vielleicht dem wirklich intensiven Fotografieren bei einem Sightseeing-Urlaub entsprechen, hat der Akku etwa einen Dreivierteltag durchgehalten.

▲ *Um zu erkennen, ob der Reserve-Akku geladen ist, stecken wir bei vollen Akkus die Schutzkappe so auf, dass der Pfeil ❶ sichtbar ist.*

Daher empfehlen wir allen Vielfotografierern, einen zweiten Akku als Reserve anzuschaffen. Am sichersten sind Sie mit dem Original-Canon-Akku aufgestellt, auch hinsichtlich der Kapazität.

Es gibt zwar auch preislich interessante Alternativen, aber häufig kann die Kapazität mit dem Original-Akku nicht mithalten und der Ladungsträger macht schneller schlapp als gedacht. Für die Lebensdauer Ihres Akkus ist es von Vorteil, folgende Punkte zu beachten:

- Lassen Sie den Akku nicht länger als 24 Stunden im Ladegerät liegen.
- Entleeren Sie den Akku möglichst nicht vollständig und laden Sie leere oder halb leere Akkus zügig wieder auf.
- Verwenden Sie den Reserveakku im Wechsel mit dem Erstakku. So ist gewährleistet, dass beide Akkus öfter geladen werden, was ihrer Lebensdauer gut tut.

Praktischer Netzadapter

Wer die 1200D häufig zu Hause im Heimstudio nutzt, kann auf das Netzadapter-Kit ACK-E10 zurückgreifen und dann, allerdings angeleint, mit Steckdosenstrom fotografieren.

▲ *Netzadapter-Kit ACK-E10 (Bild: Canon).*

16.4 Geeignete Speicherkarten für die EOS 1200D

In der EOS 1200D werden die Bilder auf sogenannten SD, SDHC oder SDXC Memory Cards gespeichert (SD steht für **S**ecure**D**igital, HC für **H**igh **C**apacity, XC für e**X**tended **C**apacity). Mit Modellen von SanDisk, Kingston, Lexar Media, Panasonic oder Toshiba sollten Sie hier in Sachen Zuverlässigkeit und Performance stets gut beraten sein.

In Bezug auf die Schnelligkeit, mit der die Karten die Daten sichern und auf den Computer übertragen können, empfehlen wir Ihnen eine Karte der Geschwindigkeitsklasse (*Class*) 10 mit 16 oder 32 GB Volumen.

Erstens läuft die Filmaufnahme nur mit Karten ab Klasse 6 wirklich ruckelfrei. Ist die Speicherkarte zu langsam, wird die Aufnahme gestoppt, sobald der Pufferspeicher voll ist.

Zweitens können Sie auf einer Karte mit 16 GB immerhin etwa 600 RAW-Bilder unterbringen, und die kommen schnell zusammen, wenn Sie im Urlaub oder auf einer Feier auf viele schöne Motive treffen.

Die EOS 1200D kann auch mit Eye-Fi-Speicherkarten betrieben werden. Dann können Sie die Daten kabellos per WLAN beispielsweise mit der kostenlosen App *Eye-Fi-Mobil* auf Ihren Tablet-PC oder das Smartphone übertragen. Damit die Datenübertragung erfolgen kann, müssen Sie zudem im Menü *Einstellung 1* bei *Eye-Fi-Einstellungen* die Option *Eye-Fi-Übertrag.* aktivieren. Im Monitor sehen Sie anschließend das Eye-Fi-Symbol. Es fängt an zu pulsieren, wenn die Datenübertragung aktiv ist.

Neben den Eye-Fi-Karten gibt es eine weitere interessante Speicherkarte von Transcend, die Wi-Fi-SDHC-Karte aus der Geschwindigkeitsklasse 10 mit 16 oder 32 GB Speichervolumen. Um Bilder direkt auf den Tablet-PC oder das Smartphone zu übertragen, können Sie die Wi-Fi-SD-App nutzen (*Direct Share Modus*). Außerdem können Sie die Daten auch über einen Internet-Hotspot mit Ihrem Computer verbinden (*Internet Modus*).

> ✓ **Formatieren nicht vergessen**
>
> Speicherkarten, die Sie zum ersten Mal in der 1200D verwenden oder die zuvor in einer anderen Kamera eingesetzt wurden, sollten vor dem Gebrauch formatiert werden, wie auf Seite 40 in Kapitel 1 beschrieben. Dann steht dem sicheren Speichern Ihrer Bilder und Movies nichts im Wege.

▲ Wi-Fi-SD Karte mit 16 GB Speichervolumen (Bild: Transcend).

16.5 Wozu Fernauslöser gut sind

Das Stativ allein macht oftmals noch nicht das perfekt scharfe Bild. Denn wenn die Bildaufzeichnung mit dem Fingerdruck auf den Auslöser gestartet wird, können Ihnen die dabei entstehenden Vibrationen schnell einen Strich durch die Rechnung machen. Sobald Sie mit längeren Belichtungszeiten als etwa 1/30 s fotografieren, ist die Verwendung eines Fernauslösers wirklich zu empfehlen.

0,5 s | f22 | ISO 125 | 16mm

▶ Fernauslöser für die perfekte Schärfe bei Stativaufnahmen.

▲ *Kabelfernauslöser mit feststellbarer Auslösetaste.*

▲ *Funkfernauslöser aus dem DCC-System (links: Auslöser, rechts: kameraseitiger Empfänger, an den das Kabel für den jeweiligen Kameratyp angeschlossen wird).*

Als Kabelfernauslöser für die Canon EOS 1200D bieten sich der Canon RS60-E3 mit 60 cm Kabellänge oder der JJC MA-C mit 0,9 m, 5 m oder 10 m Länge an. Wenn Sie sich die Option offenhalten möchten, Langzeitbelichtungen über 30 s zu machen, sollten Sie beim Kauf des Fernauslösers darauf achten, dass das Modell für Langzeitbelichtungen geeignet ist. Bei Kabelfernauslösern lässt sich dazu meist der Auslösetaste arretieren und bei Funkauslösern starten Sie die Belichtung per Fernauslöser und beenden sie mit erneutem Tastendruck.

Da die EOS 1100D keinen Infrarotempfänger besitzt, muss für das kabellose Fernsteuern ein System verwendet werden, das einen Sender und einen Empfänger besitzt. Kabellose Fernsteuerungen mit Funksystem bieten zudem eine hohe Reichweite. Passend für die EOS 1200D wäre zum Beispiel der gezeigte Funkfernauslöser DCCS von Hama, mit dem die 1200D noch aus 10 m Entfernung ausgelöst werden kann. Alternativen wären der JJC JM-C oder der Timer-Fernauslöser Pixel TW-282.

Fernauslöser für Spezialeinsätze

Wenn Sie häufiger HDR-Aufnahmen anfertigen oder mit Intervallaufnahmen einen Bewegungsablauf dokumentieren oder daraus Zeitraffervideos erstellen möchten, sind Fernauslöser besonders spannend, mit denen die Bilder nach einem bestimmten Zeit- oder Belichtungsschema automatisiert ausgelöst werden können. Solche Geräte gibt es beispielsweise für die Fernsteuerung vom Smartphone aus (Triggertrap Smartphone-Kabelauslöser für Canon RS-60E3) oder als Kabelfernauslöser (MET-C HDR Timer-Auslöser von JJC für Canon RS-60E3).

16.6 Geotagging mit GPS-Empfänger

Je umfangreicher die Fotosammlung im Laufe der Zeit wird, desto schwerer wird es, sich an all die Aufnahmeorte detailgenau zu erinnern. Die Einbindung von Ortsdaten in die

Bilder wäre da doch ganz angenehm und ist bei Ihrer EOS 1200D auch bereits vorgesehen. So präsentiert sich die Kamera einmal mehr als multifunktionales Hightech-Gerät. Alles, was Sie benötigen, ist ein passender GPS-Empfänger, z. B. der *GP–E2* von Canon. Er sorgt dafür, dass die Koordinaten (Längen-, Breitengrad und geografische Höhe) zum Zeitpunkt des Auslösens erfasst und in das Foto hineingerechnet werden. Der GP–E2 kann aber auch als kameraunabhängiger Datenlogger verwendet werden.

Um den Empfänger zu verwenden, schalten Sie Ihre 1200D aus und befestigen den GPS-Empfänger auf dem Blitzschuh ❶. Stecken Sie das Anschlusskabel mit dem *WFT–GPS*-Anschluss in die Digital-Buchse des GPS-Empfängers ❷ und das Anschlussende für die Kameraverbindung mit dem *Digitalen Ausgang* ⇠ Ihrer 1200D ❸.

◀ *Canon EOS 1200D mit GPS-Empfänger GP–E2 (Bild: Canon).*

Schalten Sie die Kamera dann wieder ein und schieben Sie den Schalter am GPS-Gerät auf *ON*. Das GPS-Symbol [GPS] erscheint im Monitor. Es hört auf zu blinken, wenn der GPS-Empfang steht. Die Aktivität des GPS-Receivers ist am roten GPS-Lämpchen zu erkennen. Wenn der Satellitenkontakt hergestellt ist, ändert sich der Blinkrhythmus von dreimal kurz auf einmal lang.

Navigieren Sie ins Menü *Einstellung 2* zur Rubrik *GPS-Geräteeinstellungen*. Darin finden Sie das Menüelement *Auto-Zeiteinstellung*, das am besten auf *Auto-Update* stehen sollte, denn dann stimmt die GPS-Zeit immer mit den Zeitwerten der Bilddaten überein. Wenn Sie die *GPS-Informationsanzeige* auswählen, präsentiert Ihnen die 1200D alle wichtigen Daten, die der GPS-Empfänger analysieren und speichern kann.

Die Häufigkeit, mit der die GPS-Signale aktualisiert werden, können Sie im Menüpunkt *TimingPositionsaktualisierung* justieren. Je kürzer das Intervall, desto engmaschiger werden die Positionsdaten erfasst, desto schneller ist aber auch der Akku bzw. die Batterie des GPS-Empfängers leer. Ein Wert von 15 s bietet hier einen guten Kompromiss.

▲ *Anzeige des aktuellen Standorts mit der GPS-Informationsanzeige.*

> **Unterschied ON und LOG**
>
> Über den Schalter **ON** und **LOG** werden die beiden grundlegenden Betriebsarten des GPS-Empfängers aktiviert. Bei **ON** speichert das Gerät die empfangenen GPS-Daten nur dann, wenn ein Bild aufgenommen wird. Bei **LOG** werden die Positionsdaten zusätzlich im internen Speicher des GPS-Gerätes gesichert. Das funktioniert auch dann, wenn das Gerät nicht mit der Kamera verbunden ist.

◀ *GPS-Empfänger mit den Einstelloptionen OFF, ON und LOG.*

Positionsintervall	Akkulebensdauer	
	ON	LOG (8 Stunden/Tag)
1 Sek.	10 Stunden	4–5 Tage
5 Sek.	27 Stunden	23 Tage
10 Sek.	37 Stunden	45 Tage
15 Sek	39 Stunden	68 Tage
30 Sek.	39 Stunden	128 Tage
1 Min.	54 Stunden	128 Tage
2 Min.	63 Stunden	128 Tage
5 Min.	92 Stunden	128 Tage

▲ *Akkulaufzeit in Abhängigkeit vom Positionsintervall.*

Eine weitere praktische Funktion ist der Digitalkompass. Damit können Sie entweder die Himmelsrichtung herausfinden oder nachträglich sehen, in welche Richtung die 1200D während der Aufnahme gehalten wurde. Der Digitalkompass muss aber erst einmal kalibriert werden. Dazu wählen Sie die Funktion *Digitalkompass* und anschließend *Digitalkompass kalibrieren*. Drehen Sie die 1200D vorsichtig in die gezeigten Richtungen: um 180° waagerecht, um 180° nach oben und unten und um 180° in einem Bogen, quasi um den Objektivmittelpunkt herum. Warten Sie anschließend ein paar Sekunden, bis *Digitalkompass-Kalibrierung abgeschlossen* erscheint. Nachdem alle Einstellungen erledigt sind, können Sie nun Bilder mit GPS-Daten aufnehmen.

▲ *Kalibrieren des Digitalkompass.*

Um die Koordinaten am Computer einzusehen, können Sie beispielsweise die mitgelieferte Software *ImageBrowser EX* verwenden. Die Werte lassen sich bei *Aufnahmeinfo* unter *GPS-Daten* ❶ ablesen. Alternativ können Sie die Koordinaten auch in *Digital Photo Professional* auslesen, indem Sie die Schaltfläche *Info* wählen und die Werte bei *GPS-Daten* ablesen.

▼ *Ansicht der GPS-Daten* ❶ *im Image Browser EX.*

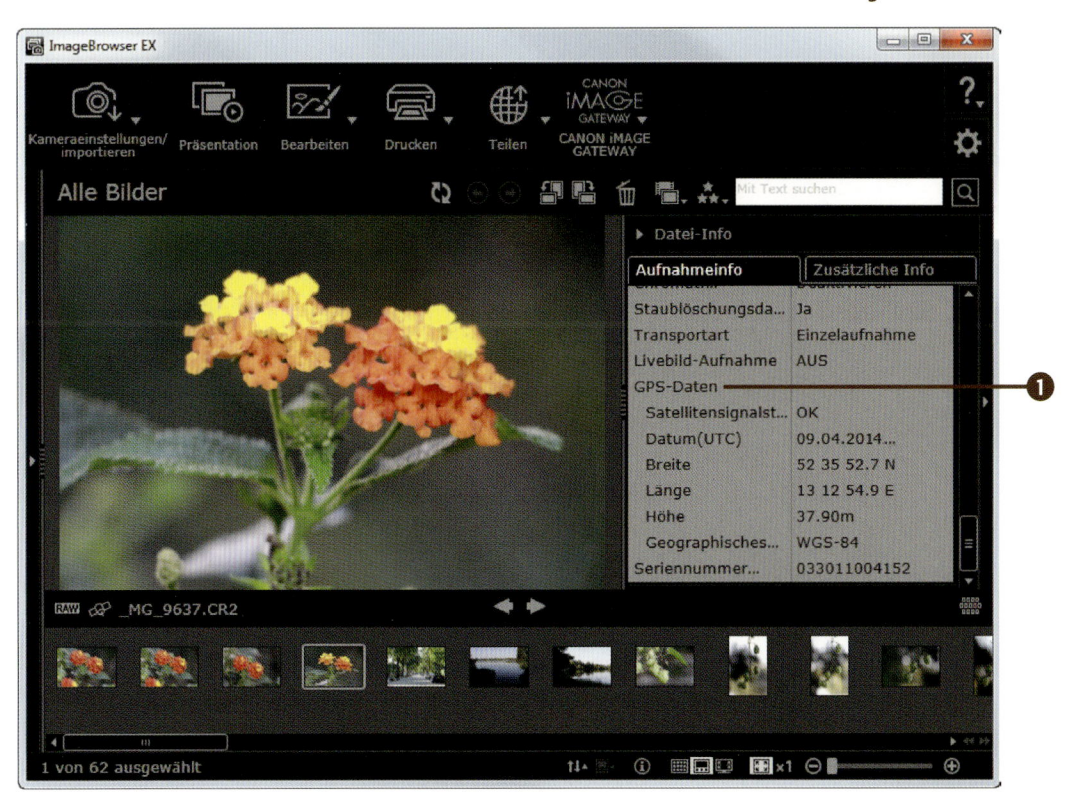

Kapitel 16 Sinnvolles Zubehör für jeden Anlass

Unter ungünstigen GPS-Bedingungen kann es allerdings sehr lange dauern, bis der GP–E2 Empfang hat. Leider gibt es auch keinen Positionspuffer, der kürzere Verluste des GPS-Signals, z. B. wenn in einem Gebäude fotografiert wird, ausgleichen kann. Ohne Signal werden somit keine GPS-Daten gespeichert.

GPS-Daten in Adobe Lightroom

Adobe Lightroom bietet sehr vielseitige Optionen für Bilder mit GPS-Daten. Dazu können Sie über die Schaltfläche *Karte* ❷ eine geografische Kartenanzeige wählen und darauf alle Orte mit GPS-markierten Bildern aufsuchen. Wählen Sie das Bild aus und suchen sich bei *Metadaten* ❸ die Option *Ort* ❶ heraus. Lightroom gibt darin nicht nur die Koordinaten aus, sondern übersetzt diese auch gleich in die richtigen

▶ *Ein kleiner Parcour durch Berlin Heiligensee, dargestellt in der Kartenansicht von Adobe Lightroom.*

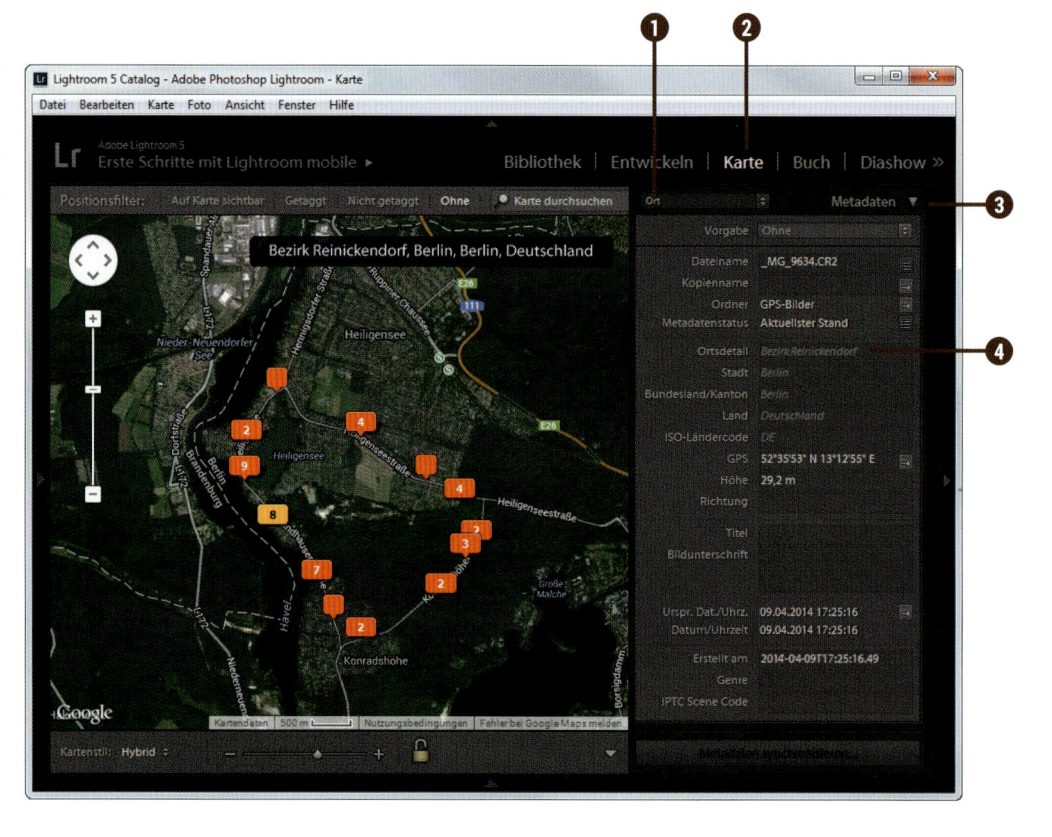

Ortsannamen ❹. Hinzu gesellen sich die Möglichkeiten, die Ortsdaten in einer Diaschau mit einblenden zu lassen oder sie mit dem Bild auszudrucken.

16.7 Objektiv-, Sensorreinigung und Displayschutz

Staub ist allgegenwärtig. Er setzt sich nicht nur gern auf der gesamten Wohnungseinrichtung ab, sondern bahnt sich mit Vorliebe auch den Weg auf die Objektivlinsen oder in die Kamera, um sich genüsslich auf den Glaslinsen und dem Sensor zu platzieren. Daher wird es immer wieder einmal notwendig werden, die Gerätschaften behutsam, aber gründlich zu reinigen.

Behutsame Objektivreinigung

Was nutzt das beste Objektiv, wenn es durch Staub oder gar einen Fingerabdruck nicht mehr die volle Detailauflösung liefern kann? Hin und wieder ist eine kleine Reinigung daher angesagt. Am besten pusten Sie dafür alle groben Staubpartikel oder Sandkörnchen mit einem Blasebalg von der Frontlinse. Sehr effektiv ist beispielsweise der Dust Ex von Hama oder der AgfaPhoto Profi Blasebalg.

▲ *Objektivreinigung mit dem Blasebalg.*

Sollten danach noch Schlieren oder Fingerabdrücke vorhanden sein, helfen feine Mikrofasertücher, die nach Bedarf mit klarem Wasser etwas angefeuchtet werden können.

Für hartnäckige Verschmutzungen sind spezielle Reinigungsflüssigkeiten für Objektive zu empfehlen, wie zum Beispiel eine Kombination aus Reinigungslösung und Linsen-Reinigungspapier von Calumet, das *AF Carl Zeiss Lens Cleaning Kit* oder das *SpeckGrabber Pro-Kit SGK* mit Reinigungsstift, -flüssigkeit und Antistatiktuch von Kinetronics.

▲ *Reinigungsset SpeckGrabber Pro Kit SGK (Bild: Kinetronics).*

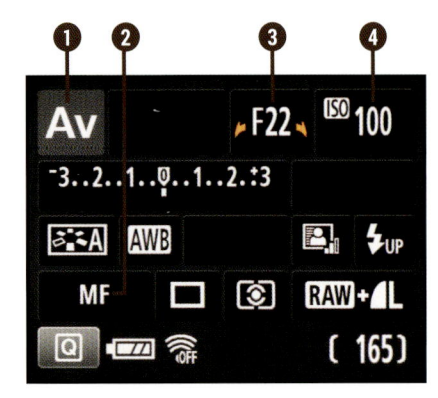

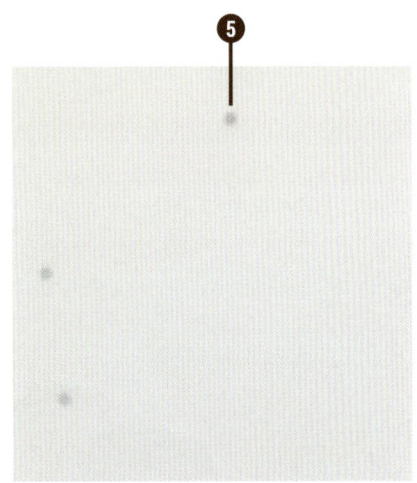

Wann sollte eine Sensorreinigung erfolgen?

Wenn das Objektiv häufig gewechselt wird, erhöht sich die Gefahr, dass vermehrt Staubkörnchen unter den Spiegel gelangen und den Sensor belagern. Wenn Sie den Eindruck haben, dass Ihre Bilder zu viele kleine, dunkle Staubflecken aufweisen, die bei jedem Bild an der gleichen Stelle auftauchen, prüfen Sie einfach mal den Status Ihres Sensors mithilfe der folgenden Schritte:

1. Stellen Sie den Modus *Av* ❶ ein und geben den Blendenwert f22 ❸ vor. Setzen Sie außerdem den ISO-Wert auf 100 ❹.

2. Stellen Sie den Fokussierschalter des Objektivs auf *MF* ❷ und drehen Sie den Entfernungsring ganz nach links auf die Unendlichkeitsstellung.

3. Nähern Sie sich einem strukturlosen, hellen Motiv auf 10 cm, zum Beispiel einem weißen Blatt Papier. Die Aufnahme darf ruhig verwackeln. Die Staubpartikel werden Sie bei der Bildbetrachtung am Computer in der 100%-Ansicht dennoch sehr genau erkennen ❺ oder – falls der Sensor sauber ist – eine unberührte Fläche sehen. Erhöhen Sie im Bildbearbeitungsprogramm gegebenenfalls den Bildkontrast, dann werden die Körnchen noch besser sichtbar.

▲ *Oben: Einstellungen für den Test der Sensorsauberkeit. Unten: Einige Staubpartikel sind deutlich sichtbar.*

Staublöschungsdaten erstellen und anwenden

Prinzipiell können Sie drei Methoden anwenden, um Sensorstaub zu entfernen: Computernachbearbeitung, berührungsfreie Staubentfernung per Blasebalg oder feuchte Sensorreinigung mit speziellen Reinigungsmitteln. Die erste Methode läuft absolut ohne Risiko für den Sensor ab. Dabei können Sie die Bilder entweder mit den Retusche-Werkzeugen Ihres bevorzugten Bildbearbeitungsprogramms bearbeiten. Oder Sie nutzen die automatische Staubentfernung aus

Digital Photo Professional. Dafür ist es allerdings notwendig, zuerst in der 1200D eine Blaupause des Staubs anzufertigen, die zukünftig in den Bilder mitgespeichert wird und der Software mitteilt, an welchen Stellen Staubpartikel herausgerechnet werden müssen.

Stellen Sie Ihre 1200D hierfür so ein wie im vorigen Abschnitt gezeigt. Die Brennweite des Objektivs sollte mindestens 50 mm betragen. Anschließend wählen Sie im Menü *Aufnahme 3* 📷 die Option *Staublöschungsdaten* aus und bestätigen die Schaltfläche *OK* mit der *SET*-Taste.

Richten Sie die 1200D nun im Abstand von ca. 30 cm auf ein weißes Blatt Papier, der Sucher sollte vollends davon ausgefüllt sein, und lösen Sie aus. Bestätigen Sie die Aktion nach Erscheinen der Meldung *Daten erhalten* mit der *SET*-Taste.

▲ *Starten der Datenaufnahme für die softwaregestützte Staubentfernung.*

Bilder, die Sie anschließend fotografieren und mit der *Digital Photo Professional* öffnen, können nun recht einfach nachträglich digital „entstaubt" werden. Dazu wählen Sie das Foto aus und klicken auf die Schaltfläche *Stempel*. Mit einem Klick auf *Staublöschungsdaten anwenden* ❶ wird

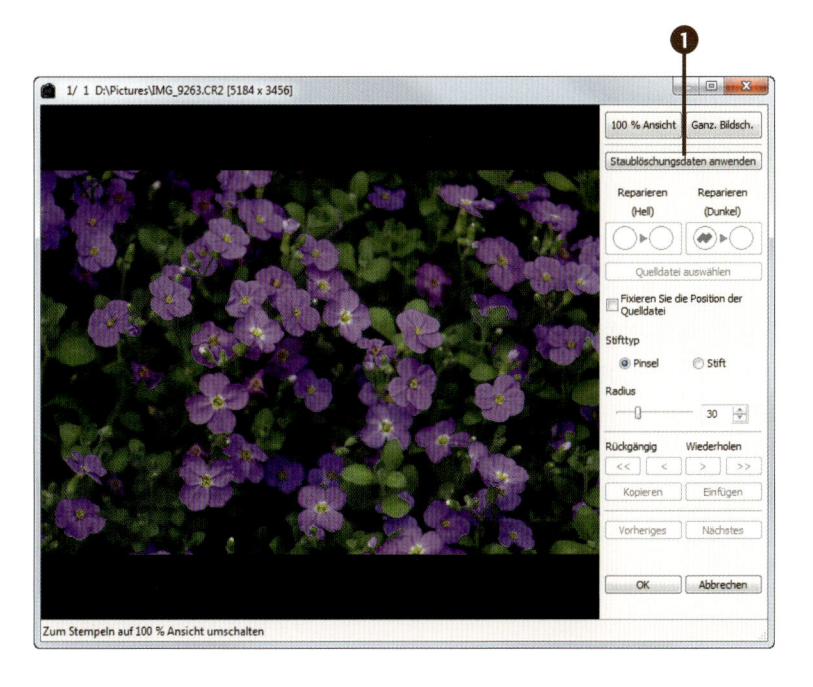

◀ *Anwenden der in der 1200D gespeicherten Staublöschungsdaten auf ein Bild in Digital Photo Professional.*

die Bearbeitung durchgeführt. Denken Sie daran, die kamerainternen Staublöschungsdaten vor wichtigen Shootings zu wiederholen, damit die Fotos immer mit dem aktuellen „Staubstatus" verknüpft werden.

Sensorreinigung mit dem Blasebalg

Die automatische Entstaubung per Software läuft zwar zuverlässig und spart vor allem viel Zeit. Bei fest sitzendem Staub oder größeren Flecken wird eine manuelle Reinigung aber dennoch notwendig werden. Am einfachsten und sichersten blasen Sie den Staub mithilfe eines Blasebalgs vom Sensor. Eine solche manuelle Sensorreinigung sollten Sie allerdings immer nur bei gut geladenem Akku durchführen. Ansonsten könnte der Spiegel während der Reinigungsprozedur zurückklappen und Kamerateile könnten dabei beschädigt werden.

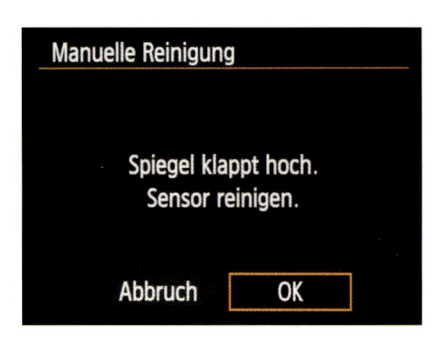

▲ *Starten der **Manuellen Reinigung** des Sensors nach Abnehmen des Objektivs.*

Stellen Sie nun das Moduswahlrad Ihrer 1200D auf die **Programmautomatik** (**P**) und nehmen das Objektiv ab. Danach steuern Sie im Menü **Einstellung 2** 🔧 die Option **Manuelle Reinigung** an. Drücken Sie die **SET**-Taste und bestätigen Sie die Schaltfläche **OK** ebenfalls mit der **SET**-Taste.

Der Spiegel klappt daraufhin zurück und der elektronische Schlitzverschluss öffnet sich. Die Sensoreinheit ist nun freigelegt, wobei Ihnen trotzdem nicht der Sensor direkt entgegen schaut. Dieser ist nämlich noch vom gläsernen Tiefpassfilter überdeckt.

▲ *Berührungslose Sensorreinigung mit dem Blasebalg.*

Mit dem Sensor direkt kommen die Reinigungsgeräte somit auch gar nicht in Berührung. Dennoch ist Vorsicht geboten, um auch dieses Element nicht zu verkratzen. Führen Sie nun das Ende des Blasebalgs in die Nähe des Sensors. Halten Sie dabei einen gewissen Sicherheitsabstand ein, damit er den Sensor auf keinen Fall berührt. Pumpen Sie einige Male kräftig.

Schalten Sie nun die 1200D über den *ON/OFF*-Schalter aus und bringen Sie das Objektiv danach gleich wieder an. Schalten Sie die Kamera dann wieder ein und nehmen Sie am besten gleich eine Kontrollaufnahme des weißen Papiers auf, wie ab Seite 346 beschrieben. Sind noch immer Flecken zu erkennen, wiederholen Sie den Vorgang oder erwägen eine Feuchtreinigung.

Feuchtreinigung des Sensors

Tipps zur Feuchtreinigung gibt es viele, doch eine große Anzahl davon ist nicht wirklich geeignet, den Sensor sicher und ohne Rückstände sauber zu bekommen. Auf jeden Fall sollten Sie eine spezielle Reinigungsflüssigkeit verwenden, zum Beispiel von Green Clean, Eclipse oder VisibleDust. Diese Mittel hinterlassen keine Schlieren. Ergänzend sollten nicht haarende Reinigungsstäbchen verwendet werden. Auch hier bietet der Markt leider teure, aber effektive Stäbchen an, wie etwa die Sensor Swabs.

▲ *Einzeln verpackte Feucht- und Trockenreinigungsstäbchen sind vor allem auf Reisen sehr praktisch, da sie garantiert staubfrei transportiert werden können.*

Der Reinigungsablauf entspricht praktisch dem zuvor beschriebenen Prozedere der *Manuellen Reinigung*: Führen Sie immer zu Beginn eine Luftreinigung mit dem Blasebalg durch. Streichen Sie dann das feuchte Reinigungsstäbchen sanft und ohne Druck über den Sensor. Trocknen Sie den Sensor anschließend mit dem Trocknungsstäbchen, am besten von den Sensorrändern zur Mitte hin.

> ✓ **Den Sensor günstig reinigen lassen**
>
> Auch die mehrfache Feuchtreinigung hat unserer Erfahrung nach keine negativen Folgen für den Sensor. Dennoch können wir Ihnen natürlich keine Garantie für Ihre Aktion abgeben. Sollten Sie unsicher sein und um das Wohl Ihres Sensors fürchten, können Sie Ihre EOS 1200D auch zu Canon senden oder eine Vertragswerkstatt oder einen Fotofachhändler mit dieser Aufgabe betrauen. Mit etwas Glück erwischen Sie aber auch den Canon Professional Service – zum Beispiel auf einem Fotofestival – und können die Reinigung vor Ort umsonst durchführen lassen.

Keinen Stromausfall riskieren

Achten Sie beim Updaten darauf, dass der Akku vollständig geladen ist. Die Stromzufuhr darf während des Updates nicht unterbrochen werden, schalten Sie die EOS 1200D daher keinesfalls aus. Alternativ zum Selbstupdaten können Sie die Prozedur natürlich auch vom Canon-Service durchführen lassen.

▲ *Firmware-Version der 1200D.*

▶ *Verfügbare Updates im Bereich Firmware für die Canon EOS 60D.*

16.8 Aktualisieren der Firmware

Die Kamerafunktionen Ihrer EOS 1200D werden über eine kamerainterne Software gesteuert. Diese wird als **Firmware** bezeichnet und stellt quasi das Gehirn der Kamera dar. Ab und zu benötigt die zentrale Steuereinheit ein Update, mit dem eventuell auftretende Probleme behoben werden können. Im folgenden Workshop erfahren Sie daher, wie Sie Ihre 1200D wieder auf den neuesten Stand bringen können, sobald Canon eine neue Firmware-Version zur Verfügung stellt.

1. Bevor Sie zum Updaten schreiten, informieren Sie sich erst einmal, welche Softwareversion auf Ihrer EOS 1200D bereits installiert wurde. Stellen Sie dazu das Programm **P** ein und lesen Sie im Menü **Einstellung 3** die Versionsnummer bei **Firmware-Vers.** ab.

2. Prüfen Sie nun auf den Internetseiten von Canon, ob für die EOS 1200D eine aktuelle Software zur Verfügung steht. Folgen Sie dazu dem Link *http://de.software.canon-europe.com/*. Wählen Sie im Bereich **Consumer** Ihr Land und danach die Produktkategorie **Kameras**, **EOS Kameras** und **EOS 1200D** aus den Vorgaben aus.

3. Klicken Sie die Checkbox **Firmware** an. Wird ein Update bereitgestellt, finden Sie darunter den entsprechenden Link. Zur Drucklegung des Buches lag noch keine neue

Firmware-Version für die EOS 1200D vor, daher zeigen wir hier exemplarisch das Update der EOS 60D.

4. Wählen Sie den Link passend zum Betriebssystem (Windows oder Mac OS X) aus und laden Sie die Datei auf Ihren Computer herunter.

5. Öffnen Sie die heruntergeladene ZIP-Datei. Sie enthält die eigentliche Firmware-Datei, die in diesem Fall die Bezeichnung *60D00111.fir* trägt.

6. Bevor das Update auf die Speicherkarte übertragen werden kann, muss die Karte mit der Funktion *Karte formatieren* im Menü *Einstellung 1* von alle vorhandenen Daten befreit werden (siehe auch auf Seite 40).

7. Verbinden Sie die Speicherkarte nun mit Ihrem Computer, zum Beispiel über ein Kartenlesegerät. Schieben Sie die Firmware-Datei ❶ in die oberste Ordnerebene der Karte ❷, hier *EOS_DIGITAL (H:)*.

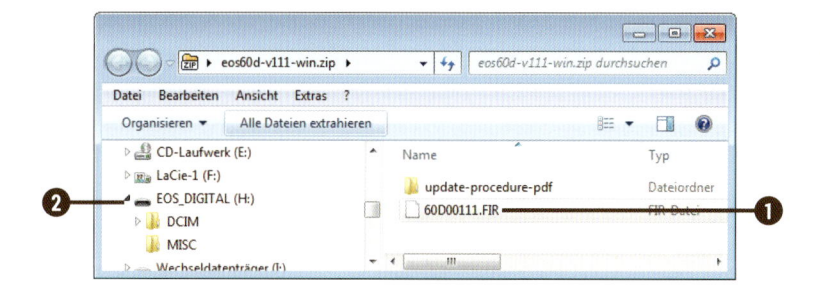

◀ *Verschieben der Firmware-Datei auf die oberste Ebene der Speicherkarte.*

8. Legen Sie die Speicherkarte in die 1200D ein. Wählen Sie im Menü *Einstellung 3* wieder den Eintrag *Firmware-Vers.* aus und drücken Sie die *SET*-Taste. Bestätigen Sie die Schaltfläche *OK* im Menüfenster *Firmware-Aktualisierung* ebenfalls mit der *SET*-Taste. Im nächsten Fenster bestätigen Sie die ausgewählte Firmware-Datei, hier *60D00111.FIR*, mit der *SET*-Taste, um das Update zu starten. Warten Sie, bis der Vorgang abgeschlossen ist, und schließen Sie den Prozess durch Bestätigen der *OK*-Schaltfläche mit der *SET*-Taste ab.

▲ *Start des Firmware-Updates nach Auswahl der Firmware-Datei 60D00111.FIR.*

9. Im Menü *Einstellung 3* /*Firmware-Vers.* können Sie die aktuelle Softwareversion prüfen. Formatieren Sie die Karte am Ende erneut, um die Firmware-Datei wieder zu entfernen.

✓ Updates für Objektive

Da viele Canon-Objektive ebenfalls softwaregesteuert betrieben werden, können auch hierfür Aktualisierungen vorliegen. Vom Prinzip her läuft der Vorgang genauso ab wie beim Aktualisieren der Kamerasoftware. Nach dem Einlegen der Speicherkarte mit der Objektiv-Firmware-Datei finden Sie im Menü *Firmware-Aktualisierung* zwei Einträge, einen für die 1200D und einen für das Objektiv. Wichtig ist, dass Sie das zu aktualisierende Objektiv auch an die Kamera angeschlossen haben.

◀ *Verfügbares Update für das Objektiv EF40 mm f/2,8 STM.*

1/40 s | f22 | ISO 500 | 13mm
Mit einem extremen Weitwinkelobjektiv können spannende Perspektiven in Szene gesetzt werden.

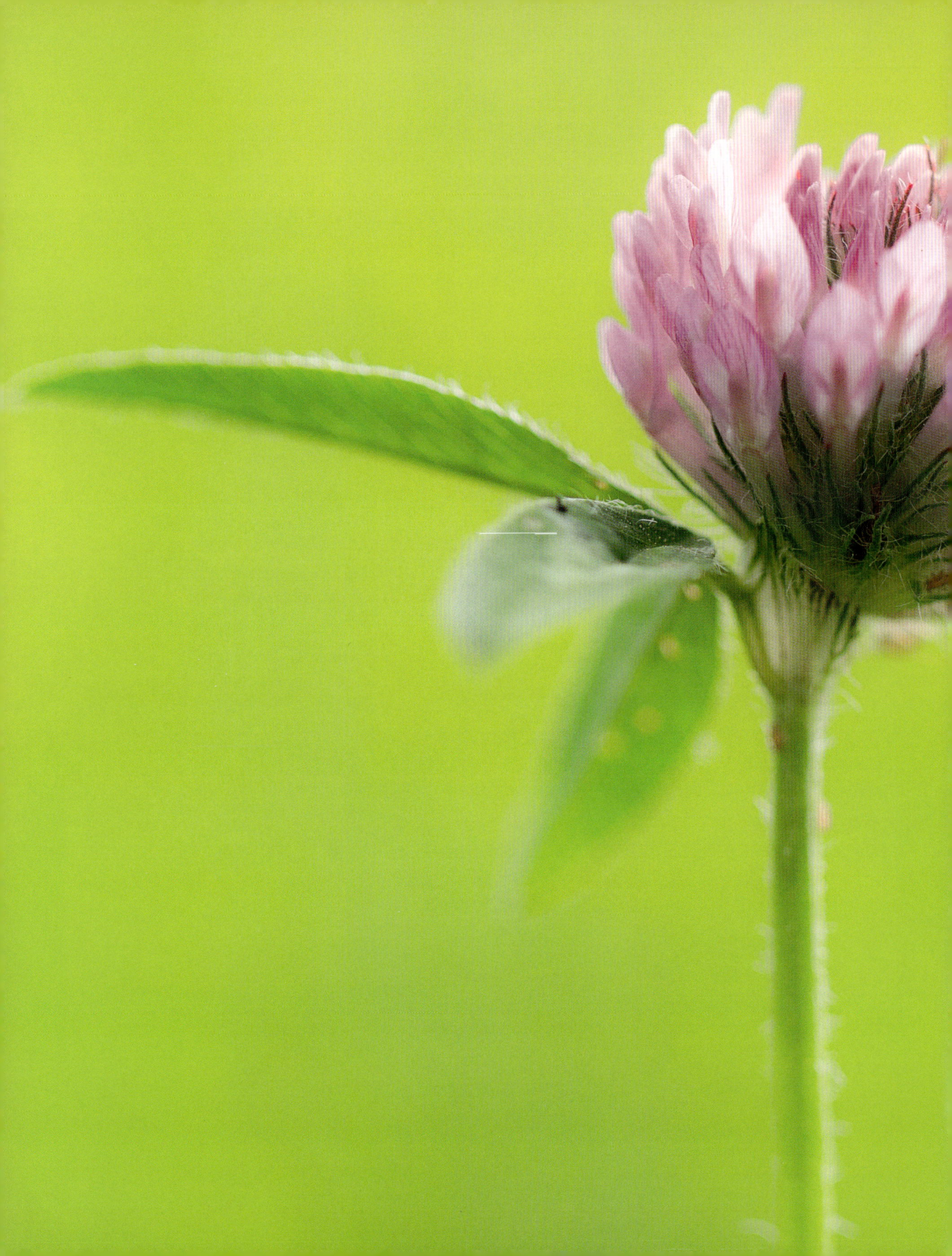

Bilder optimieren und konvertieren

Dieses Kapitel spannt einen Bogen von der kamerainternen Bildbearbeitung bis zur Übertragung der Bilder auf den Computer und der Auswahl eines geeigneten RAW-Konverters. Gehen Sie also gleich einmal auf Entdeckungsreise in Sachen digitale Dunkelkammer.

> **✓ Erhalt der Originaldateien**
>
> Die kamerainterne Bildbearbeitung läuft ohne Verluste der Originaldateien ab, denn jedwede Veränderung wird in Form einer neuen Datei auf der Speicherkarte abgelegt.

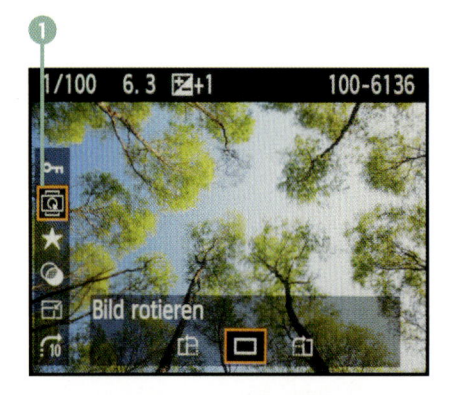

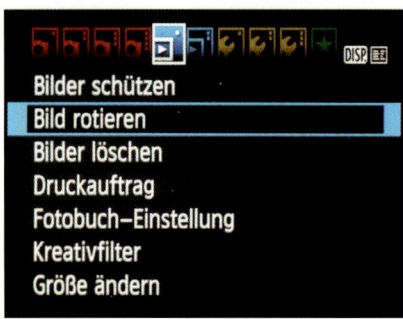

17.1 Bildbearbeitung in der Kamera

Wenn Sie nach einem schönen Fototag im Hotelzimmer, im Zug oder im Auto sitzen und ein wenig Zeit haben, die Bilder des Tages durchzusehen, fallen Ihnen eventuell hier und da einige Dinge auf, die verbesserungswürdig sind.

Da passt es ganz gut, dass die 1200D bereits im Kameramenü ein paar Bearbeitungsoptionen bereit hält. Vielleicht ist ja die richtige dabei, mit der Sie das Foto gleich optimieren können und sich damit einige Arbeit am Computer sparen.

Bilder rotieren

In den allermeisten Fällen erkennt Ihre 1200D automatisch, ob Sie ein querformatiges oder ein hochformatiges Bild aufnehmen, und zeigt die Fotos bei der Wiedergabe entsprechend an. Der elektronische Orientierungssinn kann jedoch bei Über-Kopf-Aufnahmen oder solchen, bei denen Sie die Kamera parallel zum Boden nach unten neigen, Probleme bekommen.

Mit der kamerainternen Bildbearbeitungsfunktion *Bild rotieren* können Sie die umgekippten Bilder aber flink wieder gerade rücken. Dazu rufen Sie Ihr Foto mit der *Wiedergabetaste* ▶ und den *horizontalen Kreuztasten* ◀/▶ auf. Drücken Sie anschließend die *Schnelleinstellungstaste* [Q] und steuern Sie das zweite Symbol 🔄 ❶ von oben an. Mit den *horizontalen Kreuztasten* ◀/▶ können Sie das Bild nun um jeweils 90 Grad nach links oder rechts drehen.

Bei der Präsentation der Fotos in der EOS 1200D werden diese nun richtig herum angezeigt. Alternativ finden Sie die Funktion *Bild rotieren* übrigens auch im Menü *Wiedergabe 1* ▶. In dem Fall drehen Sie das Bild durch Drücken der *SET*-Taste.

▲ Oben: Bild rotieren über das Schnelleinstellungsmenü. Unten: Option *Bild rotieren* im Kameramenü der 1200D.

Die Bildgröße ändern

Wenn Sie ein Foto zum Beispiel via Internet verschicken möchten, sind Dateien mit weniger Speicherbedarf besser geeignet. Daher bietet es sich an, die Fotos zu diesem Zweck zu verkleinern. Das funktioniert bei allen Bildern, ausgenommen den Formaten RAW und S3. Dazu suchen Sie sich das gewünschte Bild in der Wiedergabeansicht aus und drücken die *Schnelleinstellungstaste* Q. Steuern Sie die Option *Größe ändern* an. Mit den *horizontalen Kreuztasten* ◄/► können Sie die gewünschte Bildgröße festlegen, wie zum Beispiel *S2* ❶. Hierbei werden Ihnen die Pixelanzahl ❷ und die Dateigröße ❸ stets angezeigt. Starten Sie die Bearbeitung nun einfach mit der *SET*-Taste und bestätigen Sie in den nächsten beiden Menüfenstern die Schaltfläche *OK* ebenfalls mit der *SET*-Taste, damit das verkleinerte Bild mit der aktuellen laufenden Bildnummer auf der Speicherkarte gesichert wird. Alternativ finden Sie die Funktion *Größe ändern* auch im Menü *Wiedergabe 1* ▶.

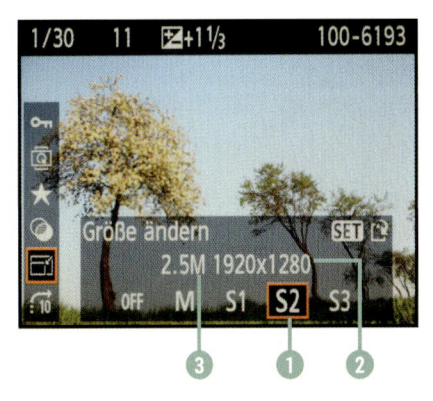

▲ Oben: Ändern der Bildgröße über das Schnelleinstellungsmenü. Unten: Option *Größe ändern* im Kameramenü der 1200D.

Kreative Filtereffekte für JPEG und RAW

Ohne kreative Bildeffekte wäre die moderne Digitalfotografie um einige spannende und spielerische Gestaltungsmöglichkeiten ärmer. Denken Sie nur an die Möglichkeit, Ihrem Foto einen einprägsamen Schwarzweiß-Look zu verpassen oder Städteansichten wie Miniaturwelten darzustellen. Da passt es ganz gut, dass Ihre EOS 1200D bereits im Kameramenü fünf *Kreativfilter* bereit hält, mit denen Sie Ihre Fotos geschwind in neuem Licht erscheinen lassen können.

Der Effekt *Körnigkeit S/W* erzeugt Bilder mit erhöhtem Kontrast und sichtbarer Körnung, wählbar in drei Stufen. Die Wirkung ähnelt alten (Reportage)fotos. Achten Sie darauf, dass das Foto nicht zu viele fast weiße oder schwarze Flächen erhält, die durch den Effekt schnell an Zeichnung verlieren.

▲ *Der Effekt* Körnigkeit S/W.

Der *Weichzeichner* lässt die Bilder in einem sanften, leicht unscharfen Stil erscheinen, der in drei Stufen wählbar ist und sich für Porträts oder Blüten im romantischen Look eignet.

Mit dem *Fisheye-Effekt* wird die Mitte des Bildes konzentrisch nach außen gewölbt, sodass der Eindruck entsteht, das Bild sei mit einem extremen Weitwinkelobjektiv, einem sogenannten Fischaugenobjektiv, aufgenommen worden.

Es können drei Stärken eingestellt werden, wobei die Bildschärfe im gewölbten Bereich mit steigender Effektstärke abnimmt.

Weichzeichner-Effekt.

Schafporträt mit dem Fisheye-Effekt.

Der *Spielzeugkamera-Effekt* 📷 erzeugt eine eingefärbte Bildvariante mit deutlich abgedunkelten Bildecken, wobei drei Farbtonungen wählbar sind. Die Bilder wirken dadurch wie Lochkamera-Fotos.

▲ *Renntrabbi mit dem Spielzeugkamera-Effekt.*

Mit dem *Miniatureffekt* entstehen Ansichten einer Miniaturwelt, bei denen nur ein dünner Streifen scharf zu erkennen ist und der Rest stark weichgezeichnet wird.

Der Effekt eignet sich für Motive, die aus einer erhöhten Position aufgenommen wurden, beispielsweise ein Blick von einer Aussichtsplattform, von einer Brücke oder von einem Berg hinab auf eine Ortschaft.

▲ *Architektur mit dem Miniatureffekt.*

Um die Kreativfilter anzuwenden, holen Sie sich das Bild in der Wiedergabeansicht auf den Monitor Ihrer 1200D. Drücken Sie anschließend die *Schnelleinstellungstaste* Q und steuern Sie die Funktion *Kreativfilter* an.

Mit der *rechten Kreuztaste* ▶ können Sie sich einen Effekt aussuchen, wie zum Beispiel *Körnigkeit S/W*.

Nachdem Sie die Auswahl mit der *SET*-Taste bestätigt haben, lässt sich der Effekt im nächsten Dialogfenster verfeinern. Bei *Körnigkeit S/W* stehen beispielsweise drei Effektstärken zur Verfügung.

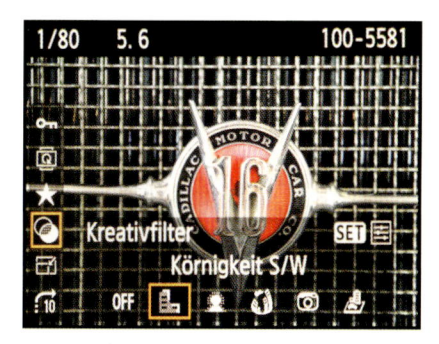

▲ *Auswahl des Kreativfilters Körnigkeit S/W.*

▲ *Anpassen der Filterstärke.*

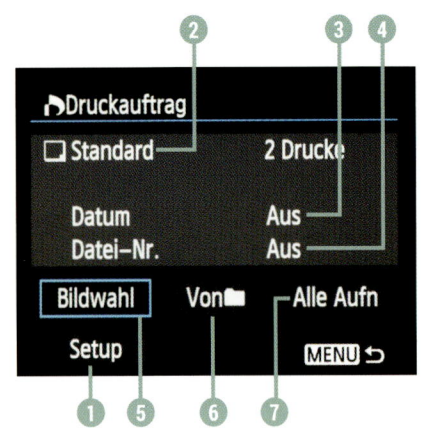

▲ *Einstellungen für den Druckauftrag.*

▲ *Fotobuch-Einstellungen auswählen.*

Bestätigen Sie die Eingaben am Ende mit der *SET*-Taste, um die Bearbeitung zu starten und das Bild als neue Datei zu speichern.

Druckauftrag und Fotobuch-Einstellung

Wenn Sie Ihre frisch bearbeiteten Bilder oder auch die Original-JPEG-Dateien direkt von der Speicherkarte auf einem DPOF-kompatiblen Drucker ausdrücken möchten, so können Sie die grundlegenden Druckeinstellungen in der 1200D festlegen. Navigieren Sie dazu ins Menü *Wiedergabe 1* ▶ zu *Druckauftrag*. Bei *Setup* ❶ legen Sie nun fest, ob die Bilder in voller Größe (*Standard*) ❷ oder in Form einer Indexübersicht (*Index*) gedruckt werden sollen, oder beides. Außerdem können Sie das *Datum* ❸ und/oder die *Datei-Nr.* ❹ auf die Bilder drucken lassen.

> **✓ Was bedeutet DPOF?**
>
> Die Einstellungen im Druckmenü erfolgen getreu dem DPOF-Standard (**D**igital **P**rint **O**rder **F**ormat). Das ist ein Speicherformat für die den Bildern zugeordneten Druckeinstellungen. Diese liefern dem Drucker zuhause oder im Fotolabor alle notwendigen Informationen zum Druckformat, der Anzahl und zu weiteren wichtigen Angaben.

Welche Bilder in die Druckliste mit aufgenommen werden sollen, können Sie für jedes Foto einzeln festlegen, indem Sie *Bildwahl* ❺ wählen und bei jedem gewünschten Foto mit der *oberen Kreuztaste* ▲ die Anzahl der Ausdrucke festlegen. Oder Sie wählen alle Bilder eines bestimmten Ordners ❻ oder alle auf der Speicherkarte ❼ vorhandenen Fotos aus.

Mit der Funktion *Fotobuch-Einstellung* im Menü *Wiedergabe 1* ▶, können Sie einzelne Bilder, alle Bilder aus einem bestimmten Speicherkartenordner oder alle Bilder auf der Speicherkarte in einen gesonderten Ordner kopieren, quasi bereits in der 1200D eine Vorauswahl treffen. Diese Bilder können dann später auf den Computer übertragen werden und bereits vorsortiert an Online-Fotobuch-Druckdienste gesendet werden.

17.2 Die Canon-Software im Überblick

Die mitgelieferte Software Ihrer EOS 1200D beinhaltet ein umfangreiches Bildbearbeitungs- und Archivierungspaket. Damit lassen sich sowohl JPEG- als auch RAW-Bilder optimieren und verwalten. Wenn Sie die EOS Solution Disk von Canon in das CD-ROM-Laufwerk Ihres Computers einlegen und die einfache Installation auswählen, werden automatisch alle Programme auf Ihrem Computer installiert. Anschließend können Sie aus folgenden Anwendungen auswählen:

- *EOS Utility* zur Bildübertragung auf den PC und für die Kamerafernsteuerung vom Computer aus
- *Digital Photo Professional* für die Bearbeitung von RAW-und JPEG-Dateien
- *ImageBrowser EX* zur Archivierung, zum Erstellen von Panoramen, für den Bilderdruck und zum Weitergeben der Fotos und Videos z. B. an Facebook
- *Picture Style Editor* zum Erstellen eigener *Bildstile* oder zum Anwenden vorgefertigter Stile, die zuvor aus dem Internet heruntergeladen wurden (siehe *http://web.canon.jp/imaging/picturestyle/*)

17.3 Bilder mit EOS Utility auf den PC übertragen

Auf der Speicherkarte können die Bilder, Filme und Videoschnappschüsse natürlich nicht ewig bleiben. Daher steht nach einer ausgiebigen Fotosession die Übertragung der Daten auf Computer, Notebook oder Tablet-PC auf dem Plan.

Nun, hierfür gibt es prinzipiell zwei Möglichkeiten. Entweder verbinden Sie die EOS 1200D über das mitgelieferte Schnittstellenkabel direkt mit einer USB-Buchse Ihres PCs. Oder Sie verwenden ein Kartenlesegerät, das ebenfalls über einen USB-Anschluss angekoppelt wird.

▲ *EOS 1200D mit angeschlossenem USB-Kabel.*

Wenn Sie Ersteres vorhaben, schalten Sie Ihre 1200D zuerst aus und verbinden sie dann mit dem USB-Kabel mit Ihrem Computer. Danach schalten Sie die Kamera wieder ein.

Starten Sie das Canon-Programm *EOS Utility* und klicken Sie im Startfenster auf *Auswählen und Herunterladen von Bildern* ❶.

▶ *Starten der EOS Utility.*

Monitor ausschalten

Damit Ihre 1200D während der Computerverbindung nicht zu viel Strom verbraucht, ist es sinnvoll, den Monitor mit der *DISP.*-Taste auszuschalten.

Im nächsten Fenster werden alle Bilder der Speicherkarte angezeigt. Durch einen Klick auf das Kästchen unten links ❷ können einzelne Fotos mit einem Häkchen versehen werden. Alternativ können Sie über *Bearbeiten*/*Bild auswählen*/*Alles markieren* alle Bilder auswählen. Oben links wird das Dateiformat des Bildes angezeigt ❸. Klicken Sie auf *Herunterladen* ❹. Im nächsten Dialogfenster können Sie den Ordner angeben, in den die Bilder übertragen werden sollen. Bestätigen Sie den Vorgang mit der Schaltfläche *OK*.

▲ Auswahl der Bilder.

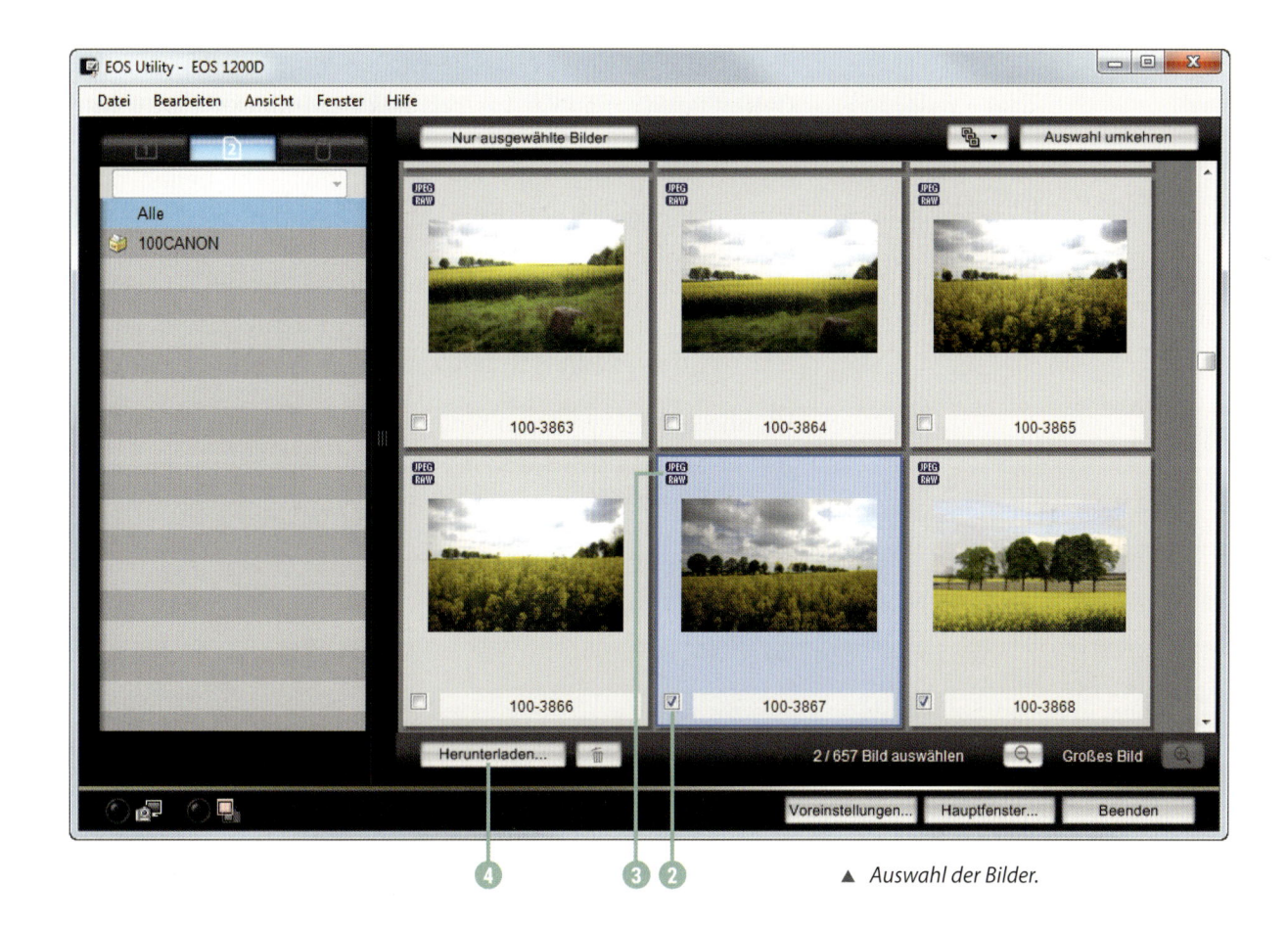

17.4 Vergleich geeigneter RAW-Konverter

Die Bildqualität RAW liefert ohne Zweifel das vielseitigste Dateiformat, mit dem Sie die beste Bildqualität aus den Aufnahmen Ihrer EOS 1200D herausholen können. Leichte Fehlbelichtungen bis hin zur Korrektur von Objektivschwächen, Farbstichen und vielem mehr lassen sich im Handumdrehen korrigieren. Daher steht vielleicht gleich im Anschluss an die ersten Aufnahmen mit der frisch erworbenen 1200D die Wahl eines passenden RAW-Konverters auf dem Zettel. Wichtig zu wissen ist, dass jeder RAW-Konverter die Bilder in der Standardeinstellung etwas anders entwickelt. So kann das eine Programm die Farben flauer anzeigen, während ein anderes einen schon fast zu bunten Farbeindruck erzeugt. Gleiches gilt für die Korrektur von Bildrauschen oder das Herauskitzeln von Details aus sehr hellen oder extrem dunklen Bildpartien. Der RAW-Konverter will also gut gewählt sein.

Digital Photo Professional

Der große Vorteil des Canon-Programms *Digital Photo Professional* ist einerseits, dass es kostenlos mitgeliefert wird, und andererseits, dass die Rohdatenverarbeitung perfekt auf die Bedürfnisse und Eigenschaften des RAW-For-

▼ *RAW-Datenentwicklung in Digital Photo Professional.*

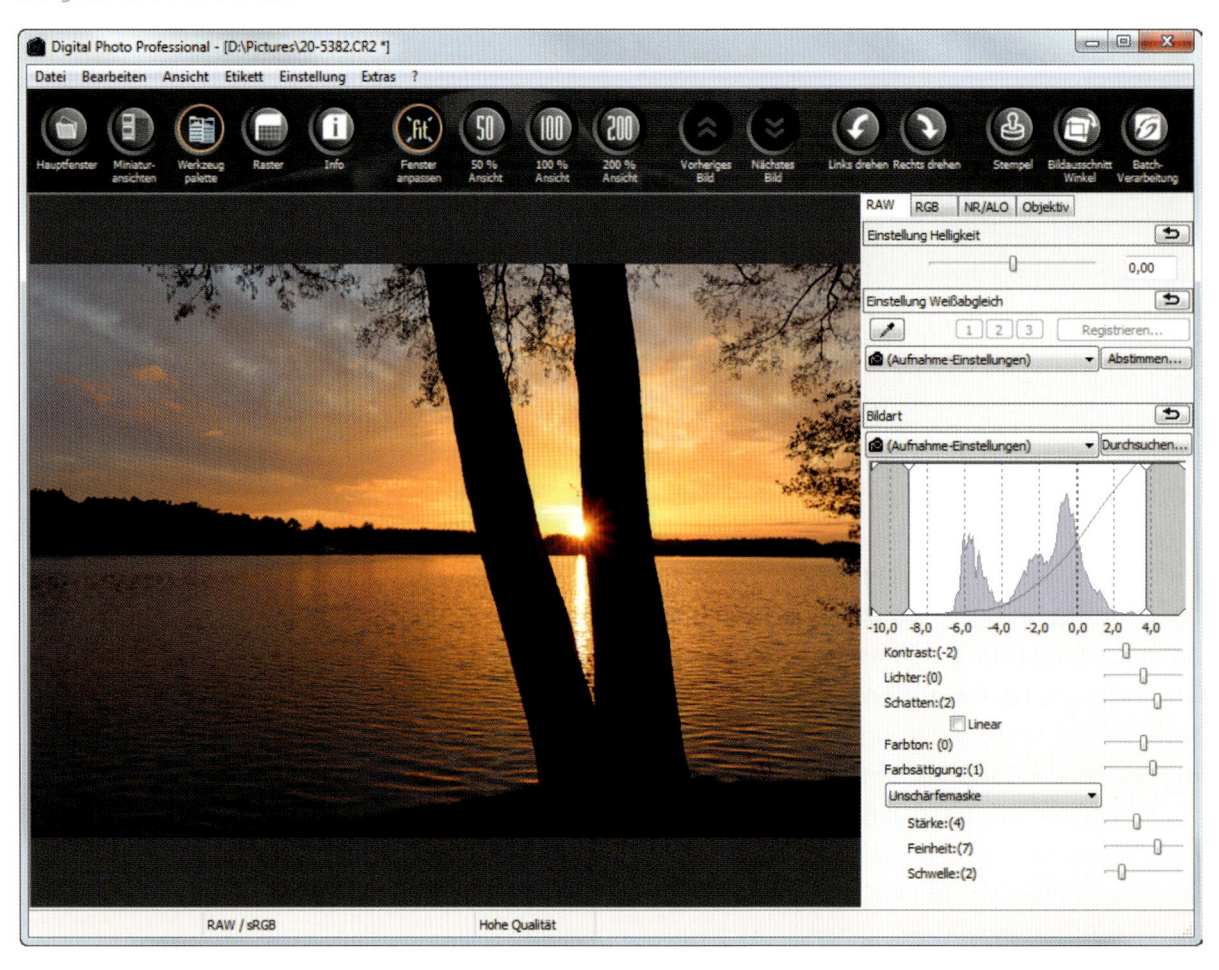

mats der EOS 1200D abgestimmt ist. Mit dem Programm können Sie Ihre Bilder hinsichtlich aller wichtigen Parameter optimieren, wozu beispielsweise die Korrekturen von Belichtung, Weißabgleich, Lichter/Schatten und Farbsättigung gehören. Die Regler sind allerdings etwas grob gerastert, was die Feineinstellung behindern kann. Ein Entrauschungstool ist ebenfalls integriert, das in Abhängigkeit vom ISO-Wert der Aufnahme automatisch in seiner Stärke angepasst wird; ein weiteres Eingreifen wird daher meist nicht notwendig sein. Hinzu gesellt sich die Möglichkeit der automatischen Korrektur objektivbedingter Fehler: Vignettierung, chromatische Aberration und Verzeichnungen werden behoben. Dies funktioniert sehr einfach, ist allerdings nur bei Canon-Objektiven anwendbar. *Digital Photo Professional* liefert somit eine sehr ordentliche Leistung. Ambitionierten Fotografen wird das jedoch bald nicht mehr genügen. Daher haben wir im Folgenden drei weitere Programme näher unter die Lupe genommen.

Adobe Camera Raw und Adobe Lightroom

Sehr weit verbreitet und von vielen Fotografen standardmäßig genutzt sind Adobe Camera Raw und Adobe Lightroom. Adobe Camera Raw ist Bestandteil von Photoshop (Elements) und wird beim Öffnen einer RAW-Datei automatisch gestartet. Lightroom fungiert dagegen als eigenständiges Programm und verfügt neben der Rohdatenentwicklung auch noch über diverse Bildkatalogisierungs- und Archivierungsmöglichkeiten. Beide RAW-Konverter erlauben eine intuitive Bedienung, arbeiten schnell und zuverlässig. Sehr angenehm ist die moderate Sättigungssteuerung über den Regler *Dynamik*. Auch die spezifische Rettung sehr heller oder sehr dunkler Bildbereiche mit den Reglern *Tiefen*/*Lichter* und *Weiß*/*Schwarz* ist sehr komfortabel gelöst. Überdies liefern die Rauschreduzierung und die Schärfungstools sehr überzeugende Resultate. Eine Objektivfehlerkorrektur lässt sich ebenfalls anwenden, selbst wenn Objektive von Fremdherstellern an der EOS 1200D verwendet wurden. Zudem ist es möglich, eigene Objektivprofile zu erstellen oder aus dem Internet herunterzuladen und mit Lightroom zu nutzen.

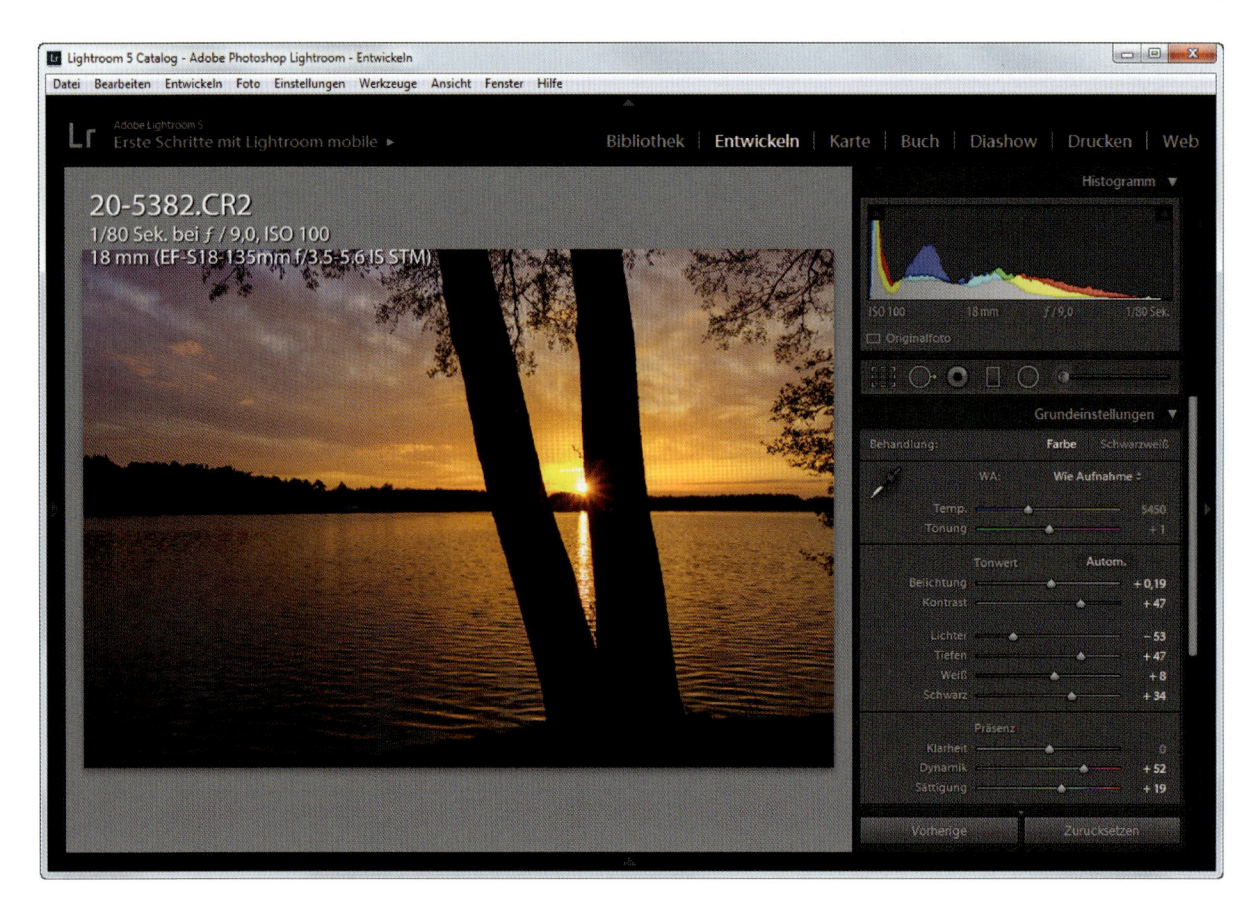

▲ RAW-Entwicklungsoberfläche von Adobe Lightroom.

DxO Optics Pro

Der RAW-Konverter DxO Optics Pro glänzt durch ausgereifte Voreinstellungen, sogenannte *Presets*, und gut funktionierende automatische Anpassungen. Zusätzlich lassen sich verschiedene Entwicklungsstile anwenden, z. B. *HDR-künstlerisch*, und im rechten Bearbeitungsbereich stehen weitere Werkzeuge zur Farbanpassung und Belichtungskorrektur zur Verfügung. Der große Vorteil von DxO Optics Pro liegt darin, dass in vielen Fällen kaum noch selbst Hand an die

▲ RAW-Entwicklungsoberfläche von DxO Optics Pro.

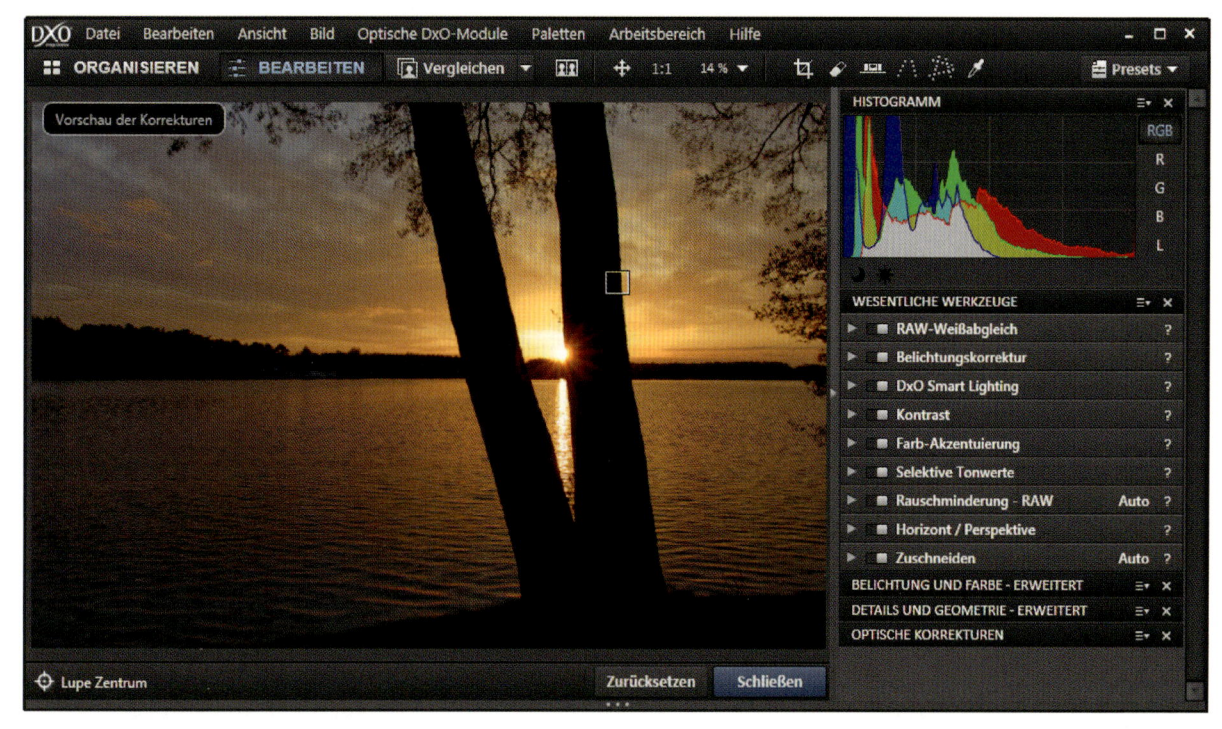

Regler gelegt werden muss, obgleich dies ohne Weiteres möglich ist. Auch werden Objektivfehler und Bildrauschen in den RAW-Dateien automatisch und schnell optimiert. Die Korrektur objektivbedingter Fehler erfolgt auf Basis downloadbarer Kamera-Objektiv-Kombinationen. DxO Optics Pro überzeugt generell mit qualitativ hochwertigen Ergebnissen und vielen unkomplizierten Automatiken.

Unser Fazit: Digital Photo Professional bietet sich für all diejenigen an, die in die RAW-Bearbeitung erst einmal einsteigen und die Rohdateien ohne zusätzlichen Aufwand entwickeln möchten. Wer ohne erhöhten Kostenaufwand mehr will, ist mit RawTherapee gut beraten. Wer noch mehr Leistung anstrebt, sich dabei aber nicht unbedingt ständig mit den einzelnen Reglern befassen möchte, ist mit DxO Optics Pro gut beraten. Und für all diejenigen, die ein Höchstmaß an Flexibilität und Funktionsumfang anstreben, ist Adobe Lightroom sicherlich der unangefochtene Standard.

RawTherapee

Wer das Entwickeln von RAW-Bildern erst einmal ohne weiteren Kostenaufwand bewerkstelligen möchte, sich aber mehr Optionen wünscht, als sie Digital Photo Professional liefern kann, findet mit dem Programm RawTherapee (*http://rawtherapee.com/downloads*) eine wirklich interessante Alternative. Das Programm bietet umfangreiche Bearbeitungsmöglichkeiten mit einer gut funktionierenden Schattenaufhellung und Objektivfehler wie Vignettierungen, Verzeichnung und sogar stürzende Linien können korrigiert werden. Bei der nachfolgenden Verarbeitung des Einzelbildes oder mehrerer Fotos in der Stapelverarbeitung ist aber etwas Geduld gefragt.

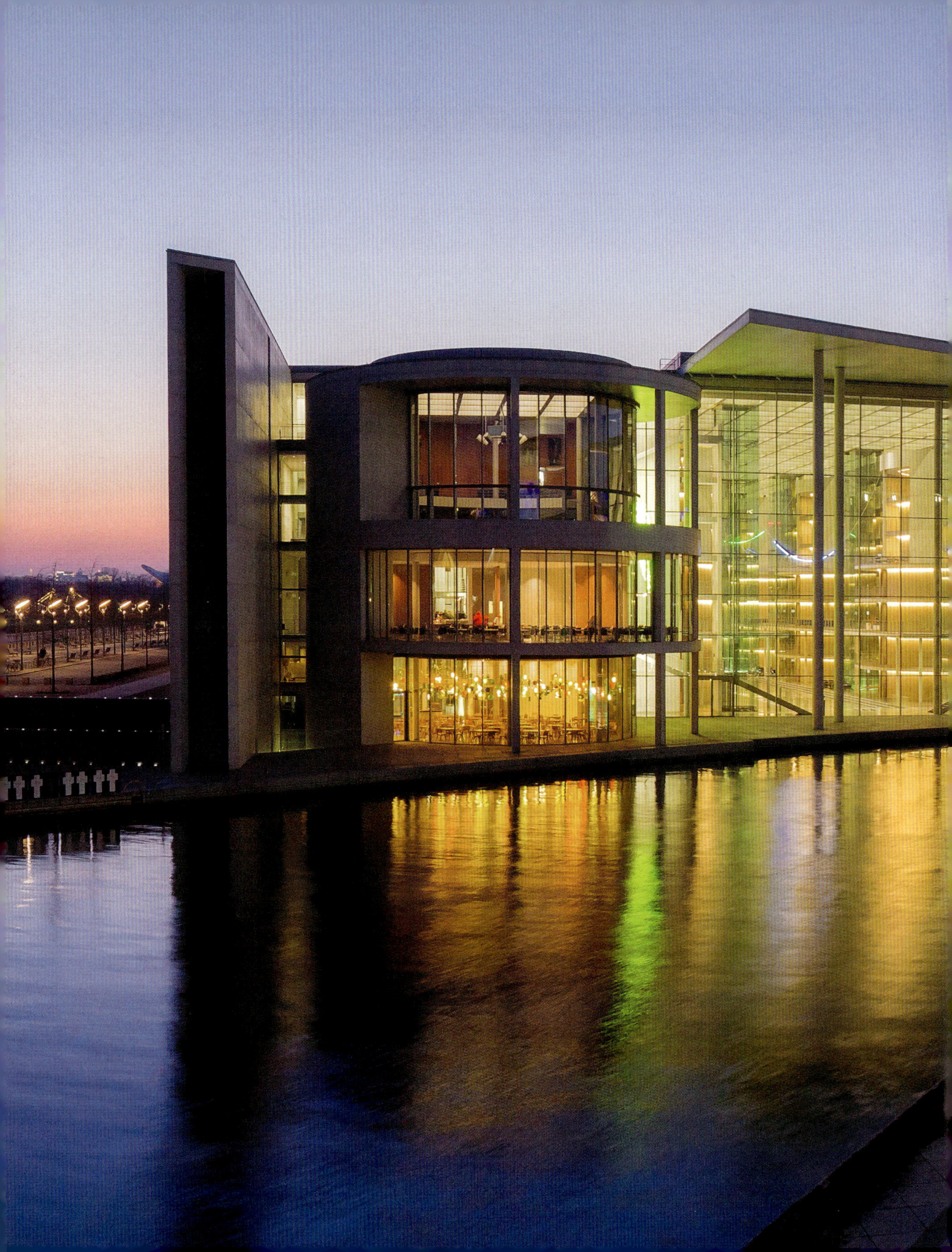

Menükompass

Zu guter Letzt möchten wir noch etwas zur erweiterten Funktionalität des Buches beitragen und Ihnen einen Wegweiser zu den Beschreibungen der einzelnen Punkte des Kameramenüs mit auf den Weg geben. Mit dem Menükompass können Sie direkt zu der Stelle im Buch navigieren, an der eine genauere Beschreibung der Sie interessierenden Menüfunktion zu finden ist. Da Ihre 1200D die meisten Funktionen in den Modi *P*, *Tv*, *Av* und *M* zur Verfügung stellt, haben wir die abgebildeten Menüansichten auf Basis dieser Programme erstellt.

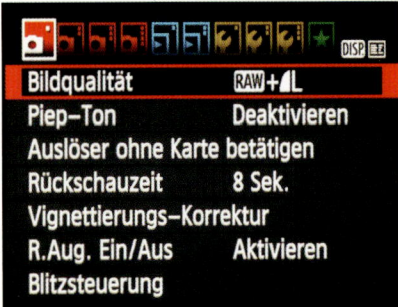

▲ *Menü Aufnahme 1.*

Bildqualität: Seite 48.

Piep-Ton: Seite 40.

Auslöser ohne Karte betätigen: Seite 41.

Rückschauzeit: Seite 38.

Vignettierungs-Korrektur: Seite 323.

R.Aug. Ein/Aus: Seite 235.

Blitzsteuerung: Seite 196.

▲ *Menü Aufnahme 2.*

Beli.korr./AEB: Seite 123 und 290.

Autom. Belichtungsoptimierung: Seite 287.

Messmethode: Seite 109.

Custom WB: Seite 168.

WB-Korr.einst.: Seite 244.

Farbraum: Seite 176.

Bildstil: Seite 169.

▲ *Menü Aufnahme 3.*

Staublöschungsdaten: Seite 346.

ISO Auto-Limit: Seite 263.

Livebild-Aufnahme: Seite 37.

AF-Methode: Seite 139.

Gitteranzeige: Seite 207.

Seitenverhältnis: Seite 50.

Messtimer: Seite 42.

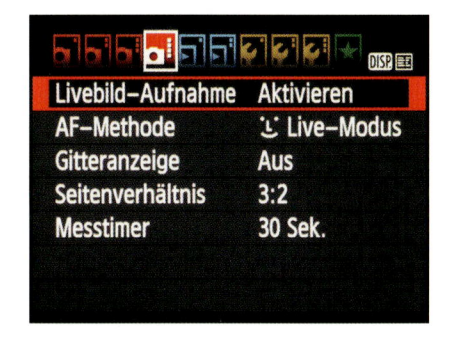

▲ Menü *Aufnahme 4*.

Movie-Belicht.: Seite 309.

AF-Methode: Seite 302.

AF mit Auslöser während 🎥: Seite 306.

🎥 Auslöser/AE-Speicherung: Seite 211.

🎥 Tonwert Priorität: Seite 284.

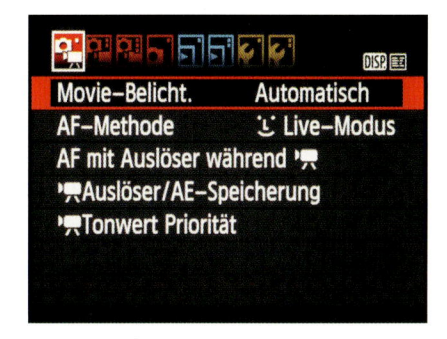

▲ Menü *Movie 1*.

Movie-Aufn.größe: Seite 304.

Tonaufnahme: Seite 311.

Messtimer: Seite 42.

Gitteranzeige: Seite 207.

Vid.Schnappschuss: Seite 313.

Videosystem: Seite 305.

▲ Menü *Movie 2*.

Belichtungskorr.: Seite 122.

Autom. Belichtungsoptimierung: Seite 287.

Custom WB: Seite 168.

Bildstil: Seite 169.

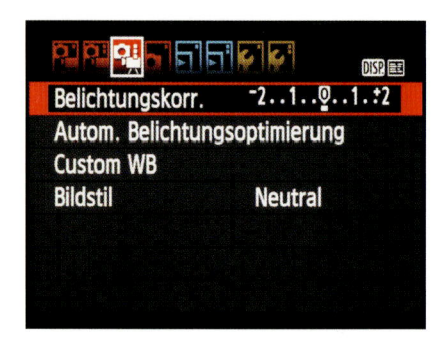

▲ *Menü Movie 3*.

Bilder schützen: Seite 85.

Bild rotieren: Seite 356.

Bilder löschen: Seite 87.

Druckauftrag: Seite 362.

Fotobuch-Einstellung: Seite 362.

Kreativfilter: Seite 357.

Größe ändern: Seite 357.

▲ *Menü Wiedergabe 1*.

Histogramm: Seite 119.

Bildsprung mit 🔄: Seite 80.

Diaschau: Seite 82.

Bewertung: Seite 83.

Strg über HDMI: Seite 85.

▲ *Menü Wiedergabe 2*

Auto.Absch.aus: Seite 39.

Autom. Drehen: Seite 42.

Karte formatieren: Seite 40.

Datei-Nummer: Seite 43.

Ordner wählen: Seite 43.

Bildsch.farbe: Seite 44.

▲ Menü *Einstellung 1*.

LCD-Helligkeit: Seite 39.

LCD Aus/Ein: Seite 44.

Datum/Zeit/Zone: Seite 38.

Sprache: Seite 38.

Manuelle Reinigung: Seite 348.

Erläuterungen: Seite 44.

GPS-Geräteeinstellungen: Seite 342.

▲ Menü *Einstellung 2*.

Anzeige Zertifizierungs-Logo: Seite 45.

Individualfunktionen (C.Fn):
- Einstellstufen: Seite 106.
- ISO-Erweiterung: Seite 104.
- Blitzsynchronzeit bei Av: Seite 190.
- Rauschred. bei Langzeitbel.: Seite 103.
- High ISO Rauschreduzierung: Seite 103.
- Tonwert Priorität: Seite 286.

▲ Menü *Einstellung 3*.

- AF-Hilfslicht Aussendung: Seite 25.
- Auslöser/AE-Speicherung: Seite 211.
- *SET*-Taste zuordnen: Seite 46.
- Funktion Blitztaste: Seite 104.
- LCD-Display bei Kamera Ein: Seite 45.

Copyright-Informationen: 46.

Einstellungen löschen: 46.

Firmware-Version: Seite 350.

A

Abbildungsmaßstab 275
Abendlicht 243
Achromat 277
Actionfotografie 261
Adobe Camera Raw 367
Adobe RGB 176
AE/AF, keine AE-Spei. 212
AEB (Belichtungsreihenautomatik) 289
AE-Sensor 111
AE-Speicherung 241, 293
AE-Speicherung/AF 211
AF/AE-Speicherung 211
AF/AF-Speicherung keine AE-Spei. 212
AF-Betrieb 128
AF-Messfeld 21, 31
AF-Messfeldwahl 129, 133, 142
AF-Messfeldwahl-Taste 25
AF-Methode 139
AF mit Auslöser während Move-Aufn. 306
AF-Taste 26
AI Focus AF 128, 134
AI Servo AF 128, 131, 263
Akku 337
    einlegen 18
    laden 18
Akkuprüfung 33
Architekturfotografie 253
Aufnahme-Menü 36
Aufnahmemodus 32
Aufnahmepegel 311
Aufn. n. Beleucht./Motiv 243
Auslösepriorität 132, 135
Auslöser 24, 27
Auslöser/AE-Speicherung 211
Auslöser ohne Karte betätigen 41
Auto.Abschalt.aus 39
Autofokus, manuell nachfokussieren 325

Autofokusmodus 128
Autofokusmodus, Livebild 139
Automatik (Blitz aus) 59
Automatisch drehen 42
Automatische Belichtungsoptimierung 32
Automatische Motiverkennung 28, 56
Automatischer ISO-Wert 106
Autom. Belichtungsoptimierung 286
Av mit Blitz 189
Av (Verschlusszeitenautomatik) 151, 225, 272

B

Bajonett 319
Basic+ 172
Bedienelemente 23
Bedienkonzept 33
Belichtung
    AE-Speicherung 241, 293
    helle Motive 120
Belichtungskorrektur 119, 122
    autom. Belichtungsoptimierung 286
    Movie-Aufnahmen 308
    Tonwert-Priorität 284
Belichtungsmesser 108
Belichtung speichern, Movie-Aufnahmen 308
Belichtungsreihenautomatik (AEB) 289
Belichtungsspeicherung 241, 293
Belichtungsstufenanzeige 31, 33, 155
Belichtungswarnung 148
Belichtungszeit 90
    BULB 299
    Kehrwertregel 91
    mit Bildstabilisator 92
Beli.korr./AEB 123
Betriebsart 26
Betriebsart, Reihenaufnahme 263
Beugungsunschärfe 99, 219
Bewegung einfrieren 262

Bewertung 83
Bildbearbeitung
    Bild rotieren...356
    Fisheye-Effekt 358
    Größe ändern 357
    kameraintern 356
    Körnigkeit S/W...357
    Kreativfilter 357
    Miniatureffekt 360
    Spielzeugkamera-Effekt 360
    Weichzeichner 358
Bildebene 25, 272
Bildgestaltung 206
    Drittelregel 206
    Perspektive 214
    Schärfentiefe 216
    Schärfespeicherung 209
Bildqualität 32, 48
    JPEG 51
    RAW 51
Bildrate 305
Bildrauschen 100
Bildrauschen reduzieren 101
Bild rotieren..356
Bildsch.farbe 44
Bildschutz 85
Bildstabilisator 92
    Hybrid-IS...94
    Mechanismus 94
Bildstil 169
Bildstil, Neutral 310
Bildübertragung auf den PC 364
Bildwechselanzeige 80
Bildwinkel 212
Blasebalg 345
Blende 32, 95, 98
Blendenautomatik (Tv) 28, 148, 262, 267
Blendeneinstellung...99

Blendenwert 98
Blitz
    1. Verschluss..200
    2. Verschluss..200
    Aus...28
    entfesselt Blitzen 201, 267
    E-TTL-Blitzsteuerung...............................187
    Funk-Blitzauslöser 201, 267
    Gegenlicht 196
    Hi-Speed-Synchronisation 199
    indirekter Blitz 183, 234
    intern...180, 181
    Leitzahl 182
    Modus Av 189
    Modus M 192
    Modus P 188
    Reichweite..182
    rote Augen..234
    Softbox 193
    Systemblitzgerät 184
Blitzbereitschaft 31
Blitzdiffusor 193
Blitzsteuerung 196
Blitzsynchronzeit bei Av................................190
Blitztaste 25, 181
Brennweite 213
BULB-Belichtung 299

C

Canon EOS Begleiter App 23
Chromatischen Aberration 321
Copyright-Informationen 46
Creative Auto (CA) 74
Cropfaktor 91, 215

D

Dachkant-Spiegelprisma 29
Datei-Nummer..42

Datum 38
Detailauflösung 101, 321
Detailschärfe 126
Diaschau 82
Diffusor 233
Digitaler Ausgang..26
Digitalkompass 342
Digital Photo Professional 131, 288, 320, 366
Dioptrieneinstellung......................................25
Direkttasten 29, 35
DISP.-Taste 26
DPOF-Standard 362
Drittelregel 206
Druckauftrag..362
DxO Optics Pro 368
Dynamikumfang ....*siehe* Kontrastumfang

E

EF-Objektiv-Ansetzmarkierung..........................27
EF-S-Bajonett 319
EF-S-Objektiv-Ansetzmarkierung......................27
Einstellstufen 106
Einstellungen löschen 46
Einstellung-Menü 36
Entfernungsring 136
Entfesselt Blitzen 201, 267
EOS Utility..323
Erläuterungen..44
E-TTL-Blitzsteuerung....................................187
EV (Exposure Value).....................................106
Eye-Fi-Einstellungen 338
Eye-Fi-Übertragungsstatus 33

F

Farbraum 175
Farbtemperatur 159
Fernauslöser 339
Fernbedienungsbuchse 26

FE Speicherung 31
Feuerwerk 298
Filter
 Graufilter 257
 Grauverlaufsfilter 240
 Polfilter 66
Firmware-Aktualisierung 350
Firmware-Version 350
Fisheye-Effekt 358
FlexiZone-Single..................................139, 141
Fokussieren siehe Scharfstellen.......................126
Fokussierring 136
Fokussierschalter 138
Fotobuch-Einstellung...................................362
Froschperspektive 255
Full-HD Video...21
Funk-Blitzauslöser 201, 267
Funktion Blitztaste.......................................104

G

Gegenlicht, Blitz...196
Gehegezaun...250
Gesichtserkennung.......................139, 141, 230
Goldener Schnitt..206
GPS-Geräteeinstellungen.............................342
Graufilter 257
Graukarte 167
Grauverlaufsfilter 240
Größe ändern 357
Gruppenfoto..224
Gyrosensoren 94

H

Hauptschalter 25
Hauptwahlrad..24, 27
HDMI-Kabel 84
HDMI mini-Ausgang.................................26, 84
HDR, high dynamic range 288

High ISO Rauschreduzierung, Histogramm 103
Hi-Speed-Synchronisation 199
Histogramm 115, 119
   Fehlbelichtungen 115
   Livebild 117
   RGB 117

I

Image Stabilizer (IS) 92
Indirekter Blitz 183, 234
Infrarotauslöser 339
Internen Blitz ausfahren 32, 181
Internes Blitzgerät 180
ISO Auto-Limit 107
ISO-Automatik 106
ISO-Erweiterung 104
ISO-Taste 26, 103
ISO-Wert 99
ISO-Wert, Rauschreduzierung 101

J

JPEG 51

K

Kabelfernauslöser 339
Kabellos Blitzen 201, 267
Kamerabajonett 27
Kameramenü 35
Karte formatieren 40
Kehrwertregel 91
Kelvin-Wert 159
Kontakte 27
Kontrasterkennung 140
Kontrastumfang 284
   autom. Belichtungsoptimierung 286
   Grauverlaufsfilter 240
   Tonwert Priorität 284

Körnigkeit S/W 357
Korrektur der Belichtung 119, 122
Kreativ-Automatik (CA) 28, 74
Kreativfilter 22, 357
Kreativ-Programme 28, 146
Kreuzsensor 209
Kreuztasten 29
Kugelkopf 334

L

Lampe gegen rote Augen 234
Lampe zur Verring. roter Augen 24
Landschaft-Modus 65, 243
Langzeitbelichtung (BULB) 299
Lautsprecher 25, 311
LCD Aus/Ein 44
LCD-Display bei Kamera Ein 45
LCD-Helligkeit 39
LCD-Monitor 25
LCD-Monitor, Aufnahmemodus 32
Lichtempfindlichkeit 99
Lichtstärke 326
Lichtwertstufe (EV) 106
Lithium-Ionen-Akku 337
Livebild-Modus 37
   Autofokus 139
   FlexiZone-Single 139, 141
   Gesichtserkennung 139, 141, 230
   Histogramm 117
   Live-Modus 139, 141, 230
   QuickModus 139, 142
   vergrößerte Ansicht 143
Live-Modus 139, 141, 230
Löschen 86
Löschen, markierte Bilder 87
Löschtaste 26

M

Makrofotografie 271
Makroobjektiv 279
Manuelle Belichtung (M) 28, 153, 266
Manuelle Belichtung (M) mit Blitz..................192
Manuelle Belichtung, Movie-Aufnahmen 309
Manueller Fokus......................................136, 273
Manueller Weißabgleich 166
Manuell nachfokussieren 130, 325
Master-Blitzgerät..201
Mehrfeldmessung 108, 109
Menü
    Aufnahme...36
    Einstellung...36
    Movie..36
    My Menu..36
    Wiedergabe...36
MENU-Taste...26, 36
Messmethode 32, 108
Messtimer 42
Mikrofon...24
    externes...312
    internes 311
Miniatureffekt 360
Mittenbetonte Messung.........................108, 114
Modus
    Automatik (Blitz aus) 59
    Autom. Motiverkennung 56
    Av 151, 225, 272
    Av mit Blitz 189
    Landschaft 65, 243
    M 153, 266
    M mit Blitz 192
    Movie-Aufnahmen 302
    Nachtporträt...72
    Nahaufnahme...................................67, 272
    P 146

Modus
    P mit Blitz 188
    Porträt 62, 225
    Sport..70
    Tv 148, 262, 267
    Tv mit Blitz 194
Modus-Wahlrad..25, 28, 56
Movie-Aufnahmeformat...................................303
Movie-Aufnahmen 28, 302
    Autofokus..302, 306
    Belichtungskorrektur 308
    Belichtung speichern 308
    Bildrate 305
    externes Mikrofon 312
    Filmlänge...303
    Follow-Focus...307
    manuelle Belichtung...............................309
    manueller Fokus 307
    Tonaufnahme..311
    Videoneiger 307
    Video-Rig 307
    Videoschnappschuss 313
    Videosystem 305
    Weißabgleich 309
Movie-Aufn.größe 304
Movie-Belicht. 103
Movie-Menü...36
My Menu 36, 47

N

Nachtporträt-Modus 28, 72
Nahaufnahme-Modus 28, 67, 272
Naheinstellgrenze..............................68, 272, 280
Nahlinse..276
Neiger..334
Netzadapter...337
Neutraldichtefilter 257

Nodalpunkt 294
Normalprogramm-Modi 28, 61
NTSC 305

O

Objektiv
   anbringen 19
   Bajonett 319
   Entfernungsring 24, 136
   Firmware-Update 352
   Fokussierschalter 24, 138
   Lichtstärke 326
   Makroobjektiv 279
   Naheinstellgrenze 68, 272, 280
   Reinigung 345
   Schwächen 321
   STM-Objektiv 324
   Zoom-Ring 24
Objektiventriegelungstaste 20, 24
One-Shot AF 128
Ordner wählen 43

P

PAL 305
Panorama 291
   Nodalpunkt 294
   Software 293
Panoramakopf 294
Perspektive 214
Perspektive, Porträt 226
Phasenerkennung 140
Picture Style 169
Piep-Ton 40
P mit Blitz 188
Polfilter 66
Porträt 225
   indirekter Blitz 234
   Perspektive 226

Porträt
   rote Augen 234
   Schärfespeicherung 230
Porträt-Modus 28, 62, 225
Programmautomatik (P) 28, 146
Programmverschiebung 146

Q

QuickModus 139, 142

R

R.Aug. Ein/Aus 235
Rauschred. bei Langzeitbel. 102, 298
Rauschreduzierung 101
RAW 51
RawTherapee 369
Reflektor 232
Reihenaufnahme 263
Remote-Blitzgerät 201
RGB-Histogramm 117
Rote Augen 234
Rote Augen, Bildbearbeitung 235
Rückschauzeit 38

S

Schärfeebene 126
Schärfeindikator 31, 128
Schärfentiefe 95, 151
   Beugungsunschärfe 219
   Blitz 189
Schärfentiefe-Kontrolle 218, 225
Schärfepriorität 131
Schärfespeicherung 209, 230
Scharfstellen 126
   AF-Messfeldwahl 129, 133
   AI Focus AF 128, 134
   AI Servo AF 128, 131, 263
   Autofokus 127

Scharfstellen
- Autofokusmodus 128
- FlexiZone-Single 139, 141
- Fokussierhilfen 127
- Gesichtserkennung 139, 141, 230
- Kreuzsensor 209
- Livebild 139
- Live-Modus 139, 141, 230
- manueller Fokus 136, 273
- manuell nachfokussieren 130
- One-Shot AF 128
- QuickModus 139, 142
- Schärfe zwischenspeichern 209
- vergrößerte Ansicht 143

Schnelleinstellung 34
Schnelleinstellungstaste 26, 34
Schnellkupplungssystem 335
Schnellrücklaufspiegel 27
Schrittmotor 325
Schützen 85
Seitenverhältnis 49
Selbstauslöser 26, 228
- 2 Sek. 230
- 10 Sek. 229
- Reihenaufnahme 230

Selbstauslöser-Lampe 24, 229
Selektive Schärfe 96
Selektivmessung 108, 112
Sensor 21, 215
Sensorebene 272
Sensorreinigung 346
SET-Taste 26, 29
SET-Taste zuordnen 46, 219
Software
- Adobe Camera Raw 367
- Adobe Lightroom 367
- Digital Photo Professional 288, 366
- DxO Optics Pro 368

Software
- EOS Utility 364
- HDR 290
- ImageBrowser EX 314
- Panorama 293
- RawTherapee 369

Sonnenuntergang 242
Speicherkarte 338
- einlegen 18
- Eye-Fi 338
- Wi-Fi SDHC 338

Spielzeugkamera-Effekt 360
Sportfotografie 261
Sport-Modus 28, 70
Sprache 38
sRGB 176
Stativ 332
Stativ, Biegestativ 335
Stativkopf 334
Staub entfernen 345
Staublöschungsdaten 346
Sterntaste 25, 211, 241, 293
Sterntaste, Movie-Aufnahmen 309
STM-Objektiv 324
Strg über HDMI..85
Stürzende Linien 254
Sucher 25, 29
Superzoomobjektiv 331
Synchronisationszeit 194

T

Taste für Blende/Belichtungskorr. 26
Tierfotografie 245
Tierfotografie, Gehegezaun 250
Tonaufnahme 311
Tonwert-Priorität 31, 284
Tv (Blendenautomatik) 148, 262, 267
Tv mit Blitz 194